东莞统计

东莞统计年鉴 2020

（总第30期 NO.30）

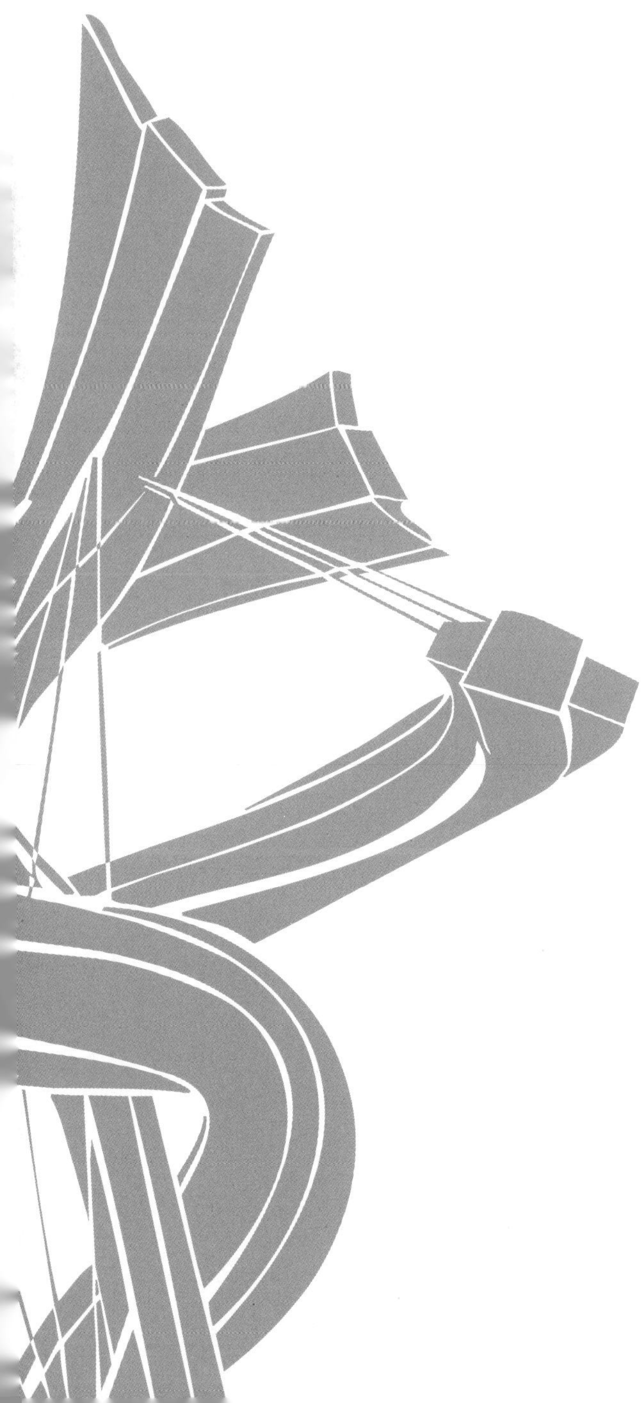

东莞市统计局
国家统计局东莞调查队 编

Compiled by Dongguan Municipal Bureau of Statistics
Survey Office of the National Bureau of Statistics in Dongguan

中国统计出版社
China Statistics Press

图书在版编目（CIP）数据

东莞统计年鉴. 2020 / 东莞市统计局, 国家统计局东莞调查队编. -- 北京 : 中国统计出版社, 2020.9
ISBN 978-7-5037-9206-9

Ⅰ. ①东… Ⅱ. ①东… ②国… Ⅲ. ①统计资料—东莞—2020—年鉴 Ⅳ. ①C832.653-54

中国版本图书馆 CIP 数据核字(2020)第 120628 号

东莞统计年鉴-2020

作　　者/ 东莞市统计局　国家统计局东莞调查队
责任编辑/ 郭　栋
责任校对/ 蔡盟芳　陈兴荣
装帧设计/ 黄鹏锦
出版发行/ 中国统计出版社有限公司
地　　址/ 北京市丰台区西三环南路甲 6 号
邮政编码/ 100073
电　　话/ 邮购（010）63376909　书店（010）68783171
网　　址/ http://www.zgtjcbs.com
印　　刷/ 东莞市本色印刷有限公司
经　　销/ 新华书店
开　　本/ 890mm×1240mm　1/16
字　　数/ 1100 千字
印　　张/ 30.31 印张
版　　别/ 2020 年 9 月第 1 版
版　　次/ 2020 年 9 月第 1 次印刷
定　　价/ 450.00 元

本书附同版本 CD-ROM 一张，光盘内容以书面文字为准。
如有印装差错，由本社发行部调换。

编委

《东莞统计年鉴－2020》

编委会和编辑出版人员

编者说明

Editor's note

一、《东莞统计年鉴—2020》（以下简称年鉴）是一本反映东莞国民经济和社会发展情况的资料性年刊，系统收录了东莞 2019 年经济社会各方面的统计数据以及历年主要指标数据，旨在全面反映东莞经济和社会发展变化情况。

二、本年鉴正文内容分为三部分，即：第一部分概述，包括统计公报和政府工作报告。第二部分统计资料，具体分为：1.综合、2.人口与劳动力、3.农业、4.工业、5.固定资产投资与建筑业、6.规模以上服务业、7.运输邮电、8.国内贸易、9.价格指数、10.对外经济贸易与旅游、11.财政、金融与保险、12.人民生活、13.社会事业、14.能源、15.镇街主要指标、16.村（居）委会主要指标、17.历年国民经济和社会发展主要指标、18.东莞与全国、全省、部分大中城市、三角洲城市、港澳台及粤港澳大湾区主要指标比较 18 个篇章。第三部分基本单位情况。

三、本年鉴资料主要来自东莞市统计局和国家统计局东莞调查队的统计调查资料，部分来自中央、省属单位和市直属各部门的统计资料。

四、本年鉴中涉及到的历史数据，均以最新出版的本年鉴数据为准;本年鉴中部分数据合计数或相对数由于单位取舍不同而产生的计算误差，均未做机械调整。

五、本年鉴统计表中的符号说明：“…”表示该项统计指标数据不足本表最小单位数；“#”表示其中主要项；“空格”表示该项统计指标数据不详或无该项数据。

六、与《东莞统计年鉴—2019》相比，本年鉴在内容上主要做了如下修订：第二部分统计资料，新增了“规模以上服务业”篇；“对外经济贸易与旅游”篇新增了“东莞电子商务交易额”主要指标；“东莞与全国、全省、大中城市、三角洲城市及港澳台主要指标”篇新增了“全国大中城市国民经济和社会发主要指标”；第三部分基本单位情况，新增了部分专业前 30 至 100 强企业名单。根据第四次全国经济普查结果，对“综合”篇的“地区生产总值”，“人口与劳动力”篇的“全社会从业人员”和“国内贸易”篇的“社会消费品零售总额”相关年份数据做了修订；另根据最新的部门报表制度对个别专业内容及相关统计指标进行了调整。

本年鉴在编辑出版过程中，得到省统计局、全市各镇街（园区）和有关部门的大力支持，在此我们表示衷心感谢。本年鉴如有疏漏之处，敬请批评指正，我们将进一步改进年鉴编辑工作，更好地为广大读者服务。

目　　录

CONTENTS

第一部分　概　述

Part One　Outline

第二部分　统计资料

Part Two　Statistics

一、综　合

General Survey

二、人口与劳动力

Population and Labor Force

三、农 业
Agriculture

四、工业
Industry

五、固定资产投资与建筑业
Investment in Fixed Assets and Construction

六、规模以上服务业
Service Enterprises above Designated Size

七、运输邮电
Transport, Postal and Telecommunication Services

八、国内贸易
Domestic Trade

九、价格指数
Price Indices

十、对外经济贸易与旅游
Foreign Trade and Tourism

十一、财政、金融与保险
Finance, Banking and Insurance

十二、人民生活
People's Living Conditions

十三、社会事业
Social Undertakings

十四、能　源
Energy

十五、镇街主要指标
Main Indicators of Towns

十六、村（居）委会主要指标
Main Indicators of Villagers'（Neighborhood） Committees

十七、历年国民经济和社会发展主要指标
Main Indicators of National Economy and Social Development over Years

十八、东莞与全国、全省、部分大中城市、三角洲城市、港澳台及粤港澳大湾区主要指标比较

Comparison of Main Indicators between Dongguan and China, Guangdong Province, Large and Medium-Sized Cities, the Cities of the Pearl River Delta, Hong Kong, Macao, Taiwan and the Guangdong-Hong Kong-Marco Greater Bay Area.

第三部分　基本单位情况
Part Three　Basic Units

生产总值

地区生产总值（亿元）

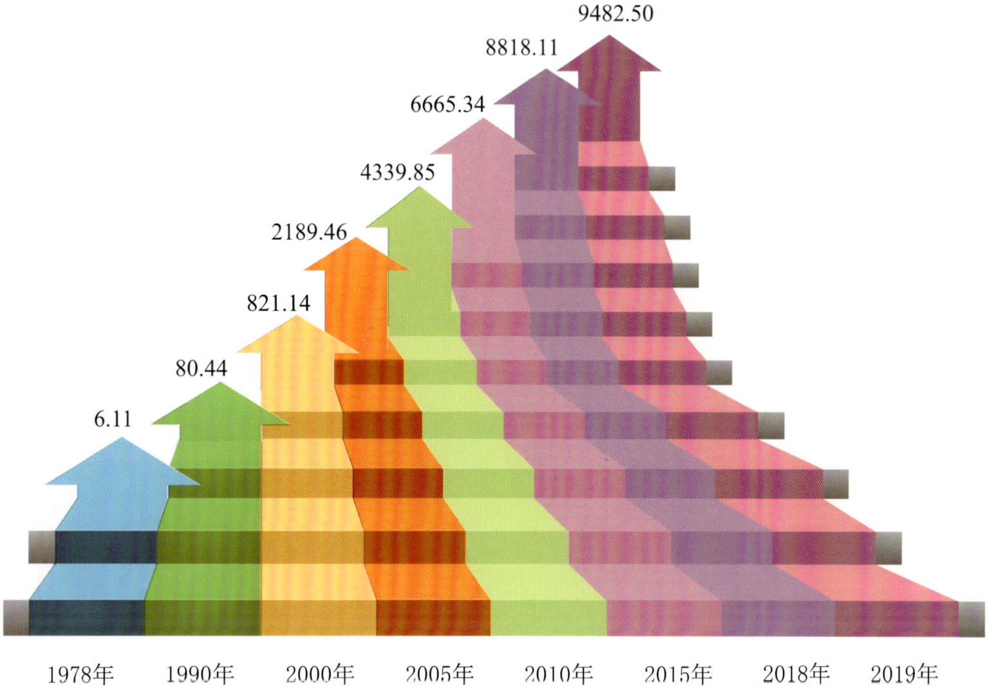

地区生产总值构成（%）

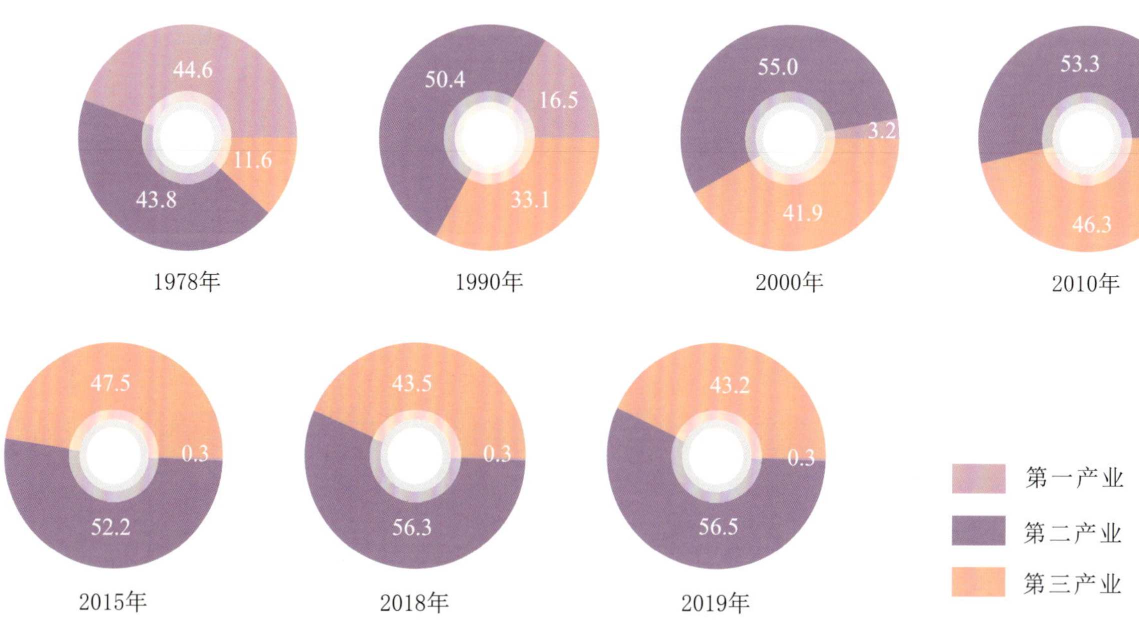

人口与劳动力

人口（万人）

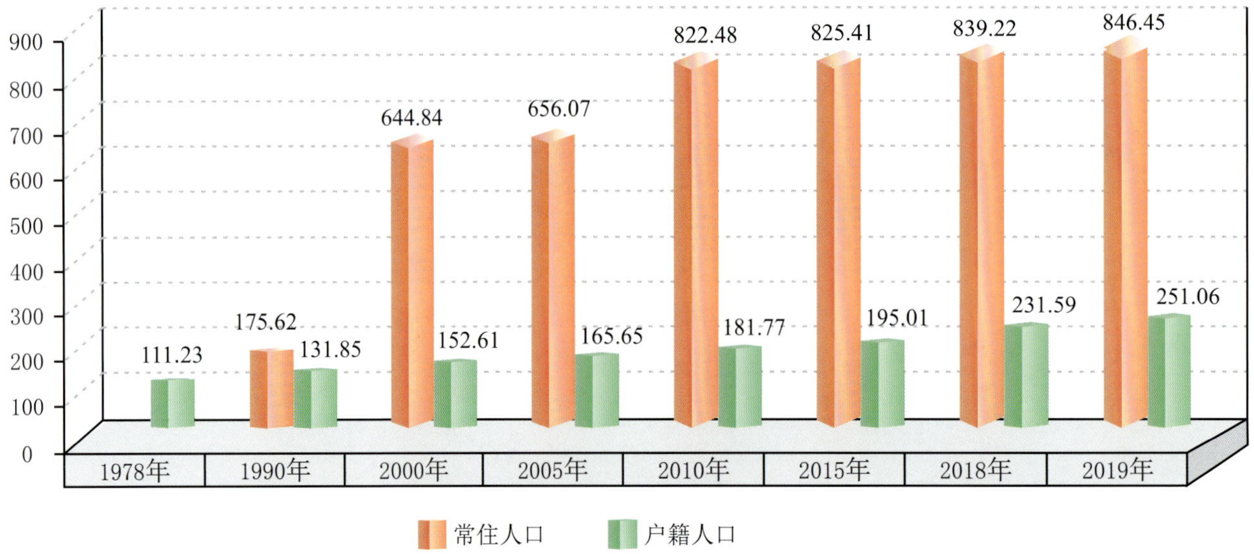

全社会从业人员（万人）

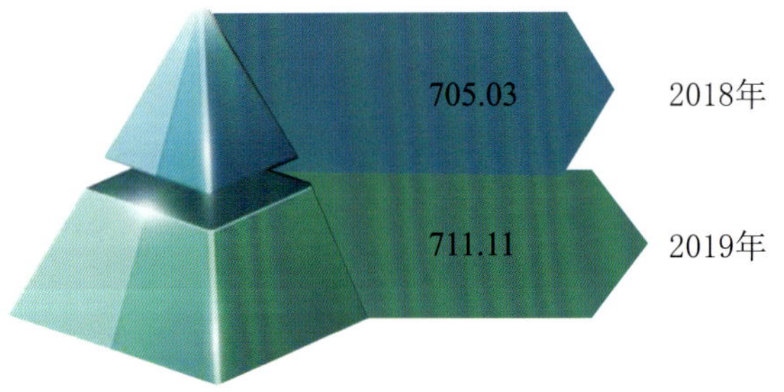

城镇非私营单位在岗职工年平均工资（元）

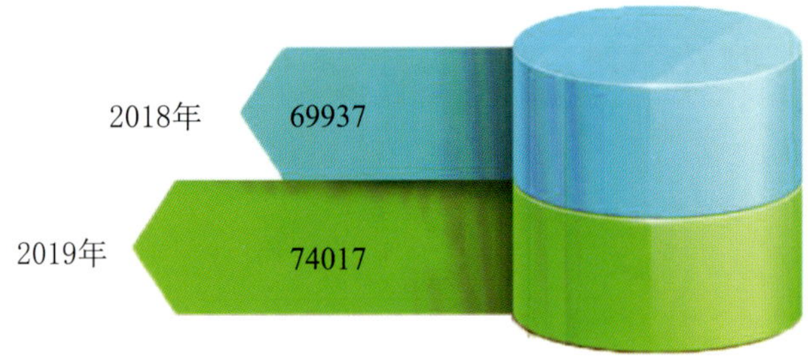

农业

农、林、牧、渔业总产值（亿元）

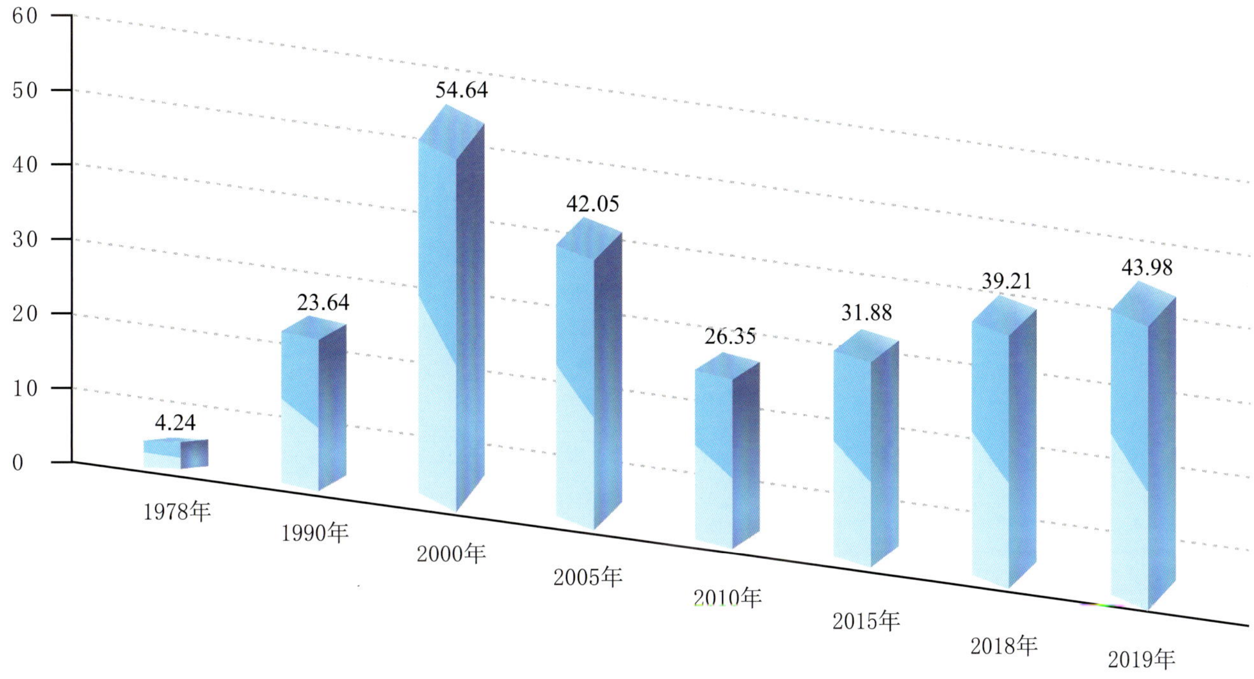

农、林、牧、渔业增加值（亿元）

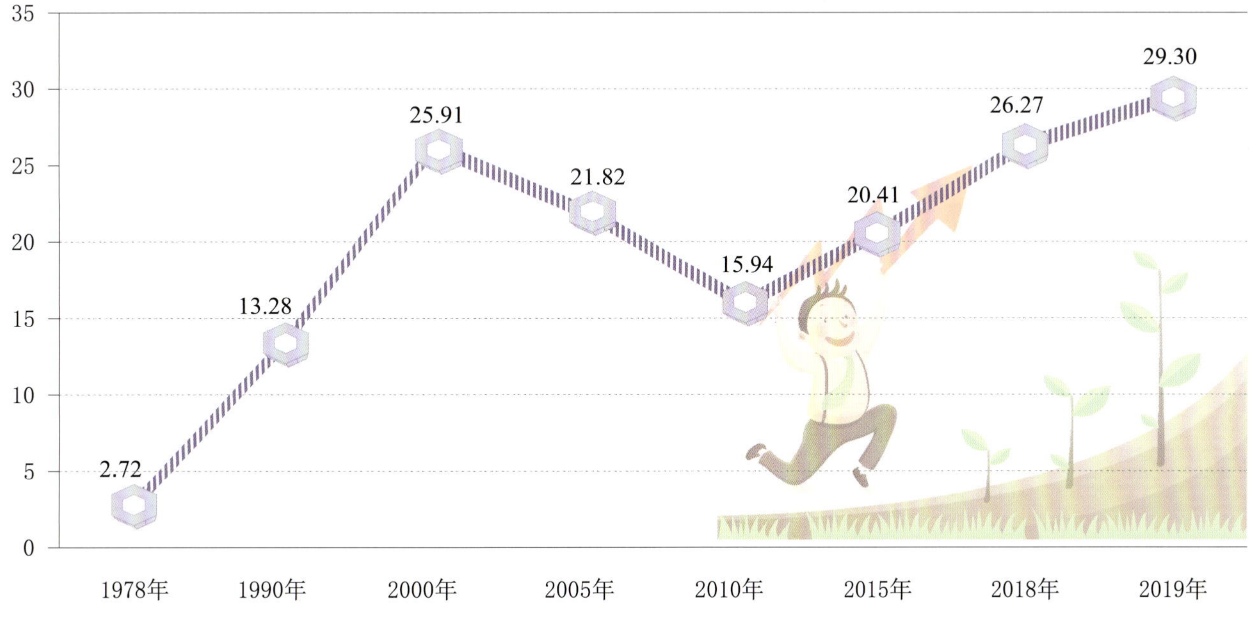

工业

规模以上工业增加值（亿元）

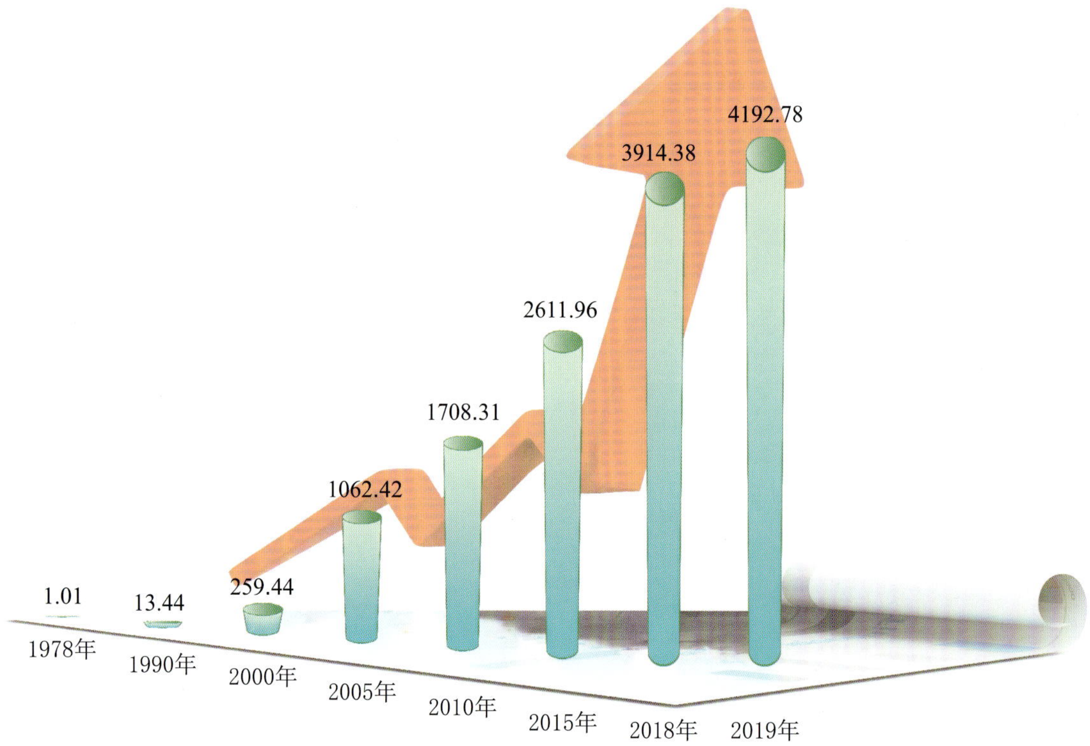

规模以上工业增加值构成（%）

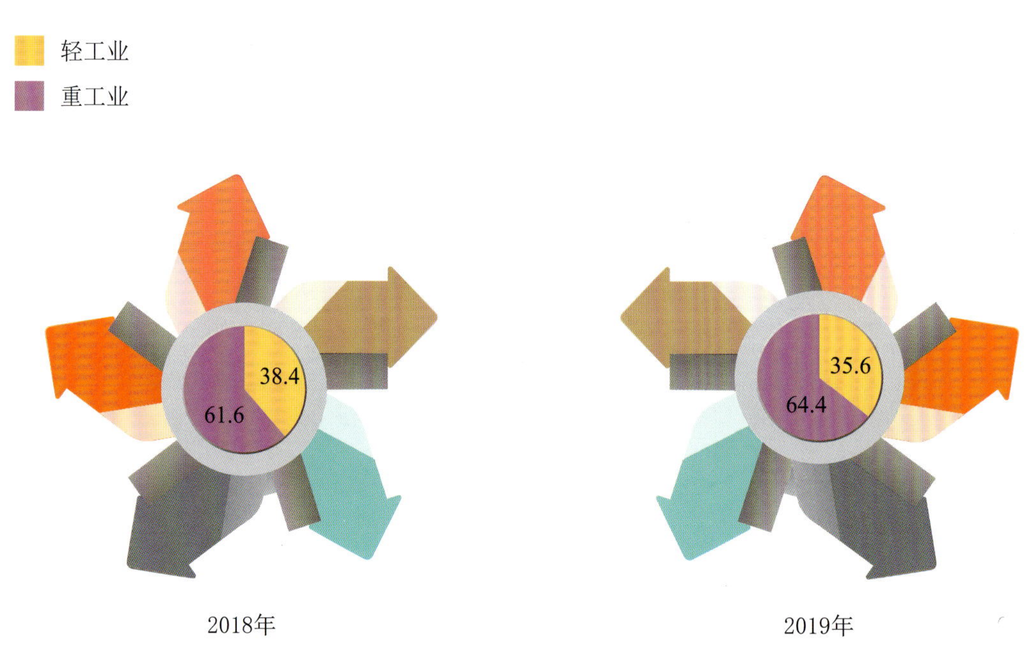

固定资产投资

固定资产投资增速（%）

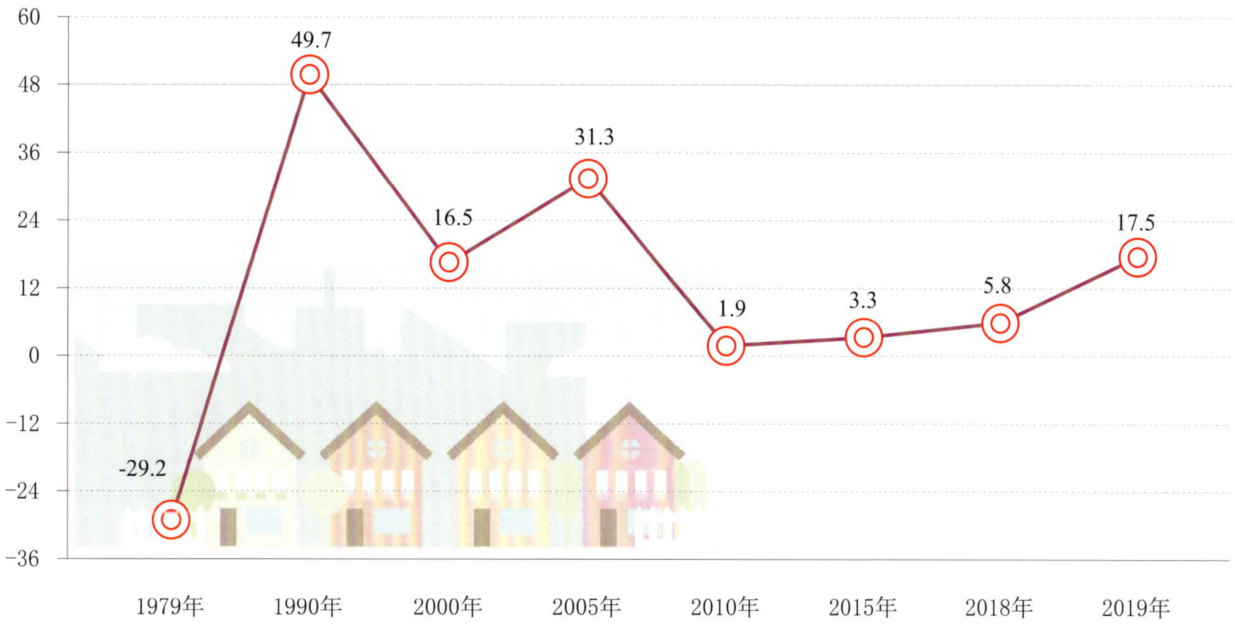

房地产开发投资总额（亿元）

运输邮电

货物、旅客运输量

注：2014年起，客运量和旅客周转量不含城市客运量，数据与往年不可比。

本地电话用户、移动电话用户（万户）

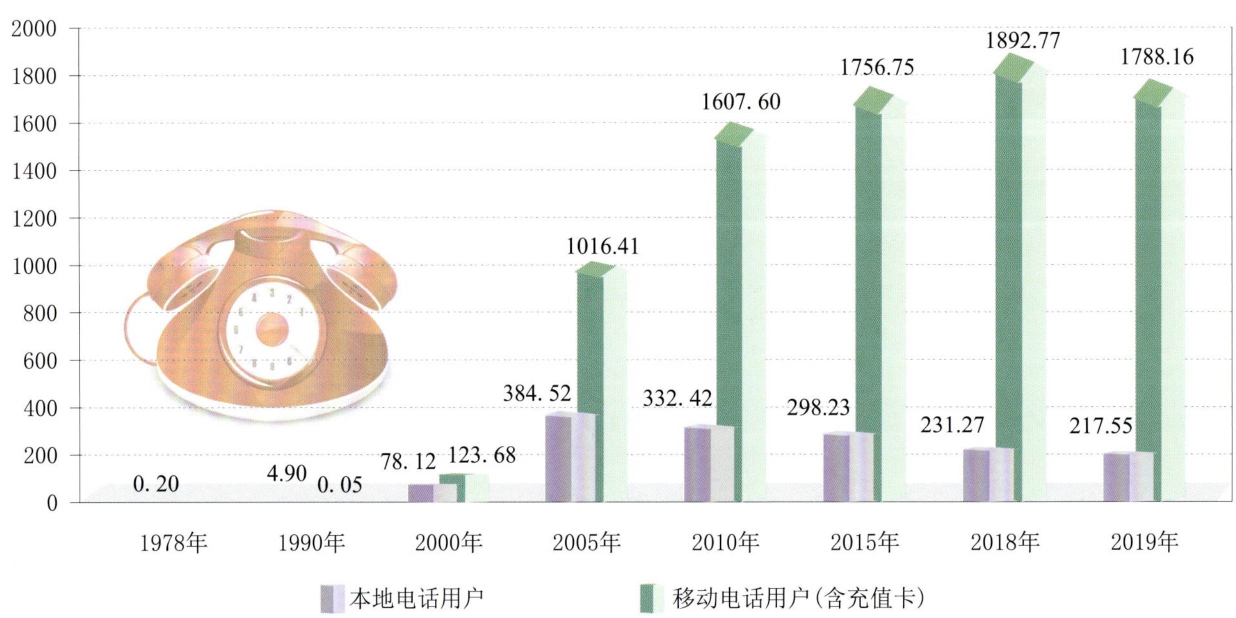

注：2015年起，本地电话用户取消小灵通。

国内贸易

社会消费品零售总额（亿元）

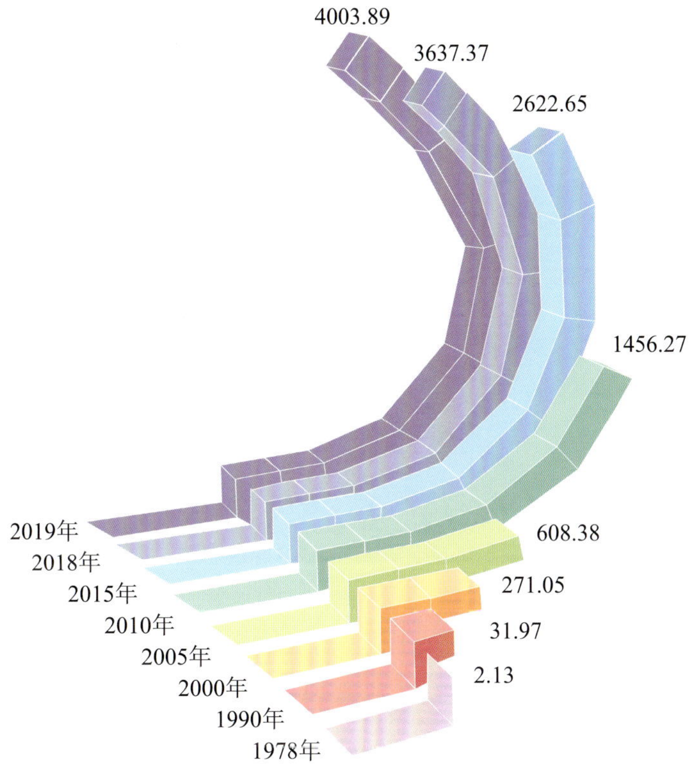

批发和零售、住宿和餐饮（亿元）

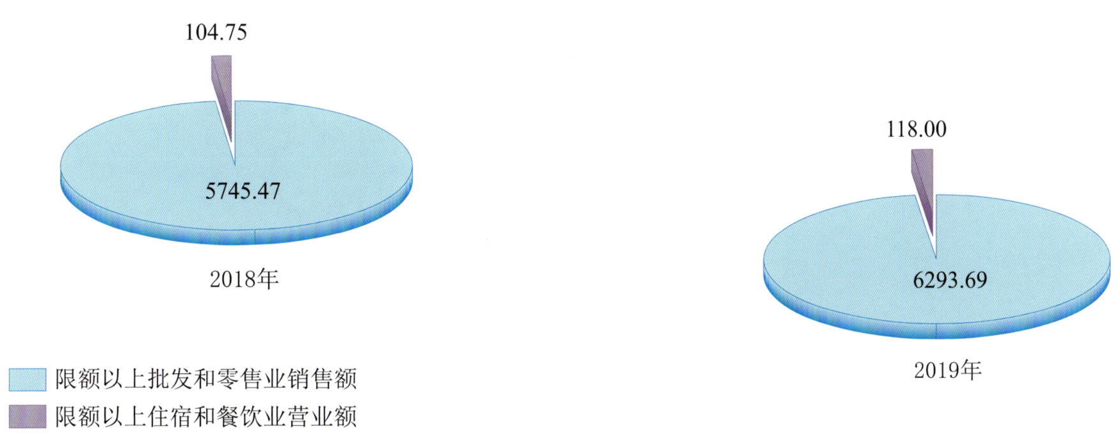

价格指数

居民消费价格总指数（以上年为100）

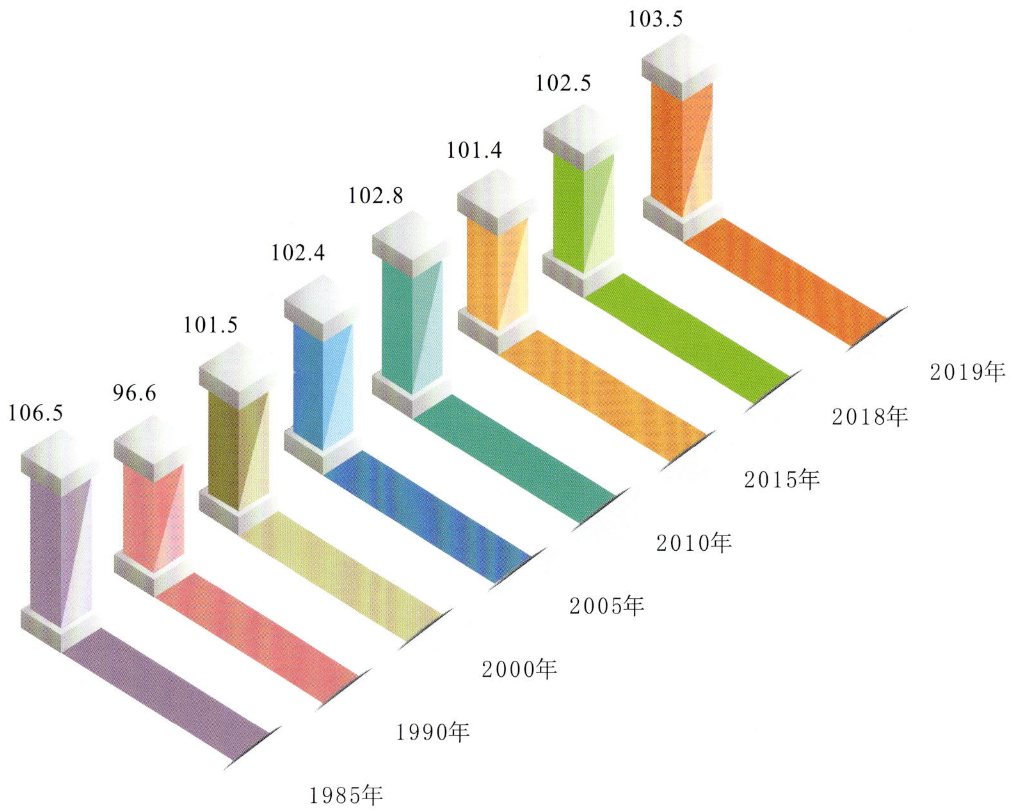

工业生产者出厂价格指数（以上年为100）

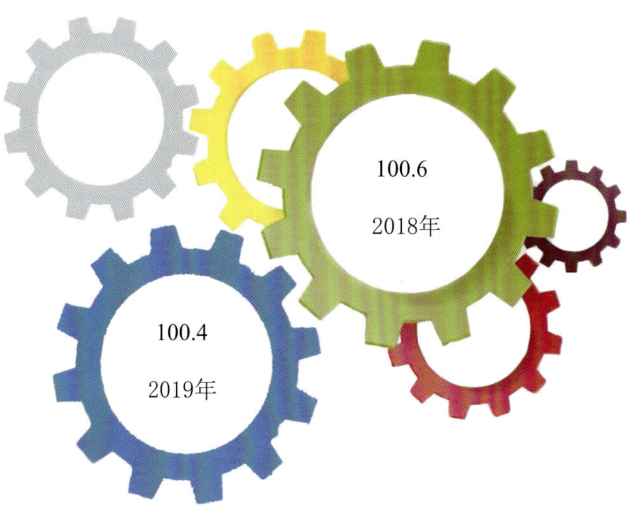

对外经济贸易与旅游

进口总额(亿元)

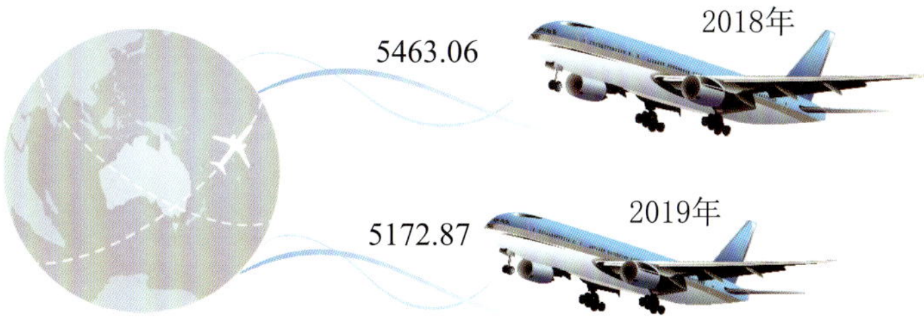

出口总额(亿元)

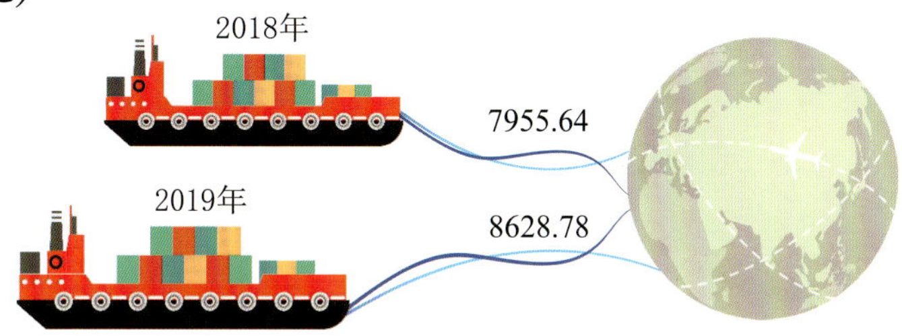

当年实际利用外资(亿美元)

全年接待国内外旅游人数(万人次)

财政、金融

一般公共预算收入和支出（亿元）

各项人民币存、贷款余额(亿元)

人民生活

2018年人民生活（元）

49331 全体居民人均可支配收入

50721 城镇常住居民人均可支配收入

32277 农村常住居民人均可支配收入

2019年人民生活（元）

全体居民人均可支配收入 53657

城镇常住居民人均可支配收入 55156

农村常住居民人均可支配收入 35905

社会事业

建城区绿地面积（万平方米）

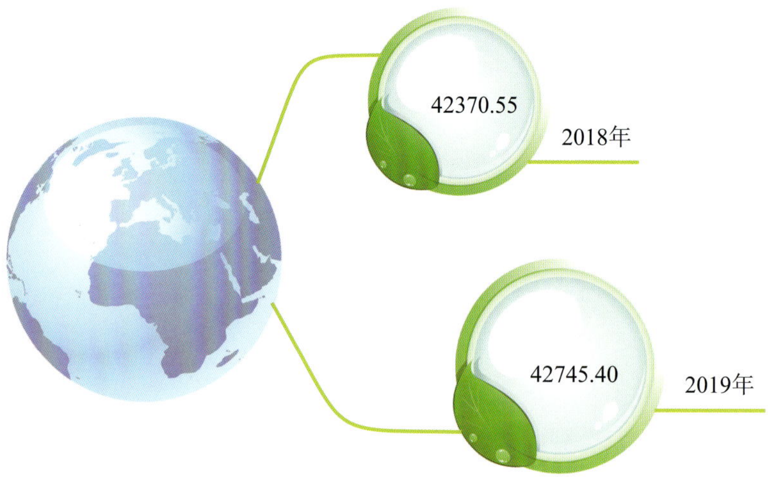

专利申请量（件）

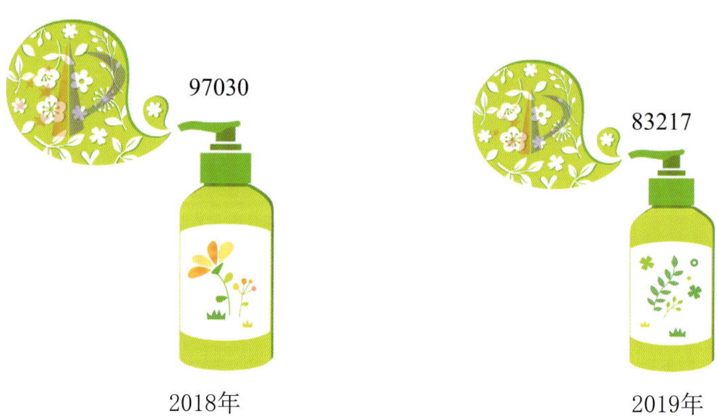

专利授权量（件）

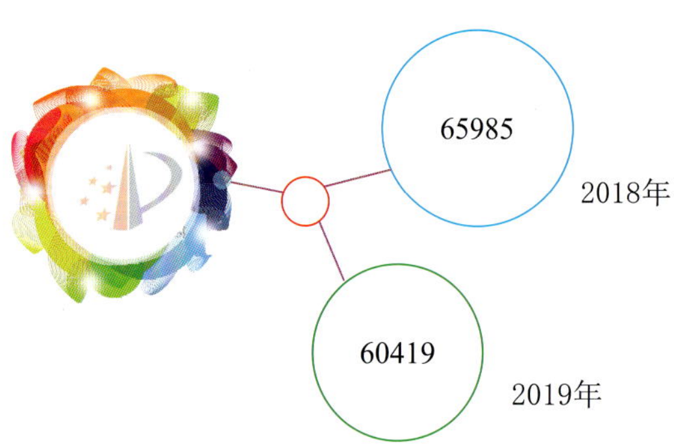

卫生事业机构床位数 (张)

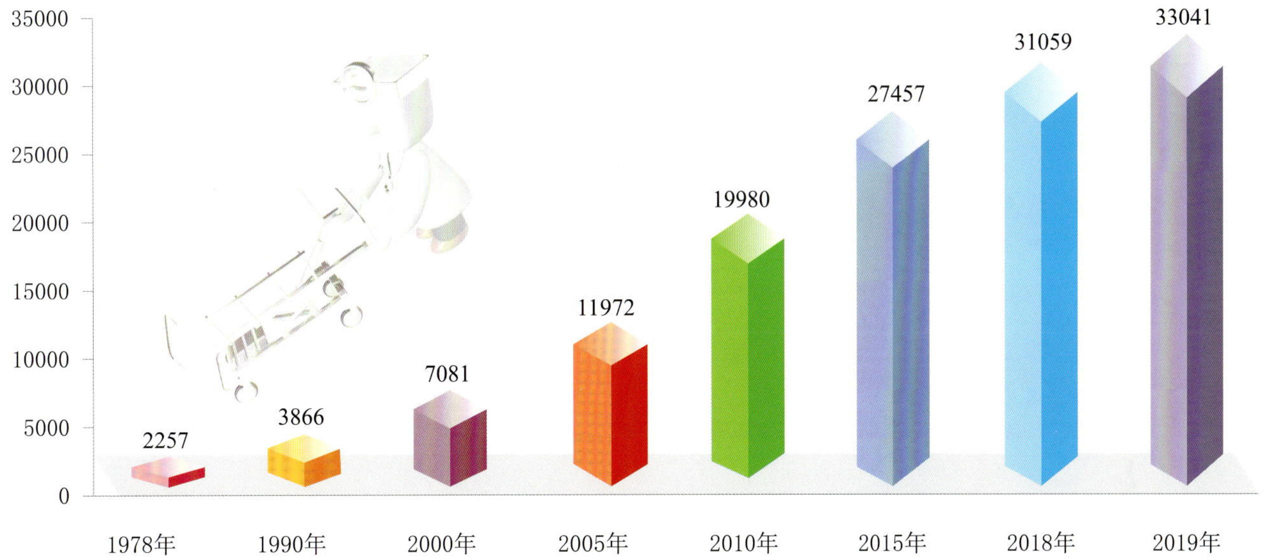

执业 (助理) 医师 (人)

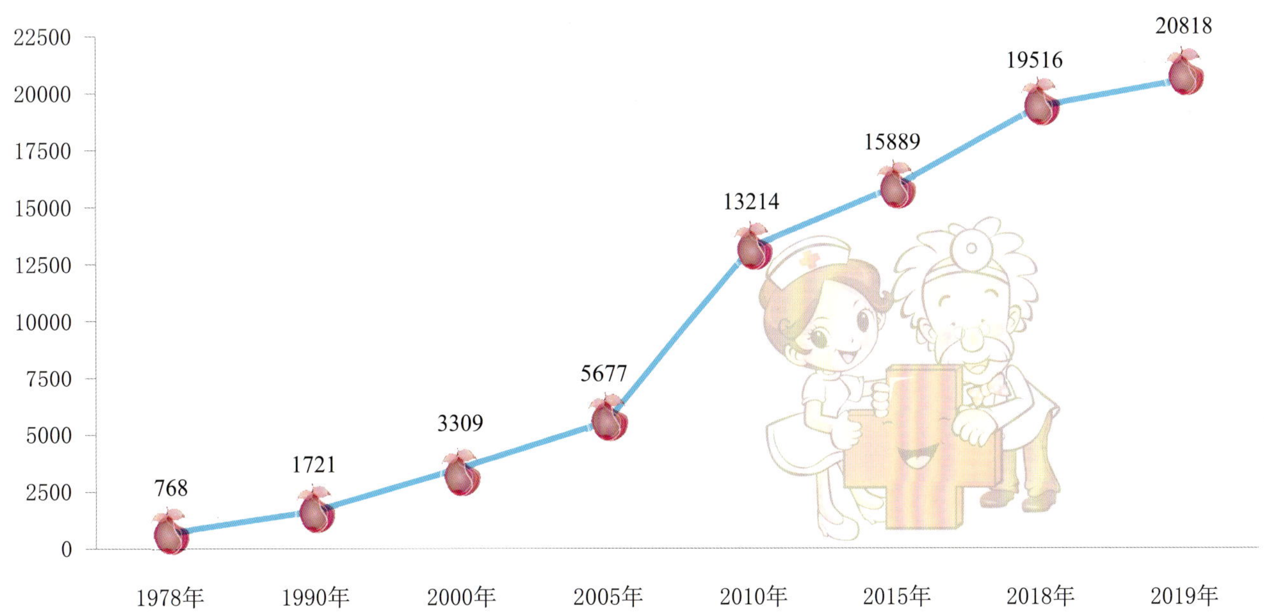

各类学校(所)

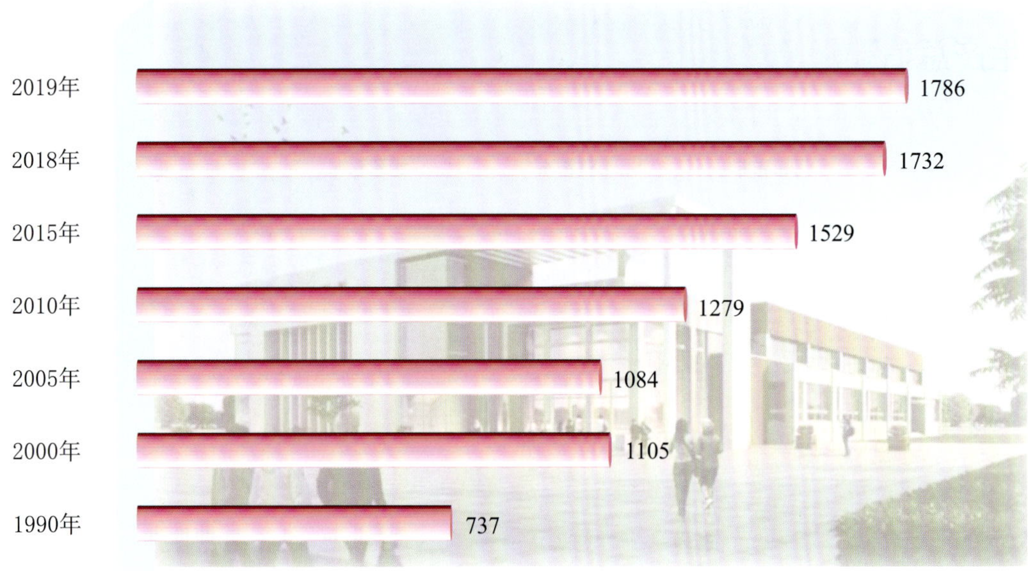

各类学校在校学生(万人)

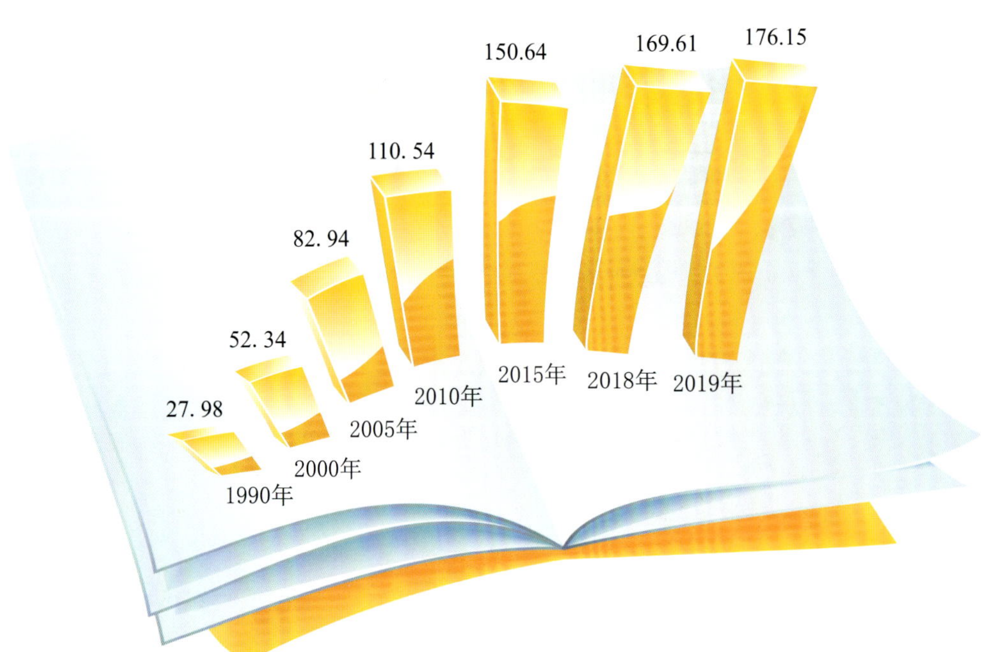

能源

单位生产总值能耗上升率或下降率（±%）

规模以上工业综合能源消费量（万吨标准煤）

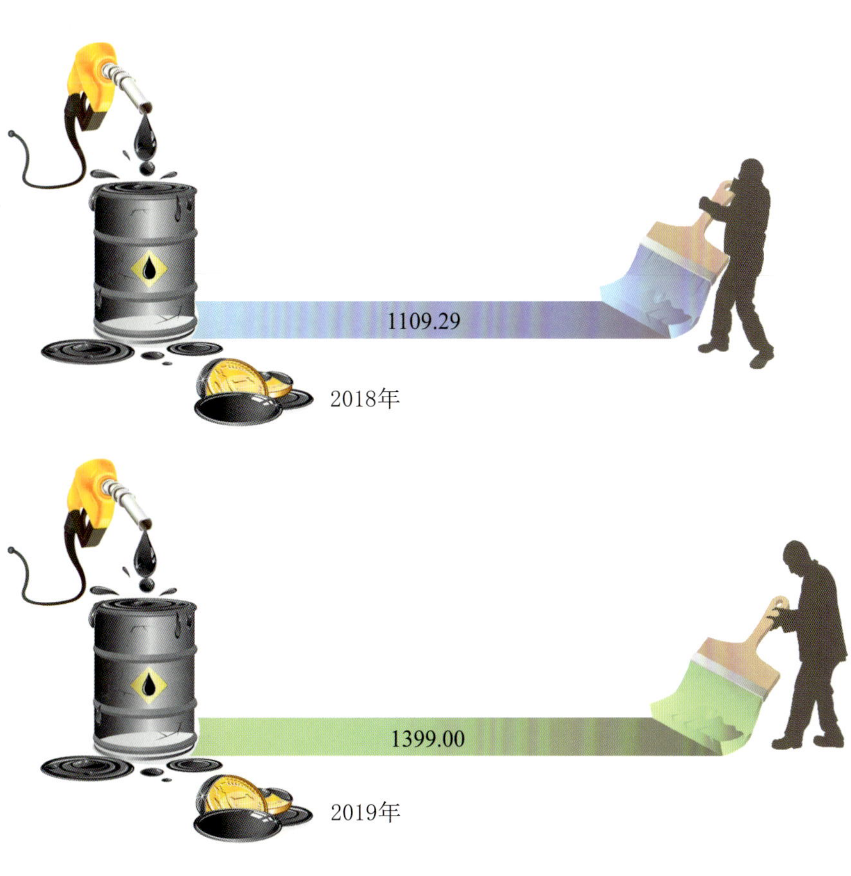

东莞统计

第一部分 概述

Part One Outline

2019年东莞市国民经济和社会发展统计公报

STATISTICAL COMMUNIQUE ON ECONOMIC AND SOCIAL DEVELOPMENT OF DONGGUAN IN 2019

2019年，面对国内外风险挑战明显上升的复杂形势，东莞坚持以习近平新时代中国特色社会主义思想为指导，按照新发展理念和推动高质量发展要求，坚持稳中求进工作总基调，全面贯彻党的十九大和十九届二中、三中、四中全会精神，认真落实省“1+1+9”工作部署和市“1+1+6”工作安排，全面做好“六稳”工作，统筹推进稳增长、促改革、调结构、惠民生、防风险、保稳定等各项工作，全年经济运行呈现逆势而进、逆势更优的良好态势，发展的协调性、匹配性、均衡性进一步提升，高质量发展不断取得新突破，为“湾区都市、品质东莞”建设提供了坚实基础。

一、综合

初步核算，2019年东莞实现地区生产总值9482.50亿元，比上年增长7.4%。分产业看，第一产业增加值28.48亿元，增长5.5%；第二产业增加值5361.50亿元，增长7.6%；第三产业增加值4092.52亿元，增长7.2%。三次产业比例为0.3∶56.5∶43.2。在第三产业中，交通运输、仓储和邮政业增长5.3%，批发和零售业增长4.9%，住宿和餐饮业增长5.1%，金融业增长12.7%，房地产业增长6.6%。人均地区生产总值112507元，增长6.6%，按平均汇率（6.8985）折算为16309美元。

表一　2019年分行业地区生产总值增长速度

行　　业	总量（亿元）	增长（%）	行　　业	总量（亿元）	增长（%）
地区生产总值	9482.50	7.4	批发和零售业	824.65	4.9
第一产业	28.48	5.5	住宿和餐饮业	179.27	5.1
第二产业	5361.50	7.6	交通运输、仓储和邮政业	208.99	5.3
建筑业	183.03	9.6	金融业	551.65	12.7
第三产业	4092.52	7.2	房地产业	720.79	6.6

在现代产业中，规模以上先进制造业增加值2420.01亿元，比上年增长12.7%；高技术制造业增加值1883.32亿元，增长20.6%。现代服务业增加值2523.52亿元，增长8.5%。

年末，全市工商登记注册户数123.86万户，比上年末增长8.0%。其中，企业工商登记56.06万户，增长11.6%；个体户登记67.75万户，增长5.2%。私营企业登记户数增长较快，增长12.1%。

全年居民消费价格总水平比上年上涨3.5%。其中食品烟酒类上涨7.8%，衣着类上涨1.5%，居住类上涨0.8%，生活用品及服务类上涨0.5%，交通和通信类下降0.1%，教育文化和娱乐类上涨2.5%，医疗保健类上涨5.9%，其他用品和服务类上涨3.1%。此外，全年商品零售价格总指数上涨2.3%。工业生产者出厂价格指数上涨0.4%。

图一：2014-2019年居民消费价格总指数（上年=100）

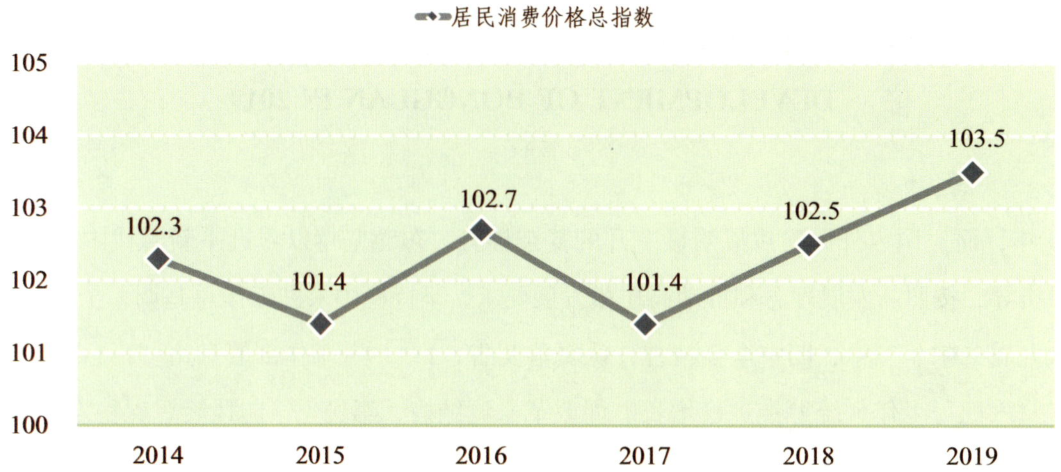

表二 2019年价格变动情况

类别	价格指数（上年=100）	类别	价格指数（上年=100）
居民消费价格总指数	103.5	居住	100.8
食品烟酒	107.8	生活用品及服务	100.5
其中：粮食	101.7	交通和通信	99.9
食用油	100.7	教育文化和娱乐	102.5
菜	104.4	医疗保健	105.9
畜肉类	129.4	其他用品和服务	103.1
水产品	103.4	商品零售价格总指数	102.3
蛋类	107.3	工业生产者出厂价格指数	100.4
衣着	101.5		

全年市一般公共预算收入673.18亿元，增长3.6%。市一般公共预算支出865.58亿元，增长12.2%；其中，一般公共服务支出88.40亿元，公共安全支出110.93亿元，教育支出165.48亿元，社会保障和就业支出58.87亿元。全年全市税收总额2166.61亿元，下降4.3%。

年末城镇实有登记失业人数1.17万人，全年失业人员安置就业人数1.71万人，城镇登记失业率为1.2%。

二、农业

全年全市农林牧渔业总产值43.57亿元，比上年增长6.2%。其中农业产值32.46亿元，增长2.0%，占农林牧渔业总产值的74.5%；林业产值0.31亿元，下降7.1%，占0.7%；牧业产值0.44亿元，下降40.5%，占1.0%；渔业产值8.99亿元，增长30.9%，占20.6%；农林牧渔服务业总产值1.38亿元，增长2.5%，占3.2%。全年农作物总播种面积34.77万亩，水果种植面积19.31万亩。全年粮食产量0.59万吨，增长0.1%；蔬菜产量41.55万吨，增长3.8%；水产品总产量4.69万吨，增长2.0%；生猪出栏1.02万头，下降29.4%；家禽出栏37.48万只，下降61.3%。

全年全市共有农民专业合作社185家、农业龙头企业39家（其中省级23家，国家级4家）、有效期内的省级农业类名牌产品达53个（含林业、渔业）。

三、工业和建筑业

全年全市规模以上工业增加值4465.31亿元，比上年增长8.5%。其中，重工业增加值2926.83亿元，增长13.0%，占规模以上工业增加值的65.5%；轻工业增加值1538.48亿元，增长0.9%，占规模以上工业增加值的34.5%。

全年全市规模以上工业五大支柱产业增加值3133.78亿元，比上年增长10.8%；工业四个特色产业增加值361.14亿元，下降1.3%。

全年高技术制造业增加值比上年增长20.6%。其中，医药制造业增长2.1%，航空、航天器及设备制造业下降27.3%，电子及通信设备制造业增长20.9%，计算机及办公设备制造业增长17.9%，医疗仪器设备及仪器仪表制造业增长29.3%。

全年先进制造业增加值比上年增长12.7%。其中，高端电子信息制造业增长21.3%，先进装备制造业下降1.4%，石油化工产业增长11.6%，先进轻纺制造业下降1.8%，新材料制造业增长5.1%，生物医药及高性能医疗器械业增长15.2%。

表三　2019年规模以上工业主要产品产量

产品名称	计量单位	产量	增长（%）
布	亿米	0.88	−11.3
服装	亿件	11.40	−16.0
鞋	亿双	1.76	−14.8
家具	万件	4269.50	−18.3
机制纸及纸板（外购原纸加工除外）	万吨	1506.81	4.8
纸制品	万吨	256.54	−3.3
塑料制品	万吨	163.21	1.2
电动手提式工具	万台	3517.79	−0.9
原电池及原电池组（非扣式）	亿只	71.43	−2.3
灯具及照明装置	万套（台、个）	19289.89	−1.9
电子计算机整机	万台	1581.47	50.9
显示器	万台	508.25	33.9
电话单机	万部	2500.48	−4.3
移动通信手持机（手机）	万台	40573.98	11.9
彩色电视机	万台	61.90	−71.7
光电子器件	亿只（片、套）	153.49	−0.6
电子元件	亿只	10606.30	−20.4
印制电路板	万平方米	1984.05	1.6

全年优势传统产业增加值比上年增长 1.9%。其中，纺织服装业下降 1.6%，食品饮料业增长 1.4%，家具制造业下降 7.3%，建筑材料业增长 18.6%，金属制品业增长 1.4%，家用电力器具制造业增长 10.6%。

规模以上工业综合经济效益指数为 190.9%，总资产贡献率 7.5%，成本费用利润率 3.4%，产品销售率 96.9%，全员劳动生产率 17.67 万元 / 人，实现利润总额 762.39 亿元。

全年全市建筑业实现增加值 183.03 亿元，比上年增长 9.6%。总承包和专业承包建筑企业完成总产值 546.79 亿元，增长 25.4%；施工面积 1468.03 万平方米，增长 14.1%；竣工面积 469.64 万平方米，增长 9.2%。总承包和专业承包建筑企业按施工产值计算的全员劳动生产率为 40.68 万元 / 人，增长 30.0%。

四、固定资产投资

全年固定资产投资比上年增长 17.5%。按注册类型分，内资经济投资增长 24.9%；民营经济投资增长 17.1%；外资经济投资下降 19.8%；其中，港澳台经济投资下降 21.2%。

图二：2014-2019年固定资产投资增长速度

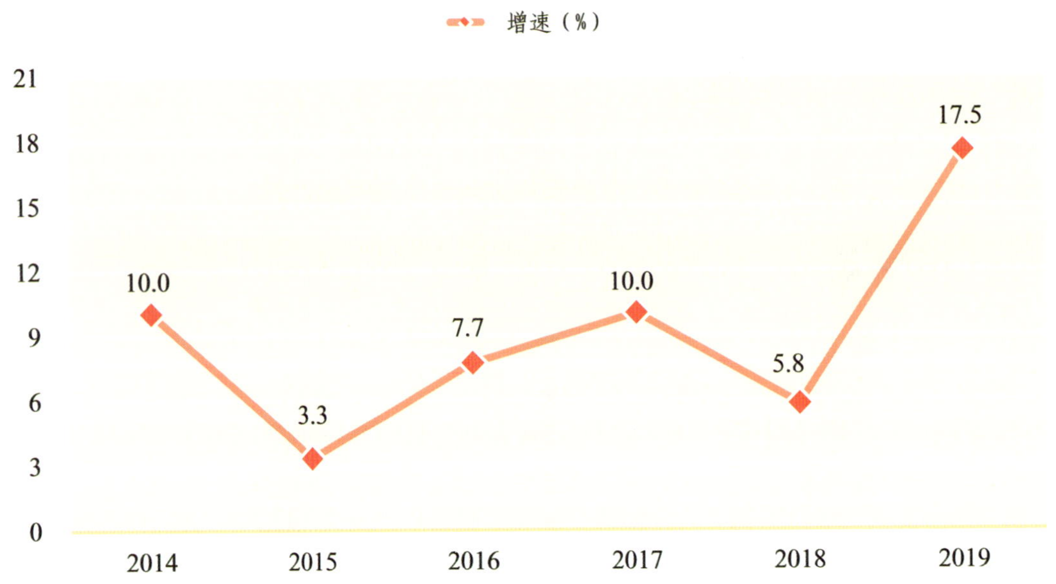

从产业投向看，投资集中在第二、三产业。第二产业投资比上年增长 20.3%；第三产业投资增长 16.1%。基础设施投资增长 52.3%，总量占固定资产投资的比重为 22.4%；工业投资增长 20.2%。先进制造业投资增长 21.4%，总量占固定资产投资的比重为 20.7%；高技术产业（制造业）投资增长 24.8%，总量占固定资产投资的比重为 15.8%。

全年完成房地产开发投资比上年增长 8.1%。商品房屋建筑施工面积 4166.17 万平方米，下降 5.8%；竣工面积 281.01 万平方米，下降 26.6%。新建商品房网上签约销售面积 739.42 万平方米，增长 1.5%；其中商品住宅销售面积 543.27 万平方米，增长 7.2%。新建商品房网上签约销售金额 1385.15 亿元，增长 12.1%；其中商品住宅销售金额 1093.64 亿元，增长 20.7%。

表四　2019 年分行业固定资产投资情况

行　业	增长（%）	行　业	增长（%）
总　计	17.5	租赁和商务服务业	158.8
农、林、牧、渔业	1576.0	科学研究和技术服务业	1.5
制造业	12.8	水利、环境和公共设施管理业	58.8
电力、热力、燃气及水生产和供应业	82.3	居民服务、修理和其他服务业	−29.5
建筑业	923.6	教育	65.1
交通运输、仓储和邮政业	23.5	卫生和社会工作	51.0
信息传输、软件和信息技术服务业	−12.4	文化、体育和娱乐业	90.3
批发和零售业	−24.1	公共管理、社会保障和社会组织	685.4
住宿和餐饮业	−62.3	第一产业	−100.0
金融业	7.6	第二产业	20.3
房地产业	6.8	第三产业	16.1

五、国内贸易

全年全市批发和零售业实现增加值 824.65 亿元，比上年增长 4.9%；住宿和餐饮业实现增加值 179.27 亿元，增长 5.1%。

全年社会消费品零售总额 3179.78 亿元，比上年增长 9.4%。分地域看，城镇消费品零售总额 2968.72 亿元，增长 9.8%；乡村消费品零售总额 211.06 亿元，增长 4.7%。分消费形态看，商品零售额 2977.37 亿元，增长 9.3%；餐费收入 202.41 亿元，增长 10.7%。分行业看，批发零售贸易业零售额 2968.47 亿元，增长 9.3%；住宿餐饮业零售额 211.30 亿元，增长 11.1%。

在限额以上批发和零售业中，粮油食品类零售额比上年下降 1.1%，饮料类增长 17.5%，烟酒类下降 11.8%，服装鞋帽、针、纺织品类下降 7.6%，日用品类增长 46.5%，汽车类增长 0.9%，石油及制品类下降 4.4%。

图三：2014-2019年社会消费品零售总额及增长速度

六、对外经济

全年全市进出口总额13801.65亿元，比上年增长2.8%。其中进口5172.87亿元，下降5.3%；出口8628.78亿元，增长8.5%。“一带一路”沿线国家进出口额3103.08亿元，增长17.9%。全市电子商务交易额5377亿元，增长12.0%。

按贸易方式分，一般贸易出口4707.08亿元，比上年增长15.0%；加工贸易出口3502.46亿元，下降1.9%；保税物流出口418.10亿元，增长45.1%；其他出口1.14亿元，下降29.6%。

表五 2019年进出口情况表

指标名称	总量（亿元）	增长（%）	指标名称	总量（亿元）	增长（%）
进出口总额	13801.65	2.8	#进口总额	5172.87	-5.3
#出口总额	8628.78	8.5	其中：一般贸易	1451.67	1.1
其中：一般贸易	4707.08	15.0	加工贸易	1731.09	-12.4
加工贸易	3502.46	-1.9	其中：机电产品	4120.57	-3.1
其中：机电产品	6513.85	8.4	高新技术产品	3285.43	-2.9
高新技术产品	3855.12	12.1	其中：国有企业	29.32	-44.8
其中：国有企业	117.82	9.3	三资企业	2226.35	2.6
三资企业	3992.23	0.1	集体企业	0.13	-67.0
集体企业	0.64	-40.4	民营企业	2901.20	-10.1
民营企业	4518.09	17.2	进出口贸易顺差（出口减进口）	3455.92	38.6

按出口的地区分，对“一带一路”沿线国家出口2258.26亿元，比上年增长31.2%；对亚洲出口4348.97亿元，增长9.8%；对北美洲出口1816.36亿元，下降0.3%；对欧洲出口1800.56亿元，增长10.1%；对拉丁美洲出口393.33亿元，增长20.7%；对大洋洲出口143.45亿元，增长28.8%。

表六 2019年主要国家和地区货物进出口总额情况表

国别（地区）	进出口总额		出口总额		进口总额	
	总量（亿元）	增长（%）	总量（亿元）	增长（%）	总量（亿元）	增长（%）
亚洲	9025.56	1.8	4348.97	9.8	4676.59	-4.7
北美洲	1970.29	-2.1	1816.36	-0.3	153.93	-19.1
欧洲	1990.52	8.5	1800.56	10.1	189.96	-4.5
一带一路	3103.08	17.9	2258.26	31.2	844.83	-7.4
欧盟（28国）	1795.55	8.1	1615.71	9.5	179.84	-3.3
东盟（10国）	1802.81	16.0	1059.85	37.1	742.96	-4.9
香港	1642.73	-6.1	1624.34	-6.0	18.39	-12.1
美国	1816.50	-3.2	1683.22	-2.0	133.28	-15.7
日本	944.15	-6.4	418.52	-13.8	525.63	0.6
韩国	1263.24	-4.6	309.43	25.5	953.81	-11.5

全年机电产品出口6513.85亿元，比上年增长8.4%，占出口总额的75.5%；高新技术产品出口3855.12亿元，增长12.1%，占出口总额的44.7%。

表七　2019年主要商品出口情况

商品名称	金额（亿元）	增长（%）	商品名称	金额（亿元）	增长（%）
机电产品（包括本目录已具体列名的机电产品）	6513.85	8.4	自动数据处理设备的零件	214.50	20.6
高新技术产品	3855.12	12.1	塑料制品	193.15	11.5
电话机	1479.85	6.0	通断保护电路装置及零件	193.87	3.7
自动数据处理设备及其部件	457.74	1.9	鞋类	173.93	6.4
服装及衣着附件	344.16	−9.9	电线和电缆	158.68	−3.7
集成电路	315.58	58.8	电视、收音机及无线电讯设备的零附件	159.75	29.6
家具及其零件	286.03	−6.9	纺织纱线、织物及制品	146.52	11.5
玩具	223.52	14.9	灯具、照明装置及零件	148.06	7.0
静止式变流器	210.01	−1.6	箱包及类似容器	135.70	−7.4

全年全市新签外商直接投资项目1028宗，合同外资金额136.41亿元，比上年下降8.4%。实际利用外资88.03亿元，增长5.4%。其中，制造业实际利用外资59.83亿元，增长6.2%，占全市实际利用外资68.0%。

表八　2019年分行业利用外资情况

行业名称	合同外资金额（万元）	增长（%）	实际利用外资（万元）	增长（%）
总　　计	1364055	−8.4	880307	5.4
制造业	695214	−22.0	598311	6.2
纺织服装、鞋、帽制造业	50090	−25.1	39346	19.3
家具制造业	3318	−82.6	3654	−64.5
通用设备制造业	105068	286.9	27898	−30.1
专用设备制造业	27567	−32.6	24291	−50.1
电气机械及器材制造业	39929	−64.9	46349	14.1
计算机、通信和其他电子设备制造业	211796	16.7	137523	23.5
金属制品业	27503	11.9	23417	−10.2
橡胶和塑料制品业	58303	18.2	57416	45.2
文教、工美、体育和娱乐用品制造业	41413	85.7	15678	−42.7
造纸及纸制品业	30787	80.4	17509	−38.8
其他制造业	28648	−0.4	18860	30.6
交通运输、仓储和邮政业	103367	68.0	72247	8.5
批发和零售业	152569	−24.5	45658	−27.6
租赁和商务服务业	78547	51.5	29894	3.0

七、交通、邮电和旅游

全年全市交通运输、仓储和邮政业实现增加值208.99亿元，比上年增长5.3%。

全年全市公路通车里程5283.86公里，公路密度214.79公里/百平方公里，公路密度继续位居全省前列。年末全市机动车保有量（民用）324.19万辆，比上年末增长9.8%。其中汽车保有量323.51万辆，增长9.8%。

全年公路货物运输量11734.76万吨，货物周转量83.91亿吨公里；水路货物运输量5918.13万吨，货物周转量451.56亿吨公里。全年公路运输完成客运量3253.92万人，旅客周转量42.15亿人公里；水路运输完成客运量22.28万人，旅客周转量1463万人公里。全年港口旅客吞吐量22.52万人次，货物吞吐量19807.96万吨。

表九　2019年客（货）运量、周转量

指　　标	单位	数值	增长（%）	指　　标	单位	数值	增长（%）
客运量	万人	3276	−3.2	货运量	万吨	17653	2.2
#公路	万人	3254	−3.1	#公路	万吨	11735	6.9
旅客周转量	亿人公里	42.29	−7.3	货物周转量	亿吨公里	535.47	1.6
#公路	亿人公里	42.15	−7.3	#公路	亿吨公里	83.91	7.2

图四：2014-2019年移动电话用户数

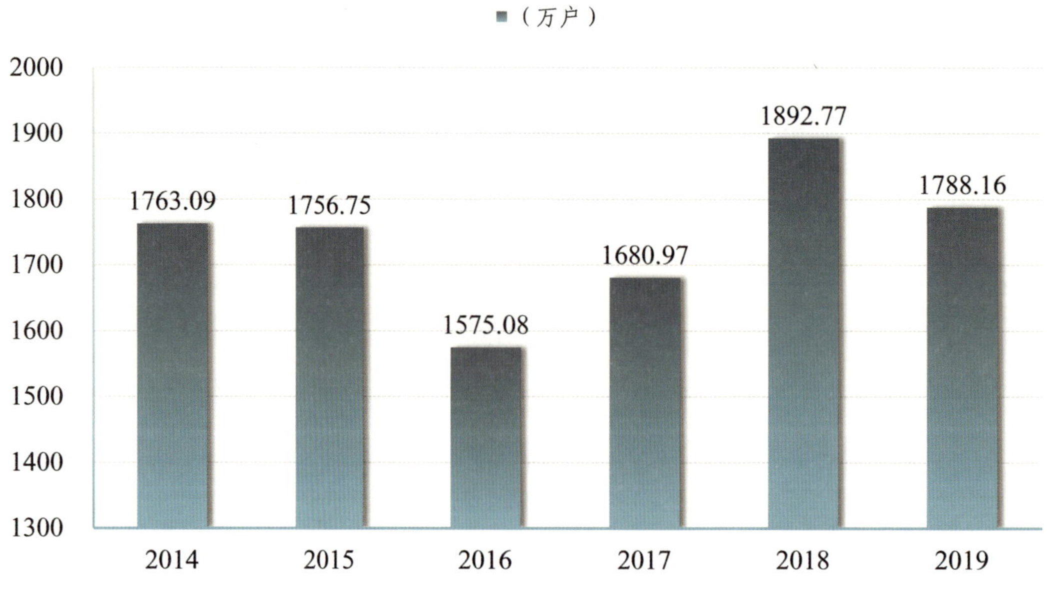

全年完成邮电业务（含快递）收入410.73亿元，比上年增长12.5%。邮政发送信函8969万件，邮政快递包裹7838万件，邮政汇款金额2.36亿元。年末全市固定电话用户217.55万户；移动电话用户1788.16万户，比上年末减少104.61万户。年末互联网用户182.24万户，减少5.41万户；宽带接入用户180.91万户，减少0.61万户。

年末全市有星级酒店29家，其中五星级酒店13家。全市旅行社191家，全年接待国际及港澳台游客404.99万人次，比上年增长0.8%。其中接待外国游客112.94万人次，增长1.7%；接待港澳台游客292.05万人次，增长0.4%。国际旅游外汇收入15.91亿美元，下降2.4%。全年接待国内游客4343.63万人次，增长7.7%。旅游总收入574.16亿元，增长8.5%。全年东莞组团外出旅游171.12万人次，增长4.7%。其中，国内旅游156.06万人次，增长4.9%；出境旅游15.06万人次，增长 2.7%。

八、金融

全年全市金融业实现增加值 551.65 亿元，比上年增长 12.7%。

年末全市各类金融机构 155 家，其中银行类机构 43 家（含 1 家代表处，1 家法人信托机构，3 家独立挂牌信用卡中心），保险类机构 65 家，证券期货类机构 47 家。上市公司 49 家，后备上市公司 187 家。

年末金融机构各项本外币存款余额 16426.44 亿元，比上年增长 16.0%。其中住户存款余额 6365.70 亿元，增长 12.6%。各项本外币贷款余额 10132.14 亿元，增长 23.4%。在个人消费贷款余额中，个人住房按揭贷款余额 4013.03 亿元，增长 21.8%；个人汽车消费贷款余额 37.33 亿元，增长 429.0%。

图五：2014-2019年各项本外币存、贷款余额

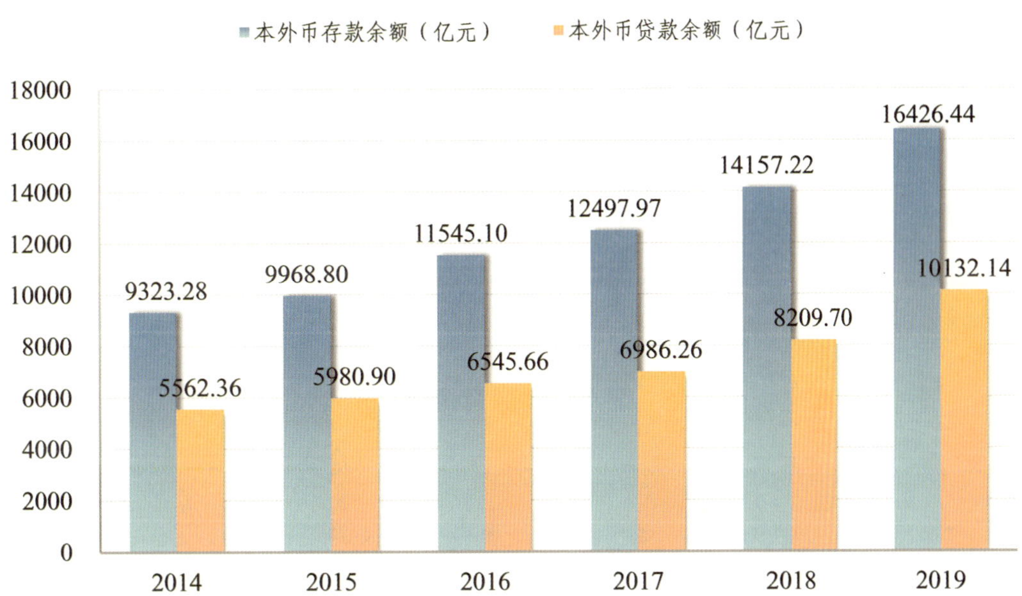

表十　2019 年金融机构存贷款情况

指　标	总量（亿元）	增长（%）	指　标	总量（亿元）	增长（%）
金融机构各项本外币存款余额	16426.44	16.0	金融机构各项人民币存款余额	15411.42	14.8
#住户存款	6365.70	12.6	#住户存款	6316.90	12.8
金融机构各项本外币贷款余额	10132.14	23.4	金融机构各项人民币贷款余额	9599.73	20.0
本外币存贷比（%）	61.7	3.7	人民币存贷比（%）	62.3	2.7

全年股票总成交额 22199.53 亿元，比上年增长 20.6%。年末保证金余额 135.85 亿元，比上年末增长 28.8%；开户数达 117.94 万户，增长 4.7%。

全年全市各类保险保费收入 561.11 亿元，比上年增长 14.6%。其中，财产险保费收入 160.51 亿元，增长 12.6%；人寿险保费收入 400.60 亿元，增长 15.5%。全年共支付各项赔款和给付 148.13 亿

元。其中，机动车保险赔付 65.68 亿元；非车险赔付 16.25 亿元；人身险赔款支出 6.79 亿元；满期给付 35.75 亿元；死亡医疗给付 11.93 亿元。

九、科技和教育

2019 年全市预计新增国家高新技术企业 1720 家，总数达 6228 家。全市专利申请量和授权量分别为 83217 件和 60421 件；其中，发明专利申请量为 20290 件，比上年下降 17.8%，占专利申请总量的 24.4%，数量排全省第 3 位；发明专利授权量为 8006 件，增长 19.2%，数量排全省第 3 位；PCT 国际专利申请量为 3268 件，增长 21.1%，数量排全省第 2 位。全市各级重点实验室和工程技术研究中心累计总数达 716 家，其中国家级 2 家，省级 401 家，市级 313 家；省市级新型研发机构累计总数达 59 家，其中省级 26 家，市级 33 家；引进省级创新科研团队总数达 36 个；市级创新科研团队 38 个；科技企业孵化载体 122 家，其中国家级 23 家；众创空间 81 家。大力推进科技信贷、科技保险等工作，推动 16 家签约银行为我市 1503 家企业发放贷款 2673 笔，贷款金额达 107 亿元。推动 295 家企业参与投保，总保额 249.84 亿元，发放保费补贴共计 705.45 万元。

年末全市幼儿园 1171 所，比上年末增加 46 所；其中省、市一级幼儿园 577 所，增加 37 所。全市小学 331 所，在校学生 83.74 万人；本市户籍小学学龄儿童入学率达 100%，小学毕业生升学率达 100%。全市初中 204 所（不含完全中学），在校学生 26.35 万人；本市户籍适龄少年初中入学率 100%，初中毕业生升学率 99%。全市普通高中 42 所，在校生 8.56 万人；中职学校 28 所（含技工学校 7 所），在校生 8.47 万人。全市普通高等院校 9 所，在校学生 12.44 万人；全年普通高等院校共招收本科、专科学生 3.57 万人，毕业生 3.07 万人。

表十一　教育情况

指　　标	招生（万人）	增长（%）	在校生（万人）	增长（%）	毕业生（万人）	增长（%）
普通本专科	3.57	8.2	12.44	2.5	3.07	7.7
成人本专科	2.34	39.3	4.80	33.7	0.86	16.2
中等职业技术教育	3.07	4.8	8.47	2.9	2.52	12.5
普通高中	3.02	7.9	8.56	3.5	2.71	4.2
初中	9.78	2.0	26.35	5.5	6.91	11.3
小学	16.01	1.1	83.74	4.2	11.24	1.0
学前教育	12.13	−11.7	36.48	2.6	13.49	0.7

十、文化、卫生和体育

年末全市有文化馆 1 个，文化站 33 个，公共图书馆 653 个，公共电子阅览室 585 个，公办博物馆 17 个，民办博物馆 36 个，文化广场 755 个，电影放映单位 159 个。全市公共广播节目 43 套，公共电视节目38套。全年共发行报纸7072.82万份，其中《东莞日报》5676.89万份。电影放映186万场次，观众2461万人次。

年末全市医疗机构3055个，其中，三级甲等医院6个，门诊部、诊所、医务室、卫生站、社区卫生服务机构等基层医疗机构2894个。全市卫生技术人员5.7万人，医疗机构实有病床3.3万张。全市门诊量7437.2万人次，比上年增长5.8%；住院量116.6万人次，增长12.4%。

全年全市运动员共获得343枚金牌、282枚银牌、260枚铜牌。其中夺得全国赛金牌14枚、银牌6枚、铜牌3枚；广东省赛金牌236枚、银牌232枚、铜牌198枚。全年举办全市全民健身活动823次，参加人数280万人次。全市有各类体育运动场地16149个（座），其中体育场546个，体育馆344座，灯光篮球场5249个，健身路径1287条，室外游泳池390个，室内游泳池77个，室外羽毛球场1392个。全市有体育彩票发行网点1878个，销售总额18.79亿元，体彩公益金1.43亿元。

十一、人民生活

2019年东莞居民收入稳步增长，全年居民人均可支配收入53657元，比上年增长8.8%。其中，城镇常住居民人均可支配收入55156元，增长8.7%，农村常住居民人均可支配收入35905元，增长11.2%，城乡收入差距进一步缩小。

从收入构成上看，居民人均工资性收入38169元，占人均可支配收入的71.1%，是居民收入的首要来源；其次是人均财产净收入，达10017元，占人均可支配收入的18.7%。

从生活消费支出来看，2019年居民人均生活消费支出35730元，比上年增长7.6%。其中，城镇常住居民人均生活消费支出36198元，增长7.5%；农村常住居民人均生活消费支出27721元，增长9.3%。全市居民恩格尔系数为31.7%，比上年下降0.2个百分点，其中城镇为31.3%，农村为36.3%。

居民生活消费呈现多样性，在八大类生活消费支出中，医疗保健、教育文化娱乐及其他用品和服务支出增幅较大，分别达11.7%、10.3%和10.1%。

十二、社会保障

全市参加各类社会保险2575.29万人次，其中基本医疗保险615.50万人次，养老保险人数577.13万人次,失业保险431.16万人次，工伤保险448.53万人次。全年社会保险基金总收入637.92亿元，保险基金总支出403.83亿元；年末社会保险基金累计余额2260.09亿元，上年保险基金结余2034.52亿元。

年末全市有收养类福利事业单位33个，其中社会福利院1个，社会福利中心1个，敬老院31个，敬老院供养老人1424人。社会福利事业单位收养2646人，全年社会救济7732人。全市居民最低生活保障支出5520.12万元，慈善基金结余42297.53万元。全市纳入“五保户”对象有828人，“五保户”费用支出1691.56万元。

十三、人口、资源、环境和安全生产

年末全市户籍人口 251.06 万人。全年出生人口 4.03 万人，出生率为 16.69‰；死亡人口 1.06 万人，死亡率为 4.38‰；人口自然增长率为 12.31‰。年末全市常住人口 846.45 万人，其中城镇常住人口 779.58 万人。人口城镇化率为 92.10%。

全年水资源总量约 16 亿立方米，比上年下降 33.0%。日供水能力 723 万立方米 / 日。我市共有 8 个国控地表水监测断面：其中观澜河 – 企坪、茅洲河 – 共和村、东江北干流 – 石龙北河、东江干流 – 东岸 4 个断面为跨市河流边界断面，东莞运河 – 樟村、东江南支流 – 沙田泗盛、东江南支流 – 第六水厂和石马河 – 旗岭 4 个断面为市境内河流断面。2019 年国控地表水监测断面水质状况：优良水质比例（达到或者优于Ⅲ类）为 37.5%，Ⅳ类水体比例为 25.0%，劣Ⅴ类水体比例为 37.5%。

全年城市环境空气质量达标天数 285 天，空气质量达到国家二级标准的比例 78.1%，可吸入颗粒物年平均值 48 微克 / 立方米，细颗粒物（PM2.5）年平均值 32 微克 / 立方米，臭氧日最大八小时超标率 19.7%。

全年雨日天数 138 天，日照时数 1887.1 小时，平均气温 23.9 摄氏度，相对湿度 77%，降水量 1912.3 毫米。

全年共有 3 个镇街成功创建广东省森林小镇，总数达 11 个。共有市级自然保护区 6 个，面积达 8829.9 公顷；森林公园 20 个，面积达 33208.19 公顷；湿地公园达 23 个，面积 2171.62 公顷。

年末全市建成区土地面积 1139.83 平方公里，公共管理与公共服务用地面积 56.79 平方公里。全市建成区绿地率为 43.76%，绿化覆盖率为 35.86%。

全年全市共发生各类生产安全事故 399 起，比上年下降 27.5%，未发生重大以上事故；死亡 262 人，比上年下降 19.4%；受伤 263 人，下降 29.7%；直接经济损失 4491.11 万元。全年发生道路和水上交通事故 2978 起，比上年下降 13.4%；死亡 457 人，下降 5.2%；受伤 2616 人，下降 18.9%；直接经济损失 708.99 万元，下降 24.1%。道路交通万车死亡人数为 1.40 人。

注：1. 本公报中 2019 年数据为初步统计数；统计图中 2014–2018 年数据为年报数；最后统计数据以各部门年报及《东莞统计年鉴 –2020》为准。

2. 地区生产总值、各行业增加值、农业总产值绝对数按当年价格计算，增长速度按可比价格计算；地方一般公共预算收入增长速度按可比口径计算。

3. 从 2011 年起,规模以上工业统计口径由年主营业务收入 500 万元调整为 2000 万元及以上的工业法人企业;固定资产投资项目统计起点由计划总投资 50 万元提高到 500 万元,增速为可比口径。

4. **五大支柱产业**包括电子信息制造业、电气机械及设备制造业（包括电气机械及器材制造业，仪器仪表制造业，通用设备制造业，专用设备制造业，铁路、船舶、航空航天和其他运输设备制造业以及汽车制造业）、纺织服装鞋帽制造业（包括纺织业，纺织服装、服饰制造业，皮革、毛皮、羽毛及其制品和制鞋业）、食品饮料加工制造业（包括食品制造业，酒、饮料和精制茶制造业，农副产品加工业）、造纸及纸制品业。**四个特色产业**包括玩具及文体用品制造业、家具制造业、化工制造业（包括化学原料和化学制品制造业，石油煤炭及其他燃料加工业）、包装印刷业。

先进制造业包括高端电子信息制造业、先进装备制造业、石油化工产业、先进轻纺制造业、新材料制造业、生物医药及高性能医疗器械。**高技术制造业**包括医药制造业、航空、航天器及设备制造业、电子及通信设备制造业、计算及办公设备制造业、医疗仪器设备及仪器仪表制造业、信息化学品制造业。

5. 阅读本公报时，请注意统计指标的时间、口径和计算方法等。
6. 资料来源：本公报中城镇实有登记失业人数、失业人员安置就业人数、城镇登记失业率、社保障数据来自市人力资源和社会保障局；农民专业合作社、龙头企业及省级农业类名牌产品数来自市农业农村局；进出口、利用外资数据来自市商务局；公路通车里程、交通运输、公路、水路相关数据来自市公路管理局和市交通运输局；邮电业务收入、邮政发送信函、电话用户等数据来自市邮政、电信、移动等相关运营商；星级酒店及旅游情况、文化馆、文化站、公共图书馆、公共电子阅览室、博物馆、文化广场、公共广播节目、报纸、运动员获得奖牌、健身活动、体育彩票发行情况来自市文化广电旅游体育局；年末各类金融机构数据来自市金融工作局；本外币存贷款余额来自市人民银行；股票总成交额及年末保证金余额数据来自证券期货业协会；保险、保费及赔款与给付来自市保险行业协会；国家高新技术企业家数以及科研成果奖等数据来自市科学技术局；专利申请和授权量数据来自市市场监督管理局；教育数据来自市教育局；卫生医疗机构、出生和死亡人口等相关数据来自市卫生健康局；福利单位、敬老院等数据来自市民政局；户籍人口数据来自市公安局；气象数据来自市气象局；森林小镇、森林公园、湿地公园、自然保护区等数据来自市林业局；建成区及公共管理与公共服务用地面积来自市自然资源局；建成区绿地率、绿化覆盖率数据来自市城市管理和综合执法局，生产安全事故相关数据来自市应急管理局；道路交通事故等相关数据来自市公安局、海事局。

政府工作报告

REPORT ON THE WORK OF THE GOVERNMENT

——2020 年 6 月 11 日在东莞市第十六届人民代表大会第六次会议上

东莞市人民政府市长　肖亚非

各位代表：

今年是极不寻常的一年，突如其来的新冠肺炎疫情给全市人民生命健康和经济社会运行带来严重冲击。在这场没有硝烟的大战大考中，全市上下坚决贯彻习近平总书记“坚定信心、同舟共济、科学防治、精准施策”的防控总要求，牢牢构筑起“外防输入、内防扩散”的铜墙铁壁，全市没有发生社区和企业聚集性疫情，确诊病例稳定在 100 例以内，已超过 100 天未新增本地确诊病例，疫情防控阻击战取得重大战略成果。我们坚持疫情防控与经济社会发展统筹推进，有序抓好复工复产、复业复市、复学复课，全力推动产业振兴和经济复苏，城市生产生活秩序基本恢复，经济社会发展大局安全稳定，充分展现了东莞力量、东莞精神。因疫情而推迟的市“两会”正式召开，标志着全市各项工作运转朝着正常化和规范化，又迈进了新的坚实一步。

下面，我代表市人民政府，向大会报告政府工作，请各位代表予以审议，并请各位政协委员和其他列席人员提出意见。

2019 年和今年以来工作回顾

过去一年，在省委省政府和市委的正确领导下，市政府坚持以习近平新时代中国特色社会主义思想为指导，认真落实省“1+1+9”工作部署和市“1+1+6”工作思路，统筹推进稳增长、促改革、调结构、惠民生、防风险、保稳定各项工作，较好地完成了市十六届人大五次会议确定的年度目标任务。

经济发展实现稳中有进。全市生产总值达 9482.5 亿元，同比增长 7.4%，增速珠三角第一。规上工业增加值达 4465.3 亿元，增长 8.5%，增速珠三角第一。固定资产投资达 2128.4 亿元，增长 17.5%，增速珠三角第二。社消零达 3179.8 亿元，增长 9.4%，增速珠三角第一。外贸进出口达 13801.7 亿元，增长 2.8%，其中出口增长 8.5%，增速珠三角第二。发展的协调性、匹配性进一步提升。各项本外币存、贷款余额分别突破 1.6 万亿元和 1 万亿元大关，成为全国第五个贷款余额突破万亿元的地级市，新增 A 股上市公司数量居全省地级市首位。28 个镇全部进入全国 400 强。村组集体纯收入增速创十六年来新高。东莞首次跻身“中国综合经济竞争力城市榜”前十强，外贸综合竞争力连续三年位居全国第三，政商关系健康指数连续两年排名全国第一。

参与“三区”建设取得扎实进展。松山湖科学城纳入综合性国家科学中心先行启动区建设，滨海湾新区发展总体规划获省通过，大湾区大学和香港城市大学（东莞）加快筹建，松山湖材料实验室正式动工，南方光源研究测试平台动工兴建，虎门港综合保税区一期顺利通过国家验收，建设省改革创新实验区正式获批，与广州、深圳交流合作进一步强化，“三区”建设成为东莞高质量发展的重要动力源。

创新驱动发展态势进一步巩固。全市新增省、市院士专家工作站14家。国家高企、科技型中小企业分别达6217家、1957家，均居全省地级市第一。R&D投入占比提至2.75%。先进制造业、高技术制造业占比分别提高1.9个和3.3个百分点，达54.2%和42.2%。智能手机产量4.06亿台，增长11.9%。73家企业入围广东制造业500强。81家企业实现三年倍增。全年引进内外资项目4098宗，单个项目平均规模增长39.5%，实际投资1196亿元，增长28.8%。

城市承载力和竞争力不断提升。以治水攻坚、“洁净城市”“厕所革命”等为突破口的环境补短板行动扎实推进，以国际商务区全球招商、中心城区景观提升、“五线”整治等为主抓手的城市品质提升工程成效突显，以华为全球开发者大会、男篮世界杯、亚洲马拉松等为引爆点的高规格活动和赛事成功举办，东莞生机勃勃、昂扬向上的城市形象进一步彰显。

重大改革深入推进。全面完成机构改革任务，加快推进市直管镇改革，强化松山湖、水乡功能区统筹。商事制度、“放管服”等重点领域改革不断深化，“一平台三工程”建设获得国务院督查激励，“互联网+不动产”改革受到省政府高度肯定，“银政通”企业开办一体机等六大改革品牌推出实施。减税降费全面落实，全年累计减免税费超过300亿元，514万自然人纳税人享受新政无需缴纳工薪所得个人所得税。

民生福祉进一步改善。民生支出占财政总支出超过七成，十件民生实事全面兑现，30个重点民生项目建成献礼，对口支援和帮扶工作扎实推进，对低保、残疾人、孤儿和特困供养人员等的保障进一步加强。52.2万人实现学历技能素质提升。就业局势保持总体稳定。全市新增中小学幼儿园55所、学位近6万个，其中公办学位约3.5万个，随迁子女义务教育阶段享受公办和民办学位补贴的人数占比突破50%。市人民医院肿瘤中心、市儿童医院新大楼投入使用，市第九人民医院正式开办。全市新增病床位1982张，在疫情防控中发挥了重要作用。乡村振兴战略加快实施，全省农村人居环境示范市创建工作扎实推进，86.4%的行政村达到干净整洁村标准。

社会大局保持和谐稳定。国庆安保维稳任务圆满完成。“两抢”发案量在前年下降八成基础上再降五成，飞车抢夺基本绝迹，扫黑除恶专项斗争满意率全省第二。团贷网等重大风险得到稳妥处置，全市生产安全事故宗数、死亡人数持续下降，群众安全感进一步提升。

我们隆重庆祝中华人民共和国成立70周年，组织策划“我和我的祖国”大型群众文艺嘉年华和系列快闪活动，奏响爱党爱国主旋律，东莞人民正高举习近平新时代中国特色社会主义思想伟大旗帜，昂首迈进新时代，奋力谱写新篇章。

我们切实加强政府系统自身建设，扎实开展“不忘初心、牢记使命”主题教育，严格落实中央八项规定精神，大力整治各种隐形变异“四风”问题，坚决落实执行力建设年部署，扎实推进依法行政，政府职能转变和党风廉政建设取得了新成效。

各位代表！

新冠肺炎疫情发生后，我们坚决贯彻习近平总书记重要讲话和重要指示精神，在市委的坚强领导下，坚持生命至上、人民至上，第一时间战备，第一时间行动，沉稳应对春节后近600万人返莞、56万家企业开工等巨大压力，全力打好东莞保卫战。全市6.8万名医务工作者逆行冲锋、舍身忘我，与疫情赛跑、与病魔抗争，最大限度守护了健康、拯救了生命。15.9万名党员干部下沉基层一线、开展指导服务，充分发挥了战斗堡垒和先锋模范作用。广大公安干警、口岸转运专班、村（社区）“两委”干部、社区工作者、新闻工作者、志愿者，以及快递、环卫等普通劳动者不惧风雨、坚守岗位，为抗疫斗争注入了强大能量。广大企业特别是防疫物资生产企业迅速复工、加班加点，为全国全省抗疫大局作出了重要贡献。全市人民听党指挥、响应号召，自觉配合疫情防控，切实加强自我防护，共同构筑起群防群控的严密防线，为打赢这场人民战争、总体战、阻击战提供了坚强保障。

在做好疫情防控的前提下，我们按照统筹推进经济社会发展的要求，做好顶层谋划，加强资源统筹，以战时思维、战时状态、战时举措加强经济运行监测调度，迅速出台实施“助企撑企15条”“助企复工10条”“优化服务15条”“加快复苏16条”等一揽子政策措施，全面做好复工复产复课、基本民生兜底、风险防范化解等各项工作，有效遏制了疫情冲击不断扩大的态势，推动了经济社会秩序加快恢复。虽然东莞这座外向型城市受到疫情冲击更早、影响更大，外部不确定因素叠加，一季度全市经济出现了较大幅度的负增长，但由于全市上下应对及时、措施有力，进入二季度，经济运行出现了向好趋势，涌现出不少积极因素，社消零等多项指标降幅不断收窄，用电量大幅回升，规上工业增加值、固定资产投资、存贷款余额等实现正增长，一大批重大项目集中签约动工，新业态、新动能加快成长，为实现经济平稳增长目标、最终夺取“双胜利”奠定了坚实基础。

各位代表！

去年以来东莞经济社会发展和今年疫情防控取得的成绩，是深入学习贯彻习近平新时代中国特色社会主义思想的结果，是全市人民在上级和市委的坚强领导下，齐心协力、团结拼搏、共同奋斗的结果。在此，我代表东莞市人民政府，向关心、支持、参与东莞建设发展的市民群众，各位人大代表、政协委员，各民主党派、人民团体，各驻莞单位、驻莞部队、武警官兵，以及港澳台同胞、海外侨胞、国际友人，表示衷心的感谢！向奋战在疫情防控一线的广大党员、干部、群众，特别是以精湛医术护佑生命健康、以赤诚之心谱写大爱之歌的医务工作者，表示崇高的敬意！

在肯定成绩的同时，我们也清醒地看到面临的困难和问题。全球疫情还在持续，抗疫斗争不容丝毫松懈，疫情防控中暴露出来的公共卫生短板亟需加快补齐；外部经济环境的不确定性和经济下行压力仍然很大，出口订单萎缩，市场消费不旺，企业特别是中小微企业保市场保生存困难较大，产业、劳资、财政、民生等领域风险有所增加；城市品质和城市影响力有待进一步提升，迫切需要解决标准不高、档次不够、功能缺失等问题；少数干部干事创业的锐气不足，攻坚克难担当不够，空间拓展、“两违”整治、污染治理、安全生产等工作还需加力加速推进。对于这些问题，我们必须高度警醒，尽最大努力予以有效解决。

2020年工作安排

积厚以成势，登高更望远。2020年是全面建成小康社会的决胜之年，是“十三五”的收官之年，做好各项工作意义重大，影响深远。今年政府工作的总体要求是：**以习近平新时代中国特色社会主义思想为指导，全面贯彻党的十九大和十九届二中、三中、四中全会精神，执行落实省“1+1+9”工作部署和市“1+1+6”工作思路，紧扣全面建成小康社会目标任务，牢牢把握“三区”叠加重大机遇，坚持稳中求进工作总基调，坚决贯彻新发展理念，坚定实施扩大内需战略，全力做好“六稳”工作，全面落实“六保”任务，统筹推进疫情防控和经济社会发展，确保高水平全面建成小康社会和“十三五”规划圆满收官，奋力推动“湾区都市、品质东莞”建设迈上新台阶。**

2020年全市经济社会发展的主要预期目标为：今年要优先稳就业保民生，城镇新增就业8.8万人，城镇登记失业率3%左右，居民消费价格涨幅3.5%左右；R&D投入占比提高至2.8%；国考省考断面优良水体比例达57.1%；空气质量优良天数比例达90%；PM2.5浓度稳定达到国家二级标准。重点抓好以下工作：

一、以战时体制加强经济运行监测调度，全力稳住经济基本盘

加强资金资源统筹调度。成立市镇两级指挥部，坚持充分授权、向下放权，采取调度令、任务书等方式，高效统筹、强力落实。市镇财政出资设立50亿元保企业促复苏稳增长专项资金，通过市场化方式放大至1000亿元左右，主要用于企业融资周转、消费行业补助和投资补贴等领域。五年统筹50平方公里产业用地，其中今年推出首批10平方公里启动全球招商。年内整合11500亩土地用于“工改工”、商服和住宅项目，专项配置3000亩用地指标支持企业增资扩产。高度关注先行指标、侧面指标，对经济波动和异常状况做到迅速捕捉、快速决策、及时处置。

进一步加大减税降费力度。坚决落实国家和省的决策部署，今年继续执行下调增值税税率和企业养老保险费率等制度。前期出台六月前到期的减税降费政策，包括免征中小微企业养老、失业和工伤单位缴费，减免小规模纳税人增值税，免征公共交通运输、餐饮住宿、旅游娱乐、文化体育等服务增值税，执行期限全部延长到今年年底。小微企业、个体工商户所得税缴纳一律延缓到明年。降低工商业电价5%政策延长到今年年底。中小微企业贷款延期还本付息政策再延长至明年3月底。继续鼓励支持各类业主减免或缓收房租。根据实际需要，再研究制定一批新的扶企撑企惠企政策措施，留得青山、赢得未来。

强化对企精准服务。梳理出5000多家重点企业库，实行市镇领导挂点服务。全市组建36个指导服务组实地推动惠企政策落实和企业问题解决，各镇街向重点企业派驻服务专班或专员开展贴身服务。围绕企业问题清单、增资扩产清单、新项目落地清单、救助企业清单，挂图作战、高效服务。进一步加大对民营经济的支持力度，鼓励支持本土优质企业积极参与全市工程建设，鼓励支持本土企业、本土品牌加大在莞产品销售力度。

着力稳定外经外贸。密切关注中美经贸摩擦动向，做好政策储备和应对预案。狠抓“稳外贸20条”落实，着力稳定企业资金链、产业链和供应链，开拓多元化市场。加大出口信用保险支持力度，积极申报市场采购贸易试点。办好“线上加博会”专业展，打造东莞优品专区、线上展会平台、直播产业集群三大新平台。加快推进虎门港综保区封关运作。争取香港－东莞国际空港中心项目落户东莞港。力争全年外贸进出口增速高于全省。

二、坚决强化民生保障，确保高水平全面建成小康社会

切实做好基本民生兜底。实施市政府一号文，市财政投入超过500亿元，着力加强普惠性、基础性、兜底性民生建设。全面强化稳就业举措，扩大就业需求，抓好重点行业、重点群体就业。将低保、特困人员供养、低收入家庭认定标准分别提至每人每月1060元、1696元和1590元。推进镇街残疾人康复就业服务中心标准化建设，以多元托养服务形式解决重度残疾人托养难问题。将临时救助范围逐步拓宽至常住居民，实施困难家庭二次医疗救助。全面铺开居家养老“大配餐”服务。规划建设一批高品质的儿童公园。促进房地产市场平稳健康发展。做好民生诉求的搜集、处理、反馈，擦亮“民生大莞家”品牌。实施全民艺术普及和全民运动健身计划。开展第七次全国人口普查。争创全国双拥模范城九连冠。

大力推进教育扩容千日攻坚和品质交通千日攻坚。财政投入300亿元，用5年时间新建改扩建公办中小学229所，新增学位约34万个；今年新建改扩建公办中小学29所，新增学位3.36万个；公办、普惠幼儿园在园幼儿占比提升至50%和80%。连续三年每年综合投入200亿元以上，全面推进综合交通“六大体系”建设，今年重点推进地铁1号线一期、赣深客专、佛莞城际等轨道交通，深圳外环高速东莞段、莞番高速、环莞快速三期等高快速路，“松山湖科学城－光明科学城”主通道等7条跨市道路，以及停车设施的规划建设。

全面完成精准脱贫攻坚战任务。坚决抓好国家和省交给东莞的工作任务，完成8个西藏巴宜区小康示范村建设，巩固新疆师市团场脱贫攻坚成果，推动昭通对口贫困县全部摘帽，确保韶关、揭阳5.18万贫困人口和323个贫困村全部有序退出。深化与牡丹江市合作，做好四川雅江、九龙和重庆巫山对口帮扶支援。坚决抓好市内帮扶，落实国家“万企帮万村”行动，推动次发达镇村增速快于全市平均水平。

三、加强和创新社会治理，进一步提升公共安全保障水平

慎终如始抓好常态化疫情防控。建立健全疫情防控常态化工作机制，及时动态完善防控策略和应对举措。严密实施入境人员全流程闭环管理，精准防控无症状感染者、密切接触者等重点人群，做好学校分批复学复课工作，管控好高风险空间、场所和区域，持续强化基层、社区联防联控机制，推动市民常态化做好自我防护，巩固疫情防控持续向好态势。

加快补齐公共卫生短板。完善重大公共卫生事件应急响应机制，建立科学系统的疾病预防控制体系，加强市镇两级疾控机构、队伍和能力建设。三年投入6亿元推动市人民医院和市中医院争创省高水平医院。加快推进区域中心医院建设。提升基层卫生健康服务水平。关心爱护医务人员，全面实施公立医疗机构薪酬制度改革，提高医务人员待遇。

毫不松懈地抓好社会治安、安全生产等工作。深化扫黑除恶专项斗争，大力打击电话网络诈骗、黄赌毒等违法犯罪行为，不断提升群众安全感。加大安全生产隐患整治力度，持续开展有限空间作业、

粉尘涉爆、分租式厂房等专项治理，加强火灾隐患排查整治，抓好食品、药品、特种设备等领域风险防范，做好气象服务，坚决遏制重特大事故发生。

四、深入实施扩大内需战略，加快转变经济发展方式

积极拓展消费市场。完善促进消费的统筹机制，以“乐购东莞”为主平台，通过多主题营销，多形式优惠和多板块联动，释放工业名品、特色农产、精品旅游的消费潜力，增强住宿、餐饮、5G通讯和汽车、房地产的消费动力，集成会展、电商、团购和招标采购的带动能力，注入进口商品、结算方式、异业联盟和消费金融等升级活力，稳定和促进社会消费。鼓励大型批发、零售企业在莞设立独立法人。大力争取汽车平行进口和二手车出口业务试点。积极引进高端文旅项目。

加力为投资松绑。落实“投资松绑30条”等政策措施，从主体、空间、成本、资金、审批、配置等方面为投资松绑减负，将东莞打造成为投资热土。力争全市招商引资额三年累计超过6600亿元，固定资产投资累计突破10000亿元，其中今年完成招商引资协议投资2000亿元，实际投资1000亿元。完成工业投资810亿元，完成城市更新投资382亿元，完成重大项目投资850亿元以上。

夯实先进制造业这一立市之本。实施制造业高质量发展三年行动计划，开展“强、大、精、优”产业体系发展工程，抓好重点行业、关键环节的补链，促进传统优势产业“老树发新枝”，推动台港澳企业高质量发展，着力打造更多的百亿级、千亿级先进制造业集群。实施5G产业发展三年行动计划，建设松山湖、滨海湾、水乡等5G示范区。推动区块链技术创新发展，大力培育机器人、可穿戴设备、智能装备、生物医药、新能源等新兴产业。实施“工改工”三年行动计划，每个镇街至少完成150亩，全年完成“工改工”7500亩以上，3年完成3万亩。

加快发展生产性服务业。大力推动先进制造与现代服务深度融合，引进一批生产性服务业龙头企业，培育形成2–3个百亿元的集聚区。制定工业设计三年行动计划，大力发展会展服务业，推动与港澳台在物流、法律、会计、管理咨询等领域的开放合作。深入落实粤港澳大湾区“金融30条”，大力培育发展产业链金融、供应链金融、科技金融、跨境金融，推动资本市场“东莞板块”加速扩容，实现金融业增加值增长8%以上、上市及挂牌企业新增6家以上。

五、坚持以“三区”建设为引领，着力增创东莞改革发展新优势

深入推进省制造业供给侧结构性改革创新实验区建设。抓好实施方案落实，扎实推进首批5个基层改革实验区建设，全面铺开各项改革任务。创新新旧动能接续转换机制，建立和完善土地统筹整备、土地合作开发和利益共享等机制，加快拓展产业发展空间。持续深化市直管镇体制改革，进一步优化事权下放清单和审批流程，赋予松山湖、水乡功能区更多改革探索权限。持续深化行政管理体制改革和“放管服”改革，进一步优化政务服务、人才发展和营商环境，积极争取国务院督查激励事项。力争到2022年，全市培育形成1个产值超万亿、3–5个产值超千亿的世界级先进制造业产业集群；实现收储和盘活土地分别达3万亩和2万亩，切实加强对先进制造业的空间保障。

加快建设松山湖科学城。以纳入综合性国家科学中心先行启动区为契机，全面加强与光明科学城的对接。加快推进散裂中子源二期、南方光源研究测试平台建设，完成松山湖材料实验室一期建设，推动新型研发机构提质增效，把松山湖科学城加快打造成科学之城、创新之城。

大力集聚大湾区高端创新资源。全面加强与中科院的战略合作，谋划推进一批院市合作重大项目。积极推进与香港城市大学的合作。加快筹建大湾区大学。大力支持东莞理工学院建设新型高水平理工科大学示范校。办好大湾区院士峰会、东莞高层次人才活动周。深入实施“十百千万百万”人才工程，加快推进“技能人才之都”建设。

主动对接广深“双核”。大力支持深圳建设先行示范区、广州推动“四个出新出彩”，做好政策、产业、规划对接，更好地融入区域一体化发展。高质量编制“十四五”规划，加强与国家、省的衔接，争取将更多重点工作纳入上级规划，超前思考谋划城市未来的新产业、新项目、新空间。

六、加快提升城市形象和城市品质，着力打造高品质现代化都市

切实推动绿色发展理念落地见效。牢固树立“绿水青山就是金山银山”的理念，严守生态保护红线，加快构建以绿色发展为导向的评价考核体系。选取若干镇村作为试点，依托丰富的山水资源，对标国际一流，打造一批以优美风光、高端购物、高雅艺术等为品牌的特色小镇。科学利用淘汰“两高一低”企业腾出的空间，做好生态环境修复，大力发展绿色产业和循环经济。融入“公园城市”理念，加快“万里碧道”建设，全域推动城乡绿地系统和公园体系布局优化、扩容提质和内涵升级。

全力构建“中心城区-松山湖-滨海湾”三位一体的城市品质标杆地区。把中心城区打造成为东莞“湾区都市”形象的标杆地区，全面拉开国际商务区开发建设大幕，大力实施“一心两轴三片区”品质提升工程，加快建设山水城共融共生的城市会客厅。把松山湖打造成为东莞“创新城市”形象的标杆地区，加快建设以松山湖科学城为主要载体，以华为等高科技企业为代表，集大科学装置、新型研发机构、高校院所等于一体的尖端制造业汇集地、高端人才集聚区。把滨海湾打造成为东莞“未来城市”形象的标杆地区，全力争取纳入国家更高发展平台，以国际一流标准规划建设“一廊两轴三板块”，加快建设新时期代表东莞参与大湾区建设的战略平台。

加快推动TOD建设。高水平完成55个TOD站场规划编制，加快推进东莞火车站、东莞西站、虎门高铁站、常平“香港城”等10个TOD重点项目建设，做好黄江黄牛埔站、塘厦西站、滨海湾站等15个项目的前期工作，形成滚动开发、加速推进的态势。

坚决打赢水污染治理攻坚战。坚持系统精准科学理念，持续推进茅洲河、石马河、东引运河、东江下游片区等重点流域整治，共和村、旗岭、樟村等断面稳定消除劣V类。完成全市90%的入河排污口和150条重污染河涌水环境综合整治，巩固22条黑臭水体整治成效。新建1000公里截污次支管网、2000公里微支管网，推进一批污水厂扩建工程和分散式污水处理设施建设，完成已建截污管网检测、修复和验收通水。做好第二轮中央环保督察和国家节水型城市验收迎检。开展入海污染源和排污口摸查整治。加强饮用水源保护，完成石马河河口东江水源保护一期工程建设。

加强大气、固废、土壤等污染治理。研究扩大高污染车辆限行区域，推进余下19家自备电厂煤改气，有序推动沙角电厂退役及宁洲气电替代电源建设，开展不少于800家VOCs企业过程治理。启动市医疗废物处置中心二期等项目建设，建成海心沙综合利用中心工业服务项目一二期，基本满足全市危废处理处置需求。建成一批污泥处置项目，推动形成生活污泥全过程处置闭环。结合废弃采石场修复，建设一批建筑垃圾消纳项目，解决余泥渣土出路问题。

大力推进生活垃圾分类。建设“3+3”“1+1”示范片区，推动公共机构生活垃圾分类实现全覆盖。启动“垃圾转运站革命”，整合、升级或重建垃圾转运站300座以上。每个园区、镇街至少设置1个厨余垃圾就近就地处置设备。全面完成16座镇级垃圾填埋场整治，进一步提升垃圾无害化处理能力。

着力提升全域人居环境。深入推进农村住房管理改革，出台新的农民住房管理办法，严厉打击超建抢建行为，促进土地资源集约、节约利用。创新“两违”动态监测方式，对新增“两违”冒头就打，对历史遗留的“两违”问题及时处置，全年治理违建2900万平方米以上。持续推进“厕所革命”，再推动600座公共厕所升级改造。大力提升农村环境，确保所有村（社区）达到干净整洁村标准，65%的村达到美丽宜居村标准，建成50个特色精品示范村。加快发展都市农业，培育一批休闲农业与乡村旅游示范点。积极创建国家生态园林城市。

进一步强化全体市民的家园意识和“主人翁”精神。深入开展社会主义核心价值观教育，注重东莞历史和人文的传承，积极争创全国文明城市五连冠，进一步增强市民的认同感和自豪感。健全“上行下效、层层行走”的“行走东莞”常态化机制，完善人人参与、共建家园的“片长、巷长、街长、所长”及“河长、湖长、库长”制度，形成东莞发展人人有责、人人尽责的良好氛围。

各位代表！

面对艰巨繁重任务，全市政府系统要把坚持和加强党的全面领导贯穿到政府工作的全过程、各领域，切实增强“四个意识”、坚定“四个自信”、做到“两个维护”，坚决推动上级和市委重大决策部署落地见效。要依法接受人大及其常委会监督，自觉接受政协民主监督，主动接受社会和舆论监督，驰而不息整治“四风”，推动政府系统党风廉政建设不断取得新成效。要进一步加强政府自身建设，着力打造响应政府、效能政府、数字政府、法治政府，不断提高政府服务的“响应率”“解决率”和“满意率”。全市政府系统必须带头过紧日子，严控一般性支出，把每一笔钱都用在刀刃上、紧要处，同时要树立科学经营城市理念，学会算大帐，做好大统筹。

各位代表！

千磨万击还坚劲，任尔东西南北风。虽然当前疫情还未完全结束，全市面临着经济增速下滑、社会风险增多等前所未有的压力和挑战，但我们有信心、有能力、也正在全力打赢这场大战、赢得这场大考。信心来自社会主义制度的显著优越性和国家治理体系的强大生命力，来自东莞良好的区位条件和发展潜力，来自全市经济强大的抗压韧性和蓬勃的市场活力，特别是东莞人民共克时艰、东莞企业同舟共济的精气神，是我们化危为机、砥砺前行的最大底气。只要我们增强必胜的信念、办好自己的事情，东莞就一定能够挺过大风大浪，实现率先复苏和更大发展。

各位代表！

特殊年份要有特殊之为，非常时期要有非常之举。让我们更加紧密地团结在以习近平同志为核心的党中央周围，在上级和市委的坚强领导下，与全市人民一道，以风雨无阻、砥砺前行的奋斗姿态，以逢山开路、遇水架桥的攻坚精神，全面夺取疫情防控和经济社会发展“双胜利”，共同开创“湾区都市、品质东莞”的美好明天！

第二部分 统计资料

Part Two Statistics

一、综　合

General Survey

1-1 东莞行政区划（2019年）

Divisions of Administrative Areas in Dongguan (2019)

镇 街	村 （居） 委 会		
	个 数		名 称
合 计	村委会	350	
	社区居委会	243	
莞 城	社区居委会	8	东正 市桥 北隅 西隅 罗沙 博厦 兴塘 创业
石 龙	村委会	7	西湖 忠维 林屋 蒲溪 新维 王屋洲 黄家山
	社区居委会	3	中山东 中山西 兴龙
虎 门	社区居委会	30	虎门寨 东方 则徐 大宁 树田 白沙 沙角 怀德 博涌 镇口 村头 新联 九门寨 居岐 金洲 南面 北栅 小捷滘 北面 陈村 东风 武山沙 黄村 南栅 龙眼 宴岗 赤岗 路东 新湾 民泰
东 城	社区居委会	23	岗贝 花园新村 东泰 温塘 桑园 周屋 余屋 鳌峙塘 峡口 柏洲边 上桥 下桥 樟村 梨川 堑头 主山 石井 同沙 光明 牛山 立新 火炼树 星城
万 江	社区居委会	30	万江墟 万江 石美 莫屋 拔蛟窝 黄粘洲 蚬涌 谷涌 小享 滘联 上甲 新村 新谷涌 共联 水蛇涌 大莲塘 牌楼基 严屋 大汾 流涌尾 金泰 曲海 坝头 胜利 官桥滘 简沙洲 新和 新城 坝新 万新
南 城	社区居委会	18	鸿福 宏远 胜和 元美 亨美 三元里 篁村 新基 周溪 袁屋边 白马 石鼓 蛤地 西平 雅园 水濂 新城 宏图
中 堂	村委会	15	潢涌 三涌 湛翠 凤冲 袁家涌 吴家涌 鹤田 中堂 一村 东向 蕉利 槎滘 下芦 马沥 四乡
	社区居委会	5	中心 斗朗 红锋 东泊 江南
望牛墩	村委会	21	李屋 望东 扶涌 赤滘 五涌 下漕 上合 聚龙江 望联 洲湾 洲涡 杜屋 寮厦 芙蓉沙 官桥涌 横沥 福安 石排 官洲 朱平沙 锦涡
	社区居委会	1	望牛墩
麻 涌	村委会	13	麻一 麻二 麻四 大步 东太 新基 川槎 鸥涌 华阳 南洲 大盛 漳澎 黎滘
	社区居委会	2	麻涌 麻二
石 碣	村委会	14	石碣 唐洪 黄泗围 西南 单屋 梁家村 沙腰 刘屋 水南 四甲 鹤田厦 涌口 横滘 桔洲
	社区居委会	1	城中
高 埗	村委会	18	冼沙 卢溪 宝莲 塘厦 草墩 护安围 保安围 三联 横滘头 低涌 朱磡 新联 欧邓 芦村 高埗 凌屋 上江城 下江城
	社区居委会	1	新创
道 滘	村委会	13	南城 南丫 闸口 大鱼沙 小河 永庆 北永 昌平 厚德 九曲 大罗沙 大岭丫 蔡白
	社区居委会	1	兴隆
洪 梅	村委会	9	洪屋涡 新庄 梅沙 氹涌 黎洲角 夏汇 尧均 乌沙 金鳌沙
	社区居委会	1	洪梅
沙 田	村委会	16	中围 和安 大流 泥洲 杨公洲 福禄沙 阇西 民田 先锋 西大坦 穗丰年 大泥 齐沙 稔洲 义沙 西太隆
	社区居委会	2	横流 滨港
厚 街	社区居委会	24	竹溪 厚街 珊美 宝屯 三屯 陈屋 赤岭 河田 寮厦 汀山 环冈 大迳 新围 桥头 南五 新塘 涌口 双岗 溪头 沙塘 宝塘 下汴 白濠 湖景
长 安	社区居委会	13	长盛 涌头 霄边 咸西 锦厦 新安 乌沙 新民 沙头 上沙 厦岗 厦边 上角

1-1 续表

(2019年)

镇 街	村（居）委会		
	个 数		名 称
寮 步	村委会	20	西溪 凫山 石龙坑 石步 良边 富竹山 塘唇 向西 霞边 上屯 下岭贝 竹园 上底 药勒 刘屋巷 浮竹山 陈家埔 井巷 小坑 长坑
	社区居委会	10	寮步 塘边 横坑 岭厦 新旧围 缪边 牛杨 泉塘 坑口 良平
大岭山	村委会	21	太公岭 大塘朗 下高田 连平 鸡翅岭 马蹄岗 金桔 大沙 百花洞 大塘 水朗 杨屋 矮岭冚 颜屋 大片美 梅林 元岭 大岭 新塘 旧飞鹅 大环
	社区居委会	2	大岭山 农场
大 朗	村委会	16	高英 洋乌 洋坑塘 松柏朗 黎贝岭 松木山 犀牛陂 水平 宝陂 石厦 杨涌 沙步 新马莲 佛子凹 蔡边 水口
	社区居委会	12	大朗 佛新 巷头 巷尾 大井头 屏山 竹山 求富路 长塘 黄草朗 圣堂 长富
黄 江	社区居委会	7	新市 田美 三新 梅塘 宝山 北岸 长龙
樟木头	社区居委会	10	圩镇 樟罗 百果洞 樟洋 石新 柏地 官仓 裕丰 金河 樟新
清 溪	村委会	20	浮岗 上元 清厦 铁松 铁场 谢坑 青皇 大埔 长山头 三中 九乡 三星 渔樑围 厦坭 大利 土桥 重河 松岗 罗马 荔横
	社区居委会	1	清溪
塘 厦	社区居委会	21	塘厦 林村 石潭埔 四村 振兴围 大坪 莆心湖 平山 诸佛岭 桥陇 龙背岭 石鼓 田心 横塘 蛟乙塘 凤凰岗 莲湖 沙湖 石马 清湖头 塘新
凤 岗	村委会	11	雁田 官井头 油甘埔 凤德岭 塘沥 黄洞 竹塘 竹尾田 三联 五联 天堂围
	社区居委会	1	凤岗
谢 岗	村委会	11	黎村 窑山 南面 大龙 大厚 赵林 稔子园 五星 曹乐 谢岗 谢山
	社区居委会	1	泰园
常 平	村委会	31	岗梓 塘角 苏坑 袁山贝 金美 还珠沥 朗贝 桥沥 卢屋 九江水 朗洲 陈屋贝 司马 霞坑 漱旧 漱新 黄泥塘 元江元 横江厦 沙湖口 白石岗 松柏塘 上坑 木棆 下墟 板石 田尾 白花沥 桥梓 麦元 土塘
	社区居委会	2	常平 新民
桥 头	村委会	11	田头角 李屋 朗厦 岗头 屋厦 禾坑 邓屋 邵岗头 东江 山和 石水口
	社区居委会	6	莲城 田新 桥头 大洲 迳联 岭头
横 沥	村委会	16	石涌 隔坑 半仙山 田头 田坑 横沥 村头 长巷 田饶步 六甲 村尾 水边 新四 山厦 月塘 张坑
	社区居委会	1	恒泉
东 坑	村委会	14	东坑 坑美 角社 塔岗 黄麻岭 初坑 凤大 黄屋 寮边头 长安塘 新门楼 井美 彭屋 丁屋
	社区居委会	2	草塘 骏达
企 石	村委会	19	铁岗 深巷 湖美 博夏 上洞 江边 旧围 清湖 东平 上截 下截 东山 莫屋 杨屋 新南 南坑 铁炉坑 企石 霞朗
	社区居委会	1	宝石
石 排	村委会	18	石排 下沙 福隆 庙边王 沙角 黄家壆 赤坎 向西 水贝 田寮 横山 埔心 谷吓 塘尾 李家坊 田边 中坑 燕窝
	社区居委会	1	太和
茶 山	村委会	16	上元 茶山 下朗 横江 增埗 卢边 寒溪水 南社 塘角 博头 冲美 粟边 孙屋 超朗 京山 刘黄
	社区居委会	2	茶山圩 茶溪
松山湖(生态园)			

1-2 历年东莞行政区划

Divisions of Administrative Areas in Dongguan over Years

单位：个

年 份	镇 街	村（居）委会		
			村委会	社区居委会
1978	33	526	496	30
1979	33	531	501	30
1980	33	545	515	30
1981	34	554	524	30
1982	34	561	531	30
1983	34	561	531	30
1984	34	542	512	30
1985	33	546	516	30
1986	33	560	530	30
1987	34	580	537	43
1988	33	582	542	40
1989	33	583	544	39
1990	33	583	543	40
1991	33	586	546	40
1992	33	590	549	41
1993	33	590	549	41
1994	33	592	551	41
1995	33	592	551	41
1996	33	593	552	41
1997	33	594	551	43
1998	32	594	551	43
1999	32	593	546	47
2000	32	675	546	129
2001	32	678	546	132
2002	32	678	546	132
2003	32	616	487	129
2004	32	596	440	156
2005	32	596	404	192
2006	32	596	394	202
2007	32	591	386	205
2008	32	591	383	208
2009	32	598	383	215
2010	32	599	383	216
2011	32	594	350	244
2012	32	595	350	245
2013	32	597	350	247
2014	32	597	350	247
2015	32	597	350	247
2016	32	593	350	243
2017	32	592	350	242
2018	32	592	350	242
2019	32	593	350	243

注：2013年起，虎门港社区居委会并入沙田镇；2015年起，生态园并入松山湖。

1-3 主要年份户数、人口与自然资源

Number of Households, Population and Natural Resources in Main Years

项　　目	单 位	1978年	1990年	1995年	2000年	2005年	2010年	2015年	2018年	2019年
户　数										
年末户籍总户数	万户	24.82	32.73	36.43	41.40	46.50	53.05	56.72	65.34	73.23
#城镇户数	万户	4.37	8.91	10.06	11.44	18.90	27.08	50.39	58.76	65.88
人口与劳动力										
年末常住人口	万人		175.62	336.45	644.84	656.07	822.48	825.41	839.22	846.45
#城镇常住人口	万人				387.16	479.06	727.57	733.13	763.86	779.58
年末户籍人口	万人	111.23	131.85	143.65	152.61	165.65	181.77	195.01	231.59	251.06
#城镇人口	万人	18.49	30.87	35.38	39.61	65.84	92.09	172.65	207.99	227.07
人口密度（常住人口）	人/平方公里		712	1365	2616	2662	3343	3355	3411	3441
人口密度（户籍人口）	人/平方公里	451	535	583	619	672	739	793	941	1021
全社会从业人员	万人	54.97	75.10	86.92	97.88	388.13	626.25	680.09	705.03	711.11
第一产业	万人	39.35	27.15	20.29	18.99	13.91	6.05	6.06	5.61	5.71
第二产业	万人	9.26	30.52	40.79	47.14	249.78	476.94	446.92	444.07	447.87
第三产业	万人	6.37	17.43	25.83	31.75	124.45	143.26	227.11	255.35	257.53
城镇登记失业率	%				0.60	1.29	1.70	2.26	1.40	1.20
土　地										
土地面积	平方公里	2465	2465	2465	2465	2465	2460	2460	2460	2460
年末耕地面积	万亩	118.39	88.26	70.86	66.33	50.29	57.69	55.05	53.88	
人均耕地面积	亩	1.06	0.67	0.49	0.43	0.30	0.32	0.28	0.23	
建成区面积	平方公里			82.48	147.68	620.31	798.48	928.87	1007.76	1139.83
#市区建成区面积	平方公里				28.13	108.10	91.65	119.18	122.84	144.79
气　候										
年降水量	毫米	1748.3	1602.9	1664.8	2019.3	1837.6	2165.9	2137.9	1766.1	1912.3
年平均气温	摄氏度	21.9	22.8	22.4	23.2	22.7	22.4	23.5	23.1	23.9
极端最高气温	摄氏度	35.7	37.8	36.2	37.0	37.4	36.1	36.5	36.8	38.1
极端最低气温	摄氏度	2.7	4.3	6.7	5.6	1.8	1.9	7.5	3.7	8.0
年日照时数	小时	1958.8	1910.2	1935.7	2059.5	1736.3	1699.7	1787.2	1906.8	1887.1
森　林										
有林地面积	万亩		83.48	91.48	92.16	89.23	87.30	77.32	50.55	49.88
林木蓄积量	万立方米		167.18	123.02	136.11	175.38	255.82	352.00	329.19	365.79
森林覆盖率	%		31.4	29.7	30.6	33.1	36.7	37.4	37.4	37.4
水资源										
大陆海岸线总长度	公里	61.4	61.4	61.4	115.9	92.1	97.2	112.2	112.2	112.2
海水养殖可养面积	万亩	5.0	5.0	5.5	2.6	16.9	2.0	0.9	0.2	-
淡水养殖可养面积	万亩	30.0	30.0	28.0	14.3	30.7	10.0	12.0	8.4	8.0

注：1. 土地面积数据来源于市自然资源局，不包括海域面积。
2. 人均耕地面积按户籍人口计算。2018年至2020年，我市组织开展第三次全国国土调查工作（简称三调），根据国务院三调办工作安排，2019年度土地变更调查工作尚未开展，我市未形成2019年度土地变更调查成果，数据暂空缺。
3. 大陆海岸线从2000年起以咸水为界定。
4. 常住人口2006-2010年数据，根据东莞市第六次全国人口普查数据结果重新修订，下同。
5. 按建立城乡统一的户口登记制度要求，2015年起户籍户数和人口数按城镇和乡村划分，取消原来的农业和非农业的登记统计，数据与往年不可比，下同。
6. 2020年，根据东莞市第四次全国经济普查结果，对2011-2018年全社会从业人员数据进行了修订，下同。

1-4 历年土地与自然资源

Land and Natural Resources over Years

年份	土地面积(平方公里)	气候				
		年降水量(毫米)	年平均气温(摄氏度)	极端最高气温(摄氏度)	极端最低气温(摄氏度)	年日照时数(小时)
1978	2465	1748.3	21.9	35.7	2.7	1958.8
1979	2465	2007.1	21.9	36.5	2.9	1991.4
1980	2465	1434.7	22.3	37.7	3.3	2157.1
1981	2465	2394.9	22.1	35.6	3.2	1792.2
1982	2465	1454.1	22.1	37.5	3.8	1754.1
1983	2465	1947.1	21.8	35.8	3.3	1909.7
1984	2465	1444.5	21.5	35.9	3.1	1749.2
1985	2465	1678.0	21.8	35.8	4.2	1671.7
1986	2465	1665.2	22.2	35.9	3.0	2098.1
1987	2465	1908.8	22.9	37.0	4.3	1816.6
1988	2465	1735.0	22.0	37.0	7.0	1836.5
1989	2465	1567.2	22.5	37.6	5.2	1926.0
1990	2465	1602.9	22.8	37.8	4.3	1910.2
1991	2465	1219.6	23.0	36.6	1.2	1968.8
1992	2465	1827.1	22.3	37.0	4.5	1854.5
1993	2465	2393.6	22.5	35.6	3.0	1965.7
1994	2465	1809.1	23.0	38.2	5.4	1828.6
1995	2465	1664.8	22.4	36.2	6.7	1935.7
1996	2465	1547.4	22.7	37.1	3.4	2036.0
1997	2465	2074.0	22.8	36.3	6.1	1558.1
1998	2465	1844.5	23.6	36.5	5.6	1699.0
1999	2465	1614.5	23.3	37.8	3.1	2015.8
2000	2465	2019.3	23.2	37.0	5.6	2059.5
2001	2465	2042.6	23.3	36.6	6.6	1978.2
2002	2465	1557.4	23.6	36.7	4.5	2046.9
2003	2465	1416.7	23.0	36.1	3.8	2268.7
2004	2465	1705.8	22.8	38.0	3.5	2192.9
2005	2465	1837.6	22.7	37.4	1.8	1736.3
2006	2465	2412.0	22.7	36.8	4.7	1616.4
2007	2465	1806.9	22.9	35.9	6.7	1876.7
2008	2465	2710.9	22.2	36.8	4.8	1879.3
2009	2465	1881.6	22.8	36.3	5.3	1967.8
2010	2460	2165.9	22.4	36.1	1.9	1699.7
2011	2460	1298.6	22.1	36.2	3.2	2120.1
2012	2460	1838.6	22.6	36.7	4.1	1708.7
2013	2460	2087.2	22.8	36.4	6.1	1830.0
2014	2460	1935.6	22.9	36.8	3.9	1958.8
2015	2460	2137.9	23.5	36.5	7.5	1787.2
2016	2460	2612.0	22.8	37.1	2.0	1641.6
2017	2460	1769.4	23.2	37.9	5.4	1890.7
2018	2460	1766.1	23.1	36.8	3.7	1906.8
2019	2460	1912.3	23.9	38.1	8.0	1887.1

注：土地面积数据由市自然资源局提供，不包括海域面积，下同。

1-4 续表

年份	森林			水资源		
	有林地面积(万亩)	林木蓄积量(万立方米)	森林覆盖率(%)	大陆海岸线总长度(公里)	海水养殖可养面积(万亩)	淡水养殖可养面积(万亩)
1978				61.4	5.0	30.0
1979	44.4	110.3	14.7	61.4	5.0	30.0
1980				61.4	5.0	30.0
1981				61.4	5.0	30.0
1982				61.4	5.0	30.0
1983				61.4	5.0	30.0
1984	76.6	160.5	21.9	61.4	5.0	30.0
1985	78.3	156.0	28.6	61.4	5.0	30.0
1986	82.4	157.8	30.0	61.4	5.0	30.0
1987	83.9	183.9	34.5	61.4	5.0	30.0
1988	84.3	169.1	34.7	61.4	5.0	30.0
1989	80.9	164.8	31.1	61.4	5.0	30.0
1990	83.5	167.2	31.4	61.4	5.0	30.0
1991	85.0	169.2	31.6	61.4	5.0	29.0
1992	86.3	169.8	31.3	61.4	5.5	29.0
1993	87.3	168.9	31.9	61.4	5.5	28.0
1994	86.1	116.8	28.3	61.4	5.5	28.0
1995	91.5	123.0	29.7	61.4	5.5	28.0
1996	91.9	115.7	29.9	61.4	5.5	28.5
1997	93.5	121.1	29.9	61.4	5.7	28.7
1998	93.4	126.0	30.1	61.4	5.7	28.7
1999	92.2	120.4	30.1	115.9	4.8	28.7
2000	92.2	136.1	30.6	115.9	2.6	14.3
2001	93.3	146.0	31.2	116.0	2.8	12.9
2002	93.8	155.0	31.7	115.9	4.1	11.7
2003	93.3	165.1	32.2	92.1	4.2	10.4
2004	93.3	165.1	33.0	92.1	4.0	10.0
2005	89.2	175.4	33.1	92.1	16.9	30.7
2006	88.9	194.4	33.5	92.1	16.6	30.5
2007	89.1	215.1	35.5	92.1	16.9	30.7
2008	88.6	227.9	36.2	97.2	2.5	15.0
2009	90.1	241.4	36.5	97.2	2.0	10.0
2010	87.3	255.8	36.7	97.2	2.0	10.0
2011	87.4	273.0	36.9	97.2	1.1	10.0
2012	87.6	291.0	37.1	97.2	1.1	10.0
2013	79.3	262.8	37.3	97.2	0.9	8.5
2014	79.8	282.9	37.4	97.2	0.9	12.9
2015	77.3	352.0	37.4	112.2	0.9	12.0
2016	86.4	374.3	37.4	112.2	0.4	10.2
2017	50.6	331.8	37.4	112.2	0.3	8.7
2018	50.6	329.2	37.4	112.2	0.2	8.4
2019	49.9	365.8	37.4	112.2	-	8.0

1−5 主要年份国民经济主要指标

Main Indicators on National Economy in Main Years

项　　目	单位	1978年	1995年	2000年	2005年	2010年	2015年	2018年	2019年
国民经济核算									
地区生产总值	亿元	6.11	296.45	821.14	2189.46	4339.85	6665.34	8818.11	9482.50
第一产业	亿元	2.72	21.43	25.91	21.82	15.56	19.92	25.83	28.48
第二产业	亿元	2.68	167.11	451.47	1232.14	2313.00	3479.05	4960.40	5361.50
第三产业	亿元	0.71	107.91	343.76	935.50	2011.28	3166.37	3831.87	4092.52
农村经济									
农林牧渔业总产值	亿元	4.24	42.69	54.64	42.05	26.35	31.88	39.21	43.98
农村集体经营总收入	亿元		41.23	77.50	120.57	143.38	180.43	220.65	241.36
工　业									
规模以上工业企业指标									
工业增加值	亿元		64.99	259.44	1062.42	1708.31	2611.96	3914.38	4192.78
主营业务收入	亿元	2.69	275.84	988.91	3912.15	7708.17	12454.22	21413.47	21074.75
年末固定资产原值	亿元	0.78	60.14	728.85	1856.09	3216.25	4355.07	5641.47	6008.17
年末固定资产净值	亿元	0.51	46.26	470.19	1105.26	1783.69	2158.12	2813.61	2965.88
流动资产合计	亿元	0.26	21.28	529.82	1873.28	3788.83	6189.26	11510.31	11786.62
资产总额	亿元		52.98	1122.60	3345.33	6001.71	9134.65	15628.82	16200.46
负债总额	亿元			563.04	1858.09	3525.30	5369.92	9695.51	9915.98
资产负债率	%			50.2	55.5	58.7	58.8	62.0	61.2
利润总额	亿元			50.36	124.35	352.36	407.50	718.91	773.27
能源消费									
单位生产总值能耗上升率或下降率	±%					-2.02	-7.90	-5.55	-4.46
规模以上工业综合能源消费量	万吨标准煤				1203.77	1496.06	1329.38	1109.29	1399.00

注：1.2019年为初步核算数，以往年份为最终核实数。如果在开展全国经济普查，发现对地区生产总值数据有较大影响的新的基础资料，或核算方法及分类标准发生变化后，也要对年度地区生产总值数据进行修订。2005年，根据全国第一次经济普查结果，对2005年以前全市生产总值的历史数据进行了修订；2008年，根据全国第二次经济普查结果，对2005—2008年全市生产总值进行了修订；2013年，根据全国第三次经济普查结果，对2009—2013年全市生产总值进行了修订；2016年，国家统计局改革地区研发支出的核算方法，根据新的核算方法，对1995—2016年全市生产总值进行了修订；2018年，根据全国第三次农业普查结果，对2006—2017年地区生产总值进行了修订；2020年，根据全国第四次经济普查，对2008—2018年全市生产总值进行了修订。本年鉴数据是修订后的数据，下同。

2.规模以上工业企业1997年及以前为独立核算企业口径，1998—2005年为全部国有及年销售收入500万元以上非国有企业口径，2006—2010年为年主营业务收入500万元及以上口径，2011年起为年主营业务收入2000万元及以上口径。2005年以前工业相关数据采用第一次经济普查资料修订的数据，2008年采用第二次经济普查资料修订的数据，下同。

3.根据《全国农业普查条例》，农业2007—2017年的农林牧渔业总产值、增加值和主要农产品产量等相关数据以全国第三次农业普查结果为基础做了修订，下同。

1-5 续表 1

项　　目	单 位	1978年	1990年	1995年	2000年	2005年	2010年	2015年	2018年	2019年
运输邮电										
公路通车里程	公里	1259	1325	2327	2518	2871	4751	5165	5262	5824
#高速公路	公里				89	154	217	335	387	406
旅客周转量	亿人公里	0.94	32.22	44.62	100.19	118.53	129.07	77.13	45.63	42.29
水　运	亿人公里	0.43	0.15	0.19	0.14	0.33	0.20	0.21	0.15	0.15
公　路	亿人公里	0.51	32.07	44.43	100.05	118.20	128.87	76.92	45.47	42.15
货物周转量	亿吨公里	1.51	18.47	26.46	40.47	42.48	109.03	504.85	527.26	535.47
水　运	亿吨公里	1.42	11.25	13.66	15.86	15.23	57.95	433.16	448.95	451.56
公　路	亿吨公里	0.09	7.22	12.80	24.60	27.25	51.08	71.69	78.31	83.91
港口货物吞吐量	万吨	293	233	201	746	2280	5657	13149	16417	19808
邮政业务收入(含快递)	亿元						6.32	99.25	189.18	238.27
电信业务收入	亿元						149.02	149.73	175.84	177.10
局用交换机容量	万门		6.98	52.29	103.13	286.25	365.02	358.00	48.10	48.00
年末移动电话交换机总容量	万户			4.80	154.20	1059.10	1657.00	2033.00	2425.00	2425.00
本地电话用户	万户	0.20	4.90	31.58	78.12	384.52	332.42	298.23	231.27	217.55
移动电话用户(含充值卡)	万户		0.05	4.77	123.68	1016.41	1607.60	1756.75	1892.77	1788.16
#充值卡	万户				42.71	839.58	1433.56	1004.69	1099.36	947.76
互联网用户	万户			0.05	13.78	52.90	153.92	201.74	187.64	182.24
供用电										
总供电量	亿千瓦时	1.64	18.01	68.00	178.03	415.66	556.89	661.26	799.17	844.25
#网供	亿千瓦时	1.64	11.18	38.48	134.91	342.26	547.33	648.27	776.70	822.62
全社会用电量	亿千瓦时		18.01	68.00	179.66	419.83	562.00	666.84	806.64	850.72
#工业用电	亿千瓦时				136.79	337.43	159.37	483.31	580.38	602.53
固定资产投资										
固定资产投资总额	%		49.7	-55.1	16.5	31.3	1.9	3.3	5.8	17.5
#房地产开发	亿元			8.52	11.25	144.43	298.99	575.21	736.79	796.54
房地产开发当年房屋施工面积	万平方米					1160.20	2060.54	3921.20	4421.66	4166.17
房地产开发当年房屋竣工面积	万平方米					132.90	296.59	325.43	382.83	281.01
商品房销售面积	万平方米					321.90	511.25	1040.65	690.15	711.58
商品房销售额	亿元					119.40	373.77	1019.11	1224.14	1369.68
固定资产交付使用率	%					29.0	51.8	50.3	37.4	39.6
国内贸易										
限额以上批发和零售业销售额	亿元				135.46	568.35	1427.14	3219.18	5745.47	6293.69
社会消费品零售总额	亿元	2.13	31.97	122.98	271.05	608.38	1456.27	2622.65	3637.37	4003.89
城　镇	亿元						1377.23	2480.37	3283.82	3631.10
乡　村	亿元						79.03	142.27	353.55	372.78

注：1．2006年起公路通车里程含专用公路和村道，与往年数据不可比，下同。
2．2014年客运量和旅客周转量不含城市客运量，数据与往年不可比，下同。
3．2005年以前国内贸易相关数据采用第一次经济普查资料修订的数据，2005—2008年采用第二次经济普查资料修订的数据，2009—2013年采用第三次经济普查资料修订的数据，1993—2019年采用东莞市第四次全国经济普查资料修订的数据。
4．2015年起邮政业务收入采用邮管局数据，含快递业务，数据与往年不可比，下同。
5．2015年起本地电话取消小灵通用户，下同。

1-5 续表 2

项目	单位	1978年	1990年	1995年	2000年	2005年	2010年	2015年	2018年	2019年
物价指数（以上年价格为100）										
商品零售物价总指数	%	100.4	94.9	109.7	100.1	103.0	103.2	99.4	102.7	102.3
居民消费价格总指数	%		96.6	113.9	101.5	102.4	102.8	101.4	102.5	103.5
消费品价格指数	%		94.9	109.7	100.1	103.0	102.8	101.2	102.5	104.3
服务项目价格指数	%		111.0	128.9	112.8	100.4	102.6	101.9	102.6	102.2
对外经济贸易、旅游										
进出口总额（美元）	亿美元		10.82	153.91	320.45	743.72	1213.38	1676.73	2033.31	2001.51
出口总额	亿美元		5.68	77.99	171.59	409.29	695.98	639.55	1204.43	1250.85
#一般贸易	亿美元			2.32	2.09	17.55	95.41	1037.19	619.97	682.28
来料加工装配	亿美元			43.46	83.43	161.17	195.54	379.63	72.84	62.63
进料加工	亿美元			32.02	85.84	230.43	394.62	105.40	467.92	445.32
进口总额	亿美元		5.14	75.92	148.86	334.42	517.40	516.77	828.88	750.66
进出口总额（人民币）	亿元							10399.92	13418.70	13801.65
出口总额	亿元							6428.91	7955.64	8628.78
进口总额	亿元							3971.19	5463.06	5172.87
新签利用外资协议（合同）数	宗					773	869	440	1400	1028
合同外资金额（新口径）	亿美元					29.80	25.97	50.59	22.36	19.79
实际利用外资（新口径）	亿美元					14.68	27.32	53.20	12.72	12.91
全年接待旅游人数	万人次		125	89	291	1156	2251	3199	4434	4749
#国际及港澳台旅游者	万人次		27	27	106	169	327	373	402	405
国际旅游外汇收入	万美元				7617	28189	67592	157743	163012	159108
财政、金融										
一般公共预算收入	亿元			11.56	30.47	103.97	277.84	517.97	649.91	673.27
一般公共预算支出	亿元	0.18	2.28	12.42	33.61	117.04	289.83	581.24	765.41	863.01
金融机构各项人民币存款余额	亿元	1.05	68.07	383.68	1228.67	2933.40	5943.39	9736.24	13430.56	15411.42
#住户存款余额	亿元	0.54	45.51	232.97	672.07	1728.28	3386.85	4591.38	5601.36	6316.90
金融机构各项人民币贷款余额	亿元	1.96	63.04	254.85	630.84	1500.52	3329.82	5816.04	7999.60	9599.73
人民生活										
全市职工年平均工资	元						16108	41864	58738	63655
城镇在岗职工年平均工资	元	474	3552	9682	14051	28253	46576	53221	69937	74017
城镇常住居民人均可支配收入	元		2508	9588	14142	22882	35690	39793	50721	55156
城镇常住居民人均消费性支出	元		2038	9220	12529	21768	25733	29001	33675	36198
农村常住居民人均可支配收入	元	149	1542	4769	8484	13076	20486	24225	32277	35905
科技										
全社会R&D人员	人						38330	68211	118059	133393
全社会R&D经费支出	亿元						51.67	147.88	236.32	289.96

注：1. 2013年起，将原属于乡镇企业且符合城镇非私营单位条件的“四上”企业纳入城镇单位从业人员及工资统计的范围，下同。
2. 全年接待旅游人数和旅游外汇收入2002年起是旅游局口径，与往年数不可比。
3. 按照国家统计局的统一部署，自2012年12月起正式启动城乡住户调查一体化改革工作。2014年起正式发布全体居民人均可支配收入和消费性支出指标。新口径指标将城市居民人均可支配收入和人均消费性支出改为城镇常住居民人均可支配收入和人均消费性支出，农民人均纯收入改为农村常住居民人均可支配收入，与往年数不可比，下同。
4. 2015年起，“城乡居民储蓄存款余额”改名为“住户存款”，口径有变，数据与往年不可比。

1-6 主要年份国民经济和社会发展主要比例与效益指标

Main Indicators on National Economy and Social Development in Main Years

项　　目	单 位	1990年	1995年	2000年	2005年	2010年	2015年	2018年	2019年
户籍人口									
出生率	‰	17.07	17.59	12.11	10.62	10.90	11.34	18.35	16.69
死亡率	‰	4.76	4.84	4.59	4.60	4.68	4.93	4.60	4.38
自然增长率	‰	12.30	12.75	7.52	6.02	6.23	6.41	13.75	12.31
人口性别比（男/女）	%	97.1	100.4	102.4	103.1	103.1	102.5	99.2	97.1
地区生产总值中三次产业比重									
第一产业	%	16.5	7.2	3.2	1.0	0.4	0.3	0.3	0.3
第二产业	%	50.4	56.4	55.0	56.3	53.3	52.2	56.3	56.5
第三产业	%	33.1	36.4	41.9	42.7	46.3	47.5	43.5	43.2
全员劳动生产率	元/人	10794	34788	86410	63287	72470	97826	125907	133920
(按全社会从业人员、增加值计算)									
第一产业	元/人	4853	10599	13018	14817	22553	33962	45288	50300
第二产业	元/人	13581	42405	102677	50872	54753	77268	111503	120220
第三产业	元/人	15380	42171	110335	105082	118655	140589	153398	159592
农　业									
农林牧渔业总产值结构									
农　业	%	54.9	45.7	39.6	25.5	55.0	66.1	76.7	73.9
林　业	%	1.8	2.1	0.7	0.4	1.1	1.2	0.8	0.7
牧　业	%	19.2	30.0	41.4	57.7	15.1	6.9	1.6	1.0
渔　业	%	13.3	16.1	14.9	14.9	25.3	22.0	17.5	21.3
农林牧渔服务业	%				1.5	3.5	3.8	3.3	3.1
工　业									
规模以上工业企业效益									
固定资产利税率	%	8.5	10.7	11.5	9.9	26.3	30.0	40.9	40.9

1-6 续表 1

项　　目	单 位	1990年	1995年	2000年	2005年	2010年	2015年	2018年	2019年
资金利税率	%	6.3	7.7	7.5	5.5	7.8	7.8	8.0	8.1
产值利税率	%	5.4	10.0	9.2	4.6	6.1	5.1	5.6	5.5
固定资产投资									
固定资产投资相当于地区生产总值比例	%	9.3	21.3	12.5	27.3	25.7	21.7	20.5	22.4
全社会房屋建筑面积竣工率	%	45.2	34.1	60.7	22.5	20.7	9.4	9.1	7.7
财　政									
一般公共预算收入与地区生产总值之比	%	4.4	3.9	3.7	4.7	6.4	7.8	7.4	7.1
一般公共预算支出与地区生产总值之比	%	2.8	4.2	4.1	5.3	6.7	8.7	8.7	9.1
外经外贸									
利用外资结构									
外商直接投资	%	41.2	63.6	66.0	75.2	86.4	97.3	97.4	97.4
外商其他投资	%	58.8	36.4	34.0	24.8	13.6	2.7	2.6	2.6
实际利用外资额相当于协议规定外商投资额比例	%	80.6	31.9	89.7	78.9	103.0	107.2	58.0	65.2
进出口总额比例									
进口总额	%	47.5	49.3	46.5	45.0	42.6	38.1	40.7	37.5
出口总额	%	52.5	50.7	53.6	55.0	57.4	61.9	59.3	62.5
#一般贸易	%		3.0	1.2	4.3	13.7	36.6	51.5	54.6
来料加工装配	%		55.7	48.6	39.4	28.1	10.2	6.0	5.0
进料加工	%		41.1	50.0	56.3	56.7	49.8	38.8	35.6
保税物流	%						3.4	3.6	4.8
其他	%		0.2	0.2		1.5	0.02	0.02	-

1-6 续表 2

项　　目	单 位	1990年	1995年	2000年	2005年	2010年	2015年	2018年	2019年
交通运输									
货运量中各种运输方式比例									
公　路	%	58.2	55.7	63.3	71.7	82.0	68.0	63.5	66.5
水　运	%	41.8	44.3	36.7	28.3	18.0	32.0	36.5	33.5
金　融									
各项人民币存款相当于生产总值比例	%	84.6	129.4	149.6	134.0	136.9	146.1	152.3	162.5
各项人民币贷款相当于生产总值比例	%	78.4	86.0	76.8	68.5	76.7	87.3	90.7	101.2
人民币住户存款占人民币存款比例	%	66.9	60.7	54.7	58.9	57.0	47.2	41.7	41.0
科技、教育、文化、卫生									
科教文卫事业费占财政支出比例	%	28.7	24.5	25.8	17.8	27.9	33.5	34.7	33.8
学龄儿童入学率	%	99.9	100.0	100.0	100.0	100.0	100.0	100.0	100.0
小学毕业生升学率	%	95.4	99.2	99.8	99.9	100.0	100.0	100.0	100.0
初中毕业生升学率	%	44.1	85.4	90.3	94.1	97.9	98.5	98.4	99.0
普通高中毕业生升学率	%	31.2	64.9	70.5	96.5	95.1	98.0	98.4	99.5
每一教师负担学生数									
普通高等学校	人		13.7	20.1	15.4	17.6	17.4	22.3	21.8
中等职业技术学校	人	20.6	21.8	19.0	18.2	20.3	23.5	21.3	20.3
普通中学	人	20.7	21.1	22.4	19.8	17.7	16.2	15.4	15.2
小学	人	24.0	24.2	34.3	27.5	23.3	23.8	21.2	20.9
人民生活									
城镇常住居民消费结构									
食品类	%	63.5	39.5	32.3	27.7	33.9	33.2	31.6	31.3
衣着类	%	4.7	6.6	3.9	5.9	6.6	5.6	5.6	5.4
其　他	%	31.8	53.9	63.8	66.4	59.5	61.2	62.8	63.3

1-7 国民经济主要指标分月变化情况（2019年，累计绝对数）

Main Indicators on National Economy by Month

(2019, Accumulative Figures in Value Terms)

项　　目	单位	1 月	1-2 月	1-3 月	1-4 月	1-5 月	1-6 月
规模以上工业增加值	亿元		589.42	968.52	1322.83	1664.64	2042.58
#内资企业	亿元		344.61	574.14	790.51	999.99	1230.95
外资企业	亿元		244.80	394.38	532.32	664.65	811.63
#民营企业	亿元		319.85	536.59	738.13	937.26	1151.46
#五大支柱产业	亿元		409.09	675.76	931.46	1182.10	1449.49
#四个特色产业	亿元		47.75	79.45	104.92	129.20	158.03
#先进制造业	亿元		317.14	521.50	724.32	919.00	1124.67
#高技术制造业	亿元		238.38	390.06	553.11	704.61	867.44
规模以上工业销售产值	亿元		2949.04	4734.97	6474.39	8289.84	10164.41
规模以上工业产品出口交货值	亿元		973.92	1613.66	2236.99	2840.97	3422.26
规模以上工业产品产销率	%		102.3	99.5	98.4	97.6	97.6
规模以上工业企业利润总额	亿元		26.02	95.28	147.45	211.59	298.40
房地产开发	亿元		92.46	150.40	200.79	264.63	344.26
社会消费品零售总额	亿元		487.75	743.69	976.79	1235.92	1511.44
进出口总额	亿元	1140.1	1795.3	2920.8	4054.5	5244.1	6333.1
#进口总额	亿元	454.0	754.7	1195.3	1644.3	2087.5	2500.4
出口总额	亿元	686.0	1040.6	1725.4	2410.2	3156.6	3832.8
实际利用外资	亿元	13.88	18.91	31.56	37.61	47.24	53.87
金融机构各项本外币存款余额	亿元	14613.06	14604.76	15019.79	14999.75	15242.28	15663.64
#住户存款	亿元	5932.31	5761.05	5888.09	5903.48	5967.10	6098.60
金融机构各项本外币贷款余额	亿元	8823.08	8813.37	8916.00	8986.97	9212.67	9429.33
一般公共预算收入	亿元	75.79	114.13	180.40	234.35	286.43	344.91
一般公共预算支出	亿元	93.46	128.23	263.72	326.58	366.26	474.34
全社会用电量	亿千瓦时	55.01	89.28	154.68	222.07	295.58	375.03
#工业用电	亿千瓦时	40.40	63.61	113.44	163.35	216.27	269.91
工商注册登记户数	万户	115.65	115.78	116.41	117.47	118.63	118.04
#企业	万户	50.60	50.55	51.26	52.07	52.77	52.09
居民消费价格总指数	%	102.2	101.9	102.1	102.3	102.5	102.6
公路运输总周转量	亿吨公里	7.12	13.77	20.55	27.72	35.15	42.48
水路运输总周转量	亿吨公里	38.80	73.83	111.18	146.84	177.37	216.27
邮政业务收入（含快递）	亿元	19.63	30.68	50.18	69.77	90.03	110.19
快递业务量	万件	11438	18196	31023	43945	58006	72173

注：物价指数以上年同期为100；各项指标1-12月累计不等于年报数。

1-7 续表

（2019年，累计绝对数）

项 目	单位	1-7 月	1-8 月	1-9 月	1-10 月	1-11 月	1-12 月
规模以上工业增加值	亿元	2403.64	2780.54	3228.38	3602.74	4014.24	4465.31
#内资企业	亿元	1442.64	1672.87	1936.94	2170.40	2426.69	2697.78
外资企业	亿元	961.00	1107.67	1291.44	1432.33	1587.55	1767.54
#民营企业	亿元	1346.34	1562.16	1807.89	2027.51	2271.34	2529.66
#五大支柱产业	亿元	1697.01	1951.79	2258.92	2521.89	2816.38	3133.78
#四个特色产业	亿元	188.81	222.41	260.86	290.61	323.00	361.14
#先进制造业	亿元	1309.90	1500.76	1732.54	1936.93	2167.92	2420.01
#高技术制造业	亿元	1010.73	1158.28	1340.60	1503.97	1691.74	1883.32
规模以上工业销售产值	亿元	11952.26	13811.51	15893.86	17720.18	19788.84	21918.69
规模以上工业产品出口交货值	亿元	4059.33	4754.64	5539.11	6213.34	6944.82	7670.65
规模以上工业产品产销率	%	97.7	97.9	97.3	97.1	97.1	96.9
规模以上工业企业利润总额	亿元	370.36	488.60	568.82	692.16	784.32	762.39
房地产开发	亿元	415.68	487.60	590.39	654.96	721.43	796.54
社会消费品零售总额	亿元	1754.83	2009.15	2287.28	2574.93	2868.92	3179.78
进出口总额	亿元	7480.9	8692.6	9874.4	11056.3	12408.0	13801.7
#进口总额	亿元	2922.8	3345.0	3749.4	4177.5	4700.3	5172.9
出口总额	亿元	4558.1	5347.6	6125.0	6878.8	7707.7	8628.8
实际利用外资	亿元	60.49	68.64	75.33	80.04	85.54	88.03
金融机构各项本外币存款余额	亿元	15655.76	15503.52	15905.04	16043.53	16196.76	16426.44
#住户存款	亿元	6126.05	6121.76	6257.42	6230.57	6259.89	6365.70
金融机构各项本外币贷款余额	亿元	9548.58	9688.68	9886.18	9949.86	10052.59	10132.14
一般公共预算收入	亿元	401.53	436.58	490.48	549.01	597.93	673.18
一般公共预算支出	亿元	523.42	568.90	679.25	704.82	743.51	865.58
全社会用电量	亿千瓦时	465.36	554.67	636.76	713.29	781.95	850.70
#工业用电	亿千瓦时	330.01	389.63	445.28	499.12	548.42	602.52
工商注册登记户数	万户	118.54	120.05	120.68	121.61	122.89	123.86
#企业	万户	52.40	53.31	53.90	54.43	55.27	56.06
居民消费价格总指数	%	102.8	102.9	103.0	103.2	103.4	103.5
公路运输总周转量	亿吨公里	49.74	57.19	64.82	72.48	80.22	88.13
水路运输总周转量	亿吨公里	258.38	296.84	341.72	376.96	416.51	451.63
邮政业务收入（含快递）	亿元	130.41	151.74	173.16	193.15	215.91	238.27
快递业务量	万件	86828	101134	115663	129790	146815	163012

1-8 国民经济主要指标分月变化情况（2019年，比上年同期增长）

Main Indicators on National Economy by Month

(2019, Compare with Same Period of Preceding Year %)

项　　目	单位	1 月	1-2 月	1-3 月	1-4 月	1-5 月	1-6 月
规模以上工业增加值	%		4.3	8.5	6.8	7.5	7.3
#内资企业	%		12.1	16.7	14.0	15.3	14.9
外资企业	%		-5.0	-1.3	-2.1	-2.4	-2.4
#民营企业	%		12.3	17.3	14.1	15.5	15.2
#五大支柱产业	%		6.6	9.7	9.1	9.7	9.5
#四个特色产业	%		-5.9	1.5	-3.7	-5.0	-4.8
#先进制造业	%		8.4	11.7	11.2	12.0	11.3
#高技术制造业	%		13.0	13.9	16.6	17.9	17.9
规模以上工业销售产值	%		8.5	11.4	9.8	10.1	9.4
规模以上工业产品出口交货值	%		2.8	3.6	5.3	2.8	0.8
规模以上工业产品产销率	%		1.1	0.9	0.3	-0.2	-0.5
规模以上工业企业利润总额	%		-74.6	-45.1	-45.3	-34.3	-21.4
固定资产投资总额	%		11.8	13.0	14.2	14.0	15.7
#房地产开发	%		-1.2	2.4	2.9	3.6	7.2
社会消费品零售总额	%		7.4	8.4	7.5	7.4	8.5
进出口总额（海关口径）	%	14.7	7.5	8.3	8.9	9.1	6.8
#进口总额	%	7.0	5.7	2.5	3.5	1.5	-0.8
出口总额	%	20.4	8.9	12.7	12.9	14.8	12.5
实际利用外资	%	11.0	5.0	7.4	3.0	12.4	4.3
金融机构各项本外币存款余额	%	9.5	13.6	14.3	14.8	14.8	14.5
#住户存款	%	11.1	11.1	12.0	13.3	13.2	13.3
金融机构各项本外币贷款余额	%	22.7	21.9	22.9	22.4	24.0	24.7
一般公共预算收入	%	-11.7	-9.8	0.0	1.5	0.2	1.5
一般公共预算支出	%	151.9	15.5	21.6	29.8	16.9	12.9
全社会用电量	%	-9.6	-1.2	2.8	4.8	2.4	2.5
#工业用电	%	-13.4	-1.0	2.3	4.2	1.7	1.7
工商注册登记户数	%	13.7	13.1	12.3	10.9	10.1	8.0
#企业	%	20.0	18.7	18.7	17.3	16.3	12.5
居民消费价格总指数	%	2.2	1.9	2.1	2.3	2.5	2.6
公路运输总周转量	%	3.9	1.3	2.5	3.8	4.2	5.0
水路运输总周转量	%	17.7	12.4	9.7	9.5	-2.8	-2.7
邮政业务收入（含快递）	%	21.9	24.1	25.7	27.4	27.4	27.1
快递业务量	%	3.6	13.5	16.7	19.0	19.5	20.4

1-8 续表

(2019年，比上年同期增长)

项　　目	单位	1-7 月	1-8 月	1-9 月	1-10 月	1-11 月	1-12 月
规模以上工业增加值	%	6.8	6.4	8.0	7.8	7.8	8.5
#内资企业	%	14.3	13.6	15.2	15.8	15.9	16.6
外资企业	%	-2.7	-2.9	-1.4	-2.3	-2.5	-1.8
#民营企业	%	14.5	13.8	15.4	16.1	16.3	17.2
#五大支柱产业	%	8.7	8.0	9.9	9.9	10.0	10.8
#四个特色产业	%	-3.7	-3.5	-1.8	-2.4	-2.2	-1.3
#先进制造业	%	10.4	9.6	10.9	11.0	11.2	12.7
#高技术制造业	%	17.3	16.5	17.9	18.4	19.1	20.6
规模以上工业销售产值	%	8.7	8.0	8.5	8.4	8.8	8.7
规模以上工业产品出口交货值	%	0.3	-0.2	0.9	0.6	0.8	1.4
规模以上工业产品产销率	%	-0.4	-0.2	-0.8	-0.8	-0.8	-1.1
规模以上工业企业利润总额	%	-15.1	-0.1	5.5	10.8	13.1	6.5
固定资产投资总额	%	17.6	17.5	18.1	17.6	15.7	17.5
#房地产开发	%	9.0	10.1	10.5	11.5	8.7	8.1
社会消费品零售总额	%	8.0	7.7	8.2	8.1	9.1	9.4
进出口总额（海关口径）	%	4.4	2.2	0.3	-0.2	0.8	2.8
#进口总额	%	-2.8	-6.5	-9.3	-9.7	-7.6	-5.3
出口总额	%	9.6	8.5	7.2	6.7	6.8	8.5
实际利用外资	%	1.2	0.0	0.6	1.8	3.6	5.4
金融机构各项本外币存款余额	%	14.0	11.4	13.2	13.3	13.4	16.0
#住户存款	%	13.5	12.3	12.8	11.8	10.7	12.6
金融机构各项本外币贷款余额	%	24.4	22.1	23.2	23.1	22.8	23.4
一般公共预算收入	%	0.1	2.2	2.5	3.6	1.4	3.6
一般公共预算支出	%	4.1	5.4	12.6	10.5	10.9	12.2
全社会用电量	%	3.2	3.3	4.0	5.2	5.3	5.5
#工业用电	%	1.5	1.5	2.1	3.4	3.1	3.8
工商注册登记户数	%	8.3	9.1	8.4	7.8	7.9	8.0
#企业	%	11.9	11.6	11.4	10.9	11.1	11.6
居民消费价格总指数	%	2.8	2.9	3.0	3.2	3.4	3.5
公路运输总周转量	%	5.0	5.3	5.7	5.5	6.0	6.4
水路运输总周转量	%	-0.7	-0.1	3.5	2.5	-0.2	0.6
邮政业务收入（含快递）	%	27.6	28.8	28.6	27.5	26.9	26.0
快递业务量	%	22.0	22.9	22.9	22.1	21.8	21.8

1—9 历年地区生产总值

Gross Domestic Product over Years

年 份	地区生产总值 (万元)				人均地区生产总值 (元)
		第一产业	第二产业	第三产业	
1978	61122	27235	26781	7106	553
1979	66233	26460	29244	10529	593
1980	72199	26323	33290	12586	643
1981	91131	32772	42980	15379	802
1982	114322	37257	58137	18928	991
1983	130340	39847	68962	21531	1115
1984	159632	45671	78091	35870	1350
1985	226033	61475	116584	47974	1885
1986	300167	81416	135735	83016	2462
1987	392859	98236	177249	117374	3170
1988	554583	118888	282771	152924	4408
1989	609202	126568	279724	202910	4768
1990	804401	132787	405290	266324	6173
1991	959073	134523	503220	321330	5106
1992	1108922	144115	592701	372106	5184
1993	1570491	143953	873114	553424	6447
1994	2170341	174796	1194928	800617	7823
1995	2964508	214306	1671107	1079095	9383
1996	3619867	248645	1996851	1374371	10060
1997	4489223	256388	2435592	1797243	10955
1998	5584463	259437	3060632	2264394	11966
1999	6678607	257863	3675846	2744898	12566
2000	8211390	259087	4514659	3437644	13563
2001	9934806	260968	5418709	4255129	15293
2002	11890547	248791	6506241	5135515	18164
2003	14546999	228165	8000632	6318202	22208
2004	18096091	227087	10191067	7677937	27608
2005	21894567	218212	12321389	9354966	33383
2006	26356193	123937	15128115	11104141	39287
2007	31692610	118198	17626138	13948274	45189
2008	37156806	142233	19121632	17892941	50635
2009	38168275	140433	18970795	19057047	49676
2010	43398453	155616	23130013	20112824	53959
2011	48872609	165536	26135683	22571390	59313
2012	51902011	173604	27132746	24595661	62732
2013	57404389	184322	29837208	27382859	69125
2014	61748290	191634	32561825	28994831	74129
2015	66653368	199167	34790502	31663699	80319
2016	72609151	227590	38594210	33787351	87928
2017	80792024	228500	44165319	36398205	97317
2018	88181052	258300	49604015	38318737	105387
2019	94824981	284779	53614965	40925236	112507

注：1. 2019年为初步核算数，以往年份为最终核实数。如果在开展全国经济普查，发现对地区生产总值数据有较大影响的新的基础资料，或核算方法及分类标准发生变化后，也要对年度地区生产总值数据进行修订。2005年，根据全国第一次经济普查结果，对2005年以前全市生产总值的历史数据进行了修订；2008年，根据全国第二次经济普查结果，对2005—2008年全市生产总值进行了修订；2013年，根据全国第三次经济普查结果，对2009—2013年全市生产总值进行了修订；2016年，国家统计局改革地区研发支出的核算方法，根据新的核算方法，对1995—2016年全市生产总值进行了修订；2018年，根据全国第三次农业普查结果，对2006—2017年地区生产总值进行了修订；2020年，根据全国第四次经济普查，对2008—2018年全市生产总值进行了修订。本年鉴数据是修订后的数据，下同。

2. 人均地区生产总值1990年及以前按户籍人口计算，1991年起按常住人口计算，与以前年份不可比。

1-10 历年地区生产总值指数

Indices of Gross Domestic Product over Years

年 份	地区生产总值指数(上年=100)	第一产业	第二产业	第三产业	人均地区生产总值指数(上年=100)	人均地区生产总值指数与地区生产总值指数之比
1979	99.5	86.5	107.0	146.4	98.5	0.991
1980	102.7	90.3	117.3	113.9	102.0	0.993
1981	116.6	115.0	122.1	110.8	115.4	0.989
1982	116.9	105.3	131.0	117.6	115.1	0.985
1983	110.4	104.8	115.7	111.3	108.9	0.987
1984	114.2	109.0	107.0	140.9	112.9	0.988
1985	132.3	118.9	144.5	132.7	130.5	0.986
1986	126.1	111.9	110.3	174.7	124.0	0.983
1987	122.5	111.6	127.7	126.1	120.5	0.984
1988	115.7	90.6	143.7	103.0	114.0	0.985
1989	107.1	99.8	106.2	113.7	105.5	0.985
1990	123.2	104.4	127.6	128.0	120.8	0.980
1991	117.5	103.1	121.5	118.6	115.3	0.926
1992	108.3	100.0	112.6	105.1	95.1	0.878
1993	127.9	79.4	139.2	129.0	112.3	0.878
1994	122.5	107.2	124.7	122.3	107.5	0.878
1995	127.4	110.5	135.2	116.8	111.9	0.879
1996	117.5	109.4	115.5	123.6	103.2	0.878
1997	119.6	104.5	119.9	121.8	105.0	0.878
1998	121.8	100.9	122.1	124.5	106.9	0.878
1999	119.7	102.3	120.6	120.3	105.1	0.878
2000	119.7	99.8	120.7	120.0	105.1	0.878
2001	120.0	103.0	121.7	119.0	111.8	0.932
2002	120.5	97.6	122.7	119.1	119.6	0.993
2003	120.5	90.2	122.2	119.7	120.4	0.999
2004	121.1	91.2	125.7	115.8	121.0	0.999
2005	119.5	102.3	120.0	119.4	119.5	1.000
2006	119.2	55.5	121.9	117.1	116.5	0.978
2007	118.3	90.2	114.8	123.3	113.1	0.956
2008	114.0	107.0	106.2	124.1	109.0	0.956
2009	105.7	102.5	101.3	110.7	101.0	0.955
2010	110.4	101.5	117.5	103.3	105.5	0.955
2011	108.4	100.8	108.0	108.9	105.8	0.976
2012	106.3	99.9	106.9	105.7	105.9	0.996
2013	110.0	100.8	112.0	107.8	109.6	0.996
2014	108.0	103.1	109.7	106.1	107.7	0.997
2015	108.4	102.6	106.3	110.9	108.8	1.004
2016	108.0	106.0	110.9	104.8	108.5	1.005
2017	108.8	102.1	110.6	106.7	108.2	0.995
2018	107.5	108.8	108.7	106.0	106.6	0.993
2019	107.4	105.5	107.6	107.2	106.6	0.993

1-11 历年地区生产总值产业构成

Composition of Gross Domestic Product over Years

单位：%

年 份	地区生产总 值	第一产业	第二产业	第三产业
1978	100.0	44.6	43.8	11.6
1979	100.0	39.9	44.2	15.9
1980	100.0	36.5	46.1	17.4
1981	100.0	36.0	47.2	16.9
1982	100.0	32.6	50.9	16.6
1983	100.0	30.6	52.9	16.5
1984	100.0	28.6	48.9	22.5
1985	100.0	27.2	51.6	21.2
1986	100.0	27.1	45.2	27.7
1987	100.0	25.0	45.1	29.9
1988	100.0	21.4	51.0	27.6
1989	100.0	20.8	45.9	33.3
1990	100.0	16.5	50.4	33.1
1991	100.0	14.0	52.5	33.5
1992	100.0	13.0	53.4	33.6
1993	100.0	9.2	55.6	35.2
1994	100.0	8.1	55.1	36.9
1995	100.0	7.2	56.4	36.4
1996	100.0	6.9	55.2	38.0
1997	100.0	5.7	54.3	40.0
1998	100.0	4.6	54.8	40.5
1999	100.0	3.9	55.0	41.1
2000	100.0	3.2	55.0	41.9
2001	100.0	2.6	54.5	42.8
2002	100.0	2.1	54.7	43.2
2003	100.0	1.6	55.0	43.4
2004	100.0	1.3	56.3	42.4
2005	100.0	1.0	56.3	42.7
2006	100.0	0.5	57.4	42.1
2007	100.0	0.4	55.6	44.0
2008	100.0	0.4	51.5	48.2
2009	100.0	0.4	49.7	49.9
2010	100.0	0.4	53.3	46.3
2011	100.0	0.3	53.5	46.2
2012	100.0	0.3	52.3	47.4
2013	100.0	0.3	52.0	47.7
2014	100.0	0.3	52.7	47.0
2015	100.0	0.3	52.2	47.5
2016	100.0	0.3	53.2	46.5
2017	100.0	0.3	54.7	45.1
2018	100.0	0.3	56.3	43.5
2019	100.0	0.3	56.5	43.2

1-12 主要年份全市企业和个体工商户登记注册年末实有数量

Enterprises and Self-employed Individuals Registered in Main Years

单位：户

项　　目	2005年	2010年	2015年	2018年	2019年
工商登记户数合计	353266	518544	713298	1146802	1238646
#内资企业	13898	12439	16096	26222	28863
#国有	1977	1058	815	665	559
集体	6478	2180	1471	1247	1181
有限责任公司	1606	7649	11764	22064	24888
外商投资企业	7675	10113	12279	14547	14827
#中外合资	1013	1120	476	689	801
中外合作	482	179	91	85	67
“三来一补”企业	9552	4906	1535	1178	1048
私营企业	29017	88650	226499	460211	515816
个体工商户	293124	402405	456055	643983	677487

注：本表数据来源于市市场监管局。

1-13 个体工商户情况（2019年）

Statistics on Self-employed Individuals (2019)

项　　目	户　数（户）	从　业人　员（人）	资　金数　额（万元）	其中城镇		
				户　数（户）	从业人员（人）	资金数额（万元）
合　　计	677487	1598688	2489303	307335	731155	1052782
农、林、牧、渔业	838	2135	12410	239	518	3833
工　业	95501	297480	476288	28158	85902	129020
建筑业	518	1171	2669	226	505	1059
交通运输、仓储和邮政业	5134	9996	26394	2023	4024	9381
信息传输、软件和信息技术服务业	1221	1816	4071	707	1000	2006
批发和零售业	410678	936395	1275792	202390	479108	593832
住宿和餐饮业	100167	219016	426489	43311	97543	189244
房地产业	41	76	126	21	42	60
租赁和商务服务业	10046	17460	45447	5533	9403	24375
居民服务、修理和其他服务业	46263	98376	173462	21334	46040	78000
卫生和社会工作	755	2017	11789	376	1082	6325
文化、体育和娱乐业	1161	2722	9556	623	1418	4641
其他行业	5164	10028	24811	2394	4570	11005

注：本表数据来源于市市场监管局。

1-14 私营工商企业基本情况（2019年）

Basic Statistics on Private Industrial & Commercial Enterprises (2019)

项目	户数（户）	投资者人数（人）	雇工人数（人）	注册资本（万元）	其中：1．独资企业			
					户数（户）	投资者人数（人）	雇工人数（人）	注册资本（万元）
合　计	515816	815533	5347456	155957657	9465	9319	55859	396503
农、林、牧、渔业	1073	1834	8579	769901	181	181	3756	14902
工　业	168352	268589	1478834	35934269	3222	3215	25402	101613
建筑业	26726	39003	143958	13151015	38	38	99	1125
交通运输、仓储和邮政业	8542	12790	42752	2473328	45	45	97	30523
信息传输、软件和信息技术服务业	11297	18332	57905	3671628	1062	1053	4636	45477
批发和零售业	168444	247877	1925546	35569298	2405	2351	5410	92462
住宿和餐饮业	6474	10240	34868	1033285	556	530	5016	39464
房地产业	10432	15879	49858	6031917	7	7	23	140
租赁和商务服务业	56833	104169	811114	35826271	339	331	861	8766
居民服务、修理和其他服务业	10022	14655	50736	1713366	810	779	5682	21114
卫生和社会工作	642	1087	3316	222702	22	22	74	1789
文化、体育和娱乐业	8419	13860	42084	1899241	664	662	4543	28184
其他行业	38560	67218	697906	17661436	114	105	260	10944

1-14　续表

项目	2．合伙企业				3．有限责任公司			
	户数（户）	合伙人数（人）	雇工人数（人）	注册资本（万元）	户数（户）	投资者人数（人）	雇工人数（人）	注册资本（万元）
合　计	2803	15641	9309	11083629	502655	786861	5277100	140974361
农、林、牧、渔业	46	149	794	4440	843	1476	4019	496975
工　业	232	579	1833	20293	164625	263574	1449573	34497425
建筑业	4	19	9	803	26646	38902	143651	13001017
交通运输、仓储和邮政业	7	62	13	1380	8481	12672	42598	2434625
信息传输、软件和信息技术服务业	111	281	572	23829	10086	16861	52532	3460736
批发和零售业	91	323	304	19811	165797	244149	1919225	34905417
住宿和餐饮业	81	195	730	17755	5834	9507	29114	969066
房地产业	10	32	18	1681	10408	15821	49793	6002858
租赁和商务服务业	1800	11935	3869	10193444	54592	91380	805966	25285247
居民服务、修理和其他服务业	90	300	465	8796	9112	13552	44566	1676020
卫生和社会工作	1	2	1	8	615	1043	3208	216567
文化、体育和娱乐业	42	128	151	5647	7702	13038	37344	1835220
其他行业	288	1636	550	785742	37914	64886	695511	16193188

注：本表数据来源于市市场监管局。

1-15 历年总供用电

Gross Electricity Supply over Years

单位：万千瓦时

年　份	总供电量	#网供	全社会用电量	#工业用电	照明用电
1978	16375	16376			1741
1979	19271	19271			2338
1980	21659	21569			3372
1981	22247	22247			4650
1982	26871	26351			6272
1983	31527	31527			8052
1984	32617	28566			9484
1985	38183	33907			9934
1986	39305	35100			10204
1987	64258	45129			16657
1988	94842	66295			22347
1989	120861	76762			26139
1990	180142	111800	180142		39677
1991	240471	139841	240471		56504
1992	320003	180902	320003		25578
1993	436231	242205	436231		103583
1994	585763	393312	585763		110357
1995	680030	384764	680004		125135
1996	800300	506062	800300		153093
1997	949296	612907	948296		180583
1998	1094816	724758	1094818		221750
1999	1327788	973427	1343746	1017261	261629
2000	1780290	1349134	1796578	1367883	337044
2001	2077248	1649458	2091668	1616179	584700
2002	2585474	2219054	2598555	2004227	392879
2003	3216468	2846679	3235342	2499705	424869
2004	3728441	3196454	3758498	2822014	527332
2005	4156629	3422603	4198289	3374306	652514
2006	4644506	3676492	4720112	3735651	759384
2007	5078933	4167125	5154025	4061784	859851
2008	5073489	4423085	5141578	3962669	935510
2009	4888467	4318868	4955750	3673716	1011494
2010	5568902	5473261	5619996	4262339	1070692
2011	5793482	5699321	5860652	4351290	1196914
2012	6005828	5911793	6042842	4429317	1274923
2013	6172030	6061530	6225139	4537990	1338917
2014	6557176	6450483	6609853	4829488	1473307
2015	6612570	6482740	6668438	4833053	1530443
2016	6955925	6813874	7020063	5060048	1618277
2017	7538049	7355160	7606805	5553946	1736807
2018	7991661	7766950	8066430	5803832	1886064
2019	8442503	8226160	8507151	6025301	2055086

1-16 历年国民经济主要指标人均水平

The Per Capita Level of Main National Economic Indicators over Years

年 份	人均地区生产总值(元)	人均一般公共预算收入(元)	人均出口总 额(美元)	人均消费品零售额(元)	人均固定资产投资额(元)	人 均用电量(千瓦时)	年末人均人民币住户存款余额(元)
1978	553	60	36	192	21		49
1979	593	59	48	224	15		64
1980	643	60	69	281	21		104
1981	802	60	81	354	33		178
1982	991	70	94	417	157		238
1983	1115	73	102	447	157		328
1984	1350	72	110	625	254		520
1985	1885	93	146	781	589		761
1986	2462	132	191	1004	945		1068
1987	3170	163	216	1214	1145		1519
1988	4408	215	253	1959	1315		1965
1989	4768	250	273	2116	392		2529
1990	6173	274	436	2454	576		2592
1991	5106	236	879	1943	732	1280	3074
1992	5184	263	1217	2125	883	1496	3580
1993	6447	385	1318	2727	1345	1791	4131
1994	7823	277	1548	3178	5074	2111	5130
1995	9383	366	2468	3892	1998	2152	6924
1996	10060	268	2553	3761	1879	2224	8300
1997	10955	278	2774	3898	1608	2314	9758
1998	11966	324	2799	4551	1650	2509	10740
1999	12566	344	2851	4358	1662	2528	10890
2000	13563	503	2834	4477	1700	2968	10422
2001	15293	693	2923	4919	1932	3220	12212
2002	18164	845	3626	5724	2926	3971	15297
2003	22208	1030	4275	6642	4876	4939	18788
2004	27608	1101	5369	7756	6940	5734	21836
2005	33383	1585	6240	9276	9106	6401	26343
2006	39287	1922	7062	10756	10516	7036	29364
2007	45189	2658	8588	12331	11994	7349	29577
2008	50635	2851	8931	14535	12869	7007	35146
2009	49676	3009	7180	16224	14239	6450	36950
2010	53959	3455	8653	18106	13863	6988	41179
2011	59313	3799	9506	20709	13099	7113	44956
2012	62732	4307	10282	22649	14267	7304	50700
2013	69125	4929	10942	25230	16665	7496	53825
2014	74129	5465	11653	27731	17132	7935	55217
2015	80319	6242	12498	31603	17431	8036	55626
2016	87928	6597	11993	36194	18861	8501	59105
2017	97317	7132	12510	39907	20632	9163	61174
2018	105387	7767	14394	43471	21649	9640	66745
2019	112507	7988	14841	47505	25253	10093	74628

注：1．人均指标1991年以前按户籍人口计算，1991年起按常住人口计算；时点数按年末人口计算，时期数按年平均人口计算。
2．人均指标2006—2010年数据，根据东莞市第六次全国人口普查数据结果重新修订，下同。
3．2019年人民币口径的人均出口总额为102378元。

主要统计指标解释

Explanatory Notes on Main Statistical Indicators

国内（地区）生产总值 指按市场价格计算的一个国家（或地区）所有常住单位在一定时期内生产活动的最终成果。国内（地区）生产总值有三种计算方法，即生产法、收入法和支出法。三种方法分别从不同的方面反映国内（地区）生产总值及其构成。

本年鉴**国内（地区）生产总值及相关数据** 2019 年为初步核算数，以往年份为最终核实数。如果在开展全国经济普查，发现对地区生产总值数据有较大影响的新的基础资料，或核算方法及分类标准发生变化后，也要对年度地区生产总值数据进行修订。2005 年，根据全国第一次经济普查结果，对 2005 年以前全市生产总值的历史数据进行了修订；2008 年，根据全国第二次经济普查结果，对 2005-2008 年全市生产总值进行了修订；2013 年，根据全国第三次经济普查结果，对 2009-2013 年全市生产总值进行了修订；2016 年，国家统计局改革地区研发支出的核算方法，将能够为所有者带来经济利益的研发支出不再作为中间消耗，而是作为固定资本形成处理，根据新的核算方法，对 1995-2016 年全市生产总值进行了修订；2018 年，根据全国第三次农业普查结果，对 2006-2017 年地区生产总值进行了修订；2020 年，根据全国第四次经济普查，对 2008-2018 年全市生产总值进行了修订。本年鉴数据是修订后的数据。

增加值 指常住单位生产过程创造的新增价值和固定资产的转移价值。它可以按生产法计算，也可以按收入法计算，按生产法计算，它等于总产出减去中间投入；按收入法计算，它等于劳动者报酬、生产税净额、固定资产折旧和营业盈余之和。

劳动者报酬 指劳动者因从事生产活动所获得的全部报酬，包括劳动者获得的各种形式的工资、奖金和津贴，既包括货币形式的，也包括实物形式的，还包括劳动者所享受的公费医疗和医药卫生费、上下班交通补贴和单位支付的社会保险费、住房公积金等。对于个体经济来说，其所有者所获得的劳动报酬和经营利润不易区分，这两部分统一作为劳动者报酬处理。

生产税净额 指生产税减生产补贴后的差额。生产税指政府对生产单位从事生产、销售和经营活动以及因从事生产活动使用某些生产要素（如固定资产、土地、劳动力）所征收的各种税、附加费和规费。生产补贴与生产税相反，指政府对生产单位的单方面转移支付，因此视为负生产税，包括政策性亏损补贴、价格补贴等。

固定资产折旧 指一定时期内为弥补固定资产损耗按照规定的固定资产折旧率提取的固定资产折旧，或按国民经济核算统一规定的折旧率虚拟计算的固定资产折旧。它反映了固定资产在当期生产中的转移价值。各类企业和企业化管理的事业单位的固定资产折旧是指实际计提的折旧费；不计提折旧的政府机关、非企业化管理的事业单位和居民住房的固定资产折旧是按照统一规定的折旧率和固定资产原值计算的虚拟折旧。

营业盈余 指常住单位创造的增加值扣除劳动者报酬、固定资产折旧和生产税净额后的余额。它相当于企业的营业利润加上生产补贴，但要扣除从利润中开支的工资和福利等。

三次产业 三次产业的划分是世界上较为常用的产业结构分类，但各国的划分不尽一致。根据《国民经济行业分类》（GB/T 4754—2011），我国的三产产业划分是：

第一产业：指农、林、牧、渔业（不含农、林、牧、渔服务业）；

第二产业：指采矿业（不含开采辅助活动），制造业（不含金属制品、机械和设备修理业），电力、热力、燃气及水生产和供应业，建筑业；

第三产业：指服务业，是指除第一产业、第二产业以外的其他行业。第三产业包括：批发和零售业，交通运输、仓储和邮政业，住宿和餐饮业，信息传输、软件和信息技术服务业，金融业，房地产业，租赁和商务服务业，科学研究和技术服务业，水利、环境和公共设施管理业，居民服务、修理和其他服务业，教育，卫生和社会工作，文化、体育和娱乐业，公共管理、社会保障和社会组织，国际组织，以及农、林、牧、渔业中的农、林、牧、渔服务业，采矿业中的开采辅助活动，制造业中的金属制品、机械和设备修理业。

支出法国内（地区）生产总值　是从最终使用的角度反映一个国家（或地区）一定时期内生产活动最终成果的一种方法，包括最终消费支出、资本形成总额及货物和服务净出口三部分。计算公式为：

支出法国内（地区）生产总值=最终消费支出+资本形成总额+货物和服务净出口

最终消费支出　指常住单位为满足物质、文化和精神生活的需要，从本国经济领土和国外购买的货物和服务的支出。不包括非常住单位在本国经济领土内的消费支出。最终消费支出分为居民消费支出和政府消费支出。

居民消费支出　指常住住户在一定时期内对于货物和服务的全部最终消费支出。居民消费支出除了直接以货币形式购买的货物和服务的消费之外，还包括以其他方式获得的货物和服务的消费，即所谓的虚拟消费支出。居民虚拟消费支出包括如下几种类型：单位以实物报酬及实物转移的形式提供给劳动者的货物和服务；住户生产并由本住户消费发的货物和服务，其中的服务仅指住户的自有住房服务和付酬的家庭雇员提供的家庭和个人服务；金融机构提供的金融媒介服务等。

政府消费支出　指政府部门为全社会提供公共服务的消费支出和免费或以较低价格向住户提供的货物和服务的净支出。前者等于政府服务的产出价值减去政府单位所获得的经营收入后的价值，后者等于政府部门免费或以较低价格向住户提供的货物和服务的市场价值减去向住户收取的价值。

资本形成总额　指常住单位在一定时期内获得的减去处置的固定资产和存货的净额，包括固定资本形成总额和存货变动两部分。

固定资本形成总额　指生产者在一定时期内获得的固定资产减处置的固定资产的价值总额。固定资产是通过生产活动生产出来的，且其使用年限在一年以上、单位价值在规定标准以上的资产，不包括自然资产。可分为有形固定资本形成总额和无形固定资本形成总额。有形固定资本形成总额包括一定时期内完成的建筑工程、安装工程、设备工器具购置（减处置）价值，以及土地改良、新增役、种、奶、毛、娱乐用牲畜和新增经济林木价值。无形固定资本形成总额包括矿藏的勘探、计算机软件等获得减处置的价值。

存货变动　指常住单位存货实物量变动的市场价值，即期末价值减期初价值的差额，再扣除当期由于价格变动而产生的持有收益。存货增加可以是正值，也可以是负值；正值表示存货上升，负值表示存货下降。存货包括生产单位购进的原材料、燃料和储备物资等存货，以及生产单位生产的产成品、在制品和半成品等存货。

货物和服务净出口　指货物和服务出口减货物和服务进口的差额。出口包括常住单位向非常住单位出售或无偿转让的各种货物和服务的价值；进口包括常住单位从非常住单位购买或无偿得到的各种货物和服务价值。由于服务活动的提供与使用同时发生，一般把常住单位从非常住单位得到的服务作为进口，非常住单位从常住单位得到的服务作为出口。货物的出口和进口都按离岸价格计算。

发展速度　用以反映社会经济发展程度的相对指标，根据两个时期发展水平的对比而得。由于比较的标准时期不同，发展速度可分为定基发展速度和环比发展速度两种。

增长速度　发展速度 -1（或 100%）就是增长速度。即增长速度=发展速度 -1（或 100%）。

平均每年增长速度　我国计算平均增长速度有两种方法，一种是习惯上经常使用的“水平法”，又称几何平均法，是以间隔最后一年的水平同基期水平对比来计算平均每年增长（或下降）的速度；另一种是“累计法”又称代数平均法或方程法，是以间隔年内各年水平的总和同基期水平对比来计算平均每年增长（或下降）的速度。具体计算方法，可参照中国财经出版社出版的《平均增长速度查对表》。

在一般正常情况下，两种方法计算的平均每年增长速度比较接近，但在经济发展不平衡出现大起大落时，两种方法计算的结果差别较大。

本《年鉴》内所列的平均每年增长速度都是用水平法计算的。从某年到某年平均增长速度的年份，均不包基期年在内。如 1981-2019 年平均每年增长速度，是以 1980 年为基期，2019 年为报告期，年份从 1981 年算起，共 39 年。

二、人口与劳动力

Population and Labor Force

2-1 历年总人口数与人口密度

Total Population and Density over Years

单位：万人

年 份	户籍人口	按性别分		按城镇、乡村分		外来暂住人口	常住人口	人口密度(人/平方公里)
		男	女	城镇人口	乡村人口			
1949	68.24	32.87	35.37	11.95	56.29			
1952	71.68	34.53	37.15	12.99	58.69			
1957	77.48	37.50	39.98	14.96	62.52			
1962	79.64	38.07	41.57	15.22	64.42			
1965	86.46	41.83	44.63	16.18	70.28			
1970	98.56	47.91	50.65	17.30	81.26			
1975	107.94	52.70	55.24	17.57	90.37			
1978	111.23	54.34	56.89	18.29	92.74			451
1979	112.04	54.45	57.59	19.18	92.86			455
1980	112.70	54.43	58.27	19.83	92.87			457
1981	114.46	55.36	59.10	20.38	94.08			464
1982	116.19	56.28	59.91	20.87	95.32			471
1983	117.59	57.05	60.54	21.23	96.36			477
1984	118.95	57.80	61.15	22.48	96.47			483
1985	120.85	58.84	62.01	25.49	95.36			490
1986	123.01	59.95	63.06	26.48	96.53	15.62		499
1987	124.86	61.02	63.84	27.66	97.20	25.29		507
1988	126.76	62.09	64.67	28.80	97.96	36.89		514
1989	128.76	63.27	65.49	29.94	98.82	47.19		522
1990	131.85	64.96	66.89	30.86	100.99	65.59	175.62	712
1991	133.65	66.10	67.55	31.86	101.79	80.58	200.01	811
1992	136.06	67.55	68.51	32.71	103.35	114.48	227.78	924
1993	138.92	69.20	69.72	33.74	105.18	121.70	259.41	1052
1994	141.40	70.64	70.76	34.55	106.85	139.09	295.43	1198
1995	143.65	71.97	71.68	35.38	108.27	142.18	336.45	1365
1996	145.25	72.92	72.33	36.14	109.11	143.32	383.17	1554
1997	147.12	74.04	73.08	36.97	110.15	144.68	436.38	1770
1998	148.77	74.99	73.78	37.84	110.93	199.11	496.97	2016
1999	150.82	76.18	74.64	38.73	112.09	244.81	565.98	2296
2000	152.61	77.22	75.39	39.61	113.00	254.72	644.84	2616
2001	153.89	77.94	75.95	40.37	113.52	457.82	654.43	2655
2002	156.19	79.14	77.05	41.02	115.17	433.65	654.84	2657
2003	158.96	80.65	78.31	56.87	102.09	440.45	655.25	2658
2004	161.97	82.25	79.72	61.48	100.49	486.95	655.66	2660
2005	165.65	84.07	81.58	65.84	99.81	584.98	656.07	2662
2006	168.31	85.43	82.88	70.42	97.89	586.76	685.66	2782
2007	171.26	87.00	84.26	73.67	97.59	557.80	717.02	2909
2008	174.86	88.88	85.98	76.80	98.06	552.50	750.60	3045
2009	178.73	90.78	87.95	81.46	97.27	429.96	786.08	3189
2010	181.77	92.27	89.50	92.09	89.68	411.47	822.48	3343
2011	184.77	93.76	91.01	94.46	90.31	413.62	825.48	3356
2012	187.02	94.92	92.10	95.96	91.05	416.74	829.23	3371
2013	188.93	95.83	93.10	97.34	91.59	434.68	831.66	3381
2014	191.39	97.02	94.37	99.17	92.21	415.86	834.31	3392
2015	195.01	98.71	96.30	172.65	22.36	400.81	825.41	3355
2016	200.94	101.47	99.47	178.20	22.74	428.39	826.14	3358
2017	211.31	106.30	105.01	188.00	23.31	438.60	834.25	3391
2018	231.59	115.34	116.25	207.99	23.60	453.45	839.22	3411
2019	251.06	123.70	127.36	227.07	23.99	967.37	846.45	3441

注：1.人口密度1990年以前户籍人口计算，1990年起按常住人口计算。
2.常住人口2006—2010年数据，根据东莞市第六次全国人口普查数据结果重新修订，下同。
3.按建立城乡统一的户口登记制度要求，2015年起户籍户数和人口数按城镇和乡村划分，取消原来的农业和非农业的登记统计，数据与往年不可比，下同。

2-2 主要年份户籍人口与劳动力指标

Main Indicators of Household Population and Labor in Main Years

指　　标	单 位	1990年	1995年	2000年	2005年	2010年	2015年	2018年	2019年
年末户籍人口	人	1318526	1436525	1526090	1656541	1817709	1950089	2315867	2510586
#乡村人口	人	1009857	1082703	1130002	998159	896789	223575	235979	239897
人口性别比（女性人口=100）	%	97.1	100.4	102.4	103.1	103.1	102.5	99.2	97.1
人口密度	人/平方公里	535	583	619	672	739	793	941	1021
人口出生率	‰	17.1	17.6	12.1	10.6	10.9	11.3	18.4	16.7
人口死亡率	‰	4.8	4.8	4.6	4.6	4.7	4.9	4.6	4.4
人口自然增长率	‰	12.3	12.8	7.5	6.0	6.2	6.4	13.8	12.3
人口净迁移率	‰	1.9	1.9	2.2	16.4	12.0	7.8	78.5	65.4
城镇本年新登记的失业人员人数	人		6536	6524	7080	3207	10143	13635	16204
城镇失业人员安置就业人数	人			5683	6088	3796	9276	13944	17146

2-3 历年户籍人口自然变动情况

Changes of Household Population over Years

年份	出生		死亡		自然增长	
	人数（人）	出生率（‰）	人数（人）	死亡率（‰）	人数（人）	自然增长率（‰）
1978	20728	18.73	5451	4.92	15277	13.81
1979	26931	24.13	5755	5.13	21176	19.00
1980	27428	24.41	5747	5.10	21681	19.31
1981	24828	21.86	6016	5.29	18812	16.57
1982	21991	19.07	5681	4.93	16310	14.14
1983	19573	16.74	6100	5.21	13473	11.53
1984	18380	15.54	5841	4.94	12539	10.60
1985	18432	15.37	5439	4.54	12993	10.83
1986	20049	16.44	5955	4.88	14094	11.56
1987	19962	16.11	5502	4.44	14459	11.67
1988	21077	16.75	5863	4.66	15214	12.09
1989	23457	17.06	5966	4.67	17491	12.57
1990	22238	17.07	6208	4.76	16030	12.30
1991	23771	17.91	6070	4.57	17701	13.33
1992	26040	19.31	6485	4.81	19555	13.38
1993	25270	18.38	6833	4.97	18437	13.30
1994	24152	17.88	6319	4.51	17833	13.01
1995	25312	17.59	6898	4.84	18414	12.75
1996	24635	17.05	7333	5.08	17302	11.97
1997	24106	16.50	6448	4.41	17658	12.09
1998	22563	15.31	6553	4.45	16010	10.86
1999	21673	14.55	6460	4.34	15213	10.22
2000	18260	12.11	6923	4.59	11337	7.52
2001	17083	11.16	6344	4.14	10739	7.01
2002	16029	10.35	6873	4.44	9156	5.91
2003	16204	10.34	7346	4.69	8858	5.65
2004	17312	10.86	7814	4.90	9498	5.96
2005	17301	10.62	7497	4.60	9804	6.02
2006	16819	10.14	7103	4.28	9716	5.85
2007	17482	10.39	7418	4.41	10064	5.98
2008	18382	10.77	7752	4.54	10630	6.23
2009	18584	10.67	7587	4.36	10997	6.31
2010	19509	10.90	8367	4.68	11142	6.23
2011	19884	10.92	8728	4.79	11156	6.13
2012	24712	13.32	9684	5.22	15028	8.10
2013	22222	11.79	8693	4.61	13529	7.18
2014	21383	11.20	10253	5.37	11130	5.83
2015	21951	11.34	9545	4.93	12406	6.41
2016	27613	13.92	10475	5.28	17138	8.64
2017	47101	22.22	10250	4.84	36851	17.38
2018	41033	18.35	10286	4.60	30747	13.75
2019	40305	16.69	10583	4.38	29722	12.31

注：本表数据来源于市卫生健康局。

2-4 历年户籍人口迁移变动情况

Changes of Household Migration over Years

年 份	迁 入		迁 出		总迁移		净迁移	
	人 数 (人)	迁入率 (‰)	人 数 (人)	迁出率 (‰)	人 数 (人)	总迁移率 (‰)	人 数 (人)	净迁移率 (‰)
1978	10148	9.2	13179	11.9	23327	21.1	-3031	-2.7
1980	13345	11.9	28624	25.5	41969	37.4	-15279	-13.6
1985	19205	16.0	15636	13.0	34841	29.1	3569	3.0
1990	13485	10.4	11061	8.5	24546	18.8	2424	1.9
1991	12628	9.5	12531	9.4	25159	19.0	97	0.1
1992	14622	10.8	11168	8.3	25790	19.1	3454	2.5
1993	10801	7.9	4886	3.6	15687	11.4	5915	4.3
1994	10127	7.2	6406	4.6	16533	11.8	3721	2.7
1995	10312	7.2	7675	5.4	17987	12.6	2637	1.9
1996	9273	6.4	11508	8.0	20781	14.4	-2235	-1.6
1997	10284	7.0	9469	6.5	19753	13.5	815	0.6
1998	12400	8.4	11253	7.6	23653	16.0	1147	0.8
1999	15049	10.0	11497	7.6	26546	17.6	3552	2.4
2000	15618	10.2	12314	8.1	27932	18.3	3304	2.2
2001	15968	10.4	11099	7.2	27067	17.6	4869	3.2
2002	20214	12.9	8033	5.1	28247	18.1	12181	7.8
2003	27143	17.1	7173	4.5	34316	21.6	19970	12.6
2004	29621	18.3	7618	4.7	37239	23.0	22003	13.6
2005	43026	26.0	15798	9.5	58824	35.5	27228	16.4
2006	30710	18.2	11442	6.8	42152	25.0	19268	11.4
2007	26940	15.7	4847	2.8	31787	18.6	22093	12.9
2008	33595	19.2	5974	3.4	39569	22.6	27621	15.8
2009	36387	20.4	7381	4.1	43768	24.5	29006	16.2
2010	28534	15.7	6651	3.7	35185	19.4	21883	12.0
2011	28623	15.5	7425	4.0	36048	19.5	21198	11.5
2012	20698	11.1	8326	4.5	29024	15.5	12372	6.6
2013	18812	10.0	11035	5.8	29847	15.8	7777	4.1
2014	25530	13.3	10748	5.6	36278	19.0	14782	7.7
2015	21654	11.1	6480	3.3	28134	14.4	15174	7.8
2016	43738	21.8	6630	3.3	50368	25.1	37108	18.5
2017	71868	34.0	7194	3.4	79062	37.4	64674	30.6
2018	173662	75.0	8114	3.5	181776	78.5	165548	71.5
2019	171895	68.5	7799	3.1	179694	71.6	164096	65.4

注：本表数据来源于市公安局。

2-5 历年外来暂住人口与外来劳动力

Temporary Residents and Labor over Years

单位：人

年份	外来暂住人口总计	按性别分		按省内省外分						
		男性	女性	本省	外省	#湖南省	四川省	广西自治区	湖北省	江西省
1986	156222									
1987	252895									
1988	368913									
1989	481850									
1990	655902			333180	322722					
1991	805790			360379	445411					
1992	1144753	440500	704253	494278	650475					
1993	1217010	529096	687914	370770	846240					
1994	1390884	547435	843449	380790	1010094	257348	227793	139137	66189	60638
1995	1421754	581304	840450	371816	1023510	253574	223727	149478	84727	67562
1996	1433157	606524	826633	305821	1106749	232329	223315	137933	90528	79730
1997	1446830	554193	892637	298510	1130981	243384	227077	140483	89140	83272
1998	1991122	850266	1140856	402267	1569963	330241	294149	183734	143662	118685
1999	2448134	1084492	1363642	504722	1921206	391491	387730	236936	173787	149000
2000	2547221	1155277	1391944	485889	2041959	377257	319039	240923	196697	157323
2001	4578163	2138218	2439945	731931	3826830	718295	622166	442904	359872	294740
2002	4336453	1973316	2363137	722894	3593034	685311	555569	394088	389735	294086
2003	4404467	2198324	2206143	665549	3720408	663487	591145	432738	443603	339518
2004	4869462	2347115	2522347	747804	4096599	812976	581272	483329	490063	329715
2005	5849785	2746833	3102952	1036417	4747692	844053	642170	574634	514760	376526
2006	5867555	2775718	3091837	1012637	4807064	875904	617644	556961	531987	367094
2007	5577988	2666292	2911696	986062	4551507	816688	553907	497438	521529	355798
2008	5525022	2657712	2867310	1012341	4468505	828779	533496	488226	517519	353738
2009	4299615	2093055	2206560	889160	3367565	604891	441758	396425	391650	269133
2010	4114745	2010869	2103876	791665	3275768	587153	411005	405051	353414	252936
2011	4136177	2054179	2081998	900560	3194930	571601	370717	387198	350490	264965
2012	4167396	2072592	2094804	940956	3183488	587921	387226	398858	352191	236544
2013	4346839	2186786	2160053	949443	3356719	629746	387979	438718	380395	258666
2014	4158580	2103624	2054956	927905	3189809	570631	350809	441886	356586	252054
2015	4008120	2047374	1960746	867677	3099936	549724	330102	430882	334220	233460
2016	4283923	2274363	2009560	1112539	3171384	561944	319526	446556	334267	235517
2017	4386025	2301003	2085022	1214871	3171154	548885	328635	449460	332869	234864
2018	4534459	2400554	2133905	1278478	3255981	584832	320506	472695	331208	213808
2019	9673671	5785802	3887869	1793650	7880021	1415394	775679	1144003	801580	517451

注：外来暂住人口相关数据来源于市公安局，下同。

2-5 续表

单位：人

年份	外来劳动力	#工业	农业	商业	服务业
1986	104091	87154	9849	2509	4579
1987	180285	154842	13110	4181	8152
1988	292499	260237	16911	5797	9554
1989	405287	365840	19893	7763	11791
1990	572044	518971	25576	10793	16704
1991	701982	633400	25838	17945	24799
1992	1071048	874149	62324	88087	46488
1993	1126813	933147	40177	88524	64965
1994	1241814	1069478	52146	39869	80321
1995	1265368	1084860	54714	52965	72829
1996	1276626	1084330	64732	61092	66472
1997	1307279	1114235	57214	67242	68588
1998	1831939	1577922	68143	100041	85833
1999	2161487	1609539	113324	282938	155686
2000	2448415	2043270	88195	187015	129935
2001	4496771	3681099	174936	283277	357459
2002	4260142	3573355	127584	300642	258561
2003	4327312	3753904	85109	278632	209667
2004	4733903	4078400	98272	315021	242210
2005	5534248	4676454	107933	420810	329051
2006	5669798	4820388	124942	412180	312288
2007	5389490	4480800	102519	460114	346057
2008	5303008	4227211	97597	560345	417855
2009	4134581	3361306	74982	430183	268110
2010	3912274	3191436	92451	402786	225601
2011	3947135	3277984	82025	358941	228185
2012	3979414	3278448	85557	390327	225082
2013	4127952	3431195	93051	397091	206615
2014	3893258	3243831	63386	377854	208187
2015	3765415	3147707	55658	365507	196543
2016	3953862	3016145	65948	352141	259544
2017	3999898	3162514	66525	328735	249029
2018	3994334	3108326	63505	377629	259891
2019	6235774	5265048	63505	467004	440217

2-6 全社会从业人员

Number of Employed Persons of the Whole City by Sector

单位：人

指　　标	2010年	2011年	2012年	2013年	2014年
全社会从业人员	6262527	6344318	6429540	6495950	6826014
#农、林、牧、渔业	60497	58767	60062	59340	56786
采矿业	830	981	1161		
制造业	4650613	4645900	4631537	4592886	4351618
电力、热力、燃气及水的生产和供应业	20937	23588	26561	29801	20783
建筑业	97018	108374	120314	131828	163646
交通运输、仓储和邮政业	78872	80370	81871	83459	145052
信息传输、软件和信息技术服务业	26167	26916	27793	28195	53889
批发和零售业	630398	682345	738151	798822	629703
住宿和餐饮业	215599	232810	251948	271404	214008
金融业	36628	44198	53172	64167	54371
房地产业	47851	48896	49954	50874	141112
租赁和商务服务业	32401	32358	32246	32251	308492
科学研究和技术服务	6515	7020	7564	8061	86920
水利、环境和公共设施管理业	15898	15639	15358	15021	21349
居民服务、修理和其他服务业	89676	101242	112941	125375	115570
教育	65895	64754	63661	62429	173146
卫生和社会工作	39119	37985	36884	35962	74252
文化、体育和娱乐业	21732	21434	21088	20739	38339
公共管理、社会保障和社会组织	125881	110741	97274	85336	176978
国际组织					
#第一产业	60497	58767	59728	59262	56704
第二产业	4769398	4778843	4779573	4754462	4535948
第三产业	1432632	1506708	1590239	1682226	2233362

注：1.全社会从业人员统计范围为东莞市辖区内城乡各类法人单位、城乡个体从业人员及农村从事农林牧渔业的从业人员。
2.2020年，根据东莞市第四次全国经济普查结果，对2011—2018年全社会从业人员数据进行了修订，下同。

2-6 续表

单位：人

指　　标	2015年	2016年	2017年	2018年	2019年
全社会从业人员	6800920	6849327	6957035	7050341	7111081
#农、林、牧、渔业	60857	59010	58198	56770	57749
采矿业				108	109
制造业	4269449	4230539	4221361	4188553	4224344
电力、热力、燃气及水的生产和供应业	22866	25596	28786	32183	32458
建筑业	177029	191837	206900	225577	227505
交通运输、仓储和邮政业	145323	147533	150810	152565	153869
信息传输、软件和信息技术服务业	53933	54521	54672	54460	54925
批发和零售业	671358	722992	786632	852764	860051
住宿和餐饮业	228085	244940	264144	285808	288250
金融业	64767	77459	92126	113962	114936
房地产业	141848	144190	147453	151945	153243
租赁和商务服务业	300707	296844	293643	285904	288347
科学研究和技术服务	91370	97401	105262	116329	117323
水利、环境和公共设施管理业	20633	20126	19779	19302	19467
居民服务、修理和其他服务业	123698	132395	143706	152450	153753
教育	167598	164574	162527	158053	159404
卫生和社会工作	70989	68887	67291	65522	66082
文化、体育和娱乐业	37129	36143	35446	34160	34452
公共管理、社会保障和社会组织	153281	134340	118299	103926	104814
国际组织					
#第一产业	60585	58733	57938	56132	57100
第二产业	4469249	4447860	4456583	4440749	4478696
第三产业	2271086	2342734	2442514	2553460	2575285

2-7 主要年份城镇在岗职工年末人数

Number of Employed Persons in Urban Areas at Year-end in Main Years

单位：人

项　　目	1985年	1990年	1995年	2000年	2005年	2010年	2015年	2018年	2019年
合　　计	122951	131631	178724	164080	188579	226268	2267844	2372090	2819191
#工　业	60571	68508	105782	68354	79359	84992	1840487	1840144	2032305
采矿业			130	62	59	52	35	32	36
制造业			99194	62790	71569	77544	1831287	1830247	2021645
电力、热力、燃气及水的生产和供应业			6458	5502	7731	7396	9165	9865	10624
建筑业			5103	7799	1237	2144	42163	63495	43458
交通运输、仓储和邮政业						6427	28719	31379	32692
信息传输、软件和信息技术服务业						2535	8406	11360	17481
批发和零售业						6215	56306	73723	120730
住宿和餐饮业						739	27861	26366	28157
金融业	2270	4291	9487	13945	16584	20706	27169	26532	26408
房地产业	1551	2529	73	387	427	488	22879	33807	59321
租赁和商务服务业						2270	39146	62297	116695
科学研究和技术服务						1984	13991	18169	55051
水利、环境和公共设施管理业						654	2764	6488	7919
居民服务、修理和其他服务业						105	12471	12114	20713
教育						26138	35671	44972	96813
卫生和社会工作						26859	45983	50491	58111
文化、体育和娱乐业						1711	6812	5780	10428
公共管理、社会保障和社会组织	5854	7887	9711	15733	28542	41676	56670	64670	91898
国际组织									
#第一产业	2432	2053	620	476	483	625		56	691
第二产业	64525	72993	110885	76153	80596	87136	1882650	1903035	2074467
第三产业	55994	56585	67219	87451	107500	138507	385194	468999	744033

注：1.2012年起城镇在岗职工含劳务派遣人员。
2.2013年起，将原属于乡镇企业且符合城镇非私营单位条件的“四上”企业纳入城镇单位从业人员及工资统计的范围，下同。

2-8 历年分行业城镇在岗职工人数

Numbers of Employers by Sector in Urban Areas over Years

单位：人

年 份	年末城镇在岗职工人数合计	#第一产业	第二产业	第三产业	#工业
1978	81971	2875	41179	37917	38729
1979	96807	3051	44905	48851	42251
1980	98587	2637	47374	48576	44737
1981	106626	2897	52638	51091	50370
1982	114119	2133	56391	55595	52418
1983	115926	1978	58139	55809	53246
1984	117627	1933	59129	56565	54916
1985	122951	2432	64525	55994	60571
1986	132744	2252	73922	56570	65674
1987	136666	2359	76393	57914	69985
1988	127098	2702	69385	55011	64631
1989	131039	2397	73042	55600	68738
1990	131631	2053	72993	56585	68508
1991	145873	2083	84992	58798	79389
1992	154712	2043	89713	62956	82611
1993	176578	1933	107296	67349	92212
1994	160872	621	95378	64873	83322
1995	178724	620	110885	67219	105782
1996	174964	497	98061	76406	91228
1997	164987	616	82513	81858	76619
1998	164047	779	80510	82758	70499
1999	163917	583	76905	86429	68860
2000	164080	476	76153	87451	68354
2001	164226	444	76181	87601	69260
2002	164209	431	75384	88394	68348
2003	165978	522	73357	92099	72118
2004	175415	565	78003	96847	76786
2005	188579	483	80596	107500	79359
2006	199878	483	84618	114777	83328
2007	205640	487	81448	123705	79949
2008	207234	459	77982	128793	76563
2009	225990	477	94365	131148	92943
2010	226268	625	87136	138507	84992
2011	246083	966	82164	162953	80648
2012	250225	925	85582	163718	82647
2013	2398215	575	2001324	396316	1968085
2014	2342549	28	1956590	385931	1922112
2015	2267844		1882650	385194	1840487
2016	2269355		1871092	398263	1830149
2017	2371619	48	1927193	444378	1872609
2018	2372090	56	1903035	468999	1840144
2019	2819191	691	2074467	744033	2032305

2-9 主要年份国有单位分行业年末城镇在岗职工人数

Number of Employed Persons in Urban State-owned Units at Year-end by Sector in Main Years

单位：人

指　　标	1985年	1990年	1995年	2000年	2005年	2010年	2015年	2018年	2019年
合　　计	56534	63469	71165	78216	94902	121690	141037	151451	159944
按企业、事业、机关单位分									
企业	40201	43538	38022	31988	20401	20348	15922	15169	11300
事业	11362	13072	23147	31506	46382	60310	69850	74024	68566
机关	4971	6859	9996	14722	28119	41032	55265	62258	77078
按国民经济行业分									
#工　业	20919	19390	14610	10119	3471	3638	615	390	706
采矿业	423	72	130	62	59	52			
制造业	19625	16912	12908	6611	1217	981	615	390	706
电力、热力、燃气及水的生产和供应业	871	2406	1572	3446	2195	2605			
建筑业	1454	3487	2753	1539	971	1250	38		37
交通运输、仓储和邮政业					3381	2182	5166	3646	3483
信息传输、软件和信息技术服务业					2243	2275	243	7	391
批发和零售业					1582	1790	128	11	109
住宿和餐饮业									7
金融业	943	2215	5634	7343	9401	9319	10231	11531	2778
房地产业	138	149	44	98	244	329	17	17	278
租赁和商务服务业					676	1437	442	443	2572
科学研究和技术服务					1496	1928	1001	1005	2474
水利、环境和公共设施管理业					484	542	693	832	1428
居民服务、修理和其他服务业					95	105	119	128	638
教育					23301	26138	26795	27712	22454
卫生和社会工作					17134	26795	37102	39270	34207
文化、体育和娱乐业					1398	1661	1566	1519	2069
公共管理、社会保障和社会组织	4971	6859	9563	15372	28542	41676	56670	64670	85874
国际组织									
#第一产业	2264	1956	712	476	483	625		56	242
第二产业	22373	22877	17363	11658	4442	4888	653	390	743
第三产业	31897	38571	53090	66082	89977	116177	140384	151005	158959

2-10 主要年份集体单位分行业年末城镇在岗职工人数

Number of Employed Persons in Urban Collective-owned Units at Year-end by Sector in Main Years

单位：人

指　　标	1985年	1990年	1995年	2000年	2005年	2010年	2015年	2018年	2019年
合　计	63383	58749	64923	50592	44251	35106	39317	41170	58144
按企业、事业、机关单位分									
企业	58258	54671	63194	49257	43200	34245	35833	37046	33915
事业	4062	3050	1581	974	1051	861	236	148	15403
机关	1063	1028	148	361					341
按国民经济行业分									
#工　业	37358	40979	49984	28698	32527	22879	13825	11936	9090
采矿业		433							
制造业		40458	48600	27268	30772	21497	11624	10035	6678
电力、热力、燃气及水的生产和供应业		88	1384	1430	1755	1382	2201	1901	2412
建筑业	2500	998	2350	6260	251	886	5025	1259	661
交通运输、仓储和邮政业					3446	3543	464	144	235
信息传输、软件和信息技术服务业					45	40			31
批发和零售业					2078	1818	1376	1386	1687
住宿和餐饮业					307	289	663	403	251
金融业	1327	2076	3844	3437	4184	4533	5932	9083	14
房地产业			29	289	183	159	743	833	2109
租赁和商务服务业					843	677	7126	13995	24104
科学研究和技术服务					16	56	1467	471	867
水利、环境和公共设施管理业					237	112	109	68	212
居民服务、修理和其他服务业							5	5	59
教育									10987
卫生和社会工作					92	64	2485	1543	6035
文化、体育和娱乐业					42	50	97	44	299
公共管理、社会保障和社会组织	1063	1028	148	361					1503
国际组织									
#第一产业	168	97	33						
第二产业	39858	41795	52334	34958	32778	23765	18850	13195	9751
第三产业	23357	16857	12556	15634	11473	11341	20467	27975	48393

2-11 主要年份其他所有制单位分行业年末城镇在岗职工人数

Number of Employed Persons in Urban Other Ownership Units at Year-end by Sector in Main Years

单位：人

指　　标	1985年	1990年	1995年	2000年	2005年	2010年	2015年	2018年	2019年
合　计	3034	9413	42636	35272	49426	69472	2087490	2179469	2601103
按企业、事业、机关单位分									
企业	2312	9413	42597	35272	49426	69472	2080290	2175083	2550061
事业	722		39				320	194	15588
机关									1073
其他							6880	4192	6512
按国民经济行业分									
#工　业	2294	8321	41188	29537	43361	58475	1826047	1827818	2022509
采矿业		48					35	32	36
制造业		8273	37686	28911	39580	55066	1819048	1819822	2014261
电力、热力、燃气及水的生产和供应业			3502	626	3781	3409	6964	7964	8212
建筑业					15	8	37100	62236	42760
交通运输、仓储和邮政业					412	702	23089	27589	28974
信息传输、软件和信息技术服务业					240	220	8163	11353	17059
批发和零售业					1530	2607	54802	72326	118934
住宿和餐饮业					678	450	27198	25963	27899
金融业			9	3165	2999	6854	11006	5918	23616
房地产业	722						22119	32957	56934
租赁和商务服务业					191	156	31578	47859	90019
科学研究、技术服务业							11523	16693	51710
水利、环境和公共设施管理业							1962	5588	6279
居民服务、修理和其他服务业							12347	11981	20016
教育							8876	17260	63372
卫生和社会工作							6396	9678	17869
文化、体育和娱乐业							5149	4217	8060
国际组织									4521
公共管理、社会保障和社会组织									
#第一产业									449
第二产业	2294	8321	41188	29537	43376	58483	1863147	1889450	2063973
第三产业	740	1092	1448	5735	6050	10989	224343	290019	536681

2-12 工业、建筑业企业年末城镇在岗职工人数（2018-2019年）

Number of Urban Employed Persons in Industrial and Construction Enterprises at Year-end (2018-2019)

单位：人

指　　标	2018年	2019年
工业总计	1840144	2032305
按经济类型分		
国有经济单位	390	706
城镇集体经济单位	11936	9090
其他各种经济单位	1827818	2022509
按工业行业分（大类）		
非金属矿采选业	32	29
农副食品加工业	4116	6842
食品制造业	15983	19194
酒、饮料和精制茶制造业	4004	3918
烟草制品业		
纺织业	31781	41208
纺织服装、服饰业	68406	67655
皮革、毛皮、羽毛及其制品和制鞋业	110787	109930
木材加工和木、竹、藤、棕、草制品业	2684	6874
家具制造业	48480	47632
造纸和纸制品业	44787	53021
印刷和记录媒介复制业	38342	44444
文教、工美、体育和娱乐用品制造业	128004	140058
石油加工、炼焦和核燃料加工业	2051	1579
化学原料和化学制品制造业	19229	24294
医药制造业	2946	3236
化学纤维制造业	1354	2201
橡胶和塑料制品业	155770	164737
非金属矿物制品业	32791	40244
黑色金属冶炼和压延加工业	1362	1774
有色金属冶炼和压延加工业	8481	8714
金属制品业	124762	148340
通用设备制造业	73420	75534
专用设备制造业	93418	128683
汽车制造业	22444	23266
铁路、船舶、航空航天和其他运输设备制造业	6488	8346
电气机械和器材制造业	208484	223724
计算机、通信和其他电子设备制造业	528762	555985
仪器仪表制造业	33815	37112
其他制造业	16568	31685
废弃资源综合利用业	124	126
电力、热力生产和供应业	3793	3507
燃气生产和供应业	1379	1112
水的生产和供应业	4693	6005
建筑业总计	63495	43458
国有经济单位		37
城镇集体经济单位	1259	661
其他各种经济单位	62236	42760

2-13 按经济类型分行业城镇在岗职工人数及构成（2019年）

Employed Persons in Urban Areas by Registration Status and Sector (2019)

项　　目	合　计	国有经济单位	城镇集体经济单位	其他经济单位
合　计（人）	2819191	159944	58144	2601103
#工　业	2032305	706	9090	2022509
采矿业	36			36
制造业	2021645	706	6678	2014261
电力、热力、燃气及水的生产和供应业	10624		2412	8212
建筑业	43458	37	661	42760
交通运输、仓储和邮政业	32692	3483	235	28974
信息传输、软件和信息技术服务业	17481	391	31	17059
批发和零售业	120730	109	1687	118934
住宿和餐饮业	28157	7	251	27899
金融业	26408	2778	14	23616
房地产业	59321	278	2109	56934
租赁和商务服务业	116695	2572	24104	90019
科学研究和技术服务	55051	2474	867	51710
水利、环境和公共设施管理业	7919	1428	212	6279
居民服务、修理和其他服务业	20713	638	59	20016
教育	96813	22454	10987	63372
卫生和社会工作	58111	34207	6035	17869
文化、体育和娱乐业	10428	2069	299	8060
公共管理、社会保障和社会组织	91898	85874	1503	4521
国际组织				
#第一产业	691	242		449
第二产业	2074467	743	9751	2063973
第三产业	744033	158959	48393	536681
各项比重（%）				
#工　业	72.09	0.44	15.63	77.76
采矿业	0.001			0.001
制造业	71.71	0.44	11.49	77.44
电力、燃气及水的生产和供应业	0.38		4.15	0.32
建筑业	1.54	0.02	1.14	1.64
交通运输、仓储和邮政业	1.16	2.18	0.40	1.11
信息传输、软件和信息技术服务业	0.62	0.24	0.05	0.66
批发和零售业	4.28	0.07	2.90	4.57
住宿和餐饮业	1.00	0.004	0.43	1.07
金融业	0.94	1.74	0.02	0.91
房地产业	2.10	0.17	3.63	2.19
租赁和商务服务业	4.14	1.61	41.46	3.46
科学研究和技术服务	1.95	1.55	1.49	1.99
水利、环境和公共设施管理业	0.28	0.89	0.36	0.24
居民服务、修理和其他服务业	0.73	0.40	0.10	0.77
教育	3.43	14.04	18.90	2.44
卫生和社会工作	2.06	21.39	10.38	0.69
文化、体育和娱乐业	0.37	1.29	0.51	0.31
公共管理、社会保障和社会组织	3.26	53.69	2.58	0.17
国际组织				
#第一产业	0.02	0.15		0.02
第二产业	73.58	0.46	16.77	79.35
第三产业	26.39	99.38	83.23	20.63

主要统计指标解释

Explanatory Notes on Main Statistical Indicators

总人口数 指一定时点、一定地区范围内的有生命的个人的总和。按不同的统计范围可分为常住人口和户籍人口；统计时点通常为每年 12 月 31 日 24 时。

常住人口 指实际居住在某地区半年以上的人口，应抱括：1.居住在本乡、镇、街道，并已在本乡、镇街道办理常住户口登记的人；2.已在本乡、镇 、街道居住半年以上，常住户口在本乡、镇 、街道以外的人；3.在本乡、镇 、街道居住不满半年，但已离开常住户口登记地半年以上的人；4.居住在本乡、镇 、街道，常住户口待定的人；5.原住本乡、镇、街道，人口统计（或登记）时在国外工作或学习的人。

户籍人口 指公民依照《中华人民共和国户口登记条例》在公安户籍管理机关登记了常住户口的人。这类人口不管其是否外出，也不管外出时间长短，只要在某地注册有常住户口，则为该地区的户籍人口。

外来暂住人口 指户口登记地在外县、市，目前在本市暂住的人口。

性别比 反映两性人口之间比例的指标。指在总人口中或在各年龄人口中，男性人数与女性人数之比。通常用每 100 个女性人口相应有多少男性人口表示。

出生率（又称粗出生率） 指在一定时期（通常为一年）内活产婴儿数与同期总人口的生存人口数（或同期平均总人口、年中人口数）之比，一般用千分率表示。

死亡率（又称粗死亡率） 指在一定时期内（通常为一年）一定地区的死亡人数与同期平均人数（或期中人数）之比，一般用千分率表示。

人口自然增长率 指在一定时期内（通常为一年）人口自然增加数（出生人数减死亡人数）与该时期内平均人口数（或期中人数）之比，一般用千分率表示。

总迁移率 是反映人口迁移变动总规模的相对指标，是某地区一定时期内（通常为一年）迁入人数及迁出人数之和与同时期平均人口数之比，一般用千分率表示。

净迁移率 是反映人口迁移变动的相对指标之一，是某地区一定时期内（通常为一年）迁入与迁出相抵销后（迁入人口减迁出人口）与同时期平均总人口数之比，一般用千分率表示。

在岗职工 指在本单位工作且与本单位签订劳动合同，并由单位支付各项工资和社会保险、住房公积金的人员，以及上述人员中由于学习、病伤、产假等原因暂未工作仍由单位支付工资的人员。在岗职工还包括：

(1)应订立劳动合同而未订立劳动合同人员（如使用的农村户籍人员）；

(2)处于试用期人员；

(3)编制外招用的人员；

(4)派往外单位工作，但工资仍由本单位发放的人员（如挂职锻炼、外派工作等情况）。

东莞统计

三、农　业

Agriculture

3-1 主要年份农业指标

Main Indicators of Agriculture in Main Years

指　标	单　位	1978年	1980年	1985年	1990年	1995年	2000年
乡镇从业人员	人	467757	478599	544734	598911	639985	727328
第一产业	人	390585	368322	283425	269460	202138	189349
第二产业	人	51422	94576	167116	228114	283050	362666
第三产业	人	25750	15701	94193	101337	154797	175313
年末耕地面积	亩	1183926	1177400	966725	882602	708595	663304
农业机械总动力	千瓦	248760	354250	667750	1003980	795120	586063
水利建设总投资	万元	413	927	886	5428	16900	35550
化肥施用量（实物量）	吨	113296	100776	150083	235836	124263	103570
农药施用量	吨	4276	3382	2951	3453	1924	1836
农村用电量	万千瓦时	5667	7355	14365	82545	406327	1312931
农林牧渔业总产值	万元	42394	41943	91244	236412	426901	546383
主要农产品产量							
粮　食	吨	532308	529381	488705	494259	227441	204136
糖　蔗	吨	508976	447318	526033	538712	233803	49359
花　生	吨	14157	29015	20963	13411	3724	1960
水　果	吨	26457	23688	189350	282410	243231	129367
水产品	吨	30900	25471	32641	68508	74778	95076
肉　类	吨	26920	27652	33298	62191	97572	179032
#猪 肉	吨	22790	23461	25759	40130	68649	149648
禽　蛋	吨	425	398	2424	6906	5431	4367
森林覆盖率	%			28.6	31.4	29.2	30.6

注：本表乡镇从业人员含部分外来从业人员，下同。

3-1 续表

指　　标	单　位	2005年	2010年	2015年	2018年	2019年
乡镇从业人员	人	830705	878912	963509	1024103	1127060
#从事农业人员	人	110612	72856	60857	56770	57749
年末耕地面积	亩	502937	576883	550482	538751	
农业机械总动力	千瓦	229297	367988	450375	478025	483025
水利建设总投资	万元	59437	78308	90322	90423	133404
化肥施用量（实物量）	吨	52749	41445	25859	19477	18235
农药施用量	吨	1090	819	757	542	519
农村用电量	万千瓦时	2970738	3950486	4765174	5620836	5842196
农林牧渔业总产值	万元	420496	263544	318815	392133	439764
主要农产品产量						
粮　食	吨	20004	10554	5500	5846	5852
花　生	吨	114	129	263	186	171
水　果	吨	151255	73288	58835	67675	55775
水产品	吨	67381	76268	68946	45991	48575
肉　类	吨	171737	12228	7544	2235	1290
#猪　肉	吨	159169	6609	3018	1083	772
森林覆盖率	%	33.1	36.7	37.4	37.4	37.4

注：1. 2010年起，农业机械总动力数据采用农业局统计口径，下同。
2. 2011年起，农村用电量数据采用供电局统计口径，下同。
3. 2018年至2020年，我市组织开展第三次全国国土调查工作（简称三调），根据国务院三调办工作安排，2019年度土地变更调查工作尚未开展，我市未形成2019年度土地变更调查成果，耕地面积相关数据暂空缺，下同。
4. 根据《全国农业普查条例》，农业2007—2017年的农林牧渔业总产值、增加值和主要农产品产量等相关数据以全国第三次农业普查结果为基础做了修订，下同。

3-2 主要年份农村经济比例和效益指标

Main Indicators of Proportions and Efficiency in Rural Economy in Main Years

指　　标	单　位	1990年	1995年	2000年	2005年	2010年	2015年	2018年	2019年
农村基层组织									
镇街政府	个	33	33	32	32	32	32	32	32
社区居委会、村委会	个	583	594	593	596	599	597	592	593
镇街户籍总户数	户	327344	364273	414007	465008	530497	567171	653392	732335
#乡村户	户	238221	263669	299576	275988	259691	63280	65805	73504
镇街户籍总人口	人	1318526	1436525	1526090	1656541	1817709	1950089	2315867	2510586
#乡村人口	人	1009857	1082703	1130002	998159	896789	223575	235978	239897
乡镇从业人员	人	598911	639985	727328	830705	878912	963509	1024103	1127060
按性别分									
男性	人	289258	315892	364866	427840	475996	512145	547958	597521
女性	人	309653	324093	362462	402865	402916	451364	476145	529539
劳动生产条件									
平均每一农业人口用电量	千瓦时	826	3778	11666	29762	44051	213135	238193	243529
每亩耕地农业机械总动力	瓦特	1138	1122	884	455	638	818	887	
平均每亩耕地化肥施用量	公斤	267	175	156	105	72	51	40	
平均每亩耕地农药施用量	公斤	3.91	2.72	2.77	2.17	1.42	1.38	1.00	
农林牧渔业增加值率	%		57.8	56.9	51.9	60.5	64.0	67.0	
劳动生产率									
人均农林牧渔业总产值	元/人	3977	6737	7828	5062	2999	3309	3829	3902
人均农林牧渔业增加值	元/人		3892	4453	2627	1814	2119	2565	2599
人均粮食产量	公斤/人	379	160	135	12	6	3	3	2
人均蔬菜（含菜用瓜）产量	公斤/人	337	338	431	278	181	182	173	165
人均水果产量	公斤/人	218	171	85	91	40	30	29	22
人均畜牧总肉产量	公斤/人	47	68	117	104	7	4	1	1
#猪　肉	公斤/人	31	48	97	96	4	2	0.5	0.3
人均水产品产量	公斤/人	53	52	61	41	42	35	20	19

注：1. 平均每亩耕地化肥施用量按化肥施用实物量计算；人均农产品产量按户籍人口计算。
2. 按建立城乡统一的户口登记制度要求，2015年起户籍户数和人口数按城镇和乡村划分，取消原来的农业和非农业的登记统计，数据与往年不可比，下同。

3-3 主要年份农村集体(经联社、经济社两级)资产负债及收益分配

Assets, Liabilities and Income Distribution of Rural Collective Economy in Main Years

单位：亿元

指　　标	2005年	2010年	2015年	2018年	2019年
资产负债情况					
资产总额	929.60	1228.20	1436.83	1725.89	1873.74
负债总额	221.56	292.15	253.69	281.64	314.86
资产负债率（%）	23.83	23.79	17.66	16.32	16.80
净资产	708.04	936.05	1183.14	1444.25	1558.87
收益分配情况					
经营总收入	120.57	143.38	180.43	220.65	241.36
#销售收入	12.83	14.39	6.17	7.69	6.30
出租收入	77.02	91.65	130.21	155.69	170.32
#协作服务款	13.07	7.51	7.41	6.91	6.60
农业发包及上交收入	3.17	2.09	2.29	2.97	2.95
投资收益	5.07	7.07	15.90	23.48	25.74
其他收入	9.40	17.15	22.44	26.07	30.45
经营总费用	48.05	66.45	66.70	67.05	65.33
#销售成本	6.46	8.59	5.97	6.89	5.66
出租成本	24.05	32.62	36.78	37.70	37.05
经营税金		1.90	2.84	2.28	2.26
管理费用	9.34	12.46	11.90	13.14	13.36
其他支出	7.92	10.89	6.72	4.51	4.24
经营纯收入	72.52	76.93	113.73	153.60	176.03
收益分配总额	64.57	92.79	110.71	135.46	150.32
可弥补分配的收益总额	3.29	15.79	20.19	20.14	21.63

3-4 历年莞产农产品户籍人口人均拥有量

Per Capita Possession of Agricultural Products over Years

单位：公斤/人

年　份	粮　食		#稻 谷		蔬　菜（含菜用瓜）	
	按总人口	按乡村人口	按总人口	按乡村人口	按总人口	按乡村人口
1949	312	378	304	368		
1952	379	463	364	444		
1957	373	463	337	419		
1962	414	514	392	486		
1965	513	632	502	618		
1970	463	562	451	546		
1975	473	565	452	539		
1980	471	570	462	558	111	134
1985	408	510	397	497	260	330
1990	379	495	368	480	337	440
1995	160	211	148	196	388	515
1996	168	224	155	207	411	548
1997	169	225	155	207	436	582
1998	167	224	151	203	450	603
1999	165	222	149	200	443	597
2000	135	181	121	163	431	582
2001	83	113	71	97	459	623
2002	34	54	27	43	418	653
2003	19	30	13	20	352	549
2004	19	30	8	12	329	530
2005	12	20	7	12	278	461
2006	6	10	4	8	212	364
2007	6	10	4	7	182	320
2008	7	12	3	6	198	353
2009	6	12	4	7	196	361
2010	6	12	5	9	181	368
2011	6	12	5	10	183	374
2012	5	10	4	9	175	360
2013	4	9	3	7	169	350
2014	3	7	2	5	185	384
2015	3	25	2	17	182	1587
2016	2	21	2	14	199	1759
2017	2	21	2	14	186	1684
2018	3	25	1	14	173	1696
2019	2	24	1	12	165	1732

注：本表按户籍人口计算。按建立城乡统一的户口登记制度要求，2015年起户籍户数和人口数按城镇和乡村划分，取消原来的农业和非农业的登记统计，数据与往年不可比，下同。

3-4 续表

单位：公斤/人

年份	水果		猪肉		水产品	
	按总人口	按乡村人口	按总人口	按乡村人口	按总人口	按乡村人口
1949					5	6
1952					5	6
1957					5	7
1962					8	10
1965	53	66			12	14
1970	71	87			17	20
1975	34	41			20	24
1980	21	26	21	25	23	27
1985	158	197	21	27	27	34
1990	218	283	31	40	53	69
1995	171	226	48	64	52	70
1996	143	190	58	77	56	76
1997	113	151	68	91	63	84
1998	77	103	84	112	65	88
1999	91	122	87	117	63	84
2000	85	115	97	131	61	82
2001	98	132	109	148	58	79
2002	121	190	106	165	53	82
2003	92	143	85	133	48	74
2004	108	175	79	128	44	71
2005	91	152	96	159	41	68
2006	83	143	18	31	28	48
2007	76	134	3	5	28	48
2008	57	102	3	5	41	74
2009	50	92	3	6	41	75
2010	40	82	4	7	42	85
2011	38	79	3	6	42	87
2012	33	68	3	6	41	85
2013	31	63	3	6	39	81
2014	31	64	2	5	38	79
2015	30	263	2	13	35	308
2016	27	242	1	11	25	221
2017	26	234	1	11	22	195
2018	29	287	0.5	5	20	195
2019	22	232	0.3	3	19	202

3-5 历年耕地面积

Area of Cultivated Land over Years

单位：亩

年 份	年末实有耕地面积	当 年新增面积	当 年减少面积	粮 食耕地面积
1949	1398338			1260357
1952	1445016			1283151
1957	1435861			1199575
1962	1214417	15405	75905	1053985
1965	1199611	4142	11473	956906
1970	1203350	11359	8818	944903
1975	1193180	1246	6402	922916
1978	1183926	288	6515	874967
1979	1182292	120	1754	896347
1980	1177400	177	5069	856824
1981	1159963	279	17716	824166
1982	1146458	1086	14591	834028
1983	1121311	216	25363	837642
1984	1077659	664	44316	784763
1985	966725	1655	112589	691895
1986	889780	2350	79295	624471
1987	887369	1986	22271	618066
1988	877308	12374	22435	609332
1989	885694	13885	5499	626334
1990	882602	6991	10083	621564
1991	878980	962	4584	614994
1992	845159	100	33921	532296
1993	753746	6319	97732	391736
1994	718144	11169	46771	382238
1995	708595	12227	21776	394913
1996	674588	6270	40277	391610
1997	663013	6350	17925	382890
1998	663045	156	124	376133
1999	663122	1684	1607	381933
2000	663304	1632	1450	354980
2001	643648	4410	24066	255771
2002	500694		150	116989
2003	492433	1922	10183	81939
2004	489448	625	3610	85988
2005	502937	291	4302	76037
2006	491535		11403	34366
2007	483740		7795	31223
2008	479260	375	4855	39049
2009	516623	9	1212	38886
2010	576883	65649	5362	33839
2011	571850		5033	32103
2012	564267	12181	19621	28729
2013	560884	67	3421	24027
2014	554163	5	6326	19906
2015	550482	42	3702	16933
2016	546163	17	4336	15047
2017	542789	85	3398	14600
2018	538751		4035	18138
2019				18600

注：根据《全国农业普查条例》，2007—2017年的粮食耕地面积数据以全国第三次农业普查结果为基础做了修订，下同。

3-6 历年耕地面积变动情况

Changes of Cultivated Land over Years

单位：亩

年份	当年增加耕地面积	#新开荒	围海造田	当年减少耕地面积	#国家基建占用	种果占用	鱼塘占用
"六五"时期累计	3900	1152		214575	6687	148244	33462
1981	279	91		17716	1275	7577	4507
1982	1086	215		14591	505	3345	8073
1983	216	135		25363	788	19590	2152
1984	664	148		44316	1122	31072	7694
1985	1655	563		112589	2997	86660	11036
"七五"时期累计	33250	2507	600	38017	9587	9138	2698
1986							
1987							
1988	12374	1199		22435	6971	5379	1871
1989	13885	651	100	5499	1433	330	151
1990	6991	657	500	10083	1183	3429	676
"八五"时期累计	30777	569	150	204784	5339	101880	44542
1991	962	95	150	4584	1463	430	57
1992	100	5		33921	1090	17435	3154
1993	6319	270		97732	808	64790	19032
1994	11169	139		46771	645	16031	16162
1995	12227	60		21776	1333	3194	6137
"九五"时期累计	16092	443	175	61383	2824	26550	9637
1996	6270	194	19	40277	532	16382	5597
1997	6350			17925	797	10168	4027
1998	156		156	124	85		
1999	1684	148		1607	128		
2000	1632	101		1450	1282		13
"十五"时期累计	7248			42311	3114	14531	5704
2001	4410			24066	1406	14434	5704
2002				150			
2003	1922			10183	1587		
2004	625			3610	121		
2005	291			4302		97	
"十一五"时期累计	66033	23627		30627			
2006				11403			
2007				7795			
2008	375			4855			
2009	9			1212			
2010	65649	23627		5362			
"十二五"时期累计	12295	251		38103			
2011				5033			
2012	12181	138		19621			
2013	67	67		3421			
2014	5	4		6326			
2015	42	42		3702			
"十三五"时期累计							
2016	17	17		4336			
2017	85	85		3398			
2018				4035			
2019							

3-7 历年乡镇从业人员

Towmship Employees over Years

单位：人

年 份	合 计	#从事农业人员	#男	女
1978	467757	390585		
1979	468059	373438		
1980	478599	368322	227496	251103
1981	484346	367225	231033	253313
1982	502066	360387	239398	262668
1983	512240	305715	262608	249632
1984	526766	248406	253922	272844
1985	544734	283425	260439	284295
1986	557048	277085	265132	291916
1987	571077	269984	272044	299033
1988	582425	270357	281299	301126
1989	589920	273377	281420	308500
1990	598911	269460	289258	309653
1991	601467	261271	286328	315139
1992	612142	239845	298997	313145
1993	625571	219230	311208	314363
1994	627366	200833	313942	313424
1995	639985	202138	315892	324093
1996	639492	206543	316928	322564
1997	643671	208030	320844	322827
1998	661604	205300	329713	331891
1999	668473	207432	333136	335337
2000	727328	189349	364866	362462
2001	743662	174786	377491	366171
2002	754294	151487	384417	369877
2003	851484	130930	439406	412078
2004	798954	119347	412687	386267
2005	830705	110612	427840	402865
2006	847361	92819	445915	401446
2007	837283	85246	446755	390528
2008	842933	82059	451325	390608
2009	870156	77502	468137	402019
2010	878912	72856	475996	402916
2011	913251	58767	490951	422300
2012	944317	60062	506083	438234
2013	951610	59340	509024	442586
2014	927522	56786	496671	430851
2015	963509	60857	512145	451364
2016	970192	59460	515985	454207
2017	982945	58198	523011	459934
2018	1024103	56770	547958	476145
2019	1127060	57749	597521	529539

注：本表乡镇从业人员包含部分外来从业人员，下同。

3–8 历年农林牧渔业总产值及指数

Gross Output Value and Indices of Agriculture over Years

年 份	农林牧渔业总产值(万元)	农业	林业	牧业	渔业	农林牧渔服务业
1978	42394	29425	312	5665	3149	
1979	41527	27144	293	7782	2600	
1980	41943	28054	238	6313	2878	
1981	50388	33238	219	6637	4382	
1982	55881	37462	424	6932	4642	
1983	56439	35893	463	8222	4862	
1984	70180	45205	709	8786	5081	
1985	91244	57684	759	12652	6219	
1986	122988	79251	2425	18078	8940	
1987	148414	90502	2330	23324	11930	
1988	203685	109531	4732	36915	26500	
1989	221079	117464	4316	45313	28495	
1990	236412	129032	4324	45405	31449	
1991	242587	130986	4038	47839	32640	
1992	271293	148412	5307	57163	38026	
1993	284539	130666	5489	78919	46737	
1994	347451	158315	6735	101117	60263	
1995	426901	194921	8850	128089	68547	
1996	497161	213018	9149	155112	86992	
1997	514373	232721	4383	176254	81573	
1998	536047	220614	5472	193404	93090	
1999	537442	236429	5640	197474	75495	
2000	546383	216318	3649	226293	81118	
2001	559280	228740	5309	245444	72132	
2002	536729	224452	2346	242928	67003	
2003	490206	209739	1414	203477	67276	8300
2004	441912	163246	2247	199912	67272	9235
2005	420496	107174	1746	242534	62639	6403
2006	212632	116110	3101	50638	31968	10815
2007	195712	113231	3238	35214	33578	10451
2008	244953	128399	3586	44465	59917	8587
2009	239756	129849	2232	38962	59889	8824
2010	263544	144942	2937	39719	66671	9276
2011	280401	155773	2109	42671	69719	10129
2012	292133	164957	1675	40250	74622	10628
2013	303070	182976	3626	31656	73704	11108
2014	311261	195611	3579	26890	73570	11610
2015	318815	210824	3651	22100	70212	12028
2016	354657	258923	3889	19130	60134	12580
2017	354888	262810	3521	18065	57726	12767
2018	392133	300832	3197	6238	68754	13113
2019	439764	324913	3056	4457	93539	13798

注：1．绝对值按当年价格计算，指数按可比价格计。
2．从2003年起新增农林牧渔服务业。
3．根据《全国农业普查条例》，2007—2017年的农林牧渔业总产值及指数以全国第三次农业普查结果为基础做了修订。

3-8　续表

年　份	农林牧渔业总产值(%)	农业	林业	牧业	渔业	农林牧渔服务业
指数（1978=100）						
1978	100.0	100.0	100.0	100.0	100.0	
1979	96.5	97.0	81.0	100.4	79.8	
1980	98.0	100.3	65.6	81.4	88.3	
1981	102.1	108.4	47.7	54.7	88.7	
1982	117.6	120.4	100.3	91.1	101.2	
1983	117.4	115.0	98.8	111.9	111.6	
1984	126.7	122.6	138.8	115.1	120.6	
1985	138.9	131.3	154.2	130.7	127.5	
1986	174.6	158.0	677.2	183.5	166.7	
1987	186.4	160.1	416.9	194.9	241.0	
1988	182.1	143.5	476.4	215.1	262.2	
1989	181.9	138.0	372.4	225.4	288.4	
1990	195.3	150.6	320.6	238.5	316.2	
1991	199.5	149.4	286.4	262.1	335.9	
1992	211.3	163.7	325.7	289.3	356.7	
1993	175.5	115.7	281.8	320.1	332.3	
1994	188.4	123.9	235.5	364.3	382.1	
1995	207.8	132.8	337.0	410.4	407.0	
1996	216.3	122.6	312.7	465.1	467.4	
1997	225.0	129.1	167.7	532.0	540.4	
1998	227.3	103.6	225.3	612.8	659.7	
1999	242.8	140.2	297.4	616.2	686.0	
2000	243.3	111.5	214.9	697.5	769.6	
2001	246.3	111.8	233.4	750.0	766.0	
2002	263.2	150.9	124.5	730.2	652.5	
2003	209.7	105.7	62.1	600.5	666.2	100.0
2004	213.5	118.0	123.9	563.1	647.9	108.0
2005	222.2	107.7	171.4	662.2	653.8	72.9
2006	121.0	108.3	246.6	155.2	590.7	121.2
2007	105.6	102.7	261.7	93.6	584.9	111.5
2008	118.3	104.3	286.3	109.6	899.9	84.1
2009	122.1	107.6	179.0	117.1	929.6	84.7
2010	125.6	105.9	205.3	132.4	982.5	84.7
2011	125.9	109.4	144.5	121.3	983.5	86.0
2012	126.5	107.0	111.7	125.2	1034.5	86.0
2013	126.0	109.4	240.5	107.3	1023.2	86.0
2014	128.2	116.6	236.6	94.9	981.2	86.0
2015	129.4	124.0	242.8	74.0	931.2	86.0
2016	134.4	139.4	251.4	62.8	787.2	86.1
2017	136.8	145.3	243.4	63.6	727.6	86.1
2018	145.9	161.7	220.3	21.6	804.2	86.5
2019	159.4	169.5	213.3	12.5	1087.0	88.0

3-9 历年农林牧渔业增加值

Added Value of Agriculture over Years

单位：万元

年份	农林牧渔业增加值	农业	林业	牧业	渔业	农林牧渔服务业
1978	27235	18903	200	3639	2023	
1980	26323	17606	149	3962	1806	
1985	61475	38864	511	8524	4190	
1986	81416	52463	1605	11967	5918	
1987	98236	59904	1542	15438	7897	
1988	118888	63932	2762	21547	15468	
1989	126568	67248	2471	25942	16313	
1990	132787	72474	2429	25503	17664	
1991	134523	72636	2239	26528	18100	
1992	144115	78839	2819	30366	20200	
1993	143953	66106	2777	39926	23645	
1994	174796	79645	3388	50870	30317	
1995	214306	97851	4443	64301	34411	
1996	248645	106537	4576	77576	43507	
1997	256388	115999	2185	87853	40660	
1998	259437	106773	2648	93604	45054	
1999	257863	113438	2706	94747	36222	
2000	259087	102575	1730	107305	38465	
2001	260968	106733	2477	114528	33658	
2002	248791	104041	1087	112605	31058	
2003	228165	96676	658	94708	31313	4810
2004	227087	84939	1155	102730	34569	3694
2005	218212	82306	1162	97864	34412	2468
2006	123936	83612	1913	17938	16011	4462
2007	118198	81560	2106	12471	17747	4314
2008	145778	92486	2332	15747	31668	3545
2009	144076	93530	1451	13798	31654	3643
2010	159445	104402	1910	14066	35238	3829
2011	169717	112203	1372	15112	36849	4181
2012	177991	118819	1089	14255	39441	4387
2013	188907	131797	2358	11211	38955	4586
2014	196427	140899	2328	9523	38884	4793
2015	204133	151857	2374	7827	37110	4965
2016	232783	186502	2529	6775	31783	5193
2017	233770	189302	2290	6398	30510	5270
2018	262729	216689	2079	2209	36339	5413
2019	292955	234035	1988	1801	49436	5696

注：1. 绝对值按当年价格计算。
2. 根据《全国农业普查条例》，2007—2017年的农林牧渔业增加值数据以全国第三次农业普查结果为基础做了修订。

3-10 历年农作物播种面积

Total Sown Area of Farm Crops over Years

单位：亩

年 份	农作物总播种面积	#粮食	#稻谷	薯类	大豆	甘蔗	花生	蔬菜(含菜用瓜)
1978	2859494	2072184	1715230	66400	36764	131200	155021	68743
1979	2585334	1937441	1676936	62537	37993	110580	185434	63959
1980	2436118	1756854	1624873	49665	39261	92397	232541	58550
1981	2267521	1606926	1525072	48999	32143	131453	264903	63768
1982	2204381	1600137	1511345	57188	35450	125787	217612	82982
1983	2193087	1635344	1530918	71430	32029	110684	152335	119370
1984	2165276	1576777	1468801	77105	31718	98449	173198	153636
1985	1950081	1395692	1293847	70997	28982	96627	159918	139795
1986	1791221	1257126	1174464	54993	31469	67920	152214	159100
1987	1795990	1250934	1165554	57850	28471	63655	130292	184744
1988	1792952	1236359	1151493	55368	27929	69694	113882	208930
1989	1834039	1284184	1199979	55964	26200	85238	101077	211217
1990	1848814	1286028	1194153	61281	26444	85977	97808	229532
1991	1791266	1226573	1138043	60107	22785	90137	85537	238418
1992	1561497	963947	889074	51273	20688	76184	67897	318193
1993	1068053	551155	499223	34449	12843	43720	39062	361826
1994	1009468	536191	482051	32615	7542	36346	25344	367122
1995	1078363	598547	527594	43346	7058	28521	24779	379362
1996	1083418	628347	559499	37989	8276	32620	20805	363331
1997	1082610	624091	560506	32629	8190	41427	18490	369113
1998	1101826	624383	558668	34799	7028	48602	16824	385151
1999	1088854	626481	558508	36329	5597	31641	14305	388173
2000	986022	527689	465616	31754	5290	7566	11969	407304
2001	854229	338467	283351	31214	3947	4610	9405	465659
2002	634205	148184	112388	18265	1983	3193	4746	445447
2003	509504	84782	54970	11154	1550	1879	2823	380252
2004	462244	81207	31108	24683	816	868	1544	350412
2005	410648	62084	34356	9390	1006	950	574	315537
2006	333854	34366	25159	4100	183	575	556	241070
2007	285188	31223	19356	4434	236	1766	381	212894
2008	311254	39049	18440	3032	387	2588	621	249296
2009	322609	38886	18124	2905	112	4852	915	262095
2010	301142	33839	25184	1529		3633	801	242636
2011	300806	32103	25230	1692	289	3115	528	242905
2012	294768	28729	22409	2666	618	3337	1108	240986
2013	282876	24027	16858	3441	692	2504	1257	238146
2014	306279	19906	12744	3906	729	1599	1455	268406
2015	302828	16933	10181	4040	1148	2088	1199	268817
2016	329330	15047	8441	3761	944	1311	1023	293956
2017	326220	14600	8437	3797	1004	1796	1004	287594
2018	336092	18138	8412	6787	1247	796	822	290470
2019	347686	18600	7448	7146	1719	889	828	300627

注：1. 2006年及以前年份，粮食数据不含大豆。
2. 根据《全国农业普查条例》，2007—2017年的农作物播种面积数据以全国第三次农业普查结果为基础做了修订。

3-11 历年农作物产量

Total Output of Farm Crops over Years

单位：吨

年 份	粮食	#稻谷	薯类	大豆	甘蔗	花生	蔬菜（含菜用瓜）
1978	532308	501074	6458	1948	511492	14157	135603
1979	535342	516263	6568	1982	366424	19100	127918
1980	529381	518591	5432	2245	449907	29015	124859
1981	447540	439534	6318	1722	678160	35506	132846
1982	543349	532998	8430	2162	707764	29930	123117
1983	561246	548073	11345	1875	553174	19662	168878
1984	558216	545548	10946	1980	569225	23076	230454
1985	488705	476399	10304	1771	556983	20963	314539
1986	455243	443760	9422	2050	382608	20056	427138
1987	462830	451032	10058	1920	378094	17019	414261
1988	460929	448923	9950	1965	420391	15119	412436
1989	487648	474476	11052	2023	528463	13746	410879
1990	494259	479350	12452	2184	557102	13411	444377
1991	473663	458425	12998	1838	619884	11510	446204
1992	368083	354298	11070	1763	543657	9323	523806
1993	202097	192018	7366	1035	343133	5594	572376
1994	202356	189688	7929	668	313851	3678	537442
1995	227441	210876	10758	647	246707	3724	557807
1996	243204	224469	11271	806	285732	3120	597732
1997	246901	227163	11487	811	354420	2879	641403
1998	247194	223938	13916	758	411555	2588	668753
1999	247287	223403	14580	566	242773	2204	668822
2000	204136	183485	9730	610	54095	1960	658196
2001	128366	109881	9920	426	33387	1556	706775
2002	53732	42508	5420	244	20224	865	653272
2003	30500	20423	3415	215	8019	395	560523
2004	30374	12230	9803	138	4763	216	532116
2005	20004	11941	2733	147	4433	114	460204
2006	10040	7548	1314	31	3167	99	356347
2007	10200	6408	1432	43	11585	106	312510
2008	11637	5898	943	82	17479	138	346622
2009	11226	6382	812	17	28177	123	350725
2010	10554	8453	312		20857	129	329799
2011	10426	8728	342	36	19908	90	337360
2012	9355	7910	515	111	19484	335	327656
2013	7813	6049	841	93	15111	296	320186
2014	6451	4614	1035	109	9178	267	354134
2015	5500	3781	1095	176	12763	263	354786
2016	4806	3130	1034	158	7997	216	400016
2017	4790	3247	1026	156	7874	219	392431
2018	5846	3314	1893	193	3148	186	400136
2019	5852	2945	1955	228	3552	171	415469

注：根据《全国农业普查条例》，2007—2017年的农作物产量数据以全国第三次农业普查结果为基础做了修订。

3-12 主要年份农作物播种面积、亩产及总产量

Sown Area, Yield Per Acreage and Total Output of Farm Crops in Main Years

单位：亩、公斤/亩、吨

指　标	1978年			1985年			1990年		
	播种面积	亩产	总产量	播种面积	亩产	总产量	播种面积	亩产	总产量
粮食作物	2072184	257	532308	1395692	350	488705	1286028	384	494259
按品种分									
稻谷	1715230	292	501074	1293847	368	476399	1194153	401	479350
旱粮	290554	85	24776	30848	65	2002	30594	80	2457
薯类	66400	97	6458	70997	145	10304	61281	203	12452
大豆	36764	53	1948	28982	61	1771	26444	83	2184
按季节分									
春收				30978	131	4042	33352	174	5790
夏收	1127790	248	279552	649856	377	244755	614059	399	244890
#早稻	814852	309	251907	620409	389	241413	587821	410	241018
秋收	944394	268	252757	714858	336	239907	638617	381	243579
#晚稻	900378	277	249167	673438	349	234985	606332	393	238332
经济作物				306406			209120		
#甘蔗	131200	3899	511492	96627	5765	556983	85977	6480	557102
糖蔗	130676	3895	508976	91884	5725	526033	83246	6471	538712
果蔗	524	4802	2516	4743	6525	30950	2731	6734	18390
油料作物				160186	131	20974	97808	137	13411
#花生	155021	91	14157	159918	131	20963	97808	137	13411
其他作物				219001			327222		
#蔬菜（含菜用瓜）	68743	1973	135603	139795	2250	314539	229532	1936	444377

3-12 续表 1

单位：亩、公斤/亩、吨

指　　标	1995年			2000年			2005年		
	播种面积	亩产	总产量	播种面积	亩产	总产量	播种面积	亩产	总产量
粮食作物	598547	380	227441	527689	387	204136	62084	322	20004
按品种分									
稻谷	527594	400	210876	465616	394	183485	34356	348	11941
旱粮	27607	210	5807	30319	360	10921	18338	291	5330
薯类	43346	248	10758	31754	306	9730	9390	291	2733
大豆	7058	92	647	5290	115	610	1006	146	147
按季节分									
春收	17880	224	4008	20787	287	5966	9665	312	3019
夏收	282978	388	109914	245110	392	96015	23286	306	7136
#早稻	255886	405	103592	225985	397	89729	14713	351	5164
秋收	297689	381	113519	261792	390	102155	29133	338	9850
#晚稻	271708	395	107284	239631	391	93756	19643	345	6777
经济作物	62092			35221			18011		
#甘蔗	28521	8650	246707	7566	7150	54095	950	4666	4433
糖蔗	26488	8827	233803	6775	7285	49359	55	8182	450
果蔗	2033	6347	12904	791	5987	4736	895	4450	3983
油料作物	24779	150	3724	11969	164	1960	574	199	114
#花生	24779	150	3724	11969	164	1960	574	199	114
其他作物	410666			417822			329547		
#蔬菜（含菜用瓜）	379362	1470	557807	407304	1616	658196	315537	1458	460204

3-12 续表 2

单位：亩、公斤/亩、吨

指标	2010年			2015年			2019年		
	播种面积	亩产	总产量	播种面积	亩产	总产量	播种面积	亩产	总产量
粮食作物	41922	298	12482	42089	301	12675	18600	315	5852
按品种分									
稻谷	26124	336	8768	11056	371	4106	7448	395	2945
旱粮	12606	242	3046	7734	286	2214	2287	293	669
薯类	3192	209	668	21177	285	6030	7146	274	1955
大豆				2122	153	325	1402	163	228
按季节分									
春收	5202	221	1150	6740	266	1794	3114	254	792
夏收	17948	306	5501	17296	295	5104	8894	317	2822
#早稻	12017	330	3965	5574	372	2073	3741	391	1462
秋收	18772	311	5831	18575	316	5864	6592	340	2238
#晚稻	14107	340	4803	5482	371	2033	3707	400	1483
经济作物	14084			15545					
#甘蔗	2944	5418	15952	1301	5367	6982	889	3996	3552
果蔗	2844	5328	15152	1301	5367	6982	889	3996	3552
油料作物	713	161	115	922	219	202	828	207	171
#花生	713	161	115	922	219	202	828	207	171
其他作物	313251			316857			301840		
#蔬菜（含菜用瓜）	300622	1307	392904	313509	1281	401640	300627	1382	415469

3-13 主要年份农机总动力、水利、化肥、农药及农村用电量

Basic Statistics on Total Power of Agricultural Machinery, Water Conservancy, Consumption of Chemical Fertilizers and Pesticides, and Electricity Consumed in Rural Areas in Main Years

指　标	单 位	1978年	1990年	1995年	2000年	2005年	2010年	2015年	2018年	2019年
农业机械总动力	千瓦	248760	1003980	795120	586063	229297	367988	450375	478025	483025
#耕作机械	千瓦	42550	157910	83482	51848	16386	24079	25863	54686	34014
收获机械	千瓦	6180	84130	54722	51084	969	2280	766	766	766
水利建设总投资	万元	413	5428	16900	35550	59437	78308	90322	90423	133404
化肥施用实物量	吨	113296	235836	124263	103570	52749	41445	25859	19477	18235
氮肥	吨	86371	84642	43441	30214	14439	10214	5817	4201	3888
磷肥	吨	23164	52483	28939	23939	10967	8055	5370	3320	2882
钾肥	吨	3761	26131	16915	14606	6403	5030	3182	2576	2411
复合肥	吨		39098	34968	34811	20940	18146	11490	9380	9054
农药施用量	吨	4276	3453	1924	1836	1090	819	695	542	519
农村用电量	亿千瓦时	0.57	8.25	40.63	131.29	297.07	395.05	476.52	562.08	584.22
平均每一农业人口用电量	千瓦时		826	3778	11666	29762	44051	213135	238193	243529

注：农业机械总动力数据从2010年起采用农业局统计口径，数据与往年不可比，下同。

3-14 历年水果面积及产量

Planted Area and Output of Fruits over Years

年 份	年末种植水果面积(亩)	#香（大）蕉	荔 枝	水 果总产量(吨)	#香（大）蕉	荔 枝
1978	93245	18828	46678	26457	18867	4959
1979	91021	17977	46697	23346	12165	8667
1980	88444	15582	46743	23688	10894	7884
1981	97468	18042	48230	46909	25513	15599
1982	114730	28439	50669	58196	40872	7042
1983	159260	39749	63349	77225	42079	20724
1984	235311	66506	84183	105851	69186	14714
1985	407416	125998	115428	189350	133503	19304
1986	609347	171168	168820	307743	210439	18577
1987	609569	158874	175366	363085	222826	17439
1988	548482	99256	176979	263710	126655	7699
1989	476598	54867	164782	221418	69410	6165
1990	452729	54185	160355	282410	73555	16994
1991	440442	56481	154456	343155	85702	6201
1992	420661	81331	139584	344751	97986	22972
1993	360130	86299	117557	271346	80982	717
1994	325336	67595	121236	264875	92072	12703
1995	322876	62351	142370	243231	86466	23324
1996	326291	59822	159403	206276	77768	14804
1997	319556	57583	188220	165016	80355	22572
1998	310873	46377	208899	114106	78978	2885
1999	285514	48975	198144	136317	82169	35218
2000	297618	71454	189862	129367	108913	9107
2001	275428	86578	156019	150115	132292	7059
2002	209924	76764	109948	189343	135209	45339
2003	199634	82024	95812	146414	130688	9012
2004	183375	84812	80115	175389	150669	18312
2005	176845	75452	83357	151255	123986	21026
2006	173470	73493	81395	139582	124601	8615
2007	162987	66203	80313	130579	115606	10107
2008	177332	62804	94953	100016	85004	8498
2009	175784	51120	103364	89490	72993	10240
2010	168619	45463	100136	73288	57746	8266
2011	165314	40674	101458	71124	52449	11032
2012	175740	34416	118158	62035	48700	6333
2013	190520	32466	133793	57990	43375	7910
2014	193855	29142	140915	58806	39922	11500
2015	190965	28231	138273	58835	39121	11280
2016	193328	27977	138981	55081	38804	5492
2017	190927	25381	138151	54583	39051	2962
2018	193456	28806	134860	67675	37102	16917
2019	193136	29576	134365	55775	41903	2786

注：根据《全国农业普查条例》，2007—2017年的水果面积及产量数据以全国第三次农业普查结果为基础做了修订。

3-15 历年林业生产

Basic Statistics on Forestry Production over Years

年 份	林业用地面积(亩)	#杉	松	桉	当年育苗面积(亩)	当年幼林抚育面积(亩)	当年四旁植树(万株)
1978	700570	63994	541492	49008	485	32900	44
1979	705764	67104	543210	50439	880	14900	30
1980	740052	70665	568729	56272	316	9500	15
1981	743697	67236	584674	49994	133	12500	12
1982	698715	63730	535072	52925	500	11945	19
1983	769893	67423	574171	56724	361	40464	17
1984	739402	66107	552721	58092	501	106982	16
1985	761460				801	120000	150
1986	706823	61438	510042	60581	33231	210540	22
1987	714664	57824	526254	75498	1728	53759	35
1988	729896	59351	512451	90998	3667	70275	37
1989	691944	53293	490370	103887	2101	64950	58
1990	709240	47054	484397	133706	3464	56647	54
1991	709306	44432	459015	148127	609	53827	63
1992	662919	39326	422527	149944	762	60764	49
1993	628612	36213	400816	144346	677	28511	57
1994	1016138	43815	382482	129473	2492	28127	34
1995	1015223	43661	360591	125133	4273	25130	48
1996	1014972	9654	248288	115878	699	21000	133
1997	1014954	8843	235410	113928	823	23745	218
1998	1014876	8367	222147	112005	387	36000	417
1999	1009965	10890	221585	133500	506	29863	522
2000	1009037	29940	526797	280618	625	47145	425
2001	1007298	9678	189930	133464	705	45000	357
2002	900335	8265	187665	138525	516	46500	98
2003	890877	6540	66206	105666	420	38910	147
2004	980942				255	60000	625
2005	934700	3086	2860	100145	195	61005	253
2006	930162	3716	60890	162125	15	25320	480
2007	926760	3870	62363	149440	255	43320	600
2008	923097	3873	59864	145340	255	49571	610
2009	921000	3719	58375	143690	610	56545	60
2010	909900	3719	56987	142971	285	37278	18
2011	905370	3719	56801	141945	345	41085	22
2012	902927	2934	41480	99353	360	35790	19
2013	902148	3719	56433	144674	390	39920	309
2014	803735	1091	10821	101783	885	39810	316
2015	803735	1091	10821	101783	906	31403	320
2016	873173	323	7915	40172	456	31021	344
2017	825517	1072	10679	97525	306	24332	354
2018	824008				304	13346	360
2019	810525	1059	10658	96279	239	10305	362

注：2018年广东省没有反馈“杉、松、桉”林业用地面积数据，故空缺。

3-16 历年畜牧业生产及产品产量

Production of Animal Husbandry and Output of Livestock Products over Years

年 份	牛年末存栏量（头）	羊年末存栏量（头）	生 猪饲养量（头）	生 猪存栏量（头）	生 猪出栏量（头）	三 鸟饲养量（万只）	三 鸟出栏量（万只）	畜 牧总肉量（吨）	#猪肉
1978	53004		1018060	672919	345141	428	219	26920	22790
1979	50595		995408	626435	368973	379	187	29209	25647
1980	53385		799568	501380	298188	420	209	27652	23461
1981	58619		703659	449638	254021	476	252	28011	23387
1982	64067		791518	526106	265412	568	309	33037	27374
1983	69117		842198	489887	352311	630	370	35695	28872
1984	70992		784473	458804	325669	652	369	33260	26301
1985	62763		790505	471268	319237	832	414	33298	25759
1986	62874		812102	428545	383557	940	655	43302	30920
1987	58577		781957	396082	385875	1235	862	46120	32588
1988	54723		811945	402035	409910	1400	1020	56125	35067
1989	52713		846598	407317	439281	1565	1136	58563	38270
1990	48760	1559	870782	410875	459907	1592	1188	62191	40130
1991	44121	1396	930377	420919	509458	1806	1336	68844	44702
1992	32259	1068	981698	448586	533112	1889	1419	67983	45492
1993	18688	783	982084	404352	577732	2185	1647	76562	49470
1994	14219	863	1089793	434904	654889	2334	1730	85448	57920
1995	12207	1593	1250597	469355	781242	2501	1881	97572	68649
1996	12945	1806	1407080	490161	916919	2418	1851	116058	83404
1997	12675	2391	1772892	619114	1153778	2608	1863	128992	99300
1998	10522	2159	2217247	776851	1440396	2291	1742	153513	123874
1999	6811	1508	2573310	900285	1673025	2228	1667	159889	130494
2000	5550	1675	2894126	967056	1927070	2362	1784	179032	149648
2001	4618	1851	3255780	1079397	2176383	2226	1683	198423	168353
2002	2919	1931	3075523	927477	2148046	1962	1557	188774	165344
2003	1727	1789	2525252	742101	1783151	1652	1282	154615	135344
2004	1024	1936	2444990	785289	1659701	1396	1048	146184	128286
2005	827	998	2487962	214120	2273842	1314	1072	171737	159169
2006	82	242	530959	110396	420563	485	312	34891	30199
2007	111		122915	53484	69431	569	485	9640	4802
2008	108		132012	56445	75567	625	532	10421	5227
2009	209		136193	53650	82543	648	551	11072	5607
2010	491	100	151024	51387	99637	636	548	12228	6609
2011	322	90	135495	52325	83170	627	541	11721	5682
2012	151	156	128400	42469	85931	664	578	12638	5873
2013	326	63	90070	19786	70284	405	334	10726	5131
2014	709	3021	86466	23325	63141	384	316	9558	4500
2015	905	2069	60690	19088	41602	373	298	7544	3018
2016	560	2328	54347	19082	35265	345	299	6573	2556
2017	563	2340	51977	17981	33995	370	313	6624	2465
2018		308	22737	8320	14417	85	76	2235	1083
2019			19487	9308	10179	51	39	1290	772

注：根据《全国农业普查条例》，2007—2017年的畜牧业生产及产品产量数据以全国第三次农业普查结果为基础做了修订。

3-17 历年水产品产量及养殖面积

Output and Cultured Area of Aquatic Products over Years

年 份	水产品产量(吨)	海水			淡水			养殖面积(亩)		
		产量	捕捞	养殖	产量	捕捞	养殖		海水养殖	淡水养殖
1978	30900	23307	23307		7593		7593	89040		89040
1979	22309	13878	13878		8431		8431	94916		94916
1980	25471	17069	17069		8402		8402	95549		95549
1981	24905	15669	15669		9236		9236	104069		104069
1982	27695	16120	16120		11575		11575	112586		112586
1983	30292	17330	17330		12962		12962	116943		116943
1984	32465	18025	18025		14440		14440	119456		119456
1985	32641	15422	15214	208	17219		17219	131350	5301	126049
1986	46534	28439	25918	2521	18095		18095	138651	16078	122573
1987	65679	45214	42793	2421	20465		20465	163225	15036	148189
1988	68087	44111	42926	1185	23976	182	23794	137966	9670	128296
1989	62306	37189	35372	1817	25117	1194	23923	123090	10350	112740
1990	68508	41002	38423	2579	27506	2177	25329	136174	19286	116888
1991	69025	39906	37209	2697	29119	2147	26972	131849	18446	113403
1992	73164	42429	38033	4396	30735	2590	28145	134558	20400	114158
1993	64973	33745	28192	5553	31228	3120	28108	143696	25855	117841
1994	67420	31284	24059	7225	36136	2565	33571	144869	26583	118286
1995	74778	32132	24637	7495	42646	2084	40562	162609	27795	134814
1996	81067	33363	25471	7892	47704	1940	45764	172656	27791	144865
1997	91901	35407	26704	8703	56494	5157	51337	184889	30326	154563
1998	96872	33618	24319	9299	63254	3146	60108	192381	29223	163158
1999	94023	31332	24257	7075	62691	2747	59944	167880	19440	148440
2000	95076	33234	24180	9054	61842	3135	58707	167841	25695	142146
2001	89599	30877	23726	7151	58722	2285	56437	155720	27928	127792
2002	82361	30800	23474	7326	51561	2762	48799	142167	26696	115471
2003	75756	30151	22826	7325	45605	2121	43484	126660	27097	99563
2004	71526	29289	22382	6907	42237	3078	39159	125116	25652	99464
2005	67381	28319	21622	6697	39062	1783	37279	102023	23530	78493
2006	47059	21152	15256	5897	25907	1062	24845	71745	6345	65400
2007	47292	21637	15992	5645	25655	857	24797	71100	5925	65175
2008	72282	21297	14322	6975	50985	512	50473	137718	17559	120159
2009	73323	19034	13205	5829	54289		54289	129136	4197	124939
2010	76268	19300	13257	6043	56968	1563	55405	132960	4147	128813
2011	78229	17816	12255	5561	60413	1801	58612	118676	3473	115203
2012	76967	17131	11664	5467	59836	1513	58323	131640	10175	121465
2013	74526	14672	10783	3889	59854	1494	58360	144005	9395	134610
2014	72660	13838	9386	4452	58822	1442	57380	137818	9114	128704
2015	68946	12662	8375	4287	56284	1560	54724	128550	8850	119700
2016	50171	8169	6305	1864	42002	1373	40629	105833	3873	101960
2017	45536	7482	6203	1279	38054	770	37284	90176	2768	87408
2018	45991	6542	6542		39449	832	38617	83940		83940
2019	48575	6508	6508		42067	776	41291	79510		79510

3-18 主要农产品产量与最高年份比较（2019年）

Output of Main Agricultural Products in Comparison with Peak Year (2019)

指　　标	单位	2019年	建国以来最高年份		
			年　份	产　量	2019年为最高年份的(%)
粮食总产量	吨	5852	1977	563463	1.0
#稻　谷	吨	2945	1973	548073	0.5
#早　稻	吨	1462	1983	279723	0.5
晚　稻	吨	1483	1984	279898	0.5
大　豆	吨	228	1954	2790	8.2
经济作物					
#甘　蔗	吨	3552	1982	707764	0.5
花　生	吨	171	1981	35506	0.5
其他作物					
#蔬　菜（含菜用瓜）	吨	415469	2001	706775	58.8
水果总产量	吨	55775	1987	363085	15.4
#香（大）蕉	吨	41903	1987	222826	18.8
荔　枝	吨	2786	2002	45339	6.1
水产品	吨	48575	1998	96872	50.1
生猪年末存栏量	头	9308	2001	1079397	0.9
生猪年出栏头数	头	10179	2005	2273842	0.4
猪肉产量	吨	772	2001	168353	0.5
三鸟饲养量	万只	51	2000	2362	2.1
三鸟出栏量	万只	39	2000	1784	2.2

主要统计指标解释

Explanatory Notes on Main Statistical Indicators

耕地面积 指可以用来种植农作物、经常进行耕锄的田地，包括熟地、当年新开荒地、连续撂荒未满三年的耕地和当年的休闲地(轮歇地)，还包括以种植农作物为主并附带种植桑树、茶树、果树和其他林木的土地，以及沿海、沿湖地区已围垦利用的“海涂”、“湖田”等面积。不包括属于专业性的桑园、茶园、果园、果木苗圃、林地、芦苇地、天然或人工草地面积。

农作物播种面积 指实际播种或移植有农作物的面积。凡是实际种植有农作物的面积，不论种植在耕地上还是种植在非耕地上，均包括在农作物播种面积中。在播种季节基本结束后，因遭灾而重新改种和补种的农作物面积，也包括在内。

粮食产量 指全社会的产量。包括国有经济经营的、集体统一经营的和农民家庭经营的粮食产量，还包括工矿企业办的农场和其他生产单位的产量。粮食除包括稻谷、小麦、玉米、高粱、谷子及其他杂粮外，还包括薯类和豆类。其产量计算方法，豆类按去豆荚后的干豆计算；薯类(包括甘薯和马铃薯，不包括芋头和木薯)1963年以前按每4公斤鲜薯折1公斤粮食计算，从1964年开始改为按5公斤鲜薯折1公斤粮食计算。城市郊区作为蔬菜的薯类(如马铃薯等)按鲜品计算，并且不作粮食统计。其他粮食一律按脱粒后的原粮计算。

水产品产量 指人工养殖的水产品和天然生长的水产品的捕捞量。包括海水的鱼类、虾蟹类、贝类和藻类以及内陆水域的鱼类、虾蟹类和贝类，不包括淡水生植物。

猪、牛、羊肉产量 指当年出栏并已屠宰、除去头蹄下水后带骨肉(即胴体重)的重量。

期初(末)畜禽存栏头(只)数 指报告期初(末)农村各种合作经济组织和国营农场、农民个人、机关、团体、学校、工矿企业、部队等单位以及城镇居民饲养的大牲畜、猪、羊、家禽等畜禽的存栏数。

农业机械总动力 指主要用于农、林、牧、渔业的各种动力机械的动力总和。包括耕作机械、排灌机械、收获机械、农用运输机械、植物保护机械、牧业机械、林业机械、渔业机械和其他农业机械〔内燃机按引擎马力折成瓦(特)计算、电动机按功率折成瓦(特)计算〕。不包括专门用于乡、镇、村、组办工业、基本建设、非农业运输、科学试验和教学等非农业生产方面用的动力机械与作业机械。

农林牧渔业总产值 指以货币表现的农、林、牧、渔业全部产品的总量，它反映一定时期内农业生产总规模和总成果。农业总产值的计算方法通常是按农林牧渔业产品及其副产品的产量分别乘以各自单位产品价格求得；少数生产周期较长，当年没有产品或产品产量不易统计的，则采用间接方法匡算其产值；然后将四业产品产值相加即为农业总产值。

农林牧渔业增加值 是指农、林、牧、渔及农林牧渔服务业在一定时期内生产货物或提供服务活动而增加的价值。它反映了农业生产经营活动的最终成果和对社会的贡献。

农业增加值的计算方法有两种：(1)生产法，是从生产角度进行计算的一种方法。即用农业总产出减去农业中间消耗求得。由于农户没有健全的核算记录，故农业增加值一般是采用生产法计算。(2)分配法，是从分配角度进行计算的一种方法。是通过农业生产单位在生产经营和劳务活动过程中形成的不含中间消耗的各种收入来计算。具体包括农业劳动者收入、福利基金、利税、固定资产折旧及大修理和其他。

四、工　业

Industry

4-1 主要年份工业主要指标

Main Indicators of Industry in Main Years

指　　标	单位	1998年	2000年	2005年	2010年	2015年	2018年	2019年
全市工业企业单位数	个	16406	16975	21868	38273	97944	174368	181532
规模以上工业：								
企业单位数	个	1500	1663	4505	5899	5688	10054	10658
年末固定资产原值合计	万元	6257040	7288486	18560858	32162507	43550738	56414736	60081728
年末流动资产	万元	3798813	5298239	18732801	37888251	61892638	115103135	117866158
年末资产总额	万元	9267121	11225950	33453291	60017098	91346482	156288204	162004558
年末负债总额	万元	4752964	5630399	18580908	35252952	53699190	96955148	99159764
所有者权益	万元	4514157	5595551	14872383	24750103	37005020	59309271	62847602
工业增加值	万元	1687134	2594352	10624190	17083110	26119633	39143817	41927800
主营业务收入	万元	6399088	9889058	39121487	77081695	124542179	214134675	210747488
利润总额	万元	255715	503589	1243516	3523632	4075012	7189136	7732712
全员劳动生产率(按增加值计算)	元/人	26688	36101	53340	60854	102756	143070	157461

注：1．2005年以前数据根据东莞市第一次经济普查取得，2008年数据根据第二次经济普查取得，下同。
　　2．规模以上工业企业1997年及以前年份为独立核算工业企业口径，1998—2005年为全部国有工业及年销售收入500万元以上非国有工业企业口径，2006—2010年为年主营业务收入500万元及以上工业企业口径，2011年起为年主营业务收入2000万元及以上的工业企业口径，下同。

4-2 历年工业企业单位数

Number of Industrial Enterprises over Years

单位：个

年 份	全市工业企业单位数	#规模以上工业企业	#国 有	集体企业	外商企业
1949	1		1		
1952	23		20	3	
1957	262		76	186	
1962	280		57	223	
1965	260		61	199	
1970	220		57	163	
1975	324		61	263	
1978	1290	377	64	1226	
1979	1250	428	63	1187	
1980	1293	506	64	1229	
1981	1479	539	64	1415	
1982	1862	574	66	1796	
1983	1964	594	68	1896	
1984	2329	664	69	2109	
1985	4187	763	73	2990	79
1986	5949	831	81	4263	89
1987	8106	912	74	5123	175
1988	8408	972	72	5424	241
1989	8757	1049	76	5835	323
1990	9892	1129	78	6165	525
1991	10094	1213	77	6404	758
1992	11639	1251	72	6400	936
1993	12449	1348	75	7129	1412
1994	14086	1287	45	7185	2193
1995	15215	2431	70	9345	2841
1996	15326	1495	40	8958	2381
1997	16857	1572	41	9949	2379
1998	16406	1500	29	8814	2511
1999	16877	1545	29	10325	3358
2000	16975	1663	23	10184	3610
2001	18094	1680	20	9978	4791
2002	21313	1993	19	198	11737
2003	21935	2042	19	200	11927
2004	22156	4224	13	211	10872
2005	21868	4505	10	220	12234
2006	22447	4580	10	211	12461
2007	22587	4987	16	151	12569
2008	26372	5954	35	484	7611
2009	31160	5801	26	313	7580
2010	38273	5899	21	262	7864
2011	46413	4243	20	215	8676
2012	57808	4526	20	254	8965
2013	67332	5361	17	222	9151
2014	80567	5377	16	194	8911
2015	97944	5688	15	138	8978
2016	121762	5869	14	170	8987
2017	151533	7669	13	165	8920
2018	174368	10054	11	155	8819
2019	181532	10658	11	149	8492

注：2002年起集体企业不包括“三来一补”企业。

4-3 主要年份工业企业单位数（按不同类型分）

Number of Industrial Enterprises in Main Years (by Ownership)

单位：个

指　　标	1998年	2000年	2005年	2010年	2015年	2018年	2019年
全市企业单位数	16406	16975	21868	38273	97944	174368	181532
轻工业	14389	14440	12651	20651	50091	81305	84243
重工业	2017	2535	9217	17622	47853	93063	97289
在总计中：							
（一）规模以上工业企业	1500	1663	4505	5899	5688	10054	10658
按轻重工业分							
轻工业	1082	1124	2569	3183	2909	4688	4946
重工业	418	539	1936	2716	2779	5366	5712
按登记注册类型分							
国有	29	16	5	10	2	1	1
集体	204	248	162	151	31	27	27
私营	24	44	621	1159	1434	4874	5277
联营	5	6	2	5		1	1
股份合作	9	6	1	2			
股份有限公司	6	3	18	20	84	156	148
外商投资	134	201	820	1321	1057	1136	1093
港澳台商投资	1082	1119	2481	2564	1918	2216	2215
其他	7	20	395	667	1162	1643	1896
按企业规模分							
大型企业	16	28	39	84	240	303	290
中型企业	27	19	579	1327	1701	1519	1439
小型企业	1457	1616	3887	4488	3557	7607	8304
微型企业					190	625	625
（二）规模以下工业企业	14906	15312	17363	32374	92256	164314	170874

注：2011年起采用新的企业规模划分标准，共分大型、中型、小型、微型四类企业规模，下同。

4-4 历年规模以上工业企业主要指标

Main Indicators of Industrial Enterprises above Designated Size over Years

年　份	企业单位数 (个)	工业总产值 (万元)	工业增加值 (万元)	利润总额 (万元)
1978	377	34589	10149	2564
1979	428	39655	13341	2767
1980	506	43631	14647	3344
1981	539	49958	17131	3886
1982	574	57997	20074	4025
1983	594	65653	21309	4107
1984	664	76602	24310	3724
1985	736	120375	34919	2303
1986	831	157965	42826	4529
1987	912	233619	56671	7079
1988	972	339559	79262	10998
1989	1049	442282	93572	23480
1990	1129	597726	134392	6577
1991	1213	837538	176255	25525
1992	1251	1259351	256615	52730
1993	1348	1907897	350460	70382
1994	1287	2755275	566108	140047
1995	2431	3762595	649943	130705
1996	1495	5071395	841401	115994
1997	1572	6149355	1038982	238867
1998	1500	8162888	1687134	257715
1999	1545	10395384	2321454	357952
2000	1663	12714419	2594352	503589
2001	1680	14669051	2906664	433640
2002	1993	20016645	4666142	670514
2003	2042	25574017	5954787	747504
2004	4224	31454169	8004475	966646
2005	4505	39420346	10624190	1243516
2006	4580	48397003	13185849	1600791
2007	4987	58515055	14305996	1913921
2008	5954	66328201	16898996	1430566
2009	5801	60711098	14533667	2972487
2010	5899	77390869	17083110	3523632
2011	4243	84696933	16424508	3165403
2012	4526	94925533	19781297	2916748
2013	5361	110234490	24256174	3137479
2014	5377	121337147	24908441	3659798
2015	5688	127444179	26119633	4075012
2016	5869	146924605	29681560	5027329
2017	7669	176285285	36181853	7220424
2018	10054	203929162	39143817	7189136
2019	10658	215617775	41927800	7732712

4–5 规模以上工业企业单位数（2019年）

Number of Industrial Enterprises above Designated Size (2019)

单位：个

项　　目	工业单位数	按登记注册类型分		
		内资企业	港澳台商投资企业	外商投资企业
总　计	10658	7350	2215	1093
按轻重工业分				
轻工业	4946	3342	1177	427
重工业	5712	4008	1038	666
按企业规模分				
大型企业	290	107	128	55
中型企业	1439	570	590	279
小型企业	8304	6143	1436	725
微型企业	625	530	61	34
按工业行业分（大类）				
煤炭开采和洗选业				
石油和天然气开采业				
黑色金属矿采选业				
有色金属矿采选业				
非金属矿采选业	1	1		
开采专业及辅助性活动				
其他采矿业				
农副食品加工业	66	50	7	9
食品制造业	65	45	17	3
酒、饮料和精制茶制造业	15	8	4	3
烟草制品业				
纺织业	190	121	60	9
纺织服装、服饰业	488	351	124	13
皮革、毛皮、羽毛及其制品和制鞋业	474	304	107	63
木材加工和木、竹、藤、棕、草制品业	63	52	7	4
家具制造业	460	360	70	30
造纸和纸制品业	371	291	66	14
印刷和记录媒介复制业	224	151	58	15
文教、工美、体育和娱乐用品制造业	409	211	140	58
石油、煤炭及其他燃料加工业	14	8	6	
化学原料和化学制品制造业	346	261	44	41
医药制造业	17	13		4
化学纤维制造业	18	10	5	3
橡胶和塑料制品业	1358	937	306	115
非金属矿物制品业	253	202	33	18
黑色金属冶炼和压延加工业	39	27	5	7
有色金属冶炼和压延加工业	127	86	25	16
金属制品业	1018	758	180	80
通用设备制造业	619	465	99	55
专用设备制造业	713	520	127	66
汽车制造业	94	50	17	27
铁路、船舶、航空航天和其他运输设备制造业	37	21	7	9
电气机械和器材制造业	1134	739	256	139
计算机、通信和其他电子设备制造业	1648	1033	364	251
仪器仪表制造业	174	110	44	20
其他制造业	107	70	25	12
废弃资源综合利用业	5	5		
金属制品、机械和设备修理业	7	5	2	
电力、热力生产和供应业	23	12	10	1
燃气生产和供应业	34	26		8
水的生产和供应业	47	47		

4-6 规模以上工业增加值（2019年）

Value-added of Industrial Enterprises above Designated Size (2019)

单位：万元

项　　目	工业增加值	按登记注册类型分		
		内资企业	港澳台商投资企业	外商投资企业
总　计	41927800	24683935	11476206	5767659
按轻重工业分				
轻工业	14943106	7133902	5822964	1986240
重工业	26984694	17550032	5653242	3781420
按企业规模分				
大型企业	19661192	11958196	5293316	2409680
中型企业	9784854	4105487	3731471	1947896
小型企业	11949826	8176934	2397270	1375622
微型企业	531928	443317	54150	34462
按工业行业分（大类）				
煤炭开采和洗选业				
石油和天然气开采业				
黑色金属矿采选业				
有色金属矿采选业				
非金属矿采选业	773	773		
开采专业及辅助性活动				
其他采矿业				
农副食品加工业	431705	283927	31471	116307
食品制造业	366242	141303	219378	5560
酒、饮料和精制茶制造业	218374	55891	52989	109494
烟草制品业				
纺织业	605965	161002	289102	155861
纺织服装、服饰业	1242753	763410	453223	26121
皮革、毛皮、羽毛及其制品和制鞋业	1109760	480719	407630	221412
木材加工和木、竹、藤、棕、草制品业	139510	108333	11289	19888
家具制造业	902693	599277	215867	87548
造纸和纸制品业	1863563	811591	1024205	27767
印刷和记录媒介复制业	756631	382255	262225	112151
文教、工美、体育和娱乐用品制造业	1240037	371294	645526	223216
石油、煤炭及其他燃料加工业	53772	5736	48036	
化学原料和化学制品制造业	793779	475017	154759	164003
医药制造业	147564	133033		14530
化学纤维制造业	39259	16869	18695	3695
橡胶和塑料制品业	2870933	1569978	985274	315681
非金属矿物制品业	977055	612301	300148	64606
黑色金属冶炼和压延加工业	66607	39094	9467	18046
有色金属冶炼和压延加工业	317404	157965	123184	36254
金属制品业	2571953	1633805	680217	257931
通用设备制造业	1462237	690335	480603	291299
专用设备制造业	2143548	1135201	607938	400408
汽车制造业	567311	212994	60405	293913
铁路、船舶、航空航天和其他运输设备制造业	101264	30088	32231	38946
电气机械和器材制造业	3481452	1484721	1401749	594982
计算机、通信和其他电子设备制造业	14966133	10491153	2484944	1990035
仪器仪表制造业	518303	228131	211031	79141
其他制造业	323347	117928	177230	28190
废弃资源综合利用业	3662	3662		
金属制品、机械和设备修理业	20995	15449	5546	
电力、热力生产和供应业	1307881	1197543	81843	28494
燃气生产和供应业	77842	35663		42178
水的生产和供应业	237492	237492		

4-7 规模以上工业企业主要财务指标（2019年）

Main Financial Indicators of Industrial Enterprises above Designated Size (2019)

指　　标	全市总计	按登记注册类型分			按轻重工业分	
		内资企业	港澳台商投资企业	外商投资企业	轻工业	重工业
企业单位数（个）	10658	7350	2215	1093	4946	5712
年末资产（万元）						
流动资产合计	117866158	76590287	26903583	14372288	34599771	83266388
#产成品存货	10366702	6983533	2301947	1081222	3176369	7190333
年末资产总额	162004558	103232267	38946255	19826036	49224178	112780380
年末负债总额（万元）						
年末负债总额	99159764	71268800	18455441	9435524	26883879	72275885
损益及分配（万元）						
营业收入	216809747	141004795	47732674	28072278	61788767	155020980
营业成本	185055537	118929433	41482503	24643602	52987332	132068205
税金及附加	800436	463074	211569	125793	282356	518081
销售费用	6323097	4919558	867551	535988	1776173	4546924
管理费用	9918402	6000004	2554774	1363624	3412935	6505467
研发费用	7847579	6620011	856410	371158	1160078	6687500
财务费用	358346	298299	31388	28660	152832	205514
利润总额	7732712	4801116	1811125	1120472	2021194	5711519
亏损企业亏损总额	1408423	817741	389245	201436	606033	802390

4-8 规模以上工业企业主要指标（2019年）

Main Indicators of Industrial Enterprises above Designated Size (2019)

项目	企业单位数（个）	#亏损企业	工业增加值（万元）
总　计	10658	1463	41927800
按轻重工业分			
轻工业	4946	709	14943106
重工业	5712	754	26984694
按企业规模分			
大型企业	290	36	19661192
中型企业	1439	249	9784854
小型企业	8304	1050	11949826
微型企业	625	128	531928
按工业行业分（大类）			
煤炭开采和洗选业			
石油和天然气开采业			
黑色金属矿采选业			
有色金属矿采选业			
非金属矿采选业	1		773
开采专业及辅助性活动			
其他采矿业			
农副食品加工业	66	21	431705
食品制造业	65	14	366242
酒、饮料和精制茶制造业	15	1	218374
烟草制品业			
纺织业	190	16	605965
纺织服装、服饰业	488	74	1242753
皮革、毛皮、羽毛及其制品和制鞋业	474	99	1109760
木材加工和木、竹、藤、棕、草制品业	63	11	139510
家具制造业	460	87	902693
造纸和纸制品业	371	34	1863563
印刷和记录媒介复制业	224	28	756631
文教、工美、体育和娱乐用品制造业	409	50	1240037
石油、煤炭及其他燃料加工业	14		53772
化学原料和化学制品制造业	346	34	793779
医药制造业	17	2	147564
化学纤维制造业	18	4	39259
橡胶和塑料制品业	1358	143	2870933
非金属矿物制品业	253	39	977055
黑色金属冶炼和压延加工业	39	2	66607
有色金属冶炼和压延加工业	127	23	317404
金属制品业	1018	113	2571953
通用设备制造业	619	81	1462237
专用设备制造业	713	89	2143548
汽车制造业	94	12	567311
铁路、船舶、航空航天和其他运输设备制造业	37	11	101264
电气机械和器材制造业	1134	132	3481452
计算机、通信和其他电子设备制造业	1648	293	14966133
仪器仪表制造业	174	25	518303
其他制造业	107	10	323347
废弃资源综合利用业	5	2	3662
金属制品、机械和设备修理业	7	1	20995
电力、热力生产和供应业	23	4	1307881
燃气生产和供应业	34	1	77842
水的生产和供应业	47	7	237492

4-8 续表 1

(2019年)

单位：万元

项　　目	年末资产合计	#流动资产合计	#产成品	年末负债合计
总　　计	162004558	117866158	10366702	99159764
按轻重工业分				
轻工业	49224178	34599771	3176369	26883879
重工业	112780380	83266388	7190333	72275885
按企业规模分				
大型企业	79807113	59013018	5509143	50085467
中型企业	35293371	23564210	2148405	18901668
小型企业	44369617	33360713	2614353	28603310
微型企业	2534458	1928218	94801	1569320
按工业行业分（大类）				
煤炭开采和洗选业				
石油和天然气开采业				
黑色金属矿采选业				
有色金属矿采选业				
非金属矿采选业	4450	2288		834
开采专业及辅助性活动				
其他采矿业				
农副食品加工业	3564397	2467002	187473	2454561
食品制造业	1254662	811819	48612	689121
酒、饮料和精制茶制造业	711892	441955	16883	392560
烟草制品业				
纺织业	1850420	1396844	131093	738203
纺织服装、服饰业	4456355	3431610	606849	2402075
皮革、毛皮、羽毛及其制品和制鞋业	2183883	1710757	134664	1376547
木材加工和木、竹、藤、棕、草制品业	383587	319231	34034	274101
家具制造业	2668512	2009283	168887	1601817
造纸和纸制品业	7288708	4398533	269242	3222720
印刷和记录媒介复制业	2341607	1659339	88956	1161991
文教、工美、体育和娱乐用品制造业	3224560	2552590	472877	1981802
石油、煤炭及其他燃料加工业	168678	115781	7612	107461
化学原料和化学制品制造业	3840174	2533103	153280	2053621
医药制造业	1289941	737950	9276	775649
化学纤维制造业	117174	82762	12709	59840
橡胶和塑料制品业	8091343	5884877	438898	5060312
非金属矿物制品业	4365439	2805282	164154	2292184
黑色金属冶炼和压延加工业	297386	238880	24863	170302
有色金属冶炼和压延加工业	901783	730015	67859	570909
金属制品业	7579211	5215161	410340	4157936
通用设备制造业	5586513	4390486	394673	3038054
专用设备制造业	6392638	4620969	460822	3482731
汽车制造业	2104289	1390704	88931	1068156
铁路、船舶、航空航天和其他运输设备制造业	789169	512309	196460	710167
电气机械和器材制造业	13111748	9870165	772486	6986170
计算机、通信和其他电子设备制造业	64129920	53464985	4822634	45041830
仪器仪表制造业	1681865	1143869	100129	890113
其他制造业	860924	567521	71736	373170
废弃资源综合利用业	16444	9658	1330	11760
金属制品、机械和设备修理业	49050	27186	1474	22671
电力、热力生产和供应业	8131808	1583166	3536	4541916
燃气生产和供应业	585210	179307	2767	328348
水的生产和供应业	1980822	560773	1166	1120135

4-8 续表 2

(2019年)

单位：万元

项　　目	营业收入	税金及附加	成本费用总额	本年应交增值税
总　计	216809747	800436	209502961	3369224
按轻重工业分				
轻工业	61788767	282356	59489350	1060653
重工业	155020980	518081	150013610	2308571
按企业规模分				
大型企业	117881766	373451	113901357	1714740
中型企业	40122577	186173	38459575	580923
小型企业	56228433	231571	54525069	1032756
微型企业	2576970	9241	2616961	40805
按工业行业分（大类）				
煤炭开采和洗选业				
石油和天然气开采业				
黑色金属矿采选业				
有色金属矿采选业				
非金属矿采选业	3872	286	1782	488
开采专业及辅助性活动				
其他采矿业				
农副食品加工业	7176016	8644	7043457	34096
食品制造业	1388144	8265	1295999	49806
酒、饮料和精制茶制造业	816876	17599	708586	32130
烟草制品业				
纺织业	2078077	10836	1957527	21060
纺织服装、服饰业	4973079	18762	4807302	85708
皮革、毛皮、羽毛及其制品和制鞋业	3596374	18618	3576904	45794
木材加工和木、竹、藤、棕、草制品业	537659	2321	509031	18572
家具制造业	3361931	17808	3232135	52831
造纸和纸制品业	8739882	41881	8303125	301144
印刷和记录媒介复制业	2534112	11331	2398856	48540
文教、工美、体育和娱乐用品制造业	4199468	20771	4117160	28588
石油、煤炭及其他燃料加工业	172747	1317	163590	4191
化学原料和化学制品制造业	3784534	18399	3538201	79673
医药制造业	423165	2923	359682	20406
化学纤维制造业	173018	744	167714	4605
橡胶和塑料制品业	10898133	44059	10533228	181164
非金属矿物制品业	4292788	22575	4081907	86046
黑色金属冶炼和压延加工业	546471	1116	527406	6613
有色金属冶炼和压延加工业	1500285	3367	1476384	14437
金属制品业	8667678	39689	8339646	191786
通用设备制造业	7707004	29429	7381186	109995
专用设备制造业	6473707	36289	6078919	152370
汽车制造业	2372258	10465	2222708	41549
铁路、船舶、航空航天和其他运输设备制造业	638441	3274	660227	12011
电气机械和器材制造业	15264968	66440	14595822	196209
计算机、通信和其他电子设备制造业	102580547	296245	99987343	1387921
仪器仪表制造业	1753784	9028	1632222	26950
其他制造业	1249220	6637	1192076	9455
废弃资源综合利用业	28285	57	28223	442
金属制品、机械和设备修理业	38442	251	36134	2145
电力、热力生产和供应业	7506197	26117	7350765	101289
燃气生产和供应业	833586	1237	761034	5881
水的生产和供应业	499000	3658	436686	15331

4-8 续表 3

(2019年)

项目	亏损企业亏损总额(万元)	从业人员平均人数(人)	利润总额(万元)	人均利润(元)
总计	1408423	2662745	7732712	29040
按轻重工业分				
轻工业	606033	1197991	2021194	16872
重工业	802390	1464754	5711519	38993
按企业规模分				
大型企业	181525	888060	4887398	55035
中型企业	484543	865845	1486456	17168
小型企业	578531	890556	1455349	16342
微型企业	163824	18284	-96491	-52773
按工业行业分（大类）				
煤炭开采和洗选业				
石油和天然气开采业				
黑色金属矿采选业				
有色金属矿采选业				
非金属矿采选业		29	1845	636207
开采专业及辅助性活动				
其他采矿业				
农副食品加工业	35557	10858	107849	99327
食品制造业	19952	20990	71876	34243
酒、饮料和精制茶制造业	1687	5348	85428	159738
烟草制品业				
纺织业	2826	40811	117680	28835
纺织服装、服饰业	43351	118661	143242	12072
皮革、毛皮、羽毛及其制品和制鞋业	51251	131352	5985	456
木材加工和木、竹、藤、棕、草制品业	3801	7602	33815	44482
家具制造业	28832	79524	120200	15115
造纸和纸制品业	11071	72645	454115	62512
印刷和记录媒介复制业	15876	55281	134310	24296
文教、工美、体育和娱乐用品制造业	113682	157381	19380	1231
石油、煤炭及其他燃料加工业		1679	14073	83818
化学原料和化学制品制造业	14112	32846	230136	70065
医药制造业	721	3708	66264	178706
化学纤维制造业	1909	3193	4587	14366
橡胶和塑料制品业	124157	238909	323596	13545
非金属矿物制品业	80909	54176	169549	31296
黑色金属冶炼和压延加工业	959	2930	9777	33369
有色金属冶炼和压延加工业	8258	13706	22410	16351
金属制品业	155682	186873	250172	13387
通用设备制造业	44536	103601	299953	28953
专用设备制造业	55626	151417	369236	24385
汽车制造业	6089	27579	152024	55123
铁路、船舶、航空航天和其他运输设备制造业	106101	8998	-95068	-105655
电气机械和器材制造业	95905	294338	586973	19942
计算机、通信和其他电子设备制造业	293851	737718	3543320	48031
仪器仪表制造业	14492	42834	125735	29354
其他制造业	3579	26267	51577	19636
废弃资源综合利用业	750	214	104	4860
金属制品、机械和设备修理业	563	960	2054	21396
电力、热力生产和供应业	70229	22551	156108	69224
燃气生产和供应业	10	1693	83810	495038
水的生产和供应业	2096	6073	70597	116247

4-9 规模以上工业企业主要经济效益指标（2019年）

Main Indicators on Economic Benefit of Industrial Enterprises above Designated Size (2019)

项　　目	工业增加值率(%)	总资产贡献率(%)	资　产负债率(%)	流动资产周转率(次/年)	成本费用利润率(%)	全员劳动生产率(元/人)
总　计	19.4	7.6	61.2	1.8	3.7	157461
按轻重工业分						
轻工业	24.3	7.2	54.6	1.8	3.4	124735
重工业	17.5	7.8	64.1	1.9	3.8	184227
按企业规模分						
大型企业	16.9	8.8	62.8	2.0	4.3	221395
中型企业	23.8	6.8	53.6	1.7	3.9	113009
小型企业	21.4	6.6	64.5	1.7	2.7	134184
微型企业	19.9	-1.7	61.9	1.3	-3.7	290925
按工业行业分（大类）						
煤炭开采和洗选业						
石油和天然气开采业						
黑色金属矿采选业						
有色金属矿采选业						
非金属矿采选业	20.0	59.0	18.8	1.7	103.6	266552
开采专业及辅助性活动						
其他采矿业						
农副食品加工业	7.2	4.7	68.9	2.9	1.5	397592
食品制造业	26.4	10.9	54.9	1.7	5.6	174484
酒、饮料和精制茶制造业	25.7	18.7	55.1	1.9	12.1	408328
烟草制品业						
纺织业	29.3	8.2	39.9	1.5	6.0	148481
纺织服装、服饰业	24.4	6.1	53.9	1.5	3.0	104731
皮革、毛皮、羽毛及其制品和制鞋业	30.7	3.5	63.0	2.1	0.2	84487
木材加工和木、竹、藤、棕、草制品业	25.8	15.6	71.5	1.7	6.6	183517
家具制造业	26.2	7.4	60.0	1.7	3.7	113512
造纸和纸制品业	20.8	11.4	44.2	2.0	5.5	256530
印刷和记录媒介复制业	29.1	8.6	49.6	1.5	5.6	136870
文教、工美、体育和娱乐用品制造业	29.0	2.9	61.5	1.7	0.5	78792
石油、煤炭及其他燃料加工业	28.1	12.3	63.7	1.5	8.6	320262
化学原料和化学制品制造业	20.3	9.0	53.5	1.5	6.5	241667
医药制造业	47.2	7.4	60.1	0.6	18.4	397961
化学纤维制造业	20.3	9.2	51.1	2.1	2.7	122953
橡胶和塑料制品业	26.4	7.1	62.5	1.9	3.1	120168
非金属矿物制品业	22.5	6.7	52.5	1.5	4.2	180348
黑色金属冶炼和压延加工业	11.9	6.3	57.3	2.3	1.9	227328
有色金属冶炼和压延加工业	21.0	5.0	63.3	2.1	1.5	231580
金属制品业	29.1	6.7	54.9	1.7	3.0	137631
通用设备制造业	18.4	8.0	54.4	1.8	4.1	141141
专用设备制造业	32.3	9.1	54.5	1.4	6.1	141566
汽车制造业	23.3	10.4	50.8	1.7	6.8	205704
铁路、船舶、航空航天和其他运输设备制造业	15.4	-7.8	90.0	1.3	-14.4	112541
电气机械和器材制造业	21.9	6.8	53.3	1.6	4.0	118281
计算机、通信和其他电子设备制造业	14.8	8.1	70.2	1.9	3.5	202871
仪器仪表制造业	28.4	9.9	52.9	1.5	7.7	121003
其他制造业	24.7	8.3	43.4	2.2	4.3	123100
废弃资源综合利用业	13.2	3.9	71.5	2.9	0.4	171121
金属制品、机械和设备修理业	54.1	9.2	46.2	1.4	5.7	218698
电力、热力生产和供应业	18.4	4.6	55.9	4.7	2.1	579966
燃气生产和供应业	9.3	15.9	56.1	4.7	11.0	459787
水的生产和供应业	49.4	5.8	56.6	0.9	16.2	391062

4-10 规模以上国有及国有控股工业企业主要经济指标（2019年）

Main Indicators of State-owned and State-holding Industrial Enterprises above Designated Size (2019)

项目	企业单位数（个）	#亏损企业	工业增加值（万元）	营业收入（万元）
总计	46	10	1763885	9886921
按轻重工业分				
轻工业	10	3	66961	701583
重工业	36	7	1696924	9185338
按企业规模分				
大型企业	7		1416398	8061558
中型企业	15	3	288011	1345451
小型企业	20	5	68541	366110
微型企业	4	2	-9064	113802
按工业行业分（大类）				
煤炭开采和洗选业				
石油和天然气开采业				
黑色金属矿采选业				
有色金属矿采选业				
非金属矿采选业				
开采专业及辅助性活动				
其他采矿业				
农副食品加工业	2	1	25907	548542
食品制造业	1	1	1539	6573
酒、饮料和精制茶制造业	1		9821	62256
烟草制品业				
纺织业				
纺织服装、服饰业	1		4553	11939
皮革、毛皮、羽毛及其制品和制鞋业				
木材加工和木、竹、藤、棕、草制品业				
家具制造业				
造纸和纸制品业				
印刷和记录媒介复制业	1		2406	8594
文教、工美、体育和娱乐用品制造业	1		12632	18339
石油、煤炭及其他燃料加工业				
化学原料和化学制品制造业	4		46493	135430
医药制造业				
化学纤维制造业				
橡胶和塑料制品业	2		4118	15424
非金属矿物制品业				
黑色金属冶炼和压延加工业	2		16166	117214
有色金属冶炼和压延加工业	1		511	3119
金属制品业	4	2	14848	60564
通用设备制造业	1		23317	83145
专用设备制造业				
汽车制造业				
铁路、船舶、航空航天和其他运输设备制造业	1	1	13379	159237
电气机械和器材制造业	3	1	27400	95402
计算机、通信和其他电子设备制造业	4		205125	1683521
仪器仪表制造业				
其他制造业				
废弃资源综合利用业				
金属制品、机械和设备修理业	1		8072	9812
电力、热力生产和供应业	7	2	1220166	6634684
燃气生产和供应业				
水的生产和供应业	9	2	127431	233126

4-10 续表

(2019年)

项目	亏损企业亏损总额(万元)	利润总额(万元)	人均利润(元)
总计	223914	33395	7048
按轻重工业分			
轻工业	6921	5997	22571
重工业	216993	27398	6126
按企业规模分			
大型企业		151638	41562
中型企业	107389	-21827	-23676
小型企业	59118	-39237	-241162
微型企业	57407	-57179	-11669184
按工业行业分(大类)			
煤炭开采和洗选业			
石油和天然气开采业			
黑色金属矿采选业			
有色金属矿采选业			
非金属矿采选业			
开采专业及辅助性活动			
其他采矿业			
农副食品加工业	834	1787	33402
食品制造业	272	-272	-26408
酒、饮料和精制茶制造业		2662	77159
烟草制品业			
纺织业			
纺织服装、服饰业		1091	23412
皮革、毛皮、羽毛及其制品和制鞋业			
木材加工和木、竹、藤、棕、草制品业			
家具制造业			
造纸和纸制品业			
印刷和记录媒介复制业			
文教、工美、体育和娱乐用品制造业		5768	132903
石油、煤炭及其他燃料加工业			
化学原料和化学制品制造业		27865	345291
医药制造业			
化学纤维制造业			
橡胶和塑料制品业		777	50455
非金属矿物制品业			
黑色金属冶炼和压延加工业		1054	125476
有色金属冶炼和压延加工业		27	15000
金属制品业	52778	-46589	-509169
通用设备制造业		6504	64269
专用设备制造业			
汽车制造业			
铁路、船舶、航空航天和其他运输设备制造业	100827	-100827	-1043758
电气机械和器材制造业	5815	-2048	-9288
计算机、通信和其他电子设备制造业		33964	21860
仪器仪表制造业			
其他制造业			
废弃资源综合利用业			
金属制品、机械和设备修理业		774	19158
电力、热力生产和供应业	62113	55648	26839
燃气生产和供应业			
水的生产和供应业	1275	45213	176682

4-11 规模以上国有及国有控股工业企业主要经济效益指标（2019年）

Main Indicators on Economic Benefit of State-owned and State-holding Industrial Enterprises above Designated Size (2019)

项　　目	工业增加值率(%)	总资产贡献率(%)	资　产负债率(%)	流动资产周转率(次/年)	成本费用利润率(%)	全员劳动生产率(元/人)
总　计	18.1	2.7	60.6	3.3	0.3	372285
按轻重工业分						
轻工业	10.1	3.4	64.7	2.0	0.9	252017
重工业	18.6	2.7	60.5	3.5	0.3	379430
按企业规模分						
大型企业	17.7	4.7	56.6	5.1	1.9	388214
中型企业	21.8	1.5	69.7	1.4	-1.7	312410
小型企业	20.7	-3.4	77.0	1.4	-10.7	421272
微型企业	-7.7	-25.1	29.0	0.6	-44.6	-1849796
按工业行业分（大类）						
煤炭开采和洗选业						
石油和天然气开采业						
黑色金属矿采选业						
有色金属矿采选业						
非金属矿采选业						
开采专业及辅助性活动						
其他采矿业						
农副食品加工业	5.2	1.1	80.2	2.7	0.3	484243
食品制造业	23.3	1.1	54.6	2.0	-4.0	149417
酒、饮料和精制茶制造业	16.6	6.4	20.1	1.0	4.6	284667
烟草制品业						
纺织业						
纺织服装、服饰业	34.4	5.4	27.0	0.7	10.1	97704
皮革、毛皮、羽毛及其制品和制鞋业						
木材加工和木、竹、藤、棕、草制品业						
家具制造业						
造纸和纸制品业						
印刷和记录媒介复制业	27.5	1.2	18.3	2.2		235882
文教、工美、体育和娱乐用品制造业	65.7	32.8	58.1	0.7	46.6	291060
石油、煤炭及其他燃料加工业						
化学原料和化学制品制造业	35.3	5.5	77.0	1.1	25.8	576121
医药制造业						
化学纤维制造业						
橡胶和塑料制品业	27.0	9.2	52.5	1.4	5.3	267403
非金属矿物制品业						
黑色金属冶炼和压延加工业	13.8	4.8	66.0	4.5	1.0	1924524
有色金属冶炼和压延加工业	12.1	0.3	99.4	0.2	0.9	283889
金属制品业	24.5	-35.3	94.3	0.7	-62.2	162273
通用设备制造业	26.8	15.7	50.9	1.5	8.5	230405
专用设备制造业						
汽车制造业						
铁路、船舶、航空航天和其他运输设备制造业	8.5	-19.6	123.2	0.7	-53.3	138499
电气机械和器材制造业	26.0	2.1	62.5	1.3	-2.2	124263
计算机、通信和其他电子设备制造业	12.0	5.0	73.0	2.1	2.0	132024
仪器仪表制造业						
其他制造业						
废弃资源综合利用业						
金属制品、机械和设备修理业	82.3	27.5	47.0	1.7	8.7	199802
电力、热力生产和供应业	18.6	3.4	54.6	6.9	0.9	588486
燃气生产和供应业						
水的生产和供应业	56.7	5.3	50.2	0.8	23.0	497972

4-12 规模以上集体工业企业主要经济指标（2019年）

Main Indicators of Collective-owned Industrial Enterprises above Designated Size (2019)

项目	企业单位数（个）	#亏损企业	工业增加值（万元）	营业收入（万元）
总计	27	6	79341	257911
按轻重工业分				
轻工业	4	2	13221	63868
重工业	23	4	66120	194043
按企业规模分				
大型企业				
中型企业	1		11667	33612
小型企业	24	4	57153	172622
微型企业	2	2	10521	51677
按工业行业分（大类）				
煤炭开采和洗选业				
石油和天然气开采业				
黑色金属矿采选业				
有色金属矿采选业				
非金属矿采选业				
开采专业及辅助性活动				
其他采矿业				
农副食品加工业	1	1	324	25065
食品制造业				
酒、饮料和精制茶制造业				
烟草制品业				
纺织业				
纺织服装、服饰业				
皮革、毛皮、羽毛及其制品和制鞋业	1	1	568	2815
木材加工和木、竹、藤、棕、草制品业				
家具制造业				
造纸和纸制品业				
印刷和记录媒介复制业	1		662	2375
文教、工美、体育和娱乐用品制造业	1		11667	33612
石油、煤炭及其他燃料加工业				
化学原料和化学制品制造业	1		391	2067
医药制造业				
化学纤维制造业				
橡胶和塑料制品业				
非金属矿物制品业				
黑色金属冶炼和压延加工业				
有色金属冶炼和压延加工业				
金属制品业				
通用设备制造业				
专用设备制造业				
汽车制造业				
铁路、船舶、航空航天和其他运输设备制造业				
电气机械和器材制造业				
计算机、通信和其他电子设备制造业	1	1	9953	48862
仪器仪表制造业				
其他制造业				
废弃资源综合利用业				
金属制品、机械和设备修理业				
电力、热力生产和供应业				
燃气生产和供应业				
水的生产和供应业	21	3	55776	143114

4-12 续表

(2019年)

项目	亏损企业亏损总额(万元)	利润总额(万元)	人均利润(元)
总计	20036	-7129	-6814
按轻重工业分			
轻工业	307	2195	6804
重工业	19729	-9324	-12886
按企业规模分			
大型企业			
中型企业		2495	7896
小型企业	379	10033	42657
微型企业	19657	-19657	-39711
按工业行业分（大类）			
煤炭开采和洗选业			
石油和天然气开采业			
黑色金属矿采选业			
有色金属矿采选业			
非金属矿采选业			
开采专业及辅助性活动			
其他采矿业			
农副食品加工业	41	-41	-16400
食品制造业			
酒、饮料和精制茶制造业			
烟草制品业			
纺织业			
纺织服装、服饰业			
皮革、毛皮、羽毛及其制品和制鞋业	266	-266	
木材加工和木、竹、藤、棕、草制品业			
家具制造业			
造纸和纸制品业			
印刷和记录媒介复制业		6	1463
文教、工美、体育和娱乐用品制造业		2495	7896
石油、煤炭及其他燃料加工业			
化学原料和化学制品制造业		150	22727
医药制造业			
化学纤维制造业			
橡胶和塑料制品业			
非金属矿物制品业			
黑色金属冶炼和压延加工业			
有色金属冶炼和压延加工业			
金属制品业			
通用设备制造业			
专用设备制造业			
汽车制造业			
铁路、船舶、航空航天和其他运输设备制造业			
电气机械和器材制造业			
计算机、通信和其他电子设备制造业	19391	-19391	-39174
仪器仪表制造业			
其他制造业			
废弃资源综合利用业			
金属制品、机械和设备修理业			
电力、热力生产和供应业			
燃气生产和供应业			
水的生产和供应业	338	9918	44676

4-13 规模以上集体工业企业主要经济效益指标（2019年）

Main Indicators on Economic Benefit of Collective-owned Industrial Enterprises above Designated Size (2019)

项　　目	工业增加值率 (%)	总资产贡献率 (%)	资　产负债率 (%)	流动资产周转率 (次/年)	成本费用利润率 (%)	全员劳动生产率 (元/人)
总　计	31.8	0.1	73.5	1.3	-2.7	75837
按轻重工业分						
轻工业	21.0	21.9	64.9	8.0	3.5	40983
重工业	35.5	-0.6	73.8	1.0	-4.6	91376
按企业规模分						
大型企业						
中型企业	34.7	49.4	84.7	6.7	8.0	36921
小型企业	34.7	4.9	67.8	0.9	6.2	242997
微型企业	20.7	-863.5	945.9	22.7	-27.6	21255
按工业行业分（大类）						
煤炭开采和洗选业						
石油和天然气开采业						
黑色金属矿采选业						
有色金属矿采选业						
非金属矿采选业						
开采专业及辅助性活动						
其他采矿业						
农副食品加工业	1.3	-1.7	140.0	661.3	-0.2	129600
食品制造业						
酒、饮料和精制茶制造业						
烟草制品业						
纺织业						
纺织服装、服饰业						
皮革、毛皮、羽毛及其制品和制鞋业	27.5	-108.1	43.6	11.6	-8.4	75837
木材加工和木、竹、藤、棕、草制品业						
家具制造业						
造纸和纸制品业						
印刷和记录媒介复制业	28.7	0.8	1.1	0.9	0.2	161463
文教、工美、体育和娱乐用品制造业	34.7	49.4	84.7	6.7	8.0	36921
石油、煤炭及其他燃料加工业						
化学原料和化学制品制造业	18.9	18.0	43.1	1.6	7.5	59242
医药制造业						
化学纤维制造业						
橡胶和塑料制品业						
非金属矿物制品业						
黑色金属冶炼和压延加工业						
有色金属冶炼和压延加工业						
金属制品业						
通用设备制造业						
专用设备制造业						
汽车制造业						
铁路、船舶、航空航天和其他运输设备制造业						
电气机械和器材制造业						
计算机、通信和其他电子设备制造业	20.4	-953.9	1054.0	24.0	-28.5	20107
仪器仪表制造业						
其他制造业						
废弃资源综合利用业						
金属制品、机械和设备修理业						
电力、热力生产和供应业						
燃气生产和供应业						
水的生产和供应业	41.2	4.9	68.2	0.8	7.4	251243

4-14 规模以上外商投资工业企业主要经济指标（2019年）

Main Indicators of Industrial Enterprises above Designated Size with Foreign Funds (2019)

项目	企业单位数（个）	#亏损企业	工业增加值（万元）	营业收入（万元）
总计	1093	244	5767659	28072278
按轻重工业分				
轻工业	427	100	1986240	8373930
重工业	666	144	3781420	19698348
按企业规模分				
大型企业	55	9	2409680	11844775
中型企业	279	61	1947896	8987132
小型企业	725	159	1375622	7082062
微型企业	34	15	34462	158309
按工业行业分（大类）				
煤炭开采和洗选业				
石油和天然气开采业				
黑色金属矿采选业				
有色金属矿采选业				
非金属矿采选业				
开采专业及辅助性活动				
其他采矿业				
农副食品加工业	9	4	116307	1842724
食品制造业	3	1	5560	28948
酒、饮料和精制茶制造业	3		109494	354080
烟草制品业				
纺织业	9	1	155861	553396
纺织服装、服饰业	13	3	26121	68249
皮革、毛皮、羽毛及其制品和制鞋业	63	27	221412	722770
木材加工和木、竹、藤、棕、草制品业	4	2	19888	95332
家具制造业	30	10	87548	330904
造纸和纸制品业	14	2	27767	153363
印刷和记录媒介复制业	15	1	112151	328281
文教、工美、体育和娱乐用品制造业	58	9	223216	692910
石油、煤炭及其他燃料加工业				
化学原料和化学制品制造业	41	4	164003	840894
医药制造业	4		14530	31794
化学纤维制造业	3	1	3695	17220
橡胶和塑料制品业	115	23	315681	1165143
非金属矿物制品业	18	5	64606	222441
黑色金属冶炼和压延加工业	7	2	18046	183098
有色金属冶炼和压延加工业	16	6	36254	163350
金属制品业	80	15	257931	1033232
通用设备制造业	55	12	291299	1641267
专用设备制造业	66	14	400408	1061256
汽车制造业	27	4	293913	1286479
铁路、船舶、航空航天和其他运输设备制造业	9	4	38946	197919
电气机械和器材制造业	139	24	594982	2475115
计算机、通信和其他电子设备制造业	251	67	1990035	11382783
仪器仪表制造业	20	3	79141	328551
其他制造业	12		28190	159138
废弃资源综合利用业				
金属制品、机械和设备修理业				
电力、热力生产和供应业	1		28494	188485
燃气生产和供应业	8		42178	523161
水的生产和供应业				

4-14 续表

(2019年)

项目	亏损企业亏损总额(万元)	利润总额(万元)	人均利润(元)
总计	201436	1120472	24900
按轻重工业分			
轻工业	97900	304549	18011
重工业	103536	815923	29047
按企业规模分			
大型企业	18058	573454	33435
中型企业	85531	295909	17323
小型企业	76328	266202	25158
微型企业	21518	-15093	-82027
按工业行业分（大类）			
煤炭开采和洗选业			
石油和天然气开采业			
黑色金属矿采选业			
有色金属矿采选业			
非金属矿采选业			
开采专业及辅助性活动			
其他采矿业			
农副食品加工业	11289	23145	112028
食品制造业	1504	-762	-21960
酒、饮料和精制茶制造业		54835	577211
烟草制品业			
纺织业	7	55650	56601
纺织服装、服饰业	3973	-2737	-8661
皮革、毛皮、羽毛及其制品和制鞋业	28620	-20286	-6293
木材加工和木、竹、藤、棕、草制品业	2431	9733	97819
家具制造业	7474	686	734
造纸和纸制品业	1021	2782	13369
印刷和记录媒介复制业	806	27709	34057
文教、工美、体育和娱乐用品制造业	8742	23194	8653
石油、煤炭及其他燃料加工业			
化学原料和化学制品制造业	1598	58024	91161
医药制造业		1612	17241
化学纤维制造业	134	281	4878
橡胶和塑料制品业	15609	46732	16071
非金属矿物制品业	5036	7705	15651
黑色金属冶炼和压延加工业	959	2952	43604
有色金属冶炼和压延加工业	1743	2698	17251
金属制品业	5107	35860	17835
通用设备制造业	4013	71387	35253
专用设备制造业	6642	57336	18250
汽车制造业	1580	88521	60251
铁路、船舶、航空航天和其他运输设备制造业	3220	1932	5227
电气机械和器材制造业	13713	120018	22806
计算机、通信和其他电子设备制造业	72799	371955	23784
仪器仪表制造业	3417	12884	17294
其他制造业		5285	21966
废弃资源综合利用业			
金属制品、机械和设备修理业			
电力、热力生产和供应业		3623	307034
燃气生产和供应业		57717	751523
水的生产和供应业			

4-15 规模以上外商投资工业企业主要经济效益指标（2019年）

Main Indicators on Economic Benefit of Industrial Enterprises above Designated Size with Foreign Funds (2019)

项　　目	工业增加值率 (%)	总资产贡献率 (%)	资　产负债率 (%)	流动资产周转率 (次/年)	成本费用利润率 (%)	全员劳动生产率 (元/人)
总　计	20.4	7.8	47.6	2.0	4.2	128173
按轻重工业分						
轻工业	24.8	7.1	46.4	1.9	3.8	117468
重工业	18.6	8.1	48.2	2.0	4.3	134618
按企业规模分						
大型企业	19.7	9.3	44.0	2.1	5.1	140494
中型企业	21.9	6.8	47.4	2.1	3.4	114030
小型企业	19.6	7.4	52.2	1.7	3.9	130007
微型企业	20.1	-7.4	59.3	1.2	-8.7	187293
按工业行业分（大类）						
煤炭开采和洗选业						
石油和天然气开采业						
黑色金属矿采选业						
有色金属矿采选业						
非金属矿采选业						
开采专业及辅助性活动						
其他采矿业						
农副食品加工业	9.2	4.3	60.0	3.7	1.3	562957
食品制造业	19.2	-0.3	47.1	1.9	-2.6	160231
酒、饮料和精制茶制造业	27.2	29.9	39.3	1.9	19.2	1152568
烟草制品业						
纺织业	27.7	10.3	32.8	1.1	11.1	158524
纺织服装、服饰业	25.9	-2.9	51.9	1.6	-3.9	82661
皮革、毛皮、羽毛及其制品和制鞋业	30.6	-2.0	53.9	1.6	-2.7	68685
木材加工和木、竹、藤、棕、草制品业	20.2	16.1	64.2	1.2	10.6	199879
家具制造业	25.4	0.5	51.9	1.2	0.2	93694
造纸和纸制品业	15.1	5.7	38.6	2.0	1.9	133431
印刷和记录媒介复制业	32.0	16.5	55.3	2.0	9.3	137845
文教、工美、体育和娱乐用品制造业	31.6	6.1	47.0	1.9	3.5	83277
石油、煤炭及其他燃料加工业						
化学原料和化学制品制造业	18.7	9.3	46.6	1.3	7.5	257664
医药制造业	43.8	12.7	63.5	1.8	5.4	155401
化学纤维制造业	21.5	6.2	49.3	1.9	1.7	64149
橡胶和塑料制品业	26.4	6.8	46.3	1.5	4.2	108564
非金属矿物制品业	30.3	6.1	26.8	2.2	3.6	131233
黑色金属冶炼和压延加工业	9.9	4.9	43.8	2.0	1.6	266558
有色金属冶炼和压延加工业	22.5	4.3	50.1	1.5	1.7	231803
金属制品业	24.3	6.7	38.1	1.8	3.6	128286
通用设备制造业	17.6	9.4	43.9	2.3	4.6	143851
专用设备制造业	38.0	8.7	38.2	1.7	5.7	127449
汽车制造业	22.9	12.3	33.5	2.2	7.4	200050
铁路、船舶、航空航天和其他运输设备制造业	17.3	2.7	50.5	1.4	1.0	105373
电气机械和器材制造业	23.2	7.2	45.5	1.6	5.1	113061
计算机、通信和其他电子设备制造业	16.8	7.3	50.8	2.1	3.4	127247
仪器仪表制造业	24.4	7.6	52.7	2.3	4.1	106230
其他制造业	17.5	5.2	56.2	2.5	3.4	117165
废弃资源综合利用业						
金属制品、机械和设备修理业						
电力、热力生产和供应业	15.1	8.8	78.9	2.0	2.0	2414746
燃气生产和供应业	8.0	16.5	56.8	5.8	12.1	549193
水的生产和供应业						

4-16 规模以上港澳台商投资工业企业主要经济指标（2019年）

Main Indicators of Industrial Enterprises above Designated Size with Hong Kong, Macao and Taiwan Funds (2019)

项目	企业单位数（个）	#亏损企业	工业增加值（万元）	营业收入（万元）
总计	2215	420	11476206	47732674
按轻重工业分				
轻工业	1177	242	5822964	21574380
重工业	1038	178	5653242	26158294
按企业规模分				
大型企业	128	12	5293316	22548244
中型企业	590	89	3731471	13663396
小型企业	1436	289	2397270	11249991
微型企业	61	30	54150	271043
按工业行业分（大类）				
煤炭开采和洗选业				
石油和天然气开采业				
黑色金属矿采选业				
有色金属矿采选业				
非金属矿采选业				
开采专业及辅助性活动				
其他采矿业				
农副食品加工业	7	5	31471	1006230
食品制造业	17	7	219378	656233
酒、饮料和精制茶制造业	4	1	52989	208168
烟草制品业				
纺织业	60	4	289102	984358
纺织服装、服饰业	124	36	453223	1978933
皮革、毛皮、羽毛及其制品和制鞋业	107	31	407630	1137933
木材加工和木、竹、藤、棕、草制品业	7	1	11289	44035
家具制造业	70	19	215867	721863
造纸和纸制品业	66	8	1024205	4270032
印刷和记录媒介复制业	58	12	262225	813314
文教、工美、体育和娱乐用品制造业	140	21	645526	1821288
石油、煤炭及其他燃料加工业	6		48036	151873
化学原料和化学制品制造业	44	8	154759	716103
医药制造业				
化学纤维制造业	5	1	18695	64879
橡胶和塑料制品业	306	51	985274	3766512
非金属矿物制品业	33	8	300148	1048707
黑色金属冶炼和压延加工业	5		9467	64328
有色金属冶炼和压延加工业	25	7	123184	618977
金属制品业	180	28	680217	2003572
通用设备制造业	99	17	480603	3148721
专用设备制造业	127	22	607938	1941212
汽车制造业	17	2	60405	220913
铁路、船舶、航空航天和其他运输设备制造业	7	3	32231	228275
电气机械和器材制造业	256	36	1401749	5611261
计算机、通信和其他电子设备制造业	364	74	2484944	12450751
仪器仪表制造业	44	11	211031	636252
其他制造业	25	3	177230	634659
废弃资源综合利用业				
金属制品、机械和设备修理业	2	1	5546	9042
电力、热力生产和供应业	10	3	81843	774254
燃气生产和供应业				
水的生产和供应业				

4-16 续表

(2019年)

项目	亏损企业亏损总额(万元)	利润总额(万元)	人均利润(元)
总计	389245	1811125	18788
按轻重工业分			
轻工业	168572	866371	16892
重工业	220674	944754	20944
按企业规模分			
大型企业	30679	1094029	30205
中型企业	181623	408168	10661
小型企业	147704	334652	15450
微型企业	29240	-25723	-112181
按工业行业分（大类）			
煤炭开采和洗选业			
石油和天然气开采业			
黑色金属矿采选业			
有色金属矿采选业			
非金属矿采选业			
开采专业及辅助性活动			
其他采矿业			
农副食品加工业	11882	-10237	-77730
食品制造业	13481	47069	44497
酒、饮料和精制茶制造业	1687	10672	45704
烟草制品业			
纺织业	2004	49985	22930
纺织服装、服饰业	31829	-8244	-1554
皮革、毛皮、羽毛及其制品和制鞋业	12737	10784	2003
木材加工和木、竹、藤、棕、草制品业	2	476	4964
家具制造业	4395	28827	13790
造纸和纸制品业	3291	341054	129231
印刷和记录媒介复制业	7084	53471	24231
文教、工美、体育和娱乐用品制造业	17322	37762	4164
石油、煤炭及其他燃料加工业		13452	93158
化学原料和化学制品制造业	4033	52003	76814
医药制造业			
化学纤维制造业	4	5086	37124
橡胶和塑料制品业	50098	112206	11295
非金属矿物制品业	7026	104665	91940
黑色金属冶炼和压延加工业		2901	45613
有色金属冶炼和压延加工业	1599	8425	28764
金属制品业	7125	119487	24100
通用设备制造业	16281	97398	28009
专用设备制造业	14884	106825	20487
汽车制造业	1610	4344	8013
铁路、船舶、航空航天和其他运输设备制造业	102047	-99403	-350999
电气机械和器材制造业	17969	221440	17020
计算机、通信和其他电子设备制造业	44857	339274	15174
仪器仪表制造业	1578	45587	21381
其他制造业	299	36699	26068
废弃资源综合利用业			
金属制品、机械和设备修理业	563	1019	50197
电力、热力生产和供应业	13559	78099	372432
燃气生产和供应业			
水的生产和供应业			

4-17 规模以上港澳台商投资工业企业主要经济效益指标（2019年）

Main Indicators on Economic Benefit of Industrial Enterprises above Designated Size with Hong Kong, Macao and Taiwan Funds (2019)

项　　目	工业增加值率(%)	总资产贡献率(%)	资　产负债率(%)	流动资产周转率(次/年)	成本费用利润率(%)	全员劳动生产率(元/人)
总　计	23.8	6.9	47.4	1.8	4.0	119053
按轻重工业分						
轻工业	26.8	7.1	43.8	1.7	4.2	113535
重工业	21.4	6.6	50.7	1.8	3.8	125326
按企业规模分						
大型企业	22.8	8.8	42.9	2.0	5.1	146145
中型企业	26.6	5.6	47.5	1.7	3.1	97461
小型企业	22.5	5.5	55.0	1.6	3.1	110675
微型企业	19.3	-3.6	39.5	0.8	-8.7	236154
按工业行业分（大类）						
煤炭开采和洗选业						
石油和天然气开采业						
黑色金属矿采选业						
有色金属矿采选业						
非金属矿采选业						
开采专业及辅助性活动						
其他采矿业						
农副食品加工业	3.2	-1.9	32.7	5.0	-1.0	238960
食品制造业	31.9	10.7	51.8	1.3	8.0	207391
酒、饮料和精制茶制造业	27.9	6.5	78.3	1.3	5.6	226934
烟草制品业						
纺织业	29.7	6.9	33.6	1.5	5.4	132622
纺织服装、服饰业	21.9	1.5	54.9	1.6	-0.4	85433
皮革、毛皮、羽毛及其制品和制鞋业	35.2	3.6	60.5	2.1	1.0	75699
木材加工和木、竹、藤、棕、草制品业	25.5	5.4	44.7	3.7	1.1	117716
家具制造业	29.0	6.5	42.3	1.6	4.2	103261
造纸和纸制品业	23.5	12.0	30.5	1.8	8.6	388089
印刷和记录媒介复制业	31.7	7.6	37.4	1.2	7.0	118831
文教、工美、体育和娱乐用品制造业	34.1	4.1	54.3	1.8	2.1	71174
石油、煤炭及其他燃料加工业	28.2	13.0	65.2	1.5	9.4	332659
化学原料和化学制品制造业	21.2	10.5	36.3	1.4	7.8	228595
医药制造业						
化学纤维制造业	24.6	12.2	32.6	1.8	8.6	136460
橡胶和塑料制品业	28.1	5.7	54.7	1.8	3.1	99184
非金属矿物制品业	29.4	9.8	37.9	1.2	11.2	263658
黑色金属冶炼和压延加工业	14.7	9.3	30.3	1.8	4.7	148852
有色金属冶炼和压延加工业	19.8	3.8	57.2	2.4	1.4	420567
金属制品业	33.7	7.4	32.1	1.6	6.4	137196
通用设备制造业	15.1	7.0	53.1	2.4	3.2	138208
专用设备制造业	31.4	8.7	54.1	1.5	5.9	116591
汽车制造业	28.2	5.1	38.9	2.3	2.0	111428
铁路、船舶、航空航天和其他运输设备制造业	14.0	-16.4	110.0	0.8	-38.8	113810
电气机械和器材制造业	23.8	7.2	45.7	1.7	4.1	107740
计算机、通信和其他电子设备制造业	19.4	5.5	51.9	1.9	2.8	111139
仪器仪表制造业	31.5	10.1	57.4	1.8	7.7	98978
其他制造业	25.8	9.7	25.9	2.1	6.2	125891
废弃资源综合利用业						
金属制品、机械和设备修理业	61.3	6.3	18.7	0.8	12.8	273202
电力、热力生产和供应业	18.0	8.3	60.4	1.6	10.5	390286
燃气生产和供应业						
水的生产和供应业						

4-18 规模以上私营工业企业主要经济指标（2019年）

Main Indicators of Private Industrial Enterprises above Designated Size (2019)

项目	企业单位数（个）	#亏损企业	工业增加值（万元）	营业收入（万元）
总计	5277	523	14923636	95023519
按轻重工业分				
轻工业	2497	262	4559097	19604122
重工业	2780	261	10364539	75419397
按企业规模分				
大型企业	50	7	6741246	58971174
中型企业	360	52	2245814	9125360
小型企业	4462	402	5608780	25546170
微型企业	405	62	327796	1380815
按工业行业分（大类）				
煤炭开采和洗选业				
石油和天然气开采业				
黑色金属矿采选业				
有色金属矿采选业				
非金属矿采选业				
开采专业及辅助性活动				
其他采矿业				
农副食品加工业	27	6	88604	1257230
食品制造业	30	1	81442	361632
酒、饮料和精制茶制造业	5		36568	155430
烟草制品业				
纺织业	87	7	113981	370939
纺织服装、服饰业	304	27	709489	2679339
皮革、毛皮、羽毛及其制品和制鞋业	214	27	330944	1190202
木材加工和木、竹、藤、棕、草制品业	33	4	42464	219438
家具制造业	279	49	442017	1709596
造纸和纸制品业	211	18	441490	2617396
印刷和记录媒介复制业	116	11	239617	832358
文教、工美、体育和娱乐用品制造业	152	14	219437	1230077
石油、煤炭及其他燃料加工业	5		3628	12659
化学原料和化学制品制造业	164	12	241835	1191637
医药制造业	7	2	16575	32877
化学纤维制造业	9	2	15030	82352
橡胶和塑料制品业	723	50	1124959	4327200
非金属矿物制品业	127	16	310334	1611677
黑色金属冶炼和压延加工业	22		21337	167992
有色金属冶炼和压延加工业	62	6	114958	526637
金属制品业	543	41	947256	3377100
通用设备制造业	344	36	468109	1922972
专用设备制造业	366	34	775930	2348753
汽车制造业	30	5	66862	322401
铁路、船舶、航空航天和其他运输设备制造业	16	4	21890	142495
电气机械和器材制造业	539	47	990374	5198588
计算机、通信和其他电子设备制造业	717	90	6788307	60231078
仪器仪表制造业	78	7	154346	485902
其他制造业	43	5	69656	254042
废弃资源综合利用业	4	2	2524	19419
金属制品、机械和设备修理业	4		7378	19589
电力、热力生产和供应业	3		2232	14257
燃气生产和供应业	5		4860	49385
水的生产和供应业	8		29202	60874

4-18 续表

(2019年)

项　　目	亏损企业亏损总额(万元)	利润总额(万元)	人均利润(元)
总　计	357989	2634805	35336
按轻重工业分			
轻工业	202779	502074	14604
重工业	155210	2132730	53072
按企业规模分			
大型企业	71839	1645416	111585
中型企业	63286	426941	22730
小型企业	207951	544043	13475
微型企业	14913	18405	27857
按工业行业分（大类）			
煤炭开采和洗选业			
石油和天然气开采业			
黑色金属矿采选业			
有色金属矿采选业			
非金属矿采选业			
开采专业及辅助性活动			
其他采矿业			
农副食品加工业	7834	41304	110883
食品制造业	1665	21165	41314
酒、饮料和精制茶制造业		12266	84651
烟草制品业			
纺织业	748	9055	15572
纺织服装、服饰业	5928	152111	26827
皮革、毛皮、羽毛及其制品和制鞋业	3267	13845	4403
木材加工和木、竹、藤、棕、草制品业	1192	1111	4574
家具制造业	11717	66622	18616
造纸和纸制品业	5059	60529	22340
印刷和记录媒介复制业	3373	35746	20698
文教、工美、体育和娱乐用品制造业	85095	-60124	-27779
石油、煤炭及其他燃料加工业		429	28039
化学原料和化学制品制造业	4918	53566	48821
医药制造业	721	1208	15709
化学纤维制造业	1771	-924	-8112
橡胶和塑料制品业	47818	75628	9297
非金属矿物制品业	7270	51100	29358
黑色金属冶炼和压延加工业		2688	18424
有色金属冶炼和压延加工业	4358	7545	11260
金属制品业	31089	91475	13467
通用设备制造业	9206	93430	29408
专用设备制造业	10193	141219	30839
汽车制造业	2745	16600	47253
铁路、船舶、航空航天和其他运输设备制造业	835	1746	11943
电气机械和器材制造业	22766	201207	28032
计算机、通信和其他电子设备制造业	79904	1477878	83077
仪器仪表制造业	4816	46345	49764
其他制造业	2950	1386	2221
废弃资源综合利用业	750	-187	-12065
金属制品、机械和设备修理业		261	7394
电力、热力生产和供应业		1494	127692
燃气生产和供应业		5495	150137
水的生产和供应业		11587	212996

4-19 规模以上私营工业企业主要经济效益指标（2019年）

Main Indicators on Economic Benefit of Private Industrial Enterprises above Designated Size (2019)

项　　目	工业增加值率(%)	总资产贡献率(%)	资　产负债率(%)	流动资产周转率(次/年)	成本费用利润率(%)	全员劳动生产率(元/人)
总　　计	16.0	7.6	75.7	1.8	2.8	200145
按轻重工业分						
轻工业	23.3	7.7	68.8	1.9	2.7	132615
重工业	14.1	7.6	77.6	1.8	2.9	257917
按企业规模分						
大型企业	11.9	7.3	79.4	1.8	2.9	457164
中型企业	23.4	10.3	62.5	1.8	4.9	119568
小型企业	22.0	7.2	72.9	1.8	2.2	138918
微型企业	22.7	4.2	80.2	1.6	1.4	496134
按工业行业分（大类）						
煤炭开采和洗选业						
石油和天然气开采业						
黑色金属矿采选业						
有色金属矿采选业						
非金属矿采选业						
开采专业及辅助性活动						
其他采矿业						
农副食品加工业	10.2	7.7	71.9	2.3	3.4	237863
食品制造业	22.0	17.3	57.3	2.5	6.2	158973
酒、饮料和精制茶制造业	23.2	31.8	62.2	4.8	8.7	252367
烟草制品业						
纺织业	31.1	8.4	70.9	2.1	2.5	196012
纺织服装、服饰业	26.3	9.3	51.0	1.4	6.1	125130
皮革、毛皮、羽毛及其制品和制鞋业	27.6	7.7	73.4	2.8	1.2	105255
木材加工和木、竹、藤、棕、草制品业	19.6	5.8	85.2	1.8	0.5	174821
家具制造业	25.3	8.9	68.1	1.8	4.1	123513
造纸和纸制品业	16.9	9.6	72.5	2.4	2.4	162948
印刷和记录媒介复制业	28.1	11.1	65.5	2.1	4.5	138748
文教、工美、体育和娱乐用品制造业	18.0	-1.9	78.2	1.3	-4.9	101385
石油、煤炭及其他燃料加工业	27.0	7.5	59.0	1.3	3.53	237124
化学原料和化学制品制造业	19.3	10.2	60.1	1.7	4.7	220411
医药制造业	48.8	2.4	87.4	0.7	3.9	215540
化学纤维制造业	16.4	6.2	71.7	2.7	-1.1	131958
橡胶和塑料制品业	25.3	6.9	77.3	2.0	1.8	138296
非金属矿物制品业	18.4	8.7	65.7	1.7	3.3	178291
黑色金属冶炼和压延加工业	11.9	7.5	82.7	2.1	1.6	146244
有色金属冶炼和压延加工业	21.6	6.0	72.9	2.2	1.5	171553
金属制品业	27.4	8.2	76.1	1.8	2.8	139458
通用设备制造业	23.2	9.4	60.4	1.4	5.1	147343
专用设备制造业	31.2	9.2	58.9	1.3	6.4	169447
汽车制造业	20.0	8.5	76.6	1.2	5.5	190327
铁路、船舶、航空航天和其他运输设备制造业	16.7	7.4	93.5	2.3	1.2	149726
电气机械和器材制造业	18.5	7.5	64.8	1.5	4.0	137979
计算机、通信和其他电子设备制造业	11.7	7.1	82.6	1.9	2.5	381597
仪器仪表制造业	31.0	15.0	56.3	1.3	10.5	165732
其他制造业	26.2	4.7	65.9	2.1	0.6	111610
废弃资源综合利用业	13.3	1.3	71.7	2.5	-1.0	162839
金属制品、机械和设备修理业	37.0	6.7	77.7	2.0	1.4	209008
电力、热力生产和供应业	16.0	6.9	32.0	0.6	10.5	190769
燃气生产和供应业	11.5	23.1	37.3	4.1	12.6	132787
水的生产和供应业	50.0	15.9	78.3	1.8	23.2	536801

4-20 大中型工业企业主要经济指标（2019年）

Main Indicators of Large and Medium-sized Industrial Enterprises (2019)

项　　目	企业单位数(个)	#亏损企业	工业增加值(万元)	营业收入(万元)
总　计	1729	285	29446046	158004344
按轻重工业分				
轻工业	862	154	9371751	35609006
重工业	867	131	20074296	122395338
按企业规模分				
大型企业	290	36	19661192	117881766
中型企业	1439	249	9784854	40122577
按工业行业分（大类）				
煤炭开采和洗选业				
石油和天然气开采业				
黑色金属矿采选业				
有色金属矿采选业				
非金属矿采选业				
开采专业及辅助性活动				
其他采矿业				
农副食品加工业	10	4	213330	3708458
食品制造业	17	3	295655	1063914
酒、饮料和精制茶制造业	5		133500	497151
烟草制品业				
纺织业	22	2	377549	1320998
纺织服装、服饰业	70	18	784363	2956670
皮革、毛皮、羽毛及其制品和制鞋业	94	29	619408	1891726
木材加工和木、竹、藤、棕、草制品业	4		64428	153917
家具制造业	65	7	477448	1556633
造纸和纸制品业	53	7	1398014	5802750
印刷和记录媒介复制业	41	3	477300	1549069
文教、工美、体育和娱乐用品制造业	125	13	895338	2833849
石油、煤炭及其他燃料加工业	1		7019	15422
化学原料和化学制品制造业	17	4	185695	698696
医药制造业	3		90995	286599
化学纤维制造业	4	1	16311	63241
橡胶和塑料制品业	167	25	1337157	4321384
非金属矿物制品业	37	12	574423	2100820
黑色金属冶炼和压延加工业	1		3368	10799
有色金属冶炼和压延加工业	3	2	23375	70195
金属制品业	97	18	1229886	3565273
通用设备制造业	52	7	813641	4832707
专用设备制造业	94	16	1213629	3442564
汽车制造业	21		386512	1602076
铁路、船舶、航空航天和其他运输设备制造业	10	3	79223	475118
电气机械和器材制造业	217	30	2337416	9638486
计算机、通信和其他电子设备制造业	434	73	13514741	94715898
仪器仪表制造业	42	6	320232	958492
其他制造业	14	1	200919	692383
废弃资源综合利用业				
金属制品、机械和设备修理业	1		8072	9812
电力、热力生产和供应业	4		1239343	6607420
燃气生产和供应业	1		24436	371097
水的生产和供应业	3	1	103322	190728

4-20 续表

(2019年)

项　　　目	亏损企业亏损总额(万元)	利　润总　额(万元)	人　均利　润(元)
总　　计	666068	6373854	36341
按轻重工业分			
轻工业	298626	1664125	21510
重工业	367441	4709729	48047
按企业规模分			
大型企业	181525	4887398	55035
中型企业	484543	1486456	17168
按工业行业分（大类）			
煤炭开采和洗选业			
石油和天然气开采业			
黑色金属矿采选业			
有色金属矿采选业			
非金属矿采选业			
开采专业及辅助性活动			
其他采矿业			
农副食品加工业	21604	45001	84940
食品制造业	11283	69997	45553
酒、饮料和精制茶制造业		64772	184378
烟草制品业			
纺织业	1079	100773	38454
纺织服装、服饰业	27623	129659	17326
皮革、毛皮、羽毛及其制品和制鞋业	22036	10814	1270
木材加工和木、竹、藤、棕、草制品业		33237	106358
家具制造业	7814	111030	26895
造纸和纸制品业	5208	408081	92915
印刷和记录媒介复制业	5909	106771	30374
文教、工美、体育和娱乐用品制造业	11936	90879	7590
石油、煤炭及其他燃料加工业		30	293
化学原料和化学制品制造业	1606	58782	60289
医药制造业		45222	227132
化学纤维制造业	1761	1247	7258
橡胶和塑料制品业	65562	184201	14073
非金属矿物制品业	63756	107886	30852
黑色金属冶炼和压延加工业		432	13131
有色金属冶炼和压延加工业	256	2204	6482
金属制品业	73818	161617	16781
通用设备制造业	13570	191935	36353
专用设备制造业	21791	250403	27122
汽车制造业		114012	61356
铁路、船舶、航空航天和其他运输设备制造业	102201	-93861	-153518
电气机械和器材制造业	57633	439678	22800
计算机、通信和其他电子设备制造业	144129	3454190	58795
仪器仪表制造业	3020	75445	25673
其他制造业	1727	34697	20738
废弃资源综合利用业			
金属制品、机械和设备修理业		774	19158
电力、热力生产和供应业		120803	58073
燃气生产和供应业		17786	524661
水的生产和供应业	747	35357	166857

4-21 大中型工业企业主要经济效益指标（2019年）

Main Indicators on Economic Benefit of Large and Medium-sized Industrial Enterprises (2019)

项　　目	工业增加值率 (%)	总资产贡献率 (%)	资　产负债率 (%)	流动资产周转率 (次/年)	成本费用利润率 (%)	全员劳动生产率 (元/人)
总　　计	18.7	8.2	59.9	1.9	4.2	167888
按轻重工业分						
轻工业	26.0	8.6	47.1	1.8	4.9	121135
重工业	16.6	8.0	64.4	2.0	4.0	204789
按企业规模分						
大型企业	16.9	8.8	62.8	2.0	4.3	221395
中型企业	23.8	6.8	53.6	1.7	3.9	113009
按工业行业分（大类）						
煤炭开采和洗选业						
石油和天然气开采业						
黑色金属矿采选业						
有色金属矿采选业						
非金属矿采选业						
开采专业及辅助性活动						
其他采矿业						
农副食品加工业	6.6	4.7	58.9	4.5	1.2	402661
食品制造业	27.4	13.0	57.6	1.6	7.2	192409
酒、饮料和精制茶制造业	23.9	25.6	42.4	1.9	15.1	380017
烟草制品业						
纺织业	28.6	8.6	32.6	1.3	8.3	144070
纺织服装、服饰业	25.8	6.9	41.2	1.3	4.6	104814
皮革、毛皮、羽毛及其制品和制鞋业	32.7	3.6	57.1	2.0	0.6	72747
木材加工和木、竹、藤、棕、草制品业	42.6	40.8	52.2	1.6	26.3	206170
家具制造业	29.4	11.6	50.7	1.9	7.7	115652
造纸和纸制品业	23.4	12.6	38.4	1.8	7.5	318309
印刷和记录媒介复制业	29.6	9.7	46.4	1.5	7.4	135782
文教、工美、体育和娱乐用品制造业	30.7	6.8	51.3	2.0	3.3	74772
石油、煤炭及其他燃料加工业	38.2	0.8	66.0	0.8	0.2	68478
化学原料和化学制品制造业	25.8	6.6	55.4	1.5	9.3	190456
医药制造业	52.3	6.2	60.6	0.5	18.5	457032
化学纤维制造业	23.3	7.0	43.5	2.1	2.0	94942
橡胶和塑料制品业	29.8	8.6	57.8	1.9	4.5	102156
非金属矿物制品业	26.7	5.6	44.4	1.3	5.5	164266
黑色金属冶炼和压延加工业	26.9	15.5	24.4	3.0	4.2	102371
有色金属冶炼和压延加工业	33.0	6.7	85.4	2.0	3.2	68750
金属制品业	33.7	7.1	44.7	1.5	4.8	127701
通用设备制造业	16.2	7.9	50.4	2.1	4.1	154107
专用设备制造业	34.8	10.5	48.3	1.5	7.9	131455
汽车制造业	24.3	12.5	35.8	2.1	7.7	208003
铁路、船舶、航空航天和其他运输设备制造业	16.0	-10.3	94.9	1.2	-18.9	129576
电气机械和器材制造业	22.9	7.2	50.4	1.5	4.8	121211
计算机、通信和其他电子设备制造业	14.6	8.5	70.6	1.9	3.8	230039
仪器仪表制造业	32.1	9.3	48.0	1.7	8.5	108971
其他制造业	26.7	9.1	32.9	2.2	5.3	120088
废弃资源综合利用业						
金属制品、机械和设备修理业	82.3	27.5	47.0	1.7	8.7	199802
电力、热力生产和供应业	19.0	4.6	54.3	8.5	1.9	595781
燃气生产和供应业	6.6	7.2	65.5	9.4	4.9	720826
水的生产和供应业	58.2	4.7	48.2	0.9	21.7	487598

4-22 主要年份规模以上工业企业经济效益指标

Main Indicators on Economic Benefit of Industrial Enterprises above Designated Size in Main Years

项　　目	单位	1985年	1990年	1995年	2000年	2005年	2010年	2015年	2018年	2019年
成本费用利润率	%	6.5	1.5	5.0	5.4	3.3	4.8	3.3	3.4	3.7
产值利税率	%	6.9	6.4	9.8	9.2	4.6	6.1	5.1	5.6	5.5
资金利税率	%	9.0	6.3	6.9	7.5	5.5	7.8	7.8	8.0	8.1
销售利税率	%	8.2	6.7	9.1	9.2	4.7	6.1	5.2	5.4	5.6
每百元固定资产原值实现的产值	元	174.85	133.63	108.70	125.49	212.40	240.60	292.63	361.48	358.87
每百元固定资产原值实现的利税	元	14.24	8.48	10.65	11.54	9.90	14.60	14.88	20.37	19.81
每百元固定资产原值实现的利润	元	4.36	1.76	5.52	6.90	6.70	11.00	9.36	12.74	12.87
每百元流动资产实现的产值	元	210.15	247.80	169.43	178.59	216.30	204.30	205.91	177.17	182.93
每百元流动资产实现的利税	元	17.12	15.73	16.59	16.42	10.00	12.40	10.47	9.99	10.10
每百元流动资产实现的利润	元	4.89	3.29	8.60	9.83	6.80	9.30	6.58	6.25	6.56
亏损企业亏损面	%	7.2	11.1	25.9	31.3	30.1	16.2	15.0	12.4	13.7
全部流动资产周转天数	天	173.69	155.62	201.07	189.04	169.80	179.40	175.88	190.43	195.71
全员劳动生产率	元/人	2906	6439	13778	36101	53340	60854	102756	143070	157461

注：由于1993年财务会计制度改革，本表中有关财务指标1993年起数据与往年不可比；全员劳动生产率1993年起按增加值计算，以前年份按净产值计算；1993年以前的流动资产按定额资金计算，下同。

4-23 主要年份规模以上国有经济工业企业经济效益指标

Main Indicators on Economic Benefit of State-owned and State-holding Industrial Enterprises above Designated Size in Main Years

项　　目	单位	1985年	1990年	1995年	2000年	2005年	2010年	2015年	2018年	2019年
成本费用利润率	%	8.0	-0.8	15.5	7.0	5.8	3.2	5.4	1.7	0.3
产值利税率	%	13.2	9.2	40.6	69.4	11.3	7.3	10.0	3.9	1.8
资金利税率	%	20.4	8.3	14.9	21.6	10.6	6.7	12.2	4.7	2.0
销售利税率	%	14.8	9.0	20.6	19.2	11.3	7.3	9.6	3.9	1.8
每百元固定资产原值实现的产值	元	142.93	85.48	61.08	63.42	105.00	79.00	70.94	79.51	80.13
每百元固定资产原值实现的利税	元	21.11	7.82	24.82	43.98	11.80	5.70	7.07	3.11	1.48
每百元固定资产原值实现的利润	元	9.55	-0.63	10.81	14.46	5.60	2.40	3.79	1.37	0.27
每百元流动资产实现的产值	元	445.06	397.84	96.27	73.38	443.40	794.50	417.58	398.02	325.77
每百元流动资产实现的利税	元	65.73	36.41	39.12	50.89	50.00	57.70	41.60	15.58	6.01
每百元流动资产实现的利润	元	27.46	-2.44	17.03	16.73	23.80	24.60	22.33	6.85	1.11
亏损企业亏损面	%	9.9	16.7	20.9		20.0		25.8	22.7	21.7
全部流动资产周转天数	天	80.86	88.69	299.83	137.70	83.00	46.10	82.33	89.30	109.20
全员劳动生产率	元/人	3641	11253	73910	456736	2320312	405232	533494	345012	372285

4–24 主要年份规模以上集体经济工业企业经济效益指标

Main Indicators on Economic Benefit of Collective-owned Industrial Enterprises above Designated Size in Main Years

项　　目	单位	1985年	1990年	1995年	2000年	2005年	2010年	2015年	2018年	2019年
成本费用利润率	%	5.9	3.3	5.2	2.7	3.3	9.7	-1.4	-1.7	-2.7
产值利税率	%	9.3	6.9	9.0	5.1	5.8	10.4	0.3	-0.2	-1.0
资金利税率	%	15.1	9.7	6.0	2.9	3.2	9.7	0.3	-0.1	-0.8
销售利税率	%	11.0	7.5	8.7	5.2	5.8	10.7	0.4	-0.2	-1.0
每百元固定资产原值实现的产值	元	236.65	159.39	127.97	99.30	98.10	131.10	71.76	79.15	70.76
每百元固定资产原值实现的利税	元	22.07	10.98	11.46	5.01	5.70	13.60	0.25	-0.13	-0.74
每百元固定资产原值实现的利润	元	10.77	4.54	6.43	2.44	3.00	11.50	-0.85	-1.37	-2.02
每百元流动资产实现的产值	元	509.04	225.69	179.47	113.76	157.70	214.90	145.21	127.22	127.71
每百元流动资产实现的利税	元	47.47	15.55	16.07	5.74	9.10	22.40	0.50	-0.21	-1.34
每百元流动资产实现的利润	元	23.16	6.44	9.02	2.79	4.80	18.80	-1.72	-2.20	-3.65
亏损企业亏损面	%	6.6	8.8	12.8	18.6	25.9	22.5	41.9	25.9	22.2
全部流动资产周转天数	天	84.25	175.32	197.36	340.07	241.70	175.10	293.10	281.63	272.65
全员劳动生产率	元/人	2664	5437	5820	16344	28414	31412	80545	99630	75837

4–25 主要年份大中型工业企业经济效益指标

Main Indicators on Economic Benefit of Large and Medium-sized Industrial Enterprises in Main Years

项　　目	单位	1985年	1990年	1995年	2000年	2005年	2010年	2015年	2018年	2019年
成本费用利润率	%	14.3	2.2	12.9	12.0	3.8	5.1	3.4	3.7	4.2
产值利税率	%	16.1	8.7	19.9	21.4	4.7	6.4	5.1	5.8	5.9
资金利税率	%	14.8	6.5	14.0	15.3	6.1	8.4	8.1	8.5	8.8
销售利税率	%	15.5	8.4	19.8	21.7	4.7	6.4	5.2	5.4	6.0
每百元固定资产原值实现的产值	元	106.02	87.07	112.80	98.43	229.80	221.60	286.90	351.70	343.42
每百元固定资产原值实现的利税	元	17.10	7.57	22.40	21.06	10.70	14.20	14.59	20.34	20.16
每百元固定资产原值实现的利润	元	11.50	1.69	13.09	12.98	8.40	10.90	9.34	13.47	13.92
每百元流动资产实现的产值	元	758.81	329.30	174.27	183.41	227.40	220.60	221.16	185.74	190.39
每百元流动资产实现的利税	元	122.37	28.61	34.60	39.24	10.60	14.20	11.24	10.74	11.18
每百元流动资产实现的利润	元	82.34	6.39	20.22	24.18	8.30	10.90	7.20	7.12	7.72
亏损企业亏损面	%		17.2	22.2	12.8	20.1	12.2	14.8	15.1	16.5
全部流动资产周转天数	天	46.12	107.14	209.45	210.16	160.80	164.80	163.80	178.95	188.15
全员劳动生产率	元/人	6202	16492	81787	280810	72657	66101	98655	146603	167888

4-26 主要年份规模以上港澳台商投资工业企业经济效益指标

Main Indicators on Economic Benefit of Industrial Enterprises above Designated Size with Hong Kong, Macao and Taiwan Funds in Main Years

项　　目	单位	1995年	2000年	2005年	2010年	2015年	2018年	2019年
成本费用利润率	%	2.1	4.6	3.2	5.4	3.5	4.4	4.0
产值利税率	%	4.9	6.6	4.0	6.3	4.8	6.2	5.4
资金利税率	%	3.8	5.4	4.6	7.6	6.5	8.5	7.3
销售利税率	%	4.9	6.5	4.1	6.3	5.0	6.4	5.5
每百元固定资产原值实现的产值	元	114.79	114.54	198.10	216.60	221.70	242.41	235.57
每百元固定资产原值实现的利税	元	5.61	7.54	8.00	13.60	10.68	15.06	12.69
每百元固定资产原值实现的利润	元	2.58	5.07	6.00	11.10	7.22	10.09	8.85
每百元流动资产实现的产值	元	165.18	182.24	192.30	189.10	187.80	182.54	179.14
每百元流动资产实现的利税	元	8.08	12.00	7.80	11.80	9.05	11.34	9.65
每百元流动资产实现的利润	元	3.71	8.09	5.80	9.70	6.12	7.60	6.73
亏损企业亏损面	%	46.4	36.1	35.1	20.2	19.9	17.5	19.0
全部流动资产周转天数	天	199.12	199.88	191.10	194.10	196.26	199.36	202.91
全员劳动生产率	元/人	17478	28933	41933	54793	86953	116886	119053

4-27 主要年份规模以上外商投资工业企业经济效益指标

Main Indicators on Economic Benefit of Foreign-funded Industrial Enterprises above Designated Size in Main Years

项　　目	单位	1995年	2000年	2005年	2010年	2015年	2018年	2019年
成本费用利润率	%	-2.6	4.7	2.8	4.4	3.1	4.0	4.2
产值利税率	%	-0.6	5.7	3.2	5.3	4.2	5.3	5.3
资金利税率	%	-0.5	7.4	4.1	7.5	7.0	8.3	8.1
销售利税率	%	-0.6	5.7	3.2	5.3	4.3	5.4	5.4
每百元固定资产原值实现的产值	元	155.45	231.22	285.20	286.90	310.33	293.00	271.31
每百元固定资产原值实现的利税	元	-0.87	13.08	9.20	15.30	12.93	15.66	14.40
每百元固定资产原值实现的利润	元	-1.90	10.26	7.60	12.10	9.23	11.26	10.74
每百元流动资产实现的产值	元	94.26	250.96	223.60	211.10	224.39	200.27	197.00
每百元流动资产实现的利税	元	-1.53	14.20	7.20	11.20	9.35	10.70	10.45
每百元流动资产实现的利润	元	5.53	11.14	5.90	8.90	6.67	7.70	7.80
亏损企业亏损面	%	38.2	31.3	34.5	18.8	20.2	19.5	22.3
全部流动资产周转天数	天	174.06	148.44	164.40	173.00	163.11	179.81	184.31
全员劳动生产率	元/人	3646	50318	70722	66212	95545	129076	128173

4-28 主要年份规模以上工业产品产量

Output of Main Industrial Products of Industrial Enterprises above Designated Size in Main Years

产品名称	单位	1985年	1990年	1995年	2000年	2005年	2010年	2018年	2019年
精制食用植物油	吨	5571	4431	6824	5180	181869	1135677	3525866	3904925
饮料酒	千升	4034	2441	1720			493644	343769	425548
饮料	吨		44061	71566	158599	861853	3142076	372394	426667
棉　纱	吨		321	9902	3048	49383	11252	3265	2170
布	万米		82	31045	28139	65669	15794	4499	8849
服　装	万件	108	1835	112177	85635	70054	140556	134210	114034
#衬　衫	万件			2518	3624	2210	6372	6241	4546
西服套装	万件			205	1761	555	204	204	146
轻　革	万平方米		5	1076	378	1391	744	92	51
皮革鞋靴	万双	17	457	27184	23474	31942	43062	14668	11830
人造板	立方米		7100	40666		167088	266113	293479	271703
家　具	万件	815	8657	77501	151374	7974	7390	4353	4270
机制纸及纸板	万吨	3	11	34	62	408	933	1456	1507
中成药	吨		216	6268	2354	1759	2478	4162	4040
塑料制品	吨	3089	17335	624476	571900	1265865	3998208	1374546	1632129
#塑料薄膜	吨		1928	59128	71394	83954	134737	146699	141568
水　泥	万吨	41	140	283	435	305	249	711	644
钢　材	吨	4678	1730	19690	14550	1087242	191656	105783	294374
铝　材	吨		881	3536	4080	61510	69933	110204	76528
电动手提式工具	万台		1.89	471	357	6	1520	3550	3518
滚动轴承	万套	36	373	691	594	1333	4232	12933	11506
民用钢质船舶	载重吨	1916	841	3620	2894		18186	14595	126271

注：2000年以前家具的计量单位为“万元”。

4-28 续表

产品名称	单位	1985年	1990年	1995年	2000年	2005年	2010年	2018年	2019年
交流电动机	万千瓦	23	19	43	87		193	240	254
变压器	千伏安				6730	816409	2980343	3329361	4412076
电力电缆	千米		15091	20694	61996	78266	383829	3449555	3056188
原电池及原电池组	万只	12354	7607	63237	69401	214507	417215	581628	714324
家用吸尘器	万台	0.13	7.35	483	67	464	428	68	55
家用电风扇	万台		106	474	436	964	2081	1381	1414
自行车	辆			95439	185608	885211	1014533	2039403	1150519
白炽灯泡	万只			5778	8560	45164	13198	31583	9126
灯具及照明装置	万套(万台、万个)		87	42407	25135	14017	22819	20073	19290
电话单机	万部		17	877	1074	3651	4809	2615	2500
移动通信手持机（手机）	万部				619	639	1995	36263	40574
电子计算机整机	万台				27	180	44	1017	1581
电子元件	亿只	0.14	2.05	72	104	4642	9185	13229	10606
显示器	万台						157	397	508
打印机	万台						57	23	22
硬盘存储器	万台						30	403	491
半导体分立器件	亿只			248.48	3.23	220.32	404.44	833.22	818.26
彩色电视机	万台		1.04	81	134	135	536	214	62
组合音响	万台			1136	1572	2446	3637	1943	1641
表	万只		15	8514	954	1370	2168	2669	1786
钟	万只			1986	984	1193	3776	348	501
发电量	亿千瓦时	0.29	93	139	269	344	356	334	305
自来水生产量	万立方米			21070	102083	94962	179639	174305	175098

4-29 规模以上五大支柱产业及四个特色产业主要经济指标（2019年）

Main Indicators of Five Pillar Industries & Four Characteristic Industries above Designated Size (2019)

项　　目	企　业 单位数 （个）	#亏损 企业	工　业 增加值 （万元）	营　业 收　入 （万元）
总　　计	7541	1101	32825524	179611948
按轻重工业分				
轻工业	3386	530	10922783	47351424
重工业	4155	571	21902741	132260524
按企业规模分				
大型企业	246	25	16920954	106868124
中型企业	1144	200	7609058	32692552
小型企业	5760	777	7958116	38602550
微型企业	391	99	337395	1448723
按工业行业分（大类）				
五大支柱产业	6088	902	29078612	165559156
电子信息制造业	1648	293	14966133	102580547
电气机械及设备制造业	2771	350	8274116	34210162
纺织服装鞋帽制造业	1152	189	2958478	10647529
食品饮料加工制造业	146	36	1016322	9381036
造纸及纸制品业	371	34	1863563	8739882
四个特色产业	1453	199	3746912	14052792
玩具及文体用品制造业	409	50	1240037	4199468
家具制造业	460	87	902693	3361931
化工制品制造业	360	34	847551	3957282
包装印刷业	224	28	756631	2534112

4-29 续表

(2019年)

项目	亏损企业亏损总额（万元）	利润总额（万元）	人均利润（元）
总计	954797	6486448	30978
按轻重工业分			
轻工业	409315	1552779	17740
重工业	545482	4933669	40488
按企业规模分			
大型企业	81641	4563190	61321
中型企业	376800	1065201	15291
小型企业	396214	924057	14478
微型企业	100142	-66001	-44517
按工业行业分（大类）			
五大支柱产业	782295	5968349	33774
电子信息制造业	293851	3543320	48031
电气机械及设备制造业	322749	1438853	22884
纺织服装鞋帽制造业	97428	266907	9178
食品饮料加工制造业	57196	265154	71286
造纸及纸制品业	11071	454115	62512
四个特色产业	172502	518099	15858
玩具及文体用品制造业	113682	19380	1231
家具制造业	28832	120200	15115
化工制品制造业	14112	244209	70734
包装印刷业	15876	134310	24296

4–30 规模以上电子信息、电气机械及仪器仪表制造业主要指标

Main Indicators of Electronic Information，Machinery and Instrument Manufacturing above Designated Size

指　　标	单位	2010年	2015年	2018年	2019年
企业单位数	个	1616	1728	2823	2956
#亏损企业单位数	个	289	287	396	450
工业增加值	亿元	624.72	1039.00	1646.29	1896.59
主营业务收入	亿元	3219.91	6236.17	12169.72	11488.84
成本费用总额	亿元	3110.48	6173.07	12069.09	11621.54
#营业成本及销售费用	亿元	2955.35	5659.08	11302.27	10531.40
管理费用	亿元	153.14	341.81	797.32	485.17
研发费用	亿元				610.34
财务费用	亿元	1.99	-2.91	-30.50	-5.36
利润总额	亿元	122.56	174.91	355.96	425.60
应交增值税	亿元	21.11	65.44	146.32	161.11
亏损企业亏损总额	亿元	10.19	22.86	53.38	40.42
企业资产总额	亿元	2026.27	3801.31	7621.10	7892.35
#流动资产	亿元	1390.37	2916.84	6242.23	6447.90
#应收帐款	亿元	580.85	1219.75	2226.75	2130.17
产成品存货	亿元	103.57	777.49	351.98	569.52
企业负债总额	亿元	1209.40	2439.83	5163.88	5291.81
企业资产负债率	%	59.7	64.2	67.8	67.1
成本费用利润率	%	3.9	2.8	3.0	3.7

注：本表统计范围为规模以上计算机、通信和其他电子设备制造业、电气机械和器材制造业、仪器仪表制造业。

4-31 规模以上先进制造业企业主要经济指标（2019年）

Main Indicators of Advanced Manufacturing Enterprises above Designated Size (2019)

项　　目	企业单位数（个）	#亏损企业	工业增加值（万元）	营业收入（万元）
总　计	6428	911	22419376	129264021
按企业规模分				
大型企业	179	27	12466008	86715172
中型企业	835	161	4347755	17044281
小型企业	5033	640	5352209	24435679
微型企业	381	83	253404	1068890
按工业行业分				
高端电子信息制造业	1119	193	12663749	90182128
集成电路及关键元器件	1017	166	5792957	34721245
信息通信设备	87	24	6823823	54860060
新型显示	15	3	46969	600824
先进装备制造业	1631	199	6213616	22782364
智能制造装备	436	55	1309102	3909368
船舶与海洋工程装备	5	3	15727	175266
节能环保装备	137	12	429655	1838470
轨道交通设备				
航空装备	3	1	17305	81586
新能源装备	316	40	1001031	4084934
汽车制造	94	12	567311	2372258
卫星及应用	81	14	1564629	5756197
重要基础件	559	62	1308855	4564284
石油化工产业	337	30	771984	3553792
先进轻纺制造业	1915	328	1747159	8282119
绿色食品饮料	148	36	309097	2832532
高附加值纺织服装	1174	191	905843	3284837
环保多功能家具	460	87	270808	1008579
智能节能型家电	133	14	261411	1156171
新材料制造业	1607	186	2797341	10865235
高端精品钢材	37	2	52371	431381
高性能复合材料及特种功能材料	1570	184	2744970	10433855
战略前沿材料				
生物医药及高性能医疗器械	63	12	416224	1057547
生物制药	17	2	118051	338532
高性能医疗器械	46	10	298173	719015

4-31 续表 1

(2019年)

项 目	亏损企业亏损总额(万元)	利润总额(万元)	人均利润(元)	工业增加值率(%)
总 计	8511698	4792889	29928	17.6
按企业规模分				
大型企业	1701857	3371474	60069	14.8
中型企业	3137157	700473	14217	24.7
小型企业	2801715	762658	14299	21.9
微型企业	870969	-41716	-29596	22.8
按工业行业分				
高端电子信息制造业	2450107	3172582	61054	14.4
集成电路及关键元器件	1916797	1651858	43190	18.1
信息通信设备	500800	1497679	112490	12.4
新型显示	32510	23045	57113	6.2
先进装备制造业	2216136	1003621	24183	26.5
智能制造装备	283847	287013	34391	32.3
船舶与海洋工程装备	1016089	-101431	-585630	8.8
节能环保装备	18532	69987	20113	22.6
轨道交通设备				
航空装备	4910	3898	52532	20.5
新能源装备	208673	209840	24449	23.5
汽车制造	60891	152024	55123	23.3
卫星及应用	197525	171869	22003	26.3
重要基础件	425669	210420	20475	28.8
石油化工产业	118289	236578	80125	20.9
先进轻纺制造业	1894428	244037	5471	21.5
绿色食品饮料	571956	79783	21303	12.4
高附加值纺织服装	976905	86842	2967	27.2
环保多功能家具	288316	36060	4534	26.2
智能节能型家电	57251	41352	11342	20.7
新材料制造业	2034725	331828	11440	25.7
高端精品钢材	9594	7754	27340	11.9
高性能复合材料及特种功能材料	2025131	324075	11283	26.2
战略前沿材料				
生物医药及高性能医疗器械	50997	90900	26331	41.6
生物制药	7214	53011	142964	47.2
高性能医疗器械	43783	37889	12296	39.7

4-31 续表 2

(2019年)

项　　目	总资产贡献率(%)	资　产负债率(%)	流动资产周转率(次/年)	成本费用利润率(%)	全员劳动生产率(元/人)
总　计	7.9	65.3	1.8	3.8	139994
按企业规模分					
大型企业	8.8	69.7	1.9	4.0	222104
中型企业	6.6	54.3	1.6	4.3	88241
小型企业	7.1	62.1	1.6	3.2	100347
微型企业	-2.4	76.1	1.6	-3.8	179783
按工业行业分					
高端电子信息制造业	8.2	71.1	1.9	3.6	243706
集成电路及关键元器件	7.8	53.0	1.7	4.9	151466
信息通信设备	8.6	88.6	2.1	2.8	512534
新型显示	5.9	74.2	1.1	3.9	116404
先进装备制造业	8.4	57.1	1.7	4.6	149719
智能制造装备	9.7	49.9	1.3	7.9	156859
船舶与海洋工程装备	-18.2	119.3	0.7	-49.3	90803
节能环保装备	6.4	46.7	1.6	4.0	123475
轨道交通设备					
航空装备	7.6	33.2	1.0	5.1	233221
新能源装备	7.6	56.9	1.4	5.4	116631
汽车制造	10.4	50.8	1.7	6.8	205704
卫星及应用	10.0	67.9	3.2	3.1	200306
重要基础件	9.3	57.8	1.7	4.8	127356
石油化工产业	9.6	52.2	1.5	7.2	261459
先进轻纺制造业	6.9	57.3	1.9	3.1	39166
绿色食品饮料	7.9	64.1	2.5	2.9	82534
高附加值纺织服装	6.1	53.4	1.6	2.7	30952
环保多功能家具	7.4	60.0	1.7	3.7	34054
智能节能型家电	6.6	53.3	1.9	3.7	71700
新材料制造业	6.5	58.1	1.8	3.2	96437
高端精品钢材	6.3	56.9	2.3	1.9	184665
高性能复合材料及特种功能材料	6.6	58.2	1.8	3.2	95566
战略前沿材料					
生物医药及高性能医疗器械	7.7	53.5	1.2	9.4	120568
生物制药	7.4	60.1	0.6	18.4	318368
高性能医疗器械	8.3	41.4	2.3	5.6	96765

4-32 规模以上高技术制造业企业主要经济指标（2019年）

Main Indicators of High-tech Manufacturing Enterprises above Designated Size (2019)

项　　目	企业单位数（个）	#亏损企业	工业增加值（万元）	营业收入（万元）
总　　计	2057	349	16675241	108773053
按企业规模分				
大型企业	129	10	12007048	87826715
中型企业	379	73	2699248	11176709
小型企业	1468	242	1883080	9335357
微型企业	81	24	85864	434272
按工业行业分				
医药制造业	17	2	147564	423165
化学药品制造	6		30753	87635
中药饮片加工	1	1	1000	3558
中成药生产	4		71065	175295
兽用药品制造				
生物药品制造	2		33615	135824
卫生材料及医药用品制造	3	1	9962	17085
药用辅料及包装材料	1		1170	3768
航空、航天器及设备制造业	2		15826	54596
飞机制造				
航天器制造				
航空、航天相关设备制造				
其他航空航天器制造	2		15826	54596
航空航天器修理				
电子及通信设备制造业	1645	290	14837867	99555797
电子工业专用设备制造	106	10	307784	851520
光纤、光缆及锂离子电池制造	106	21	599664	2302381
通信设备、雷达及配套设备制造	90	25	6843635	54952509
广播电视设备制造	36	6	148405	740975
非专业视听设备制造	142	25	531659	3347825
电子器件制造	306	60	1459972	7841413
电子元件及电子专用材料制造	565	88	3839611	25118252
智能消费设备制造	42	12	121273	731041
其他电子设备制造	252	43	985864	3669881
计算机及办公设备制造业	229	37	1208711	7132739
计算机整机制造	9	2	101441	958658
计算机零部件制造	131	24	643642	3865752
计算机外围设备制造	56	6	206270	1106882
工业控制计算机及系统制造	1		526	2975
信息安全设备制造	2		1897	10053
其他计算机制造	14	1	80729	231173
办公设备制造	16	4	174207	957246
医疗仪器设备及仪器仪表制造业	164	20	465272	1606756
医疗仪器设备及器械制造	30	5	102935	340332
通用仪器仪表制造	65	7	176115	596462
专用仪器仪表制造	27	2	54497	215729
光学仪器制造	29	4	99801	341990
其他仪器仪表制造业	13	2	31924	112243
信息化学品制造业				
信息化学品制造				

4—32 续表 1

(2019年)

项　　　目	亏损企业亏损总额(万元)	利　润总　额(万元)	人　均利　润(元)	工业增加值率(%)
总　　计	3448576	3953464	46934	15.6
按企业规模分				
大型企业	446263	3327036	78817	14.1
中型企业	1259453	441789	18728	23.0
小型企业	1263101	221787	12462	19.8
微型企业	479759	-37147	-58490	20.0
按工业行业分				
医药制造业	7214	66264	178705	47.2
化学药品制造		18327	257045	36.6
中药饮片加工	2905	-291	-80694	22.3
中成药生产		33309	279436	44.5
兽用药品制造				
生物药品制造		14924	181780	80.8
卫生材料及医药用品制造	4309	-55	-633	57.0
药用辅料及包装材料		49	6125	22.6
航空、航天器及设备制造业		4389	85554	27.8
飞机制造				
航天器制造				
航空、航天相关设备制造				
其他航空航天器制造		4389	85554	27.8
航空航天器修理				
电子及通信设备制造业	3101759	3589054	51603	15.2
电子工业专用设备制造	55506	72597	38820	34.8
光纤、光缆及锂离子电池制造	288016	97955	26581	25.5
通信设备、雷达及配套设备制造	509394	1501262	111509	12.4
广播电视设备制造	80944	24875	15648	19.4
非专业视听设备制造	92774	83417	13442	14.4
电子器件制造	558918	269513	26151	17.3
电子元件及电子专用材料制造	1240003	1282463	53689	17.7
智能消费设备制造	43136	6481	5069	16.2
其他电子设备制造	233068	250491	34477	25.8
计算机及办公设备制造业	189139	170070	15620	16.5
计算机整机制造	20724	147	197	10.6
计算机零部件制造	141974	90910	15194	16.0
计算机外围设备制造	14418	23463	10782	18.4
工业控制计算机及系统制造		1573	1573100	17.7
信息安全设备制造		858	57557	17.7
其他计算机制造	1952	7966	9573	33.7
办公设备制造	10071	45153	39898	17.8
医疗仪器设备及仪器仪表制造业	150464	123688	36667	28.0
医疗仪器设备及器械制造	38597	15485	17785	29.8
通用仪器仪表制造	53012	58339	56350	27.8
专用仪器仪表制造	30283	9363	26546	24.6
光学仪器制造	27946	30357	35119	28.4
其他仪器仪表制造业	626	10144	40544	29.5
信息化学品制造业				
信息化学品制造				

4-32 续表 2

(2019年)

项　　目	总资产贡献率(%)	资产负债率(%)	流动资产周转率(次/年)	成本费用利润率(%)	全员劳动生产率(元/人)
总　计	8.2	69.0	1.9	3.7	197964
按企业规模分					
大型企业	9.0	71.7	2.0	3.9	284446
中型企业	6.3	57.4	1.5	4.1	114425
小型企业	5.9	66.0	1.6	2.4	105808
微型企业	-9.5	78.0	1.6	-7.9	135198
按工业行业分					
医药制造业	7.4	60.1	0.6	18.4	397961
化学药品制造	14.9	55.1	0.9	26.3	431318
中药饮片加工	-3.2	50.0	0.9	-7.6	277778
中成药生产	10.4	30.8	0.7	23.3	596183
兽用药品制造					
生物药品制造	2.9	87.9	0.4	12.2	409440
卫生材料及医药用品制造	7.6	59.9	2.0	-0.3	115035
药用辅料及包装材料	9.8	102.0	1.5	1.3	146250
航空、航天器及设备制造业	9.2	23.2	0.8	8.9	308499
飞机制造					
航天器制造					
航空、航天相关设备制造					
其他航空航天器制造	9.2	23.2	0.8	8.9	308499
航空航天器修理					
电子及通信设备制造业	8.2	70.1	1.9	3.7	213339
电子工业专用设备制造	12.2	63.2	1.3	9.3	164582
光纤、光缆及锂离子电池制造	6.5	58.8	1.2	4.5	162722
通信设备、雷达及配套设备制造	8.6	88.4	2.1	2.8	508325
广播电视设备制造	6.9	53.9	1.6	3.5	93354
非专业视听设备制造	5.4	67.6	1.8	2.5	85670
电子器件制造	7.7	50.5	2.1	3.6	141664
电子元件及电子专用材料制造	7.7	53.4	1.6	5.3	160741
智能消费设备制造	4.2	80.7	2.0	0.9	94856
其他电子设备制造	13.6	59.3	1.9	7.3	135693
计算机及办公设备制造业	6.1	62.1	2.1	2.5	111015
计算机整机制造	2.4	82.6	2.7	0.02	135471
计算机零部件制造	5.4	60.9	1.9	2.4	107575
计算机外围设备制造	5.7	69.4	2.2	2.2	94789
工业控制计算机及系统制造	26.2	3.3	0.4	100.8	526000
信息安全设备制造	8.1	33.4	0.8	8.2	127315
其他计算机制造	9.0	44.8	2.2	3.6	97018
办公设备制造	12.3	48.1	2.8	5.0	153934
医疗仪器设备及仪器仪表制造业	10.8	50.5	1.5	8.3	137928
医疗仪器设备及器械制造	9.5	50.2	2.1	4.8	118221
通用仪器仪表制造	10.2	46.8	1.2	10.7	170110
专用仪器仪表制造	10.2	61.4	1.7	4.5	154514
光学仪器制造	12.6	55.4	1.8	9.8	115457
其他仪器仪表制造业	13.0	47.8	1.4	9.8	127594
信息化学品制造业					
信息化学品制造					

4-33 规模以上IT制造业企业主要经济指标（2019年）

Main Indicators of IT Manufacturing Enterprises above Designated Size (2019)

项　　目	企业单位数（个）	#亏损企业	工业增加值（万元）	营业收入（万元）
总　计	2115	342	16414544	107153924
按企业规模分				
大型企业	127	10	11841618	85986643
中型企业	403	76	2620693	11077285
小型企业	1490	228	1855060	9609187
微型企业	95	28	97173	480809
按工业行业分（小类）				
训练健身器材制造	5		6599	25655
玩具制造	204	32	719892	2089932
信息化学品制造				
照相机及器材制造	12	6	33787	232252
复印和胶印设备制造	11	1	171544	941406
计算器及货币专用设备制造	5	3	2663	15840
医疗诊断、监护及治疗设备制造	5		9813	22917
微电机及其他电机制造	31	3	268367	1084546
电线、电缆制造	240	14	561289	3204702
光纤、光缆制造	5		17194	45813
锂离子电池制造	97	21	566242	2187132
镍氢电池制造	1		7572	24336
其他电池制造	25	2	84343	373439
计算机整机制造	9	2	101441	958658
其他计算机制造	17	1	83152	244201
通信系统设备制造	35	7	1384681	4906307
通信终端设备制造	52	17	5439143	49953753
电视机制造	10	1	37449	554439
音响设备制造	111	19	428621	2404581
影视录放设备制造	21	5	65589	388805
电子真空器件制造	71	5	160249	944744
集成电路制造	24	9	181710	991724
光电子器件及其他电子器件制造	195	44	990823	5463506
电子元件及组件制造	476	72	2459744	10453480
印制电路板制造	89	16	1379867	14664772
其他电子设备制造	294	55	1107137	4400921
电子测量仪器制造	12	1	23088	92198
其他未列明制造业	58	6	122546	483866

4-33 续表 1

(2019年)

项　　目	亏损企业亏损总额(万元)	利润总额(万元)	人均利润(元)	工业增加值率(%)
总　　计	331240	3724830	42828	15.6
按企业规模分				
大型企业	44321	3251172	77220	14.2
中型企业	123167	345709	13532	22.4
小型企业	112654	167373	8993	19.1
微型企业	51099	-39425	-55497	20.1
按工业行业分（小类）				
训练健身器材制造		970	19400	25.3
玩具制造	22027	25752	2604	33.0
信息化学品制造				
照相机及器材制造	4746	1290	3663	14.3
复印和胶印设备制造	32	46024	42043	17.9
计算器及货币专用设备制造	976	-872	-23568	16.7
医疗诊断、监护及治疗设备制造		1579	24749	40.8
微电机及其他电机制造	776	39517	17309	24.0
电线、电缆制造	2474	96612	19432	16.7
光纤、光缆制造		3951	30439	37.4
锂离子电池制造	28802	88019	25265	25.4
镍氢电池制造		2883	55442	39.2
其他电池制造	328	23709	57435	22.2
计算机整机制造	2072	147	196	10.6
其他计算机制造	195	10396	12259	32.8
通信系统设备制造	8870	142533	23521	27.4
通信终端设备制造	41210	1355146	186811	10.9
电视机制造	2152	24601	90980	5.3
音响设备制造	6086	49671	9440	16.6
影视录放设备制造	1039	9145	13576	15.9
电子真空器件制造	976	34709	23386	16.1
集成电路制造	6535	38696	38438	17.9
光电子器件及其他电子器件制造	46901	174310	25067	16.6
电子元件及组件制造	114346	445966	22701	23.2
印制电路板制造	9654	836497	197227	12.5
其他电子设备制造	27620	256972	30077	24.2
电子测量仪器制造	260	3559	26481	24.6
其他未列明制造业	3164	13047	12716	24.6

4-33 续表 2

(2019年)

项　　目	总资产贡献率(%)	资　产负债率(%)	流动资产周转率(次/年)	成本费用利润率(%)	全员劳动生产率(元/人)
总　　计	8.0	69.2	1.9	3.6	188734
按企业规模分					
大型企业	8.9	71.5	2.0	3.9	281257
中型企业	6.0	57.6	1.7	3.2	102580
小型企业	5.1	67.2	1.7	1.8	99674
微型企业	-9.4	76.5	1.7	-7.6	136786
按工业行业分（小类）					
训练健身器材制造	8.3	60.2	1.9	3.9	131980
玩具制造	3.4	60.1	2.0	1.3	72802
信息化学品制造					
照相机及器材制造	3.2	59.1	1.7	0.6	95931
复印和胶印设备制造	13.1	47.6	2.9	5.2	156704
计算器及货币专用设备制造	-2.2	56.0	0.8	-5.26	71973
医疗诊断、监护及治疗设备制造	11.8	30.4	1.3	7.3	153809
微电机及其他电机制造	5.6	40.4	1.7	3.8	117550
电线、电缆制造	7.9	57.0	1.9	3.1	112897
光纤、光缆制造	11.7	71.0	1.3	9.6	132465
锂离子电池制造	6.1	58.9	1.2	4.2	162531
镍氢电池制造	9.4	27.7	0.9	13.6	145615
其他电池制造	9.1	49.8	1.8	6.8	204319
计算机整机制造	2.4	82.6	2.7	0.02	135471
其他计算机制造	9.5	42.8	2.0	4.4	98057
通信系统设备制造	10.9	71.5	4.0	3.0	228503
通信终端设备制造	8.4	90.2	2.0	2.8	749803
电视机制造	6.4	77.6	1.1	4.5	138495
音响设备制造	5.2	67.0	2.1	2.1	81457
影视录放设备制造	4.6	49.5	1.8	2.4	97371
电子真空器件制造	9.3	64.9	2.2	3.8	107970
集成电路制造	7.9	47.6	1.9	4.1	180501
光电子器件及其他电子器件制造	7.6	49.7	2.1	3.3	142487
电子元件及组件制造	6.7	47.6	1.7	4.5	125206
印制电路板制造	8.5	58.0	1.5	5.8	325341
其他电子设备制造	12.2	62.5	1.9	6.2	129582
电子测量仪器制造	11.0	66.8	2.3	4.0	171786
其他未列明制造业	5.5	58.9	2.0	2.8	119441

主要统计指标解释

Explanatory Notes on Main Statistical Indicators

工业 指从事自然资源的开采，对采掘品和农产品进行加工和再加工的物质生产部门。具体包括：对自然资源的开采，如采矿、晒盐、森林采伐等（但不包括禽兽捕猎和水产捕捞）；对农副产品的加工、再加工，如粮油加工、食品加工、轧花、缫丝、纺织、制革等；对采掘品的加工、再加工，如炼铁、炼钢、化工生产、石油加工、机器制造、木材加工等，以及电力、自来水、煤气的生产和供应等；对工业品的修理、翻新，如机器制造设备的修理、交通运输工具（包括小卧车）的修理等。

轻工业 是指主要提供生活消费品和制作手工工具的工业。按其所使用的原料不同，可分为两大类：以农产品为原料的轻工业，是指直接或以农产品为基本原料的轻工业，主要包括食品制造、饮料制造、烟草加工、纺织、缝纫、皮革和毛皮制作、造纸以及印刷等工业；以非农产品为原料的轻工业，是以工业品为原料的轻工业，主要包括文教体育用品、化学药品制造、合成纤维制造、日用化学制品、日用玻璃制品、日用金属制品、手工工具制造、医疗器械制造、文化和办公用机械制造等工业。

重工业 是指为国民经济各部门提供物质技术基础的主要生产资料的工业。按其生产性质和产品用途，可以分为下列三类：采掘（伐）工业，是对自然资源的开采，包括石油开采、煤炭开采、金属矿开采等工业；原材料工业，指向国民经济各部门提供基本材料、动力和燃料的工业，包括金属冶炼及加工、炼焦及焦炭化学、化学原料、水泥、人造板以及电力、石油和煤炭加工等工业；加工工业，是指对工业原材料进行再加工制造的工业，包括装备国民经济各部门的机械设备制造工业、金属结构、水泥制造等工业，以及为农业提供的生产资料如化肥、农药等工业。

资产总额 是指企业拥有或控制的能以货币计量的经济资源，包括各种财产、债权和其他权利。资产按其流动性（即资产的变现能力和支付能力）划分为：流动资产、长期投资、固定资产、无形资产、递延资产和其他资产，即为企业资产负债表中的资产总计项。

流动资产 是企业资产的重要组成部分，通常是指一年内或超过一年的一个营业周期内可以变现或耗用的资产。其特点是在企业的生产经营或者业务活动中不断地在生产循环中周转，不断改变其形态。其价值一次性消耗、转移或者实现。包括：货币资金、短期投资、应收票据、应收账款、预付账款、其他应收款、存货、待摊费用、待处理流动资产损失、一年内到期的本期债券投资及其他流动资产。

固定资产原价 是指企业在建造、购置、安装、改建、扩建、技术改造某项固定资产时实际支出的全部货币总额。它一般包括买价、包装费、运杂费和安装费等。

固定资产合计 包括固定资产净值、固定资产清理、在建工程、待处理固定资产净损失所占用的资金合计。

固定资产净值 是指固定资产原价减去历年已提折旧额后的净额。

负债 是指企业所承担的能以货币计量，将以资产或劳务偿付的债务。其偿还形式可以用货币，也可以用资产或提供劳务的方式进行。包括流动负债、长期负债和递延税款贷项等，即为企业资产负债表的负债合计项。

实收资本 是指企业实际收到的投资人投入的资本。包括有国家资本、集体资本、法人资本、个人资本、外商资本、港澳台资本等。

主营业务收入 是企业在销售商品、提供劳务及让渡资产使用权等日常活动中所产生的收入。

主营业务税金及附加 是指企业日常活动应负担的税金及附加，包括营业税、消费税、城市维护建设税、资源税、土地增值税和教育费附加等。

主营业务成本 是指企业因销售商品、提供劳务或让渡资产使用权等日常活动而发生的实际成本。

营业利润 是企业生产经营活动所取得的利润，包括主营业务利润和其他业务利润。

利润总额 是指企业在一定时期内生产经营活动的最终的财务成果，是企业的收入减去有关成本与费用后的差额，收入大于相关的成本费用，企业就盈利，反之则亏损。包括营业利润、补贴收入、投资净收益、营业外收支净额、以前年度损失调整。

应交增值税 是指企业按税法规定，从事货物销售或提供加工、修理修配劳务等增加货物价值的活动本期应交纳的税金，即企业在报告期应交的增值税额。计算公式为：

应交增值税 = 销项税额-(进项税额-进项税额转出)-出口抵减内销产品应纳税额-减免税款+出口退税

从业人员平均人数 从业人员指企业工作并取得劳动报酬的全部人员数。包括在岗职工、再就业的离退休人员、民办教师及在企业工作的外方人员和港澳台方人员、兼职人员、借用的外单位人员和第二职业者。不包括离开本单位但仍保留劳动关系的职工。而从业人员平均人数指报告期内每天平均拥有的从业人员人数。其计算公式为：

月平均人数=报告月内每天实有人数之和÷报告月日历日数

季平均人数=季内各月平均人数之和÷3

年平均人数=全年各月平均人数之和÷12

资产利税率 是在一定时期内已实现的利润、税金总额与同期的资产总额之比。计算公式：

$$\text{资产利税率（\%）} = \frac{\text{报告期累计实现利税总额}}{\text{资产总额}} \times 100\%$$

资产利税率反映每单位（通常是每万元）资产所提供的利税金额。它是考察和评价部门或企业资金运用的经济效益，分析资金投入效果的主要分析指标。

产值利税率 是报告期已实现的利润、税金总额（包括利润总额、产品销售税金及附加和应交增值税）占同期全部工业总产值的百分比，计算公式为：

$$\text{产值利税率（\%）} = \frac{\text{利税总额}}{\text{工业总产值（现价）}} \times 100\%$$

工业经济效益综合指数 是现行综合评价工业经济效益总体水平及工业经济运行质量的指数，它是以若干项代表性经济效益指标，分别除以各项指标的标准值，再乘以各自的权数，加总后除以总权数求得。其计算公式为：

$$\text{工业经济效益综合指数} = \Sigma\left(\frac{\text{某项经济效益指标报告期数值}}{\text{该项指标标准值}} \times \text{权数}\right) \div \text{总权数}$$

上式总权数为100。

工业产品销售率 是反映工业产品已实现销售的程度，是分析工业产销衔接情况、研究工业产品满足社会需求的指标。计算公式是：

$$\text{产品销售率（\%）} = \frac{\text{现价工业销售产值}}{\text{现价工业总产值}} \times 100\%$$

总资产贡献率 是指企业一定时期内全部资产获利能力，是企业经营业绩和管理水平的集中体现，是评价和考核企业盈利能力的核心指标。计算公式为：

$$\text{总资产贡献率（\%）} = \frac{\text{利润总额+税金总额+利息支出}}{\text{平均资产总额}} \times 100\% \times \frac{12}{\text{累计月数}}$$

注：税金总额为主营业务税金及附加与应交增值税之和，平均资产总额为期初、期末资产总计的算术平均值。

资本保值增值率 是反映企业净资产变动状况的一个重要指标，是企业发展能力的集中体现。是指期末所有者权益总额与期初所有者权益总额的比率。计算公式为：

$$\text{资本保值增值率（\%）} = \frac{\text{期末所有者权益}}{\text{期初所有者权益}} \times 100\%$$

所有者权益等于资产总计减负债总计。

资产负债率 是指反映企业经营风险的大小，反映企业利用债权人提供的资金从事经营活动的能力。计算公式为：

$$\text{资产负债率（\%）} = \frac{\text{负债总额}}{\text{资产总额}} \times 100\%$$

资产及负债均为报告期期末数。

流动资产周转率 是指一定时期内流动资产完成的周转次数，反映投入工业企业流动资金的周转速度，一般以一年内周转多少次表示。计算公式为：

$$\text{流动资产周转率（次）} = \frac{\text{产品销售收入}}{\text{流动资产平均余额}} \times \frac{12}{\text{累计月数}}$$

成本费用利润率 是指工业企业投入的生产成本及费用的经济效益，同时也反映企业降低成本所取得的经济效益。计算公式为：

$$\text{成本费用利润率（\%）} = \frac{\text{利润总额}}{\text{成本费用总额}} \times 100\%$$

注：成本费用总额为产品销售成本、销售费用、管理费用、财务费用之和。

全员劳动生产率 是指反映企业的生产效率和劳动投入的经济效益。一般用平均每人一年创造的工业增加值表示。计算公式为：

$$\text{全员劳动生产率（元/人）} = \frac{\text{工业增加值}}{\text{全部职工平均人数}} \times \frac{12}{\text{累计月数}}$$

五、固定资产投资与建筑业

Investment in Fixed Assets and Construction

5-1 主要年份固定资产投资主要指标

Main Indicators of Investment in Fixed in Main Years

项　　目	单　位	1990年	2000年	2005年	2010年	2015年	2018年比2017年增长(%)	2019年比2018年增长(%)
固定资产投资总额	万元	75052	1028914	5972443	11149822	14465180	5.8	17.5
#国有单位	万元	50658	197658	686333	1479886	1782379	24.9	48.2
私营个体经济	万元			1027969	2077250	3304853	-10.2	16.7
港澳台投资经济	万元		130501	1246450	1326063	1343480	-3.9	-21.2
外商投资经济	万元		92699	507322	938943	1336845	-6.0	-17.5
新增固定资产	万元			1732967	5778616	7269377	-11.2	25.9
固定资产交付使用率	%			29.0	51.8	50.3	37.4	39.6
房屋竣工面积	万平方米			696.99	686.22	499.49	-21.8	-20.4
房屋面积竣工率	%			22.5	20.7	9.4	9.1	7.7
固定资产计划总投资	万元			13905355	45000174	68582894	17.8	14.5
固定资产投资建设周期	年			2.32	4.04	4.74	5.6	5.5
固定资产投资资金来源	万元	50100	1047861	6717711	18550102	26149934	0.6	8.9
#国家预算内资金	万元	3600	10490	536	130717	553110	45.8	134.7
国内贷款	万元	2900	122561	651723	1882278	2087480	-8.5	10.7
利用外资	万元	17000	207444	940432	1400920	698707	-19.5	-33.4
自筹资金	万元	25400	587176	3901138	8390847	8998227	3.3	16.9
房地产开发投资	万元		112498	1444277	2989853	5752145	4.9	8.1
房地产开发当年房屋施工面积	万平方米		315.45	1160.17	2060.54	3921.20	-2.9	-5.8
房地产开发当年房屋竣工面积	万平方米		103.20	132.88	296.59	325.43	-18.7	-26.6
#住宅	万平方米		77.97	115.23	256.09	266.01	-30.4	-30.6
商品房销售面积	万平方米		63.21	321.85	511.25	1040.65	-13.7	3.1
#住宅	万平方米		51.02	297.19	469.90	948.50	-9.2	4.4

注：1.2011年起，固定资产投资统计起点由计划投资50万元提高到计划投资500万元，2018年起，资金来源指标以及新增固定资产指标不包含5000万元以下项目数据，增速为可比口径，下同。

2.固定资产交付使用率、固定资产投资建设周期、房屋面积竣工率为当年值，非增长速度。

5-2 历年固定资产投资

Total Investment in Fixed Assets over Years

单位：万元

年 份	固定资产投资总额						
	总 量	增长速度(%)	#房地产开发		#民营	#外资	
			总 量	增长速度(%)			#港澳台
1978	2319						
1979	1641	-29.2					
1980	2395	45.9					
1981	3756	56.8					
1982	18102	381.9					
1983	18370	1.5					
1984	30050	63.6					
1985	70600	134.9					
1986	115173	63.1					
1987	141856	23.2					
1988	165459	16.6					
1989	50135	-69.7					
1990	75052	49.7					
1991	137464	83.2					
1992	188824	37.4					
1993	327630	73.5	52110			62600	
1994	1407621	329.6	78392	50.4		1038599	
1995	631355	-55.1	85163	8.6		240690	
1996	676185	7.1	86258	1.3		259705	
1997	658941	-2.6	86662	0.5		69055	
1998	769953	16.8	95451	10.1		91719	35868
1999	883201	14.7	104411	9.4		188036	116708
2000	1028914	16.5	112498	7.7		146887	96112
2001	1254945	22.0	148544	32.0		224812	181822
2002	1915741	52.7	268350	80.7		466569	213458
2003	3193889	66.7	551184	105.4		888664	619193
2004	4548691	42.4	1144195	107.6		1094045	716611
2005	5972443	31.3	1444277	26.2		1753772	1246450
2006	7054511	18.1	1642398	13.7	2410417	2297486	1584104
2007	8412074	19.2	2094187	27.5	2841860	2356983	1136955
2008	9443426	12.3	2714197	29.6	3240949	2710398	1469186
2009	10940753	13.0	2776623	2.3	4279669	2038232	1114631
2010	11149822	1.9	2989853	7.7	4847208	2265006	1326063
2011	10793144	8.1	3733062	25.0	4438880	2228117	1460388
2012	11803493	9.4	3773210	1.1	6662441	2942143	1891724
2013	13839352	18.3	4976593	31.9	8835235	2566790	1460423
2014	14271099	10.0	5880630	18.2	9496756	2234743	1174881
2015	14465180	3.3	5752145	-2.2	9475855	2680325	1343480
2016	15574580	7.7	6427591	11.7	10610512	2931385	1851731
2017	17128291	10.0	7021544	9.2	11469734	3142963	1931125
2018年比2017年增长	-	5.8	-	4.9	1.8	-4.7	-3.9
2019年比2018年增长	-	17.5	-	8.1	17.1	-19.8	-21.2

5-3 按登记类型和行业分的固定资产投资增长速度(2018-2019年)

Growth Rate of Total Investment in Fixed Assets by Registration Status and Sector (2018-2019)

单位：%

项　　目	2018年	2019年
合　　计	5.8	17.5
按登记注册类型分		
内资	8.1	24.9
国有	42.3	29.7
集体	-26.3	23.4
股份合作	-71.9	-51.9
国有联营	-	-
集体联营	-20.3	-100.0
国有与集体联营	-16.2	-100.0
其他联营	-	-
国有独资公司	-5.7	97.3
其他有限责任公司	15.5	23.9
股份有限公司	63.0	44.5
私营	-10.3	-6.6
其他	77.9	-29.0
个体经营：个体户	38.5	-62.4
个人合伙	-	-
港澳台商投资	-3.9	-21.2
#合资经营	33.6	-26.7
合作经营	-4.3	9.2
独资	-9.9	-20.3
股份有限公司	-53.5	-78.0
外商投资	-6.0	-17.5
#合资经营	-23.4	-11.8
合作经营	-72.7	-100.0
独资	-3.2	-28.4
股份有限公司	154.1	-2.1
按国民经济行业分		
第一产业	-99.6	-100.0
第二产业	-5.7	20.3
制造业	-1.9	12.8
电力、热力、燃气及水的生产和供应业	-28.7	82.3
建筑业	-90.5	923.6
第三产业	12.8	16.1
交通运输、仓储和邮政业	10.6	23.5
信息传输、软件和信息技术服务业	48.5	-12.4
批发和零售业	-35.4	-24.1
住宿和餐饮业	225.7	-62.3
金融业	29.9	7.6
房地产业	5.8	6.8
租赁和商务服务业	71.8	158.8
科学研究和技术服务业	-11.5	1.5
水利、环境和公共设施管理业	76.2	58.8
居民服务、修理和其他服务业	72.7	-29.5
教育	77.3	65.1
卫生和社会工作	8.6	51
文化、体育和娱乐业	0.5	90.3
公共管理、社会保障和社会组织	-51.5	685.4

5-4 按构成和行业分工业投资增长速度(2018-2019年)

Growth Rate of Industrial Investment in Fixed Assets by Structure and Sector (2018-2019)

单位：%

项　　目	2018年	2019年
工业合计	-5.7	20.2
#技术改造	-0.1	16.7
先进制造业	-2.8	21.4
高技术制造业	-3.5	24.8
按国民经济行业分		
#制造业	-1.9	12.8
农副食品加工业	2.7	-22.8
食品制造业	-6.7	-12.8
酒饮料和精致茶制造业	291.8	123.8
纺织业	-48.0	4.1
纺织服装服饰业	-30.0	-6.2
皮革毛皮羽毛及其制品和制鞋业	-40.3	10.1
木材加工和木竹藤棕草制品业	-	179.9
家具制造业	45.6	-19.8
造纸和纸制品业	23.9	-24.6
印刷和记录媒介复制业	43.1	7.6
文教工美和体育娱乐用品制造业	-24.2	-8.8
石油煤炭及其它燃料加工业	28.2	-34.7
化学原料和化学制品制造业	134.2	15.8
医药制造业	-41.3	114.7
化学纤维制造业	323.7	99.3
橡胶和塑料制品业	-32.3	8.2
非金属矿物制品业	38.1	-13.0
黑色金属冶炼和压延加工业	149.5	-5.8
有色金属冶炼和压延加工业	371.3	-59.4
金属制品业	-20.6	-14.5
通用设备制造业	-40.6	92.6
专用设备制造业	-15.2	19.5
汽车制造业	22.0	-9.6
铁路传播航空航天和其它运输设备制造业	205.0	-43.6
电气机械和器材制造业	2.7	15.2
计算机通信和其它电子设备制造业	-3.5	23.4
仪器仪表制造业	-5.4	9.0
其它制造业	45.9	2.3
废弃资源综合利用业	69.5	1110.9
金属制品机械和设备修理业	310.8	-16.6
#电力、热力、燃气及水的生产和供应业	-28.7	82.3
电力热力生产和供应业	-33.5	64.1
燃气生产和供应业	119.8	11.7
水的生产和供应业	-8.6	214.0

5-5 按登记注册类型和行业分财务拨贷款资金来源主要指标(2019年)

Main Indicators on Sources of Funds and Loans for Investment by Status of Registration And Sector (2019)

单位：万元

项目	本年资金来源合计	国家预算内资金	国内贷款	利用外资	自筹资金	其他资金来源
合计	10653825	1107530	2175280	117711	6629467	573379
按登记注册类型分						
内资	9104712	1105589	1947574	2029	5498677	500385
国有	1600402	781444	28403	2029	604843	149477
集体	213298	100000			67014	46284
股份合作	1040				863	177
国有联营						
集体联营						
国有与集体联营						
其他联营						
国有独资公司	1073696	76089	914377		65328	17902
其他有限责任公司	3524672	124479	705025		2522979	172189
股份有限公司	426729	1385	187		404944	3961
私营个体	2105299	17142	291756		1686026	110375
其他	159576	5050	7826		146680	20
港澳台商投资	963354	1941	114312	86482	735201	25418
外商投资	585759		113394	29200	395589	47576
按国民经济行业分						
第一产业						
第二产业	5523472	16187	1173384	99632	4040852	177165
制造业	4578688	3326	429236	99632	3904213	126029
电力、热力、燃气及水的生产和供应业	941791	12861	744148		133646	51136
建筑业	2993				2993	
第三产业	5130353	1091343	1001896	18079	2588615	396214
交通运输、仓储和邮政业	1482270	228325	672328	16050	473632	91935
信息传输、软件和信息技术服务业	318048		69443		241685	6920
批发和零售业	80974		14000		41214	25760
住宿和餐饮业	31182				31062	120
金融业	24781				21581	3200
房地产业	603556	2653	7600		540982	52321
租赁和商务服务业	135334	172	13200		86962	35000
科学研究和技术服务业	213884	5839	41080		154994	11971
水利、环境和公共设施管理业	1601671	746994	166532	2029	536669	115549
居民服务、修理和其他服务业	9000		9000			
教育	436320	23945	8713		362024	41638
卫生和社会工作	101601	13100			84993	3200
文化、体育和娱乐业	26866	12915			5351	8600
公共管理、社会保障和社会组织	64866	57400			7466	

注：本表不含计划总投资5000万元以下和房地产开发项目数据。

5-6 房地产开发主要指标

Main Indicators of Real Estate Development

项　　目	单位	2005年	2010年	2015年	2018年	2019年
本年土地购置面积	万平方米	45	136	122	67	30
本年完成投资额	万元	1444277	2989853	5752145	7367857	7965436
#住宅	万元	1197154	2504525	4016931	5258491	5732781
资金来源	万元	1632570	6533564	10836961	14534891	14566073
#国内贷款	万元	114755	1271530	1112220	1653610	1226121
利用外资	万元	2075	75182	2960		3065
自筹资金	万元	867824	2025670	2405896	2060958	3507433
房屋施工面积	万平方米	1160	2061	3921	4422	4166
#住宅	万平方米	890	1687	2831	3076	2941
房屋竣工面积	万平方米	133	297	325	383	281
#住宅	万平方米	115	256	266	253	175
商品房屋销售额	万元	1193991	3737742	10191063	12241387	13696844
#住宅	万元	1091095	3341485	9145019	9647500	11114079
商品房屋销售面积	万平方米	322	511	1041	690	712
#住宅	万平方米	297	470	949	535	558

5-7 房地产开发企业主要经济指标(2019年)

Main Indicators of Real Estate Enterprises (2019)

单位：万元

项　　目	资产总计	负债总计	主营业务收入	税金及附加	利润总额
合　　计	54306266	43869431	12312043	2030466	2182377
按登记注册类型分					
#内资	48997457	40201013	10962896	1746701	1876205
港澳台商投资	3618478	2707849	743837	172709	121547
外商投资	1690330	960569	605311	111057	184625
民营经济	45829248	37462788	10711381	1670655	1792804
按控股情况分					
国有控股	3659635	3056092	440328	93129	153228
集体控股	1448614	1096412	349074	50673	72959
私人控股	29477965	24350705	6606155	1017578	997734
港澳台控股	3413236	2513513	681577	173741	105808
外商控股	1404147	837038	478757	92942	130537
其他控股	14902669	12015672	3756152	602404	722112
按资质等级分					
一级	2605666	1117029	517645	248522	21753
二级	5930607	5295338	600074	65639	187792
三级	4918803	3673206	1362513	242410	354676
四级	7983041	5525922	2227164	330919	422165
暂定	27509192	23628806	6562029	947033	1047009
其他	5358958	4629130	1042619	195944	148982

5-8 房地产开发投资情况（2018-2019年）

Investment in Real Estate Development (2018-2019)

项　　目	2018年		2019年	
	房地产开发投资（万元）	#住宅	房地产开发投资（万元）	#住宅
合　　计	7367857	5258491	7965436	5732781
内资	6630245	4667009	7661366	5488452
国有			263728	170291
集体	219526	186664	141827	97950
国有独资公司	908	908	166934	166934
其他有限责任公司	3874073	2719498	4497926	3001437
私营独资	11575	11000	166458	157610
私营有限责任公司	2161655	1610608	2119622	1632806
私营股份有限公司	7108	5419		
其他(内资企业)	69793	69793	27042	21036
港澳台商投资	341585	238437	207142	181732
外商投资	396027	353045	96928	62597

5-9 房地产开发企业、房屋建筑面积及价值(2018-2019年)

Floor Space and Value of Buildings in Real Estate Development (2018-2019)

项　　目	2018年			2019年		
	房屋建筑面积(平方米)		竣工房屋价值（万元）	房屋建筑面积(平方米)		竣工房屋价值（万元）
	施工面积	竣工面积		施工面积	竣工面积	
合　　计	44216586	3828305	1659617	41661672	2810109	1113500
内资	40341589	3710015	1625017	38494401	2659551	1016158
国有				64435		
集体	1181518	110685	68211	1119783	45665	17575
国有独资公司				60467		
其他有限责任公司	24672527	2565454	1088282	22168167	1553821	662063
私营独资	68471			155801		
私营有限责任公司	14002388	1033876	468524	14206095	1048772	330873
私营股份有限公司	136579					
其他(内资企业)				75940		
港澳台商投资	2340441	101284	29792	2076614	150558	97342
外商投资	1534556	17006	4808	1090657		

5-10 商品房屋销售情况(2019年)

Sale of Commercialized Buildings (2019)

项　　目	商品房屋销售面积（平方米）	#住宅	商品房屋销售额（万元）	#住宅
合　　计	7115750	5582211	13696844	11114079
内资	6397480	4990286	12161052	9803507
国有	15709	15709	41148	41148
集体	107370	84944	152838	130254
国有独资公司	40242	40229	63205	63192
其他有限责任公司	4159783	3326170	8241488	6773533
私营独资	40245	40245	78436	78436
私营有限责任公司	1802775	1270679	3166463	2323885
私营股份有限公司				
其他内资企业	23080	23080	61123	61123
港澳台商投资	489094	450756	930254	863108
外商投资	229176	141169	605538	447464

5-11 建筑业企业主要指标

Main Indicators on Construction Enterprises

项　　目	单　位	1990年	2000年	2005年	2010年	2015年	2018年	2019年
建筑企业（单位）个数	个	8	99	361	431	540	868	932
从事生产经营活动的平均人数	人	6803	64300	79965	57473	81440	151456	134420
建筑企业总产值	万元	12678	404493	843540	1220569	2245873	4738439	5467863
劳动生产率（按总产值计算）	元/人	18636	60849	108136	218076	275770	312859	406775
建筑业房屋施工面积	万平方米	66.30	1218.00	1234.98	733.44	1072.42	1287.07	1468.03
建筑业房屋竣工面积	万平方米	29.95	53.76	707.77	311.94	453.13	430.00	469.64

注：2019年起，建筑业统计范围为辖区内有总承包或专业承包资质的建筑业法人单位，不包括劳务分包企业。

5-12 总承包和专业承包建筑业企业主要指标(2018-2019年)

Main Indicators of Construction Enterprises Qualified for General Contracts and Specialized Contracts (2018-2019)

指　　标	单　位	2018年	2019年
企业单位数	个	791	932
从事生产经营活动的平均人数	人	120412	134420
固定资产原价	万元	420619	421194
固定资产净值	万元	211803	210598
自有施工机械设备年末总台数	台	13249	11497
自有施工机械设备年末净值	万元	92730	118028
自有施工机械设备年末总功率	万千瓦	30	30
建筑业总产值	万元	4480571	5467863
建筑工程产值	万元	3936394	4738089
安装工程产值	万元	471165	608178
其他产值	万元	73012	121596
建筑业竣工产值	万元	2891266	2350290
房屋建筑施工面积	万平方米	1287	1468
房屋建筑竣工面积	万平方米	430	470
资产合计	万元	6482735	7799462
主营业务收入	万元	4613647	5687980
利润总额	万元	174055	205687

主要统计指标解释

Explanatory Notes on Main Statistical Indicators

固定资产投资额　是以货币形式表现的在一定时期内建造和购置固定资产的工作量以及与此有关的费用的总称。它是反映固定资产投资规模、结构和发展速度的综合性指标，又是观察工程进度和考核投资效果的重要依据。

新增固定资产　指已经完成建造和购置过程，并已交付生产或使用单位的固定资产的价值。它是表示固定资产投资成果的价值指标，也是反映建设进度，计算固定资产投资效果的重要依据。

固定资产交付使用率　指一定时期新增固定资产与同期完成投资额的比率。它是反映各个时期固定资产动用速度，衡量建设过程中投资效果的一个综合性指标。

基础设施　基础设施投资指在电力、热水的生产和供应业，燃气生产和供应业，水的生产和供应业，铁路运输业，道路运输业，水上运输业，航空运输业，管道运输业，装卸搬运和运输代理业，邮政业，电信、广播电视和卫星传输服务，互联网和相关服务，水利管理业，生态保护和环境治理业和公共设施管理业等行业方面的固定资产投资。

房地产开发投资　各种登记注册类型的房地产开发公司 、商品房建设公司及其他房地产开发单位统一开发的包括统代建、拆迁还建的住宅、厂房、仓库、饭店、宾馆、度假村、写字楼、办公楼等房屋建筑物和配套的服务设施、土地开发工程，如道路、给水、排水、供电 、供热、通讯、平整场地等基础设施工程的投资。包括实际从事房地产开发或经营活动的附营房地产开发单位。不包括单纯的土地交易活动。

房屋建筑施工面积　指报告期内施工的全部房屋建筑面积。包括本期新开工的面积和上期开工跨入本期继续施工的房屋面积，以及上期已停建在本期复工的房屋面积。本期竣工和本期施工后又停缓建的房屋，其建筑面积仍计入本期施工房屋面积中。

住宅　指供人们居住的房屋，包括职工家属宿舍、集体宿舍（包括职工单身宿舍和学生宿舍）及供居住的各种公寓等。住宅建筑面积中不包括作为人防用、不住人的地下室面积和供办公用的公寓。

房屋建筑竣工面积　指在报告期内房屋建筑按照设计要求已全部完工，达到住人和使用条件，经验收鉴定合格(或达到竣工验收标准)，可正式移交使用的各栋房屋建筑面积的总和。

房屋建筑面积竣工率　指一定时期内房屋竣工面积占同期房屋施工面积的比率。它是从房屋建筑施工速度的角度反映投资效果和建筑业经济效益的指标。

建筑业总产值　是以货币表现的建筑业企业在一定时期内生产的建筑业产品和服务的总和。建筑业总产值包括三部分内容：

⑴建筑工程产值：指列入建筑工程预算内的各种工程价值。

⑵设备安装工程产值：指设备安装工程价值，但不包括设备本身的价值。

⑶其他产值：建筑业总产值中除建筑工程、安装工程以外的产值。包括房屋构筑物修理产值、非标准设备制造产值、总包企业向分包企业收取的管理费以及不能明确划分的施工活动所完成的产值。

①房屋构筑物修理产值：指房屋和构筑物的修理所完成的价值，但不包括被修理房屋构筑物的本身价值和生产设备的修理价值。

②非标准设备制造产值：指加工制造没有定型的非标准生产设备的加工费和原材料价值以及附属加工厂为本企业承建工程制作的非标准设备的价值。

六、规模以上服务业

Service Enterprises above Designated Size

6-1 规模以上服务业企业财务指标

Main Financial Indicators of Service Enterprises above Designated Size

单位：万元

项 目	2018年	2019年
年初存货	656307	687278
期末资产负债		
固定资产原价	23570559	24331944
本年折旧	1222242	1118190
资产总计	41474336	44364792
负债合计	19401563	21908377
所有者权益合计	22072774	22456415
损益及分配		
营业收入	12387295	13531956
营业成本	7681719	8705068
税金及附加	88791	93164
销售费用	643490	718704
管理费用	1490812	1496999
财务费用	261881	325875
其中：利息收入	61779	69429
利息支出	236065	319412
投资收益(损失以“−”号记)	330828	413966
营业利润	2652721	2697410
利润总额	2687104	2728264
所得税费用	356309	305154
人工成本及增值税		
应付职工薪酬(本年贷方 累计发生额)	2435186	2580800
应交增值税	281511	286134

6–2 规模以上服务业企业分行业主要指标（2019年）

Main Indicators of Service Enterprises above Designated Size by Sector（2019）

单位：万元

项目	企业单位数(个)	营业收入		营业成本	
		总量	比2018年增长(%)	总量	比2018年增长(%)
总计	1990	13531956	9.2	8705068	13.3
按经济类型分					
内资企业	1846	12287673	9.6	8111910	13.5
#国有企业	11	353295	17.3	318807	65.0
集体企业	271	1098401	8.6	315609	6.1
有限责任公司	741	6119851	9.0	4247000	13.0
私营企业	630	3301559	13.1	2530754	14.7
港澳台商投资企业	81	562047	2.6	298720	2.7
外商投资企业	63	682236	9.0	294438	20.6
按行业分					
交通运输、仓储和邮政业	315	2849945	9.9	2439386	20.2
铁路运输业	2	7439	15.2	6905	11.3
道路运输业	155	727522	-6.1	692227	7.9
水上运输业	12	118322	8.1	84355	19.5
多式联运和运输代理业	33	202003	29.3	177457	38.9
装卸搬运和仓储业	87	934096	14.6	706621	15.7
邮政业	26	860562	17.8	771821	35.0
快递服务	22	585608	15.4	513439	18.3
信息传输、软件和信息技术服务业	133	2943709	5.1	1612511	11.9
电信、广播电视和卫星传输服务	13	1851651	1.6	958494	12.3
互联网和相关服务	21	310263	5.6	277431	7.0
软件和信息技术服务业	99	781795	14.1	376587	14.7
房地产业	245	925541	1.9	605982	3.0
物业管理	141	528515	6.8	390328	8.7
房地产中介服务	25	127334	0.9	90711	31.1
房地产租赁经营	79	269692	-6.2	124943	-21.9
租赁和商务服务业	774	3987800	11.3	2083817	10.0
租赁业	23	66234	61.1	41702	54.8
商务服务业	751	3921566	10.7	2042115	9.4
人力资源服务	182	1030473	11.6	827447	6.9
科学研究和技术服务业	204	1081493	9.7	687636	10.6
研究和试验发展	21	231573	34.1	133561	67.4
专业技术服务业	157	684513	5.4	443176	2.4
科技推广和应用服务业	26	165407	0.9	110898	1.6
水利、环境和公共设施管理业	51	235297	20.2	167795	16.4
生态保护和环境治理业	26	107165	29.9	78325	33.7
公共设施管理业	25	128132	13.2	89470	4.6
居民服务、修理和其他服务业	82	312900	16.7	238309	15.6
居民服务业	13	44421	110.4	28858	183.0
机动车、电子产品和日用产品修理业	20	37985	-21.7	27736	-25.7
汽车、摩托车等修理与维护	17	36070	-22.1	26457	-26.1
其他服务业	49	230495	16.1	181715	14.6
教育	109	371492	13.0	262373	9.2
初等教育	46	145906	22.7	92968	12.3
中等教育	24	117537	6.5	103192	8.1
高等教育	3	30669	3.9	12854	-1.9
卫生和社会工作	38	683391	14.8	523729	19.4
卫生	37	682251	14.7	522756	19.3
医院	28	648343	15.2	497451	19.4
社会工作	1	1141	102.7	973	68.3
文化、体育和娱乐业	39	140388	9.0	83530	6.2
广播、电视、电影和录音制作业	21	43431	-1.5	31730	-4.5
体育	8	79489	16.6	41500	20.6
娱乐业	10	17469	5.8	10301	-7.0

注：增速按可比口径计算。

6-2 续表 1

(2019年)

单位：万元

项目	税金及附加 总量	税金及附加 比2018年增长(%)	销售费用 总量	销售费用 比2018年增长(%)	管理费用 总量	管理费用 比2018年增长(%)
总计	93164	4.9	718704	11.7	1496999	0.4
按经济类型分						
内资企业	77776	4.9	665450	11.4	1249410	1.2
#国有企业	692	4.1	5728	-12.4	24940	-14.0
集体企业	13415	11.3	9195	-2.1	108224	7.0
有限责任公司	35399	-8.6	428337	22.0	568165	-1.9
私营企业	20521	16.7	158342	2.7	388533	2.4
港澳台商投资企业	7707	-2.1	21758	-8.3	145783	-10.0
外商投资企业	7682	13.8	31496	40.5	101807	8.5
按行业分						
交通运输、仓储和邮政业	12876	10.8	85850	-2.0	239382	0.5
铁路运输业	13	21.7			96	1.2
道路运输业	2765	-12.1	25280	-5.1	84914	-3.0
水上运输业	308	38.8	5348	-22.5	14616	-1.2
多式联运和运输代理业	441	33.4	4336	-10.3	17136	-9.9
装卸搬运和仓储业	7742	24.8	41095	9.3	73103	14.9
邮政业	1607	-5.8	9791	-16.1	49517	-6.7
快递服务	755	-17.7	9791	-16.1	36829	5.2
信息传输、软件和信息技术服务业	9521	35.1	234595	10.1	180981	-7.7
电信、广播电视和卫星传输服务	3922	158.6	191118	10.9	49465	-6.6
互联网和相关服务	932	37.1	13028	-2.8	12160	-28.5
软件和信息技术服务业	4668	-3.8	30449	11.7	119356	-5.4
房地产业	19156	19.6	42256	-14.8	152084	-6.4
物业管理	6119	-1.5	13104	4.5	78198	4.8
房地产中介服务	589	-11.3	13042	-46.1	12293	-47.2
房地产租赁经营	12449	36.2	16110	25.3	61592	-4.7
租赁和商务服务业	37103	-5.1	234217	26.5	472852	11.9
租赁业	222	49.6	12123	86.6	9813	58.1
商务服务业	36880	-5.3	222094	24.3	463039	11.2
人力资源服务	1283	5.9	135390	49.0	55916	8.3
科学研究和技术服务业	5282	-13.1	40376	-0.02	187196	-20.7
研究和试验发展	1216	-32.6	1917	-9.4	30785	-46.4
专业技术服务业	3285	-2.0	27577	4.5	139617	-7.8
科技推广和应用服务业	782	-15.3	10882	-8.4	16795	-38.4
水利、环境和公共设施管理业	1949	14.6	9322	8.0	22953	-5.6
生态保护和环境治理业	976	3.9	3111	12.4	8270	-3.8
公共设施管理业	974	27.8	6211	5.9	14684	-6.5
居民服务、修理和其他服务业	1455	11.4	16082	29.8	34163	11.0
居民服务业	155	19.0	4714	54.4	7164	10.9
机动车、电子产品和日用产品修理业	156	-12.6	4383	-4.5	3666	-6.0
汽车、摩托车等修理与维护	149	-13.4	4170	-5.4	3318	-6.0
其他服务业	1144	14.7	6985	47.2	23334	14.4
教育	370	14.5	7386	25.6	107671	33.8
初等教育	20	-20.9	1289	58.5	59044	58.2
中等教育	19	27.3	16	-76.8	18585	8.2
高等教育	15	425.0	476	-3.4	14800	14.0
卫生和社会工作	939	1.4	28697	20.8	73127	-4.6
卫生	939	1.4	28697	20.8	72973	-4.8
医院	897	1.7	24329	30.8	69266	-4.5
社会工作					155	566.8
文化、体育和娱乐业	4514	-3.7	19924	16.8	26589	15.7
广播、电视、电影和录音制作业	1515	-7.9	3743	-12.7	6251	43.3
体育	2815	-3.5	9679	7.2	17170	12.4
娱乐业	183	47.0	6502	73.7	3168	-5.5

6-2 续表 2

(2019年)

单位：万元

项目	财务费用		利润总额		所得税费用	
	总量	比2018年增长(%)	总量	比2018年增长(%)	总量	比2018年增长(%)
总计	325875	24.4	2728264	1.5	305154	-14.4
按经济类型分						
内资企业	291759	25.2	2457278	2.8	257141	-12.4
#国有企业	28	-93.7	3901	-85.4	351	-82.4
集体企业	25426	-10.3	657460	8.1	8199	-11.3
有限责任公司	158764	34.7	1174808	-0.6	194903	-12.6
私营企业	89384	20.6	120489	18.4	27229	-4.1
港澳台商投资企业	11630	11.9	61770	-7.9	13667	4.7
外商投资企业	22487	21.3	209216	-8.8	34345	-30.9
按行业分						
交通运输、仓储和邮政业	94311	9.7	208985	-18.0	57688	-21.5
铁路运输业	-17	36.9	478	187.4		
道路运输业	28289	-14.0	72214	-26.2	23811	-41.1
水上运输业	11325	-34.5	2743	-267.7	216	-44.7
多式联运和运输代理业	2122	60.9	841	-75.6	1126	18.4
装卸搬运和仓储业	51364	53.2	104401	-4.8	26556	5.0
邮政业	1228	25.2	28308	-37.4	5979	-6.2
快递服务	1170	30.2	25160	1.7	5777	-6.3
信息传输、软件和信息技术服务业	5049	-324.8	861123	-10.3	120733	-14.8
电信、广播电视和卫星传输服务	4981	-631.4	642493	-11.6	97006	-20.5
互联网和相关服务	859	20.2	3381	-23.8	857	10.5
软件和信息技术服务业	-791	-60.9	215249	-5.6	22871	20.8
房地产业	49185	30.0	109316	79.6	20111	-9.6
物业管理	9513	0.5	41021	6.3	8311	-17.8
房地产中介服务	151	-287.1	10521	71.8	2560	-11.2
房地产租赁经营	39521	39.0	57774	257.5	9239	-0.1
租赁和商务服务业	136452	31.7	1362090	7.9	70664	-10.5
租赁业	1166	115.9	563	-37.0	276	26.2
商务服务业	135285	31.3	1361528	7.9	70388	-10.6
人力资源服务	503	108.0	10241	49.5	1465	-4.2
科学研究和技术服务业	4377	94.4	99511	17.5	13008	-25.5
研究和试验发展	904	-161.0	34460	-0.1	3870	-33.9
专业技术服务业	1157	1057.3	49093	33.4	7304	-29.4
科技推广和应用服务业	2315	-36.3	15957	18.9	1835	44.1
水利、环境和公共设施管理业	3382	4.2	30909	92.7	3596	25.0
生态保护和环境治理业	3217	10.3	14266	33.4	2828	21.2
公共设施管理业	166	-49.5	16643	211.2	768	41.5
居民服务、修理和其他服务业	5684	24.0	17429	29.5	4210	6.8
居民服务业	47	50.0	3545	117.0	1318	90.7
机动车、电子产品和日用产品修理业	213	36.7	2006	-16.7	472	-13.6
汽车、摩托车等修理与维护	213	36.5	1917	-14.7	471	-13.1
其他服务业	5424	23.3	11878	26.1	2421	-10.5
教育	8786	-0.6	-6563	89.3	1111	-34.5
初等教育	5130	1.5	-9378	112.1	451	-41.0
中等教育	0.1	-99.6	-0.2	-100.0	306	-23.4
高等教育	3188	-4.0	-93	-81.0		
卫生和社会工作	7788	-8.4	48518	6.2	12302	0.3
卫生	7779	-8.5	48489	6.1	12302	0.3
医院	7589	-5.5	48205	6.9	12031	1.7
社会工作	10	255.6	29	223.6		
文化、体育和娱乐业	10862	16.7	-3055	-55.2	1731	-1.2
广播、电视、电影和录音制作业	208	78.9	927	3.8	660	18.4
体育	8439	-23.8	1009	-112.8	1040	-2.6
娱乐业	2216	-217.8	-4991	-3509.4	31	-75.6

6-2 续表 3

(2019年)

单位：万元

项目	应付职工薪酬		应交增值税		平均用工人数(人)
	总量	比2018年增长(%)	总量	比2018年增长(%)	
总计	2580800	6.0	286134	1.6	298573
按经济类型分					
内资企业	2254235	6.2	257191	2.0	271823
#国有企业	91938	19.9	2238	-17.8	4276
集体企业	121618	5.6	13693	26.8	22505
有限责任公司	1108921	8.2	159976	-3.6	123316
私营企业	674645	0.3	75595	23.1	92859
港澳台商投资企业	178419	0.1	10540	0.2	13783
外商投资企业	148146	10.7	18403	-2.2	12967
按行业分					
交通运输、仓储和邮政业	468862	3.5	36055	-15.0	50945
铁路运输业	844	2.3	61	896.7	69
道路运输业	200794	2.3	14422	-13.6	24622
水上运输业	12837	8.1	1792	24.2	1262
多式联运和运输代理业	27630	0.04	1933	1.2	2987
装卸搬运和仓储业	108511	7.1	13112	-21.4	10631
邮政业	118246	2.5	4734	-16.8	11374
快递服务	64068	-8.1	3982	-19.1	8001
信息传输、软件和信息技术服务业	302845	8.2	98213	0.3	18551
电信、广播电视和卫星传输服务	146586	10.1	65098	7.6	6010
互联网和相关服务	11082	1.5	4916	-5.7	1043
软件和信息技术服务业	145178	6.9	28200	-12.3	11498
房地产业	247037	0.9	33656	6.8	36877
物业管理	179266	4.7	20356	17.8	29196
房地产中介服务	43996	-12.2	2950	-43.0	5284
房地产租赁经营	23771	0.8	10350	11.3	2397
租赁和商务服务业	685356	0.6	65087	4.4	93349
租赁业	11167	46.6	-1472	-164.5	1760
商务服务业	674190	0.03	66559	10.8	91589
人力资源服务	224782	-17.9	10447	-3.1	32633
科学研究和技术服务业	336099	12.2	19875	-15.8	29626
研究和试验发展	89220	27.3	855	-69.2	5722
专业技术服务业	227521	8.2	16676	-0.2	22271
科技推广和应用服务业	19358	0.5	2343	-43.0	1633
水利、环境和公共设施管理业	44936	2.4	11504	15.5	8414
生态保护和环境治理业	10646	19.1	6736	6.4	1260
公共设施管理业	34291	-1.8	4768	31.3	7154
居民服务、修理和其他服务业	103879	13.5	16803	97.4	22585
居民服务业	12176	91.1	4993	1342.3	1454
机动车、电子产品和日用产品修理业	7117	-2.7	1358	-8.2	1042
汽车、摩托车等修理与维护	6723	-1.5	1322	-7.3	964
其他服务业	84586	8.6	10452	56.3	20089
教育	177257	15.2	1304	-4.8	19342
初等教育	67040	18.8	27	52.3	8560
中等教育	59958	19.7			6390
高等教育	8374	1.2	19	-22.7	1018
卫生和社会工作	180699	15.1	316	1.9	14420
卫生	180254	15.0	316	1.9	14349
医院	170226	14.9	193	-5.7	13165
社会工作	445	88.0			71
文化、体育和娱乐业	33829	13.8	3321	-7.3	4464
广播、电视、电影和录音制作业	5155	0.6	728	-32.8	756
体育	25210	17.7	2402	7.2	3272
娱乐业	3464	8.9	192	-25.8	436

主要统计指标解释

Explanatory Notes on Main Statistical Indicators

从事服务业活动从业人员平均人数 指报告期内平均拥有的从事服务业活动的人员数。按“谁用工，谁统计”的原则实施统计，包括参加企业服务业活动的正式人员，劳务派遣人员和临时聘用人员。不包括在本企业领取工资、股息、红利未参加服务业活动的人员。

七、运输邮电

Transport, Postal and Telecommunication Services

7-1 主要年份运输邮电主要指标

Main Indicators of Transport, Postal and Telecommunication Services in Main Years

项　　目	单　位	1985年	1990年	1995年	2000年	2005年	2010年	2015年	2018年	2019年
公路通车里程	公里	1240	1325	2327	2519	2871	4751	5165	5262	5284
#高速公路	公里				89	154	217	335	387	406
一级公路	公里		6	679	782	1315	2394	2601	2633	2633
内河通航里程	公里	532	598	598	798	664	643	643	643	643
公路桥梁	座	211	267	338	538	826	1211	1422	1505	1518
民用汽车	辆	7897	19394	88311	153684	406577	920766	1844948	2946909	3235140
#载客	辆	1878	7225	25366	69658	268918	772701	1694322	2753765	3025648
载货	辆	5980	12087	52242	80405	129298	143005	145659	187428	203067
摩托车	辆	11786	47881	255591	482636	775838	423766	32698	354	121
机动船	艘	2883	5885	5292	806	467	286	422	397	387
机动船净载重	吨位	80324	186056	259329	152661	148737	557846	1767170	1956714	1959653
邮电局(所)	处	52	53	273	594	702	555	797	540	516
邮路长度	公里	790	459	685	3550	6835	4667	5168	11658	15029
局用交换机容量	万门	1.14	6.98	52.29	103.13	286.25	365.02	358.00	48.10	48.00
移动电话交换机总容量	万户			4.8	154.2	1059.1	1657.0	2033.0	2425.0	2425.0
本地电话用户	万户	0.77	4.90	31.57	78.12	384.52	332.42	298.23	231.27	217.55
移动电话用户(含充值卡)	万户		0.05	4.77	123.68	1016.41	1607.60	1756.75	1892.77	1788.16
互联网用户	万户			0.05	13.78	52.90	153.92	201.74	187.64	182.24
邮政业务收入(含快递)	万元						63178	992490	1891786	2382728
电信业务收入	万元						1490174	1497315	1758353	1770997
客运量	万人	2072	5758	10237	30697	33551	77446	4961	3383	3276
#公路	万人	1940	5728	10210	30680	33510	77415	4928	3360	3254
旅客周转量	万人公里	95237	322236	446230	1001906	1185290	1290692	771316	456292	422945
#公路	万人公里	90950	320690	444293	1000492	1182000	1288675	769168	454745	421482
货运量	万吨	2913	2701	4266	5431	6400	9312	15385	17272	17653
#公路	万吨	1922	1571	2377	3440	4586	7640	10469	10975	11735
货物周转量	万吨公里	171591	184700	264605	404678	424829	1090340	5048509	5272636	5354685
#公路	万吨公里	113038	72162	128026	246046	272500	510801	716902	783118	839111
港口货物吞吐量	万吨	276	233	201	746	2280	5657	13149	16417	19808

注：1. 2006年起公路通车里程含专用公路和村道，下同。
2. 2010年起，邮政业务相关指标不包括速递物流及邮政储蓄银行独立运营部分；2015年起采用邮管局数据，含快递业务，下同。
3. 2014年起，客运量和旅客周转量不含城市客运量，数据与往年不可比，下同。

7-2 历年运输线路长度与公路密度

Length of Transportation Routes and Road Density over Years

年 份	公路通车里程(公里)	等级公路	#一级	等外公路	高级、次高级路面通车里程(公里)	内河通航里程(公里)	公路密度(公里/百平方公里)
1978	1259	287		972		530	51.08
1979	1225	355		870		603	49.70
1980	1225	355		870		603	49.70
1981	1225	845		380		415	49.70
1982	1225	845		380		115	49.70
1983	1225	872		353		132	49.70
1984	1240	896		344		132	50.30
1985	1240	490		750		132	50.30
1986	1248	977		271		274	50.63
1987	1261	991		270		598	51.16
1988	1302	1068	6	234		598	52.82
1989	1325	1091	6	234		598	53.75
1990	1325	1102	6	223	750	598	53.75
1991	1759	1226	6	533	1137	598	71.36
1992	2055	1431	151	624	1442	599	83.37
1993	2260	1673	315	587	1675	598	91.68
1994	2292	1868	599	424	1773	598	92.98
1995	2327	1930	679	397	1650	598	94.40
1996	2330	2087	689	243	1653	598	94.50
1997	2330	2087	690	243	1563	598	94.50
1998	2429	1897	714	480	1958	598	98.52
1999	2467	1935	717	480	2048	798	100.06
2000	2519	2339	782	91	2253	798	102.15
2001	2570	2393	845	78	2321	798	104.26
2002	2641	2464	908	78	2406	798	107.14
2003	2688	2508	967	75	2472	716	109.05
2004	2759	2609	1148	37	2637	798	111.93
2005	2871	2686	1315	31	2774	664	116.47
2006	3891	3619	1585	117	3823	664	157.85
2007	3924	3650	1591	116	3860	535	159.19
2008	4001	3884	1639	117	3864	643	162.31
2009	4713	4598	2389	115	4643	643	191.21
2010	4751	4637	2394	114	4681	643	192.74
2011	4828	4716	2420	112	4759	643	196.24
2012	4966	4861	2484	108	4800	643	201.98
2013	5002	4896	2507	106	4937	643	202.94
2014	5145	5058	2580	87	5093	643	208.72
2015	5165	5078	2601	86	5165	643	209.53
2016	5265	5180	2649	86	5225	643	214.08
2017	5262	5179	2624	83	5227	643	213.92
2018	5262	5248	2633	15	5261	643	213.91
2019	5284	5284	2633	-	5284	643	214.79

注：公路密度数据来源于交通运输局，下同。

7-3 主要年份运输线路长度

Length of Transport Routes in Main Years

项　　目	单　位	1980年	1990年	1995年	2000年	2005年	2010年	2015年	2018年	2019年
公路通车里程合计	公里	1225	1325	2327	2519	2871	4751	5165	5262.28	5283.86
#按等级分										
等级公路	公里	355	1102	1930	2339	2686	4637	5078	5247.60	5283.86
高速公路	公里				89	154	217	335	386.61	405.97
一　级	公里		6	679	782	1315	2394	2601	2633.36	2633.36
二　级	公里		65	361	684	703	1317	1366	1415.85	1451.65
三　级	公里		60	135	310	297	178	256	294.00	301.74
四　级	公里	355	971	755	563	371	532	520	517.78	491.14
等外公路	公里	870	223	397	91	31	114	86	14.69	-
#按路面分										
有路面里程	公里		800	1808	2508	2858	4689	5165	5260.61	5283.86
#高级、次高级	公里		750	1650	2253	2774	4681	5165	5260.61	5283.86
无路面里程	公里		524	519	11	13	62	41	1.67	-
桥梁合计	座		267	338	538	826	1211	1422	1505	1518
	延米				39956	112385	162767	242319	280207	295417
公路密度	公里/百平方公里	49.70	53.75	94.40	102.15	116.47	192.74	209.53	213.91	214.79
#等级公路密度	公里/百平方公里	14.40	44.71	78.30	94.89	108.97	188.12	206.00	213.32	214.79
内河通航里程	公里	603	598	598	798	664	643	643	643	643

7-4 主要年份运输工具拥有量

Possession of Main Means of Transport in Main Years

项　　目	单　位	1985年	1990年	1995年	2000年	2005年	2010年	2015年	2018年	2019年
民用车辆拥有量										
汽车	辆	7897	19394	88311	153684	406577	920766	1844948	2946909	3235140
载客汽车	辆	1878	7225	25366	69658	268918	772701	1694322	2753765	3025648
	客位	23462	66361	302844	560155	2420591	5101240	9742352	15131186	16668088
载货汽车	辆	5980	12087	55000	81623	129298	143005	145659	187428	203067
	吨位	20428	38010	133757	332621	243390	253879	305135	434442	492395
其他汽车	辆	39	82	7945	2403	8361	5060	4967	5716	6425
摩托车	辆	11786	47881	255591	482636	775838	423766	32698	354	121
挂车	辆				8	2222	2983	3757	4235	6667
民用运输船舶拥有量										
机动船	艘	2883	5885	5292	806	467	286	422	397	387
	净载重吨位	80323	186056	259329	152661	148737	557846	1767170	1956714	1959653
	客位	2056	776	1881	1054	604	902	550	717	717
#货船	艘	2866	5875	5259	796	465	283	420	394	384
	净载重吨位	80285	186038	259314	152661	148431	557236	1766865	1956543	1959482
客船	艘			26	10	2	3	2	3	3
	客位			1295	1054	604	902	550	717	717
期末机动车驾驶员	人	44186	118229	351947	563564	798086	1287738	2254668	2981600	3239260
#汽车驾驶员	人	10661	28768	94778	173865	428912	1110932	2202712	2951696	3209824

注：2002年起民用汽车拥有量按新的口径分类，部分指标数值与往年不可比。

7-5 历年客货运输量

Passenger and Freight Traffic over Years

年 份	客运量(万人)	公 路	水 运	旅客周转量(万人公里)	公 路	水 运
1978	403	224	179	9425	5097	4328
1979	467	272	195	11162	6354	4808
1980	572	362	210	13584	8285	5299
1981	578	349	229	13845	7943	5902
1982	639	405	234	16026	9683	6343
1983	1281	1071	210	54075	47939	6136
1984	1287	1130	157	62107	56890	5217
1985	2072	1940	132	95237	90950	4287
1986	2304	2224	80	127458	124322	3136
1987	3359	3283	76	159117	156578	2539
1988	3223	3176	47	173335	171575	1760
1989	5288	5254	34	240999	239193	1806
1990	5758	5728	30	322236	320690	1546
1991	6749	6719	30	373284	371720	1564
1992	9267	9247	20	503973	502607	1366
1993	10907	10897	10	577800	576116	1684
1994	11234	11229	5	595134	594100	1034
1995	10237	10210	27	446230	444293	1937
1996	10749	10723	26	477466	476072	1394
1997	11300	11273	27	511592	509614	1978
1998	17485	17463	22	577452	575541	1911
1999	25404	25385	19	804278	802590	1688
2000	30697	30680	17	1001906	1000492	1414
2001	31220	31203	17	1031579	1030192	1387
2002	32100	32081	19	1091821	1090155	1666
2003	32588	32566	22	1126964	1125098	1866
2004	33240	33200	40	1166262	1163010	3352
2005	33551	33510	41	1185290	1182000	3290
2006	35182	35143	39	1213809	1210944	2865
2007	37182	37136	46	1264982	1261777	3205
2008	122468	122431	37	2248521	2246128	2393
2009	73324	73291	33	1053469	1051324	2145
2010	77446	77415	31	1290692	1288675	2017
2011	80337	80306	31	1458811	1456782	2029
2012	79739	79707	32	1568758	1566652	2106
2013	78113	78082	31	1559856	1557823	2033
2014	5555	5524	31	854595	852594	2004
2015	4961	4928	33	771316	769168	2148
2016	4874	4847	27	773196	771437	1757
2017	4342	4319	23	681427	679900	1527
2018	3383	3360	24	456292	454745	1547
2019	3276	3254	22	422945	421482	1463

7-5 续表 1

年 份	货运量(万吨)	公 路	#个体及联户	水 运	#个体及联户
1978	394	73		321	
1979	399	68		331	
1980	349	51		298	
1981	317	37		280	
1982	319	35		284	
1983	2366	1519	1515	847	535
1984	2738	1728	1710	1018	718
1985	3110	1922	1906	1188	814
1986	3296	2208	2190	1088	725
1987	2618	1304	1288	1314	928
1988	2685	1374	1358	1311	912
1989	3233	1516	1501	1717	1375
1990	2701	1571	1557	1130	837
1991	2456	1300	1286	1156	282
1992	2895	1703	1688	1192	902
1993	3256	1976	1960	1280	1011
1994	3646	2233	2222	1413	1147
1995	4266	2377	2368	1889	1599
1996	4451	2645	2636	1806	1556
1997	4644	2748	2740	1896	1622
1998	4776	2808	2808	1968	1678
1999	5016	3039	3039	1977	1653
2000	5431	3440	3440	1991	1660
2001	5527	3539	3539	1988	1659
2002	5857	4015	4015	1842	1504
2003	5877	4046	4046	1831	1496
2004	6054	4250	4250	1804	721
2005	6400	4586	4586	1814	1484
2006	5481	4930	4930	551	
2007	5676	5115	1194	561	75
2008	9273	8010	1273	1263	86
2009	8733	6944	1973	1789	159
2010	9312	7640	2080	1672	158
2011	10165	8210	2155	1955	133
2012	11191	8421	2310	2770	84
2013	12863	9162	2897	3701	80
2014	15375	10915	4033	4460	81
2015	15385	10469	4523	4916	100
2016	15593	10325	4493	5269	90
2017	16725	10521	4368	6204	171
2018	17272	10975	3872	6298	180
2019	17653	11735	2719	5918	112

7-5 续表 2

年 份	货物周转量(万吨公里)	公 路	#个体及联户	水 运	#个体及联户	港口货物吞吐量(万吨)
1978	15148	924		14224		293
1979	15390	636		14654		297
1980	16353	1479		14874		295
1981	15606	304		15302		272
1982	17185	252		16933		253
1983	108634	70723	70572	37911	20317	319
1984	140113	91774	91702	48339	29179	268
1985	171591	113038	113002	58553	31784	276
1986	126898	71392	71358	55506	27916	268
1987	174942	101285	101253	73657	41049	296
1988	169112	69014	68986	100098	82351	320
1989	186626	70942	70921	115684	82351	297
1990	184700	72162	72141	112538	83094	233
1991	194101	82555	82534	111546	82075	267
1992	232752	116698	116673	116054	85084	292
1993	248230	134918	134890	113312	87574	313
1994	273053	151108	148152	121945	93235	370
1995	264605	128026	127928	136579	105099	201
1996	267193	121625	121603	145568	118169	289
1997	278649	126336	126244	152313	122428	338
1998	285889	130378	130378	155511	123343	516
1999	300410	143465	143465	156945	119120	654
2000	404678	246046	246046	158632	119855	746
2001	406247	250121	250121	156126	118112	883
2002	420684	265908	265908	154776	115444	1611
2003	422822	268998	268998	153824	114812	2352
2004	423669	272220	272220	151449	48377	2600
2005	424829	272500	272500	152329	113249	2280
2006	336783	278566	278566	58217		1951
2007	356677	297223	50803	59454	6414	2017
2008	1747489	462797	38398	1284692	5598	3208
2009	1016490	452880	126052	563610	8787	3530
2010	1090340	510801	131929	579539	9399	5657
2011	1874802	531304	138976	1343498	9606	6848
2012	2967132	543633	147604	2423499	5941	9228
2013	4322745	683889	216590	3638856	5296	11187
2014	4480053	755240	389342	3724812	4103	12900
2015	5048509	716902	307772	4331607	5629	13149
2016	4552332	716734	311885	3835597	4909	14584
2017	4836221	743334	312111	4092888	8133	15714
2018	5272636	783118	275042	4489519	8860	16417
2019	5354685	839111	194210	4515573	5373	19808

7-6 历年主要运输工具年末拥有量

Possession of Main Means of Transport at Year-end over Years

年 份	民用汽车(辆)	#客车	货车	摩托车(辆)	机动船(艘)	市区万人拥有公共汽(电)车数量(标台)
1978	623	78	506	134	2169	
1979	1115	178	1089	156	2034	
1980	2009	516	1457	170	1948	
1981	3039	751	2031	517	2107	
1982	3419	791	2724	1168	2285	
1983	4473	854	3580	1636	2313	
1984	6059	1243	4822	7060	2563	
1985	7897	1878	5980	11786	2883	
1986	8632	2245	6334	18006	4368	
1987	9983	2954	6973	21308	4884	
1988	13581	3456	8690	26995	4911	
1989	16340	4214	10434	36820	4901	
1990	19394	7225	12087	47881	5885	
1991	20734	5206	15423	65770	4405	
1992	32625	5753	25048	106013	4351	
1993	48145	8710	35421	153014	4379	
1994	61572	11550	43925	200543	4562	
1995	88311	25366	55000	255591	5292	
1996	90793	29430	54870	249492	5313	
1997	103425	40101	62507	287076	5064	
1998	113435	47769	64434	382010	456	
1999	127007	55715	69470	399324	690	
2000	153684	69658	82841	482636	806	
2001	183638	89677	91304	560310	536	
2002	220134	116783	102253	642034	483	
2003	255603	155206	97047	692562	392	
2004	319725	210531	105050	687651	417	
2005	406577	268918	129298	775838	467	
2006	489306	351265	131704	697175	440	
2007	608933	466999	134825	567002	393	
2008	701600	557359	136295	521118	326	
2009	795554	653273	137334	470818	293	
2010	920766	772701	143005	423766	286	
2011	1061373	906454	149635	352553	312	
2012	1207044	1047922	153655	276401	333	
2013	1389103	1225695	158298	154568	351	17.47
2014	1559588	1405878	148612	88339	386	18.36
2015	1844948	1694322	145659	32698	422	16.88
2016	2246220	2082986	158212	772	424	19.73
2017	2627618	2449663	172735	536	423	18.94
2018	2946909	2753765	187428	354	397	19.73
2019	3235140	3025648	203067	121	387	20.84

7-7 主要年份邮电通信业务基本情况

Basic Statistics on Postal and Telecommunication Services in Main Years

项　　目	单位	1978年	1990年	1995年	2000年	2005年	2010年	2015年	2018年	2019年
邮电通信网										
邮电局、所	处	50	53	273	594	702	555	797	540	516
邮路长度	公里	513	459	685	3550	6835	4667	5168	11658	15029
农村投递线路长度	公里	1985	1812	2057	8865	19722	13261	21549	34798	52755
邮电通信工具										
邮政汽车	辆		7	10	35	192	131	190	247	225
移动电话交换机总容量	万户			5	154	1059	1657	2033	2425	2425
移动电话用户(含充值卡)	万户				123.68	1016.41	1607.60	1756.75	1892.77	1788.16
移动电话用户(不含充值卡)	万户		0.05	4.77	80.97	176.83	174.04	752.06	793.41	840.41
局用交换机容量	万门		6.98	52.29	103.13	286.25	365.02	358.00	48.10	48.00
本地电话用户	万户	0.20	4.90	31.57	78.12	384.52	332.42	298.23	231.27	217.55
数字数据用户(DDN)	端口				2741	2170	1098	375	375	375
互联网用户	万户			0.05	13.78	52.90	153.92	201.74	187.64	182.24
邮电业务量										
邮电业务收入(含快递)	亿元					132.82	155.34	248.98	365.01	415.37
＃电信业务	亿元						149.02	149.73	175.84	177.10
＃移动通信业务	亿元						105.78	108.99	133.40	136.96
邮政业务收入(含快递)	亿元							99.25	197.14	238.28
邮政函件业务量	万件		3372	10407	8124	9429.79	4507.00	6718.32	8856.00	8968.89
快递业务量	万件							75122	133854	163012
快递业务收入	万元							854642	1669023	2074608

7-8 历年邮电通信业务主要指标

Main Indicators of Postal and Telecommunication Services over Years

年 份	邮 电 局、所 (处)	局 用 交 换机容量 (万门)	本地电话 用 户 (万户)	移动电话 用 户 (万户)	邮电业务 收 入 (亿元)	邮电业务 总 量 (亿元)
1978	50		0.20			0.07
1979	50		0.21			0.08
1980	50		0.31			0.09
1981	50		0.34			0.10
1982	51		0.35			0.09
1983	51		0.39			0.10
1984	52		0.48			0.13
1985	52		0.77			0.16
1986	53		0.88			0.20
1987	45		1.63			0.34
1988	48		2.52			0.57
1989	50		4.30	0.02		0.96
1990	53	6.98	4.90	0.05		1.76
1991	60	9.82	7.50	0.11		2.77
1992	91	11.07	9.70	0.30		4.22
1993	161	21.24	14.98	0.72		6.57
1994	216	36.37	23.19	2.41		10.22
1995	273	52.29	31.57	4.77		15.28
1996	310	52.79	36.91	8.24		20.76
1997	339	57.76	42.65	15.29		28.43
1998	397	73.09	50.13	26.17		37.67
1999	458	84.79	60.87	51.01		51.59
2000	594	103.13	78.12	123.68		74.05
2001	689	155.29	98.96	295.76		88.64
2002	696	176.94	127.93	412.39	90.56	109.45
2003	846	220.28	206.11	660.86	105.12	157.05
2004	854	265.66	281.35	856.09	120.78	245.52
2005	702	286.25	384.52	1016.41	132.82	304.76
2006	560	299.19	461.31	1216.34	146.69	368.25
2007	567	329.50	469.17	1408.23	161.90	400.93
2008	547	340.71	439.41	1454.29	172.38	525.79
2009	546	347.15	378.40	1409.29	156.31	563.47
2010	555	365.02	332.42	1607.60	155.34	674.09
2011	626	357.00	319.55	1677.77	164.86	218.36
2012	595	364.00	330.79	1797.75	169.96	250.47
2013	611	295.26	314.48	1850.39	175.78	254.73
2014	715	363.83	327.22	1763.09	169.46	359.56
2015	797	358.00	298.23	1756.75	248.98	475.59
2016	787	358.00	272.63	1575.08	295.13	756.06
2017	535	58.00	244.64	1680.97	335.19	694.35
2018	540	48.10	231.27	1892.77	365.01	1282.22
2019	516	48.00	217.55	1788.16	415.37	1947.19

注：1.邮电业务总量1978—2000年按1990年不变价格计算，2001—2010年按2000年不变价格计算，2011—2016年按2010年不变价格计算；2017年起，电信业务总量按2015年不变价格计算，邮政业务总量仍按2010年不变价格计算。
2.本地电话2015年起取消小灵通用户。

7-9 邮电通信企业财务指标（2018—2019年）

Main Financial Indicators of Postal and Telecommunication Enterprises (2018-2019)

单位：万元

指标	2018年	2019年
年初存货	3808	4746
期末资产负债		
流动资产合计	440395	145795
#应收账款	73738	98876
存货	5056	3483
固定资产原价	4008956	3896959
本年折旧	327036	201759
资产总计	2104202	1982939
负债合计	1302489	1560819
所有者权益合计	801713	422120
损益及分配		
营业收入	1994514	2050360
#主营业务收入	1931512	
营业成本	953579	1153070
#主营业务成本	935895	
税金及附加	1846	4317
销售费用	170125	187930
管理费用	64940	57656
研发费用		130
财务费用	-836	4950
#利息收入	103	194
利息支出	-815	987
资产减值损失		8863
资产处置收益(损失以“—”号记)		10881
投资收益（损失以“—”号记）		
其他收益		1093
营业利润	747062	645418
营业外收入	1258	9435
营业外支出	3697	12604
利润总额	744623	642249
所得税费用	121871	96691
成本费用及增值税		
应付职工薪酬（本年贷方累计发生额）	171325	193292
#社会保险和住房公积金(单位负担部分)		34963
应交增值税	62714	65204
从事服务业活动的从业人员平均人数（人）	8171	7996

主要统计指标解释

Explanatory Notes on Main Statistical Indicators

公路通车里程 指在一定时点上实际达到交通部规定的公路技术等级标准，并经公路主管部门正式验收交付使用的公路里程数。包括大、中城市的郊区公路以及公路通过城镇（指县城、集镇）街道的里程数。但不包括大、中城市街道，厂矿、林区内部生产用道、农业生产用道，以及新建公路尚未进行验收交付使用的路段里程。公路按工程技术等级分为高速、一、二、三、四级公路；按公路是否铺设路面分为有路面和无路面公路；按公路通车情况分为晴雨通车里程和晴通雨阻里程。

民用汽车拥有量 指报告期末，在公安交通管理部门按照《机动车注册登记工作规范》，已注册登记领有民用车辆牌照的全部汽车数量。汽车拥有量统计的主要分类：根据汽车结构分为载客汽车、载货汽车及其他汽车；根据汽车所有者不同分为个人（私人）汽车、单位汽车；根据汽车的使用性质分为营运汽车、非营运汽车；根据汽车大小规格不同，载客汽车分为大型、中型、小型和微型，载货汽车分为重型、中型、轻型和微型。

机动船 又称自航船，指装有各种发动机推进装置，以机械动力行驶的船舶。

货（客）运量 在一定时期内，各运输部门实际运送的货物（旅客）数量。货运按吨计算，客运按人计算。货物不论运输距离长短，货物类型，均按实际重量统计；旅客不论行程远近或票价多少，均按一人一次作为客运量统计。半价票，小孩票也按一人统计。货（客）运量反映运输业为国民经济和人民生活服务的数量，也是制定和检查运输生产计划，研究运输发展规模和速度的重要指标。

货物（旅客）周转量 指在一定时期内，由各种运输工具运输业运送的货物（旅客）数量与其相应运输距离的乘积，通常以吨公里和人公里为计算单位。计算货物周转量通常按发出站与到达站之间的最短距离，也就是计费距离计算。它是反映运输业生产总成果的重要指标，也是编制和检查运输生产计划，计算运输效率，劳动生产率以及核算运输单位成本的主要基础资料。

港口货物吞吐量 是指经由水运运进、运出港区范围，并经过装卸的货物数量。货物吞吐量分别按国内进口（装卸）、出口（装船），外贸进口、出口统计。货物吞吐量按货物实际重量吨统计，以货物交接清单或货单上记载的重量吨为准。如无实际重量吨，可根据船舶装载情况来推算。在本港区内的水运转口分别按进口和出口各计算一次吞吐量。货物吞吐量是衡量港口生产规模的一个主要数量指标。

邮电业务收入 是指邮电营运企业从事邮政、电信、移动及其他邮电业务所取得的营业收入。

局用交换机容量 指安装在本地电信运营商内用于接读本地固定电话的电话交换机容量，有倍增设备按倍增后的数量计数。包括现用和备用的人工或自动交换全部容量。

本地电话用户 是指接入本地电信运营商固定电话网上的电话用户。包括：住宅电话、单位用户、公用电话用户等。按电话用户位置又分城市电话用户和乡村电话用户。按通信手段又分为固定电话用户和无线电话用户。

移动电话用户 是指在移动通信部门办理登记手续，通过移动电话交换机进入移动电话网，占用移动电话号码的电话用户。包括签约用户和智能网预付费用户。一个移动电话号码统计为一户。

移动电话交换机容量 是指移动电话交换机根据一定话务模型和交换机处理能力计算出来的最大同时服务用户的数量。

邮政局所 指经邮政部门审批许可，有固定的地址，领有上级发给的邮政日戳或邮政戳记，对外营业直接为用户办理邮政业务（至少办理出售邮票和收寄给据函件）的服务机构。邮政局所按经营方式分为自办局所和代办局所；按设置地点分为城市局所和农村局所。

八、国内贸易

Domestic Trade

8-1 历年社会消费品零售总额

Total Retail Sales of Consumer Goods over Years

年份	社会消费品零售总额		按城乡分	
	绝对值（万元）	增速（%）	城镇（万元）	乡村（万元）
1978	21269			
1979	24956	17.3		
1980	31595	26.6		
1981	40201	27.2		
1982	48126	19.7		
1983	52255	8.6		
1984	73930	41.5		
1985	93640	26.7		
1986	122420	30.7		
1987	150511	23.0		
1988	246518	63.8		
1989	270354	9.7		
1990	319738	18.3		
1991	364972	14.2		
1992	454431	21.5		
1993	664401	46.2		
1994	881693	32.7		
1995	1229750	39.5		
1996	1353397	10.1		
1997	1597209	18.0		
1998	1986130	24.4		
1999	2316340	16.6		
2000	2710461	17.0		
2001	3195674	17.9		
2002	3745901	17.2		
2003	4351040	16.2		
2004	5083418	16.8		
2005	6083777	19.7		
2006	7215935	18.6		
2007	8647900	19.8		
2008	10665695	23.3		
2009	12465338	16.9		
2010	14562684	16.8	13772342	790342
2011	17063459	17.2	16160997	902462
2012	18738545	9.8	17775823	962722
2013	20951914	11.8	19916369	1035545
2014	23099694	10.3	21886015	1213679
2015	26226475	13.5	24803736	1422739
2016	29888446	14.0	27664560	2223886
2017	33130545	10.8	30511973	2618573
2018	36373743	9.8	32838215	3535528
2019	40038871	10.1	36311028	3727843

注：本表1979—2003年数据根据东莞市第一次全国经济普查结果重新核定，2005—2008年数据根据东莞市第二次全国经济普查结果重新核定，2009—2013年数据根据东莞市第三次全国经济普查结果重新核定，1993—2019年数据根据东莞市第四次全国经济普查结果重新核定。

8-2 历年批发零售贸易企业与个体户数

Wholesale and Retail Trades Enterprises and Self-employed Individuals over Years

单位：个

年 份	单位数合计	国有经济	集体经济	其他经济	
					#私营个体经济
1979	2459	406	1918	135	135
1980	2613	395	1679	539	537
1981	4603	371	1954	2278	2274
1982	3323	373	1838	1112	1107
1983	8723	401	1539	6783	6783
1984	18917	431	6720	11766	11766
1985	16885	670	4543	11672	11671
1986	18547	823	3063	14661	14660
1987	23468	739	4102	18627	18626
1988	26247	665	4405	21177	21176
1989	28453	695	4196	23562	23561
1990	27931	709	3512	23710	23709
1991	29474	678	3934	24862	24862
1992	34465	803	4193	29469	29469
1993	43511	886	7640	34985	34985
1994	49706	633	11396	37677	37677
1995	56339	745	14492	41102	41101
1996	60078	670	15183	44225	44224
1997	48910	811	8477	39622	39546
1998	52543	1064	4046	47433	46615
1999	55925	1056	3843	51026	50172
2000	57474	1024	3581	5289	51914
2001	68909	866	2960	65083	63760
2002	89246	748	2424	86078	84614
2003	113531	530	2068	110933	109236
2004	149067	539	1941	146587	144304
2005	192525	393	1451	190681	188082
2006	236124	283	1090	234751	231930
2007	284109	268	930	282911	279524
2008	301996	288	833	300875	296613
2009	300088	256	744	299088	294753
2010	300668	239	654	299775	295166
2011	288904	223	629	288052	283209
2012	305784	227	594	304963	299666
2013	313612	197	555	312860	307352
2014	339933	183	513	339237	333920
2015	378148	198	482	377468	371503
2016	437800	199	457	437144	430547
2017	507972	198	431	507343	499538
2018	563484	137	401	562946	553707
2019	589155	82	379	588694	579122

8-3 历年限额以上批发和零售企业商品购进、销售、库存总额

Total Purchases, Sales and Inventory of Enterprises above Designated Size in Wholesale and Retail Trades over Years

单位：万元

年 份	商品购进总 额	商品销售总 额	批发总额	零售总额	年末库存总 额
1978	82347	74936	50207	24729	7576
1979	91074	82878	55528	27350	8378
1980	109147	99324	66547	32777	10041
1981	131797	119936	80357	39579	12125
1982	156730	142615	95552	47063	14418
1983	160485	146042	97848	48194	14764
1984	214364	195072	130698	64374	19721
1985	254458	231557	155143	76414	23410
1986	630988	283945	190243	93702	28706
1987	380242	346021	231834	114187	34982
1988	714661	650342	435729	214613	65749
1989	729163	663539	444570	218969	67083
1990	766549	697560	467365	230195	70523
1991	796488	672666	433991	238675	74092
1992	881697	743990	473014	270976	64939
1993	1141163	1063567	725979	337588	92249
1994	1323263	1296363	912457	383906	177377
1995	1584470	1556882	1044334	512548	143404
1996	1694496	1737121	1117111	620010	166267
1997	1857884	1922001	1212399	709602	175715
1998	779319	863214	696921	166293	91640
1999	1064070	1106048	875799	230249	73620
2000	1232026	1354640	1072929	281711	58304
2001	1312924	1405409	1080688	324721	67415
2002	1588853	1682579	1188961	493618	102657
2003	1712564	1805840	1138496	667344	107996
2004		5406921	3479209	1927712	251427
2005	4798504	5683548	3882222	1801326	322445
2006	5324450	6487742	4215562	2272180	335108
2007	6706290	8102415	4875668	3226748	485401
2008	8349926	10772768	6604662	4168106	790691
2009	8689984	10167222	6137228	4029994	839175
2010	12846503	14271362	9046899	5224463	1002940
2011	15777469	18129917	11738336	6391581	1401733
2012	20036523	22307974	15515426	6792549	1699355
2013	26698507	29369393	21570487	7798906	3189454
2014	25329332	29033764	20733048	8300715	2551678
2015	27857102	32191772	21844876	10346896	4769611
2016	35341899	39108916	27811404	11297512	2113452
2017	46650914	51413974	38137326	13276648	3873710
2018	51030439	57454728	43641136	13813592	4197575
2019	54407509	62936933	48183606	14753327	3655738

注：本表2004年采用经济普查数据，由于普查报表制度没有设“商品购进”指标，故数据空缺。

8-4 限额以上批发和零售业商品购进、销售、库存总额（2019年）

Total Purchases, Sales and Inventory of Enterprises above Designated Size in Wholesale and Retail Trades (2019)

项目	法人企业（个）	从业人数（人）	商品购进总额（万元）	商品销售总额（万元）			年末库存总额（万元）
					批发额	零售额	
总计	3421	123783	54407509	62936933	48183606	14753327	3655738
批发企业	2705	72530	43315093	49320656	47746816	1573840	2808139
按登记注册类型分							
内资企业	2517	63427	36609989	41950524	40397171	1553352	2557163
港、澳、台商投资企业	122	6023	5679613	6203655	6183167	20488	205358
外商投资企业	66	3080	1025491	1166478	1166478		45618
按国民经济行业分							
农、林、牧产品批发业	25	1272	911916	1007794	1003267	4527	31269
食品、饮料及烟草制品批发业	204	11827	3782101	4512109	4472931	39178	299476
纺织、服装及家庭用品批发业	384	11957	6276476	6929065	6866621	62444	372590
文化、体育用品及器材批发业	108	3587	943859	1117591	1082032	35559	153747
医药及医疗器材批发业	59	4268	1466998	1512436	1479180	33256	240485
矿产品、建材及化工产品批发业	1227	19635	14891582	16274582	16151078	123505	996964
机械设备、五金交电及电子产品批发业	505	13766	6847340	9512546	8303361	1209186	561342
贸易经纪与代理	46	1222	1015355	1049980	1045105	4875	3881
其他批发业	147	4996	7179467	7404554	7343244	61311	148386
零售企业	716	51253	11092416	13616276	436790	13179486	847599
按登记注册类型分							
内资企业	674	43157	9737548	12101348	420308	11681040	751300
港、澳、台商投资企业	21	3375	831812	890109	2740	887368	55547
外商投资企业	21	4721	523056	624819	13741	611079	40752
按国民经济行业分							
综合零售业	66	11413	803054	946906	5667	941239	67778
食品、饮料及烟草制品专门零售业	20	411	41100	45527	3343	42184	14187
纺织、服装及日用品专门零售业	21	1091	49813	71650	342	71307	22506
文化、体育用品及器材专门零售业	5	279	22729	26500		26500	6799
医药及医疗器材专门零售业	37	4230	145437	202413	15851	186562	28483
汽车、摩托车、燃料及零配件专门零售业	480	28878	6972910	9194552	357800	8836752	626872
家用电器及电子产品专门零售业	45	2302	270368	277504	25151	252353	63812
五金、家具及室内装修材料专门零售业	13	570	43258	46920	337	46582	5667
货摊、无店铺及其他零售业	29	2079	2743746	2804306	28299	2776007	11496

8-5 限额以上批发和零售企业财务状况（2019年）

Main Financial Indicators of Enterprises above Designated Size in Wholesale and Retail Trade (2019)

项　　目	法　人 企业数 （个）	年末资产负债				
		流动资产合计（万元）	#存货	固定资产原价（万元）	累计折旧（万元）	#本年折旧
总　计	3421	22475362	3508349	2394635	983056	155992
批发企业	2705	16955553	2663678	1642823	645703	96826
按登记注册类型分						
内资企业	2517	13738143	2361423	1510257	595987	87194
港、澳、台商投资企业	122	2592422	200805	89661	23735	5979
外商投资企业	66	624988	101450	42905	25981	3654
按国民经济行业分						
农、林、牧产品批发业	25	304150	58397	43571	4828	1528
食品、饮料及烟草制品批发业	204	1384828	277715	79009	30881	4547
纺织、服装及家庭用品批发业	384	2221193	333684	54688	28285	5853
文化、体育用品及器材批发业	108	516136	148167	20702	11006	3112
医药及医疗器材批发业	59	802130	205199	43417	18051	3544
矿产品、建材及化工产品批发业	1227	5699657	941324	1111236	448678	54580
机械设备、五金交电及电子产品批发业	505	3449614	510200	177504	63178	17088
贸易经纪与代理	46	246641	3045	64982	19062	2563
其他批发业	147	2331204	185946	47714	21734	4011
零售企业	716	5519809	844671	751813	337353	59165
按登记注册类型分						
内资企业	674	5034380	753194	612644	264894	50042
港、澳、台商投资企业	21	310510	53783	72284	33855	4948
外商投资企业	21	174919	37694	66884	38604	4176
按国民经济行业分						
综合零售业	66	385183	116365	145202	84981	8975
食品、饮料及烟草制品专门零售业	20	25141	13184	4012	2732	143
纺织、服装及日用品专门零售业	21	71069	27956	15107	5871	720
文化、体育用品及器材专门零售业	5	17964	1324	699	406	55
医药及医疗器材专门零售业	37	97023	25795	17420	7096	1170
汽车、摩托车、燃料及零配件专门零售业	480	4475472	588267	463738	194970	43272
家用电器及电子产品专门零售业	45	143719	53559	35062	14064	1814
五金、家具及室内装修材料专门零售业	13	15239	5654	5145	4058	255
货摊、无店铺及其他零售业	29	289000	12568	65429	23175	2761

8-5 续表 1

(2019年)

单位：万元

项目	年末资产负债				损益及分配	
	资产总计	负债合计	所有者权益合计	#实收资本	营业收入合计	#主营业务收入
总计	30002256	20314532	9687725	4934928	58239108	57696711
批发企业	23434291	16193626	7240665	4317649	45756303	45529781
按登记注册类型分						
内资企业	16467801	12980315	3487487	1785671	38682374	38484771
港、澳、台商投资企业	6292454	2720188	3572266	2419472	5466895	5448321
外商投资企业	674037	493123	180913	112506	1607035	1596689
按国民经济行业分						
农、林、牧产品批发业	465779	301017	164762	127953	939362	939126
食品、饮料及烟草制品批发业	1814480	1300620	513860	169402	4132956	4056407
纺织、服装及家庭用品批发业	2485460	1844040	641420	403827	6470081	6443248
文化、体育用品及器材批发业	594518	463658	130861	106464	997923	997429
医药及医疗器材批发业	846051	742933	103118	71923	1354549	1350565
矿产品、建材及化工产品批发业	7243842	5625348	1618494	833193	14682742	14626030
机械设备、五金交电及电子产品批发业	3927351	3224352	702999	361096	9009905	8970980
贸易经纪与代理	332982	242520	90462	38848	1064294	1063453
其他批发业	5723828	2449138	3274690	2204944	7104492	7082542
零售企业	6567965	4120906	2447059	617279	12482805	12166930
按登记注册类型分						
内资企业	5908215	3723431	2184784	482139	11031408	10752041
港、澳、台商投资企业	380217	194470	185747	47157	865302	843725
外商投资企业	279533	203005	76528	87984	586095	571165
按国民经济行业分						
综合零售业	577363	472223	105140	94948	913676	853161
食品、饮料及烟草制品专门零售业	31168	27298	3870	2763	42464	41656
纺织、服装及日用品专门零售业	81600	84566	-2966	9569	72515	63517
文化、体育用品及器材专门零售业	21945	17511	4434	2730	25215	25051
医药及医疗器材专门零售业	110352	93705	16647	6568	181675	181039
汽车、摩托车、燃料及零配件专门零售业	5185194	2991565	2193629	408587	8434180	8201737
家用电器及电子产品专门零售业	178626	133517	45109	27684	262265	252191
五金、家具及室内装修材料专门零售业	18581	20093	-1512	13133	44870	44870
货摊、无店铺及其他零售业	363137	280428	82709	51297	2505946	2503710

8-5 续表 2

(2019年)

单位：万元

项目	损益及分配				
	营业成本	税金及附加	其他业务利润	销售费用	管理费用
总计	54245448	203735	211001	1952674	936579
批发企业	42962728	181042	114637	1235653	695380
按登记注册类型分					
内资企业	36274568	171319	113198	1090024	594989
港、澳、台商投资企业	5188344	7891	950	101310	80041
外商投资企业	1499816	1832	489	44320	20350
按国民经济行业分					
农、林、牧产品批发业	914741	658		7856	6165
食品、饮料及烟草制品批发业	3487354	136851	70692	223989	126762
纺织、服装及家庭用品批发业	6090193	5651	2311	191408	106621
文化、体育用品及器材批发业	921952	1580	165	41628	23369
医药及医疗器材批发业	1247853	2526	8261	38254	34763
矿产品、建材及化工产品批发业	13893326	16028	18125	355802	190633
机械设备、五金交电及电子产品批发业	8474618	8595	9791	293619	152864
贸易经纪与代理	1032182	1126	-13	19589	10498
其他批发业	6900510	8026	5307	63509	43706
零售企业	11282720	22693	96364	717021	241199
按登记注册类型分					
内资企业	10034325	18061	82126	613303	206693
港、澳、台商投资企业	759855	3481	8820	45291	15900
外商投资企业	488541	1151	5417	58427	18606
按国民经济行业分					
综合零售业	721540	3181	17206	156167	23769
食品、饮料及烟草制品专门零售业	36315	94	65	2593	2322
纺织、服装及日用品专门零售业	51711	156		12091	7086
文化、体育用品及器材专门零售业	20944	119	93	3779	886
医药及医疗器材专门零售业	134105	626	72	27048	15790
汽车、摩托车、燃料及零配件专门零售业	7691379	15380	72999	359241	169858
家用电器及电子产品专门零售业	227288	661	1946	25311	9976
五金、家具及室内装修材料专门零售业	31682	189		10210	2157
货摊、无店铺及其他零售业	2367756	2286	3982	120580	9356

8-5 续表 3

(2019年)

单位：万元

项　目	损益及分配				应付职工薪酬	应交增值税
	财务费用	营业利润	利润总额	所得税费用		
总　计	196820	918536	930580	150753	961627	425708
批发企业	142511	726300	732725	106968	607005	302903
按登记注册类型分						
内资企业	121519	442079	452626	86255	491414	262211
港、澳、台商投资企业	20909	244204	241136	9537	77620	32413
外商投资企业	83	40017	38963	11177	37971	8279
按国民经济行业分						
农、林、牧产品批发业	2063	6937	7473	1808	7551	1345
食品、饮料及烟草制品批发业	12796	150639	156647	39027	101444	65372
纺织、服装及家庭用品批发业	5116	34828	31306	6873	93107	42104
文化、体育用品及器材批发业	2559	6446	6789	1417	27853	6083
医药及医疗器材批发业	9686	12118	12031	4070	28902	12741
矿产品、建材及化工产品批发业	92492	171074	173677	25728	152448	91383
机械设备、五金交电及电子产品批发业	-1409	75716	76404	15126	126814	57591
贸易经纪与代理	-272	2107	1813	682	19735	5293
其他批发业	19480	266435	266586	12237	49151	20993
零售企业	54309	192236	197854	43785	354622	122805
按登记注册类型分						
内资企业	50207	135791	140516	28369	296562	100862
港、澳、台商投资企业	2713	38162	38419	10073	28054	12592
外商投资企业	1388	18284	18919	5342	30006	9351
按国民经济行业分						
综合零售业	3321	5995	9625	4201	55090	11578
食品、饮料及烟草制品专门零售业	52	1087	1040	291	2574	649
纺织、服装及日用品专门零售业	2511	-1059	-1004	157	6357	1567
文化、体育用品及器材专门零售业	109	-543	-359	131	1870	133
医药及医疗器材专门零售业	336	3655	3686	768	26385	4607
汽车、摩托车、燃料及零配件专门零售业	45221	175086	175075	36177	228240	80268
家用电器及电子产品专门零售业	1760	1141	1283	51	14218	1737
五金、家具及室内装修材料专门零售业	44	582	594	61	3511	1163
货摊、无店铺及其他零售业	956	6291	7915	1948	16377	21103

8-6 限额以上批发和零售业商品销售情况（2019年）

Total Sales of Commodities above Designated Size in Wholesale and Retail Trades (2019)

单位：万元

项目	商品销售总额	批发额	零售额
粮油、食品类	3410673	2863998	546674
#粮油类	1397295	1303268	94027
肉禽蛋类	227400	159250	68150
水产品类	56592	30898	25694
蔬菜类	178144	135730	42415
干鲜果品类	193112	117635	75478
饮料类	760982	627686	133295
烟酒类	1487586	1416553	71033
服装鞋帽、针纺织品类	3279566	2964912	314654
#服装类	1634400	1434920	199480
鞋帽类	500548	448251	52296
针、纺织品类	1144619	1081741	62878
化妆品类	152475	75126	77349
金银珠宝类	144946	92532	52413
日用品类	1121780	749336	372444
#儿童玩具类	92	92	
五金、电料类	774704	763923	10782
体育、娱乐用品类	126519	36954	89565
#照相器材类	56339	4475	51864
书报杂志类	53233	32301	20932
电子出版物及音像制品类	2000	1572	428
家用电器和音像器材类	2833187	1787135	1046052
中西药品类	1651396	1399276	252121
#西药	801806	646925	154881
中草药及中成药	571962	496031	75931
文化办公用品类	1866739	299982	1566757
#计算机及其配套产品	1550799	79676	1471123
家具类	1255344	1193852	61491
通讯器材类	5489820	4320603	1169217
煤炭及制品类	1315250	1315250	
木材及制品类	517372	517372	
石油及制品类	7401560	5174621	2226939
化工材料及制品类	5548738	5548738	
#化肥类	19706	19706	
金属材料类	3298886	3298886	
建筑及装潢材料类	1228071	1171410	56660
机电产品及设备类	1877640	1877640	
#农机类	2909	2909	
汽车类	7653553	808900	6844653
种子饲料类	100850	100850	
棉麻类	687	687	
其它	7569398	7524650	44748

注：分类别情况采用月度数据。

8-7 限额以上住宿业和餐饮业经营情况（2019）

Business of Hotels and Catering Services above Designated Size (2019)

项　　目	法人企业（个）	从业人数（人）	营业额（万元）	客房收入	餐费收入	商品销售收入	其它收入
总　计	579	49125	1180009	214551	805042	92704	67713
住宿业	215	25014	492743	214207	215504	5973	57058
按登记注册类型分							
内资企业	199	22010	437160	195347	189808	5294	46711
港、澳、台商投资企业	10	2139	41202	13823	18954	530	7894
外商投资企业	6	865	14382	5037	6742	149	2454
按国民经济行业分							
旅游饭店	153	22604	450176	180686	209338	5072	55080
一般旅馆	59	2367	41721	32747	6150	845	1979
民宿服务	1	20	546	474	16	56	
其它住宿服务业	2	23	300	300			
餐饮业	364	24111	687267	344	589538	86731	10654
按登记注册类型分							
内资企业	347	19246	564989	344	469610	84932	10104
港、澳、台商投资企业	12	3511	70430		68080	1799	551
外商投资企业	5	1354	51848		51848		
按国民经济行业分							
正餐服务业	232	11549	252536	344	237915	11739	2538
快餐服务业	25	6056	158822		158415	39	369
饮料及冷饮服务业	5	469	5323		3017	2307	
餐饮配送及外卖送餐服务	59	4295	196897		123900	65343	7654
其他餐饮服务业	43	1742	73688		66291	7303	93

8-8 限额以上住宿和餐饮企业财务状况（2019年）

Main Financial Indicators of Enterprises above Designated Size in Hotels and Catering Services (2019)

项目	法人企业数（个）	年末资产负债				
		流动资产合计（万元）	存货（万元）	固定资产原价（万元）	累计折旧（万元）	本年折旧（万元）
总计	579	862205	37696	1088350	658444	43176
住宿业	215	568440	19561	988162	605070	37299
按登记注册类型分						
内资企业	199	395790	16659	786231	463864	31770
港、澳、台商投资企业	10	164682	1740	158845	119001	3107
外商投资企业	6	7968	1162	43086	22205	2422
按国民经济行业分						
旅游饭店	153	549379	18868	956032	587002	35875
一般旅馆	59	18801	663	31831	17811	1409
民宿服务	1	76	31	200	165	15
其它住宿服务业	2	184		99	92	1
餐饮业	364	293765	18134	100189	53374	5877
按登记注册类型分						
内资企业	347	223940	16906	53352	28122	3794
港、澳、台商投资企业	12	62207	819	38853	21126	1461
外商投资企业	5	7618	410	7984	4127	622
按国民经济行业分						
正餐服务业	232	117957	7501	60470	31468	3170
快餐服务业	25	77529	1622	33831	18842	2019
饮料及冷饮服务业	5	1545	593	414	222	52
餐饮配送及外卖送餐服务	59	65215	7597	4187	2459	448
其他餐饮服务业	43	31518	821	1287	383	187

8-8 续表 1

(2019年)

单位：万元

项　　目	年末资产负债				损益及分配	
	资产总计	负债合计	所有者权益合计	#实收资本	营业收入	#主营业务收入
总　计	1567564	1676010	-108129	314313	1132781	1125682
住宿业	1152812	1480476	-327314	226654	468702	462293
按登记注册类型分						
内资企业	914075	1113606	-199180	156341	416001	410223
港、澳、台商投资企业	206052	333642	-127590	47397	38767	38476
外商投资企业	32685	33229	-544	22916	13934	13595
按国民经济行业分						
旅游饭店	1117018	1452714	-335345	211987	427907	421609
一般旅馆	34930	27334	7596	14318	39965	39878
民宿服务	673	426	247	50	530	506
其它住宿服务业	190	2	188	300	300	300
餐饮业	414752	195534	219185	87659	664079	663389
按登记注册类型分						
内资企业	286790	137490	149266	62189	542342	541708
港、澳、台商投资企业	110098	55131	54966	18880	72825	72768
外商投资企业	17864	2913	14952	6589	48913	48913
按国民经济行业分						
正餐服务业	163183	124610	38540	40337	241648	241068
快餐服务业	144598	13115	131483	26490	157581	157579
饮料及冷饮服务业	1774	391	1383	590	5250	5250
餐饮配送及外卖送餐服务	71940	40422	31518	12120	192501	192393
其他餐饮服务业	33257	16997	16260	8122	67099	67099

8-8 续表 2

(2019年)

单位：万元

项　　　目	损益及分配				
	营业成本	税金及附加	其他业务利润	销售费用	管理费用
总　计	599439	5538	18828	277860	210227
住宿业	153190	3777	2783	164388	135553
按登记注册类型分					
内资企业	138910	3346	2625	143752	115891
港、澳、台商投资企业	9440	354	145	15705	14146
外商投资企业	4841	76	12	4931	5516
按国民经济行业分					
旅游饭店	136100	3573	2695	153292	123293
一般旅馆	16946	187	88	10829	11890
民宿服务	132	16		267	79
其它住宿服务业	12	1			291
餐饮业	446249	1762	16045	113472	74674
按登记注册类型分					
内资企业	391701	1590	16020	68841	66074
港、澳、台商投资企业	28861	156	25	30829	5202
外商投资企业	25687	16		13803	3398
按国民经济行业分					
正餐服务业	149270	1070	2442	58619	30144
快餐服务业	78744	105	11383	45591	18183
饮料及冷饮服务业	1886	5	1583	3007	160
餐饮配送及外卖送餐服务	166316	421	626	3775	15867
其他餐饮服务业	50033	162	10	2481	10320

8-8 续表 3

(2019年)

单位：万元

项目	损益及分配				应付职工薪酬	应交增值税
	财务费用	营业利润	利润总额	所得税费用		
总计	23111	16099	22000	6903	242409	20755
住宿业	22900	-10069	-7692	791	128301	9502
按登记注册类型分						
内资企业	20203	-5073	-3307	769	111789	8656
港、澳、台商投资企业	2602	-3483	-3057	7	12355	576
外商投资企业	96	-1513	-1327	16	4158	270
按国民经济行业分						
旅游饭店	22748	-10046	-7975	750	115937	8589
一般旅馆	153	-58	248	40	12156	887
民宿服务	-0.1	39	39	1	66	16
其它住宿服务业		-4	-4		142	9
餐饮业	210	26169	29692	6112	114108	11253
按登记注册类型分						
内资企业	558	11967	15209	2492	87744	10615
港、澳、台商投资企业	-196	8002	7977	1937	16588	619
外商投资企业	-151	6200	6506	1682	9776	19
按国民经济行业分						
正餐服务业	569	1412	1679	743	53244	5322
快餐服务业	-506	14464	17509	3434	28869	1895
饮料及冷饮服务业	4	188	268	23	1700	20
餐饮配送及外卖送餐服务	148	5912	5982	984	21943	2939
其他餐饮服务业	-4	4193	4254	929	8351	1078

8-9 历年住宿餐饮企业与个体户数

Enterprises and Self-employed Individuals in Hotels and Catering Services over Years

单位：个

年 份	单位数合 计	国有经济	集体经济	其他经济	#私营个体经济
1979	147	22	115	10	10
1980	182	23	121	38	38
1981	622	24	283	315	315
1982	308	24	102	182	182
1983	2069	31	98	1940	1940
1984	4012	31	445	3536	3536
1985	2982	36	389	2557	2557
1986	3268	38	270	2960	2956
1987	2281	35	308	1938	1934
1988	2265	31	296	1938	1934
1989	2850	32	276	2542	2538
1990	3387	30	439	2918	2914
1991	3438	44	225	3169	3165
1992	4456	25	320	4111	4106
1993	7119	12	1851	5256	5232
1994	7819	12	1748	6059	6051
1995	8918	26	1802	7090	7082
1996	9708	9	1900	7799	7789
1997	9968	28	606	9334	9210
1998	11069	102	368	10599	10532
1999	11904	80	337	11487	11392
2000	8335	78	361	7896	7831
2001	9776	67	343	9366	9318
2002	15128	74	265	14789	14740
2003	17615	64	229	17322	17276
2004	19802	39	424	19339	19224
2005	25972	28	315	25629	25522
2006	27108	16	247	26845	26747
2007	38435	11	219	38205	38094
2008	40154	9	177	39968	39687
2009	38220	5	130	38085	37795
2010	36156	4	113	36039	35728
2011	29280	4	91	29185	28825
2012	29381	4	81	29296	28874
2013	31780	2	70	31708	31205
2014	36172	2	55	36115	35559
2015	41690	3	53	41634	41021
2016	54831	1	49	54781	54115
2017	73499		46	73453	72686
2018	91276		41	91235	90314
2019	107703		35	107668	106641

8-10 专业市场分类基本情况（2018-2019年）

Basic Statistics on Specialized Market Classification (2018-2019)

单位：个

项目	2018年			2019年		
	合计	城市	农村	合计	城市	农村
合计	228	96	132	230	97	133
消费品市场	184	84	100	186	85	101
消费品综合市场	96	38	58	96	38	58
农副产品市场	19	7	12	21	8	13
农副产品综合市场						
农副产品专业市场	19	7	12	21	8	13
工业品消费市场	45	24	21	45	24	21
工业消费品综合市场	14	8	6	14	8	6
工业消费品专业市场	31	16	15	31	16	15
其他消费品市场	24	15	9	24	15	9
生产资料市场	44	12	32	44	12	32
生产资料综合市场	12	1	11	13	1	12
工业生产资料市场	23	5	18	22	5	17
机动车交易市场	4	1	3	4	1	3
钢材交易市场	1		1	1		1
煤炭交易市场						
木材交易市场	4		4	4		4
其他工业生产资料市场	14	4	10	13	4	9
其他生产资料市场	9	6	3	9	6	3

注：本表数据来源于市市场监管局，不包括集贸市场数。

8-11 历年城乡集市贸易

Statistics on Urban and Rural Trade Fairs over Years

单位：个

年　份	集贸市场 总　数	城　市	农　村
1978	35		35
1979	35		35
1980	35		35
1981	38		38
1982	40		40
1983	41		41
1984	43		43
1985	48		48
1986	57	7	50
1987	63	10	53
1988	66	12	54
1989	69	11	58
1990	73	10	63
1991	75	10	65
1992	53	7	46
1993	155	13	142
1994	162	12	150
1995	189	17	172
1996	219	20	199
1997	241	23	218
1998	252	25	227
1999	286	36	250
2000	308	29	279
2001	375	31	344
2002	495	28	467
2003	576	34	542
2004	610	35	575
2005	665	36	629
2006	812	39	773
2007	845	36	809
2008	871	228	643
2009	883	225	658
2010	792	194	598
2011	812	181	631
2012	816	186	630
2013	815	185	630
2014	779	146	633
2015	816	392	424
2016	390	78	312
2017	407	79	328
2018	416	77	339
2019	420	76	344

注：1.2008年以前的城市集贸市场数只包括莞城的集贸市场，2008年起包括莞城、东城、南城和万江四大街道办的市场数。
2.2016年起，按统计标准要求，剔除了部分不符合要求的集贸市场数据。

主要统计指标解释

Explanatory Notes on Main Statistical Indicators

社会消费品零售总额 指企业（单位、个体户）通过交易直接售给个人、社会集团非生产、非经营用的实物商品金额，以及提供餐饮服务所取得的收入金额。个人包括城乡居民和入境人员，社会集团包括机关、社会团体、部队、学校、企事业单位、居委会或村委会等。

商品购进总额 指从本企业以外的单位和个人购进（包括从国外直接进口）作为转卖或加工后转卖的商品金额（含增值税）。本指标反映批发和零售业从国内外市场上购进商品的总价。

商品销售总额 指对本单位以外的单位和个人出售的商品金额（包括售给本单位消费用的商品，含增值税），本指标反映批发和零售业在国内市场上销售商品以及出口商品的总量。

期末库存 对于批发和零售业法人企业和个体经营户，是指取得所有权的全部商品金额（含增值税）；对于批发和零售业产业活动单位，是指期末实际在库且归属法人具有所有权的全部商品金额（含增值税）。这个指标反映批发和零售业的商品库存情况，以及对市场商品供应的保证程度。

批发额 指售给国民经济各行业企业（单位）用于生产、经营用的商品金额。

零售额 指售给城乡居民用于生活消费和社会集团用于公共消费的商品金额。

住宿和餐饮业零售额 指住宿和餐饮业单位因为提供就餐服务或销售商品取得的全部收入，包括餐费收入和商品销售收入（含增值税）。

流动资产合计 资产满足以下条件之一应归为流动资产：（1）预计在一个正常营业周期中变现、出售或耗用，主要包括存货、应收帐款等；（2）主要为交易目的而持有；（3）预计在资产负债表日起一年内（含一年）变现；（4）自资产负债日起一年内，交换其他资产或清偿负债的能力不受限制的现金或现金等价物。包括货币资金、应收票据、应收账款、存货等项目。根据会计“资产负债表”中“流动资产合计”项目的期末余额数填报。

固定资产合计 指企业为生产商品、提供劳务、出租或经营管理而持有的，使用寿命超过一个会计年度的有形资产。包括使用期限超过一年的房屋、建筑物、机器、机械、运输工具以及其他与生产、经营有关的设备、器具、工具等。固定资产合计是时点指标，表示固定资产经过扣减折旧、减值准备等后的期末余额。根据会计“资产负债表”中“固定资产”项目的期末余额数填报。

所有者权益合计 指企业资产扣除负债后由所有者享有的剩余权益。公司的所有者权益又称股东权益。包括实收资本、资本公积、盈余公积、未分配利润等。根据会计“资产负债表”中“所有者权益合计”项目的期末余额数填报。

营业税金及附加 指企业因从事生产经营活动按税法规定缴纳的应从经营收入中抵扣的税金和附加，包括营业税、消费税、城市维护建设税、教育费附加等。根据会计“利润表”中“营业税金及附加”项目的本期金额数填报。

利润总额 指企业在一定会计期间的经营成果，是生产经营过程中各种收入扣除各种耗费后的盈余，反映企业在报告期内实现的亏盈总额。根据会计“利润表”中“利润总额”项目的本期金额数填报。执行2006年《企业会计准则》的企业，利润总额为营业利润加上营业外收入，减去营业外支出后的金额；未执行2006年《企业会计准则》的企业，利润总额为营业利润加上投资收益、补贴收入、营业外收入，再减去营业外支出后的金额。

应交增值税 指企业按税法规定，从事货物销售或提供加工、修理修配劳务等增加货物价值的活动本期应交纳的税金。指企业在报告期应交增值税额。

计算公式一 本年应交增值税＝销项税额－（进项税额－进项税额转出）－出口抵减内销产品应纳税额－减免税款＋出口退税

计算公式二　应交增值税 ＝ 销项税额－（进项税额－进项税额转出－免、抵、退应退税额） ＋ 简易计税办法计算的应纳税额 ＋ 按简易计税办法计算的纳税检查应补缴税额 － 应纳税额减征额

批发零售贸易、餐饮业统计限额标准

行业类别	统计指标名称	限额标准
批发业	年主营业务收入	2000万元
零售业	年主营业务收入	500万元
住宿业、餐饮业	年主营业务收入	200万元

说明：

1. 外贸企业包括在批发业中，其年销售额以外币计量的，应折合成人民币，按批发业标准执行。

2. 本限额标准对象为批发和零售业、住宿和餐饮业法人企业和个体经营户、非批发和零售业、住宿和餐饮业法人单位附营的批发和零售业、住宿和餐饮业产业活动单位。

九、价格指数

Price Indices

9-1 各种价格指数（以上年价格为100）

Price Indices (Preceding Year=100)

年 份	商品零售价格总指数	#食品	#家用电器及音像器材	居民消费价格总指数	#食品	# 服 务价格指数	工业生产者出厂价格指数
1978	100.4	101.6					
1979	102.6	107.1					
1980	110.9	114.5					
1981	109.3	110.3					
1982	101.2	100.8					
1983	99.6	99.5					
1984	98.6	97.5		99.3	97.5	102.0	
1985	106.9	108.7		106.5	108.7	103.3	
1986	104.4	105.0		104.2	105.0	102.3	
1987	112.2	113.6		112.0	113.6	109.6	
1988	132.8	133.9		136.0	133.9	168.0	
1989	122.4	125.7		122.0	127.5	118.8	
1990	94.9	92.8		96.6	92.8	111.0	
1991	101.4	101.1		102.4	101.1	109.8	
1992	107.7	109.0		109.2	109.0	117.9	
1993	119.5	123.7		121.8	123.7	134.6	
1994	118.4	125.9	99.6	123.5	126.4	141.2	
1995	109.7	119.5	95.6	113.9	119.1	128.9	
1996	104.7	108.1	94.5	106.8	107.8	115.0	
1997	99.7	100.0	92.7	101.5	99.4	113.1	
1998	98.7	99.9	93.3	99.9	99.5	108.4	
1999	95.9	95.6	94.9	97.9	95.7	109.5	
2000	100.1	100.3	97.2	101.5	100.4	112.8	
2001	97.8	99.1	97.0	96.6	98.9	101.1	
2002	99.1	100.9	98.0	98.1	99.0	98.7	
2003	101.7	103.6	99.0	100.7	103.5	97.8	
2004	103.2	108.6	98.7	103.0	108.6	99.7	
2005	103.0	106.5	101.1	102.4	106.5	100.4	100.4
2006	102.8	100.1	100.5	101.2	100.1	101.6	100.7
2007	104.2	108.3	98.2	103.1	108.0	100.2	101.4
2008	107.9	115.6	100.4	105.5	115.1	100.1	101.7
2009	95.3	97.9	95.6	96.9	98.1	96.3	96.8
2010	103.2	104.8	95.6	102.8	104.6	102.6	102.6
2011	104.7	111.1	99.3	104.9	111.1	103.0	102.9
2012	102.4	106.4	95.2	102.9	106.1	101.1	99.8
2013	100.6	103.2	96.9	101.9	103.1	102.1	98.9
2014	101.2	106.1	95.9	102.3	106.0	101.4	99.0
2015	99.4	104.0	98.6	101.4	103.8	101.9	98.2
2016	100.9	106.0	99.7	102.7	106.1	102.1	99.9
2017	101.1	99.9	97.6	101.4	99.0	102.8	101.7
2018	102.7	103.5	97.6	102.5	103.7	102.6	100.6
2019	102.3	108.3	97.7	103.5	110.6	102.2	100.4

9-2 居民消费价格分类指数（2019年，以上年价格为100）

Consumer Price Indices by Category (2019, Preceding Year=100)

项目	指数	项目	指数
居民消费价格总指数	103.5	水电燃料	99.7
非食品烟酒价格指数	101.5	自有住房	101.1
服务价格指数	102.2	生活用品及服务	100.5
消费品价格指数	104.3	家具及室内装饰品	101.1
扣除鲜菜鲜果价格指数	103.2	家用器具	98.9
食品烟酒	107.8	家用纺织品	99.7
食品	110.6	家庭日用杂品	100.4
粮食	101.7	个人护理用品	101.5
薯类	107.5	家庭服务	101.6
豆类	99.9	交通和通信	99.9
食用油	100.7	交通	99.3
菜	104.4	交通费	99.3
畜肉类	129.4	通信	101.0
禽肉类	105.6	邮递服务	99.0
水产品	103.4	教育文化和娱乐	102.5
蛋类	107.3	教育	103.0
奶类	103.5	教育用品	105.1
干鲜瓜果类	118.0	教育服务	102.8
茶及饮料	103.9	文化娱乐	101.8
烟酒	104.7	旅游	103.4
在外餐饮	102.7	医疗保健	105.9
衣着	101.5	药品及医疗器具	102.9
服装	100.8	中药	104.6
服装材料	101.1	西药	104.3
其他衣着及配件	99.7	医疗服务	107.9
衣着加工服务费	110.5	其他用品和服务	103.1
鞋类	103.7	其他用品类	106.6
居住	100.8	其他服务类	100.5
租赁房房租	102.9	旅馆住宿	99.7
住房保养维修及管理	100.4		

9-3 居民消费价格分月指数（2019年，以上月价格为100）

Consumer Price Indices by Month (2019, Preceding Month=100)

项　　目	1 月	2 月	3 月	4 月	5 月	6 月
居民消费价格总指数	100.7	101.3	99.3	100.2	100.3	100.4
非食品烟酒价格指数	100.7	100.6	99.6	100.1	100.1	99.8
服务价格指数	101.4	100.8	99.0	100.2	100.0	99.9
消费品价格指数	100.2	101.6	99.4	100.2	100.4	100.7
扣除鲜菜鲜果价格指数	100.5	101.0	99.1	100.2	100.2	100.1
食品烟酒	100.6	102.8	98.5	100.3	100.6	101.7
衣着	100.2	100.4	100.5	99.8	101.0	99.8
居住	100.2	100.0	100.1	100.0	99.9	99.7
生活用品及服务	100.1	99.9	99.4	100.4	99.9	100.4
交通和通信	101.6	100.0	99.8	100.4	100.0	99.3
教育文化和娱乐	101.1	101.0	98.4	100.2	100.6	99.9
医疗保健	100.0	105.4	100.1	100.1	100.1	100.3
其他用品和服务	102.2	100.1	98.5	100.0	100.1	101.1

9-3 续表

项　　目	7 月	8 月	9 月	10 月	11 月	12月
居民消费价格总指数	100.7	100.2	100.7	101.2	100.3	99.8
非食品烟酒价格指数	100.5	100.0	100.1	100.0	100.1	100.1
服务价格指数	100.9	100.0	100.2	100.1	100.0	99.9
消费品价格指数	100.6	100.3	101.0	101.9	100.5	99.6
扣除鲜菜鲜果价格指数	100.7	100.9	101.0	101.4	100.5	99.7
食品烟酒	101.0	100.7	102.0	103.5	100.8	99.2
衣着	99.8	99.8	100.7	99.6	100.6	99.3
居住	99.9	100.0	99.8	100.0	100.2	100.2
生活用品及服务	100.3	100.1	100.1	99.9	100.3	100.2
交通和通信	101.1	99.7	99.5	100.2	100.0	100.1
教育文化和娱乐	101.3	100.3	101.2	100.2	100.0	99.9
医疗保健	100.0	100.0	100.2	100.0	100.0	100.0
其他用品和服务	101.1	100.8	99.8	99.5	99.4	100.3

9-4 居民消费价格分月指数（2019年，以上年同月价格为100）

Consumer Price Indices by Month (2019, Same Month of Preceding Year=100)

项　　目	1 月	2 月	3 月	4 月	5 月	6 月
居民消费价格总指数	102.2	101.7	102.5	102.8	103.2	103.5
非食品烟酒价格指数	101.5	101.2	101.6	101.5	101.7	101.5
服务价格指数	102.4	101.6	101.8	101.9	102.2	102.1
消费品价格指数	102.0	101.7	102.9	103.3	103.8	104.3
扣除鲜菜鲜果价格指数	101.9	101.5	101.9	102.0	102.3	102.2
食品烟酒	103.7	102.6	104.5	105.5	106.5	107.7
衣着	100.9	101.6	101.4	101.3	101.6	101.5
居住	101.7	101.6	101.6	101.4	101.4	101.0
生活用品及服务	101.0	100.3	99.7	100.0	100.1	100.8
交通和通信	100.1	97.9	100.6	100.9	100.4	99.6
教育文化和娱乐	102.8	102.0	101.5	101.0	102.6	102.1
医疗保健	101.1	106.6	106.6	106.5	106.4	106.8
其他用品和服务	103.7	102.6	101.8	101.7	101.8	103.1
工业生产者价格指数	101.9	101.6	101.6	101.6	101.2	101.5

9-4 续表

项　　目	7 月	8 月	9 月	10 月	11 月	12月
居民消费价格总指数	103.8	103.6	103.6	104.8	105.5	105.2
非食品烟酒价格指数	101.4	101.4	101.2	101.3	101.6	101.9
服务价格指数	101.9	102.0	102.1	102.9	102.9	102.5
消费品价格指数	104.9	104.4	104.4	105.9	107.0	106.8
扣除鲜菜鲜果价格指数	102.5	103.1	104.0	105.3	105.7	105.4
食品烟酒	109.0	108.1	108.6	112.0	113.7	112.1
衣着	101.5	101.8	101.9	101.8	102.0	101.4
居住	100.8	100.5	100.0	99.9	100.0	100.1
生活用品及服务	101.1	100.8	100.5	100.6	100.9	100.8
交通和通信	100.5	100.3	98.9	98.5	99.6	101.7
教育文化和娱乐	100.4	101.4	102.7	104.6	104.8	104.1
医疗保健	106.3	106.2	106.2	106.2	106.1	106.1
其他用品和服务	104.2	104.8	104.4	103.8	102.5	102.9
工业生产者价格指数	100.1	99.1	99.4	99.1	98.8	99.0

9-5 居民消费价格分月指数（2019年，以上年同期价格为100）

Consumer Price Indices by Month (2019, Cumulative Month(s) of Preceding Year=100)

项　　目	1 月	2 月	3 月	4 月	5 月	6 月
居民消费价格总指数	102.2	101.9	102.1	102.3	102.5	102.6
非食品烟酒价格指数	101.5	101.3	101.4	101.4	101.5	101.5
服务价格指数	102.4	102.0	101.9	101.9	102.0	102.0
消费品价格指数	102.0	101.9	102.2	102.5	102.8	103.0
扣除鲜菜鲜果价格指数	101.9	101.7	101.8	101.8	101.9	102.0
食品烟酒	103.7	103.1	103.6	104.1	104.5	105.1
衣着	100.9	101.2	101.3	101.3	101.3	101.4
居住	101.7	101.6	101.6	101.6	101.5	101.4
生活用品及服务	101.0	100.7	100.3	100.3	100.2	100.3
交通和通信	100.1	99.0	99.5	99.9	100.0	99.9
教育文化和娱乐	102.8	102.4	102.1	101.8	102.0	102.0
医疗保健	101.1	103.9	104.8	105.2	105.4	105.7
其他用品和服务	103.7	103.1	102.7	102.4	102.3	102.5
工业生产者价格指数	101.9	101.8	101.7	101.7	101.6	101.6

9-5 续表

项　　目	7 月	8 月	9 月	10 月	11 月	12月
居民消费价格总指数	102.8	102.9	103.0	103.2	103.4	103.5
非食品烟酒价格指数	101.5	101.5	101.4	101.4	101.4	101.5
服务价格指数	102.0	102.0	102.0	102.1	102.2	102.2
消费品价格指数	103.3	103.4	103.5	103.8	104.1	104.3
扣除鲜菜鲜果价格指数	102.0	102.2	102.4	102.7	102.9	103.2
食品烟酒	105.6	105.9	106.2	106.8	107.5	107.8
衣着	101.4	101.4	101.5	101.5	101.6	101.5
居住	101.4	101.3	101.1	101.0	100.9	100.8
生活用品及服务	100.4	100.5	100.5	100.5	100.5	100.5
交通和通信	100.0	100.0	99.9	99.8	99.8	99.9
教育文化和娱乐	101.7	101.7	101.8	102.1	102.3	102.5
医疗保健	105.8	105.8	105.9	105.9	105.9	105.9
其他用品和服务	102.7	103.0	103.1	103.2	103.1	103.1
工业生产者价格指数	101.3	101.0	100.8	100.7	100.5	100.4

9-6 服务项目价格分类指数（2018-2019年，以上年价格为100）

Service Price Indices by Category (2018-2019, Preceding Year=100)

项　　目	2018年	2019年
服务价格指数	102.6	102.2
#租赁房房租	101.1	102.9
家庭服务	106.8	101.6
交通费	99.4	99.3
通信服务	100.0	100.0
邮递服务	100.2	99.0
教育服务	106.9	102.8
文化娱乐服务	101.5	99.7
旅游	110.1	103.4
医疗服务	100.0	107.9
其他服务类	103.5	100.5

9-7 商品零售价格分类指数（2019年，以上年价格为100）

Retail Price Indices by Category (2019, Preceding Year=100)

项　　目	指　数	项　　目	指　数
商品零售价格总指数	102.3	专业音像器材	89.8
食品	108.3	文化办公用品	100.4
粮食	101.6	日用品	100.1
薯类	107.5	日用百货	99.6
豆类	100.0	厨具餐具茶具	100.5
食用油	100.8	清洗用品	98.5
菜	104.3	其他日用品	102.0
畜肉类	129.0	体育娱乐用品	99.0
禽肉类	105.7	体育户外用品	98.1
水产品	103.5	娱乐用品	99.4
蛋类	107.4	交通、通信用品	101.5
奶类	103.4	交通运输机械	100.3
干鲜瓜果类	117.5	通信器材	105.1
糖果糕点类	101.3	家具	101.1
调味品	99.7	化妆品	101.8
其他食品类	103.3	金银饰品	110.7
在外餐饮	102.5	中西药品及医疗保健用品	103.1
饮料、烟酒	104.2	医疗卫生器具	100.0
茶及饮料	103.6	中药	104.4
烟草	106.0	西药	103.9
酒类	102.8	保健器具及用品	100.4
服装、鞋帽	101.1	书报杂志及电子出版物	105.8
服装	100.8	教材及参考书	104.7
鞋帽袜	102.5	书报杂志	112.4
其他衣着配件	96.6	计算机办公软件	100.0
纺织品	100.4	燃料	96.6
服装材料	101.1	煤炭及制品	116.7
床上用品	100.0	石油及制品	96.2
家用电器及音像器材	97.7	建筑材料及五金电料	100.8
家庭设备	99.1	建筑装璜材料	100.3
文娱用耐用消费品	98.7	五金水暖	102.1

9-8 工业生产者出厂价格指数（2018−2019年，以上年价格为100）

Producer Price Index (PPI) for Manufactured Goods (2018-2019, Preceding Year=100)

项　　目	2018年	2019年
工业生产者出厂价格指数	100.6	100.4
#轻工业	101.1	100.3
重工业	100.3	100.4
#农副食品加工业	99.7	102.9
食品制造业	101.3	100.8
酒、饮料和精制茶制造业	100.8	103.7
纺织业	101.3	102.4
纺织服装、服饰业	101.2	100.7
皮革、皮毛、羽毛及其制品和制鞋业	98.9	102.4
木材加工和木、竹、藤、棕、草制品业	101.4	97.0
家具制造业	100.8	101.9
造纸和纸制品业	107.2	94.8
印刷和记录媒介复制业	100.5	102.6
文教、工美、体育和娱乐用品制造业	100.4	103.2
石油加工、炼焦和核燃料加工业	115.1	95.8
化学原料和化学制品制造业	105.4	96.1
医药制造业	104.7	104.0
化学纤维制造业	106.2	96.2
橡胶和塑料制品业	101.7	100.4
非金属矿物制品业	107.1	98.2
黑色金属冶炼和压延加工业	113.3	99.0
有色金属冶炼和压延加工业	104.8	98.9
金属制品业	104.6	101.0
通用设备制造业	98.4	102.1
专用设备制造业	101.7	100.1
汽车制造业	100.4	100.4
铁路、船舶、航空航天和其他运输设备制造业	101.1	101.6
电气机械和器材制造业	101.6	98.8
计算机、通信和其他电子设备制造业	99.6	100.8
仪器仪表制造业	99.0	99.4
其他制造业	98.2	100.3
废弃资源综合利用业	108.7	103.2
金属制品、机械和设备修理业		
电力、热力的生产和供应业	95.4	98.7
燃气生产和供应业	106.0	96.5
水的生产和供应业	101.5	99.6

主要统计指标解释

Explanatory Notes on Main Statistical Indicators

居民消费价格指数　是度量消费商品及服务项目价格水平随着时间而变动的相对数，反映居民家庭购买的消费品及服务价格水平的变动情况。它是宏观经济分析、决策、调控和价格总水平监测以及国民经济核算的重要指标。其按年度计算的变动率通常被用来作为反映通货膨胀(或紧缩)程度的指标。

商品零售价格指数　是度量市场商品零售价格水平变动趋势和变动程度的相对数，反映商品在流通过程中最后一个环节的价格即工业、商业、餐饮业和其他零售企业向城乡居民、机关团体出售生活消费品和办公用品价格水平的变动趋势。它可以为国家宏观调控和国民经济核算提供参考依据，并在此基础上派生其他价格指数。

工业生产者出厂价格总指数　是反映各工业部门主要工业产品出厂价格变动趋势和程度的相对数。编制该价格指数，用以观察和分析在生产环节中工业品价格变动对企业经济效益及宏观经济运行的影响，并为工业增长速度的科学计算提供重要的依据。

东莞统计

十、对外经济贸易与旅游

Foreign Trade and Tourism

10-1 主要年份对外经济与旅游业主要指标

Main Indicators of Foreign Trade and Economic Cooperation and Tourism in Main Years

指　　标	单 位	1985年	1995年	2000年	2005年	2010年	2015年	2018年	2019年
进出口总额(美元)	万美元		1539112	3204526	7437150	12133773	16767331	20333110	20015115
出口总额	万美元	17545	779867	1715927	4092905	6959751	10371861	12044313	12508471
进口总额	万美元		759245	1488599	3344245	5174022	6395470	8288797	7506644
进出口总额(人民币)	万元						103999200	134187035	138016523
出口总额	万元						64289105	79556434	86287845
进口总额	万元						39711907	54630601	51728678
新签利用外资协议(合同)数	宗	625	3077	1276	992	875	440	1400	1028
"三资"项目	宗	111	983	405	773	869	440	1400	1028
利用外资增资项目宗数	宗				1138	1059	552	375	371
合同规定外商投资额	万美元	6815	330920	183633	475238	307282	509080	225050	197911
"三资"项目	万美元	4945	233492	114331	308875	259740	505854	223591	197911
合同规定外商增资项目	万美元				187422	180723	429045	154585	105508
实际利用外资	万美元	2894	105665	164712	375139	316287	546838	130557	129092
"三资"项目	万美元	1383	67247	108737	282116	273171	531982	127247	129092
本年止累计"三资"企业投产数	宗	51	2629	3908	6657	8338	10016	12431	13196
年末"三资"企业从业人员	万人	0.64	25.01	87.17	145.50	163.53	203.50	169.00	168.04
当年来料加工企业转为三资或民营企业	家					1250	68	15	173
合同规定外商投资额(新口径)	万美元				298029	259740	505854	223591	197911
实际利用外资(新口径)	万美元				146796	273171	531982	127247	129092
全年接待旅游人数	万人次		89	291	1156	2251	3199	4434	4749
#国际及港澳台旅游者	万人次		27	106	169	327	373	402	405
#外国人	万人次		6	15	70	109	105	111	113
国内旅客	万人次		62	185	987	1924	2826	4032	4344
国际旅游收入	万美元		5679	7617	28189	67592	157743	163012	159108
星级以上宾馆酒店客房数	间		7568	18024	18258	16631	12127	9619	9436
宾馆酒店客房开房率	%		68.80	61.88	58.90	58.12	54.00	41.67	42.00

注：1. 对外经济部分除有注明新口径的以外均为旧口径，旧口径包括"三资"和"三来一补"，新口径不含"三来一补"且以验资作为统计标准，后同。
2. 2002年起，旅游业指标采用旅游局口径，与往年数不可比。
3. 2016年起，主管部门对外发布的进出口相关数据采用人民币口径。

10-2 进出口贸易（2015-2019年）

Total Imports and Exports (2015-2019)

单位：亿元

项　　目	2015年	2016年	2017年	2018年	2019年	2019年比2018年增长(%)
进出口总额	10399.92	11415.99	12264.37	13418.70	13801.65	2.8
出口总额	6428.91	6556.85	7027.38	7955.64	8628.78	8.5
按贸易方式分						
#一般贸易	2345.95	2360.95	3050.47	4094.57	4707.08	15.0
加工贸易	3861.95	3794.46	3713.49	3571.30	3502.46	-1.9
来料加工	654.43	559.69	583.03	480.72	432.01	-10.1
进料加工	3207.53	3234.77	3130.46	3090.58	3070.45	-0.6
保税物流	219.49	262.40	245.08	288.15	418.10	45.1
按经济类型分						
#国有企业	149.02	143.13	105.76	107.84	117.82	9.3
三资企业	3955.09	3907.19	4006.88	3990.67	3992.23	_
集体企业	8.96	4.07	2.44	1.08	0.64	-40.4
民营企业	2310.79	2486.96	2912.28	3856.05	4518.09	17.2
进口总额	3971.19	4859.15	5236.99	5463.06	5172.87	-5.3
按贸易方式分						
#一般贸易	869.28	991.21	1291.88	1435.68	1451.67	1.1
加工贸易	2340.64	2255.11	2177.24	1975.07	1731.09	-12.4
来料加工	445.54	326.98	346.93	290.54	252.10	-13.2
进料加工	1895.10	1928.12	1830.31	1684.53	1478.98	-12.2
保税物流	742.42	1585.85	1750.10	2037.27	1980.87	-2.8
按经济类型分						
#国有企业	80.64	70.64	56.36	53.08	29.32	-44.8
三资企业	2429.22	2246.34	2324.02	2170.82	2226.35	2.6
集体企业	4.91	1.51	1.29	0.39	0.13	-67.0
民营企业	1455.95	2526.85	2849.12	3224.11	2901.20	-10.1
贸易顺差	2457.72	1697.70	1790.39	2492.60	3455.92	38.6

10-3　历年进出口总额

Total Value of Imports and Exports over Years

单位：万美元

年　份	进出口总额	出口总额	#一般贸易	来料加工装配	进料加工	进口总额	#一般贸易	来料加工装配	进料加工
1978		3938							
1979		5382							
1980		7737							
1981		9173							
1982		10879							
1983		11890							
1984		12966							
1985		17545							
1986		23280							
1987		26755							
1988		31781							
1989		34868							
1990	108229	56828				51401			
1991	317463	165159				152304			
1992	509007	260272				248735			
1993	675647	321137				354510			
1994	882997	429416				453581			
1995	1539112	779867	23180	434646	320186	759245	5394	353138	259397
1996	1784222	918683	16377	496833	405066	865539	8956	383988	309710
1997	2129885	1136768	18020	582863	535708	993117	7598	445237	420014
1998	2327324	1306055	15409	652853	636822	1021269	10406	462194	463450
1999	2846291	1515391	16347	759638	738191	1330900	51726	584224	582721
2000	3204526	1715927	20937	834347	858409	1488599	72475	645562	616319
2001	3445457	1898924	25945	940908	931766	1546533	68392	684323	656910
2002	4424706	2373646	34848	1171688	1167047	2051060	83522	922916	886699
2003	5210623	2800227	48988	1257934	1492723	2410396	144235	962367	1127404
2004	6451775	3519237	85056	1503757	1929967	2932538	222262	1090197	1402413
2005	7437150	4092905	175502	1611676	2304325	3344245	236133	1216566	1625629
2006	8422107	4737640	265784	1661399	2806910	3684467	259709	1265725	1879233
2007	10687290	6023212	357941	2235125	3398212	4664078	371073	1702595	2196521
2008	11329947	6553738	487193	2428365	3585619	4776209	455447	1712939	2206139
2009	9415458	5516861	571682	1823160	3055047	3898597	456075	1297315	1820882
2010	12133773	6959751	954098	1955379	3946227	5174022	755349	1424118	2457194
2011	13522382	7832871	1341146	1693479	4654300	5689511	988370	1174341	2881689
2012	14441587	8506606	1692301	1216525	5398579	5934981	1096531	901512	3322199
2013	15307167	9086371	2007791	1070242	5758315	6220796	1237293	806988	3573281
2014	16253046	9706918	2687709	1102722	5472315	6546128	1614999	775951	3333100
2015	16767331	10371861	3796284	1054049	5167717	6395470	1400324	718358	3055447
2016	17231357	9903479	3571993	847655	4896564	7327879	1499468	495662	2915403
2017	18117300	10386135	4511970	861158	4620598	7731165	1904938	512156	2701884
2018	20333110	12044313	6199734	728437	4679165	8288797	2180242	441060	2553459
2019	20015115	12508471	6822840	626303	4453172	7506644	2109189	365733	2145902

注：1.出口总额1990年以前为外经贸口径，1990年起为海关口径。
　　2.2016年起，主管部门对外发布的进出口相关数据采用人民币口径。2019年人民币口径的进出口总额为13801.7亿元。其中，出口总额8628.8亿元，进口总额5172.9亿元。

10−4 分国别（地区）进出口总值（2018−2019年）

Total Value of Imports and Exports by Countries (Regions) (2018-2019)

单位：亿元

国别（地区）	实际出口				进口到货			
	2018年	比重（%）	2019年	比重（%）	2018年	比重（%）	2019年	比重（%）
全市	7955.64	100.0	8628.78	100.0	5463.06	100.0	5172.87	100.0
亚洲	3961.20	49.8	4348.97	50.4	4906.67	89.8	4676.59	90.4
东南亚联盟	773.07	9.7	1059.85	12.3	781.13	14.3	742.96	14.4
非洲	100.07	1.3	126.11	1.5	31.67	0.6	30.29	0.6
欧洲	1635.44	20.6	1800.56	20.9	198.76	3.6	189.96	3.7
欧盟	1475.20	18.5	1615.71	18.7	185.84	3.4	179.84	3.5
拉丁美洲	325.86	4.1	393.33	4.6	113.15	2.1	99.99	1.9
北美洲	1821.66	22.9	1816.36	21.1	190.61	3.5	153.93	3.0
大洋洲	111.41	1.4	143.45	1.7	22.17	0.4	22.07	0.4
美国	1717.93	21.6	1683.22	19.5	158.54	2.9	133.28	2.6
香港	1728.55	21.7	1624.34	18.8	20.85	0.4	18.39	0.4
日本	485.72	6.1	418.52	4.9	522.60	9.6	525.63	10.2
荷兰	260.48	3.3	269.96	3.1	10.45	0.2	10.20	0.2
德国	269.79	3.4	298.32	3.5	62.70	1.1	66.67	1.3
英国	213.35	2.7	233.21	2.7	16.45	0.3	12.81	0.2
韩国	246.50	3.1	309.43	3.6	1077.21	19.7	953.81	18.4
台湾	126.00	1.6	148.79	1.7	1011.92	18.5	1044.39	20.2
法国	124.51	1.6	132.48	1.5	12.48	0.2	12.40	0.2
加拿大	103.50	1.3	133.05	1.5	32.07	0.6	20.64	0.4
澳大利亚	95.48	1.2	127.11	1.5	18.39	0.3	18.48	0.4
新加坡	78.39	1.0	98.07	1.1	127.81	2.3	146.89	2.8
马来西亚	102.01	1.3	125.39	1.5	195.42	3.6	193.00	3.7

10-5 主要商品类别出口总值(2018-2019年)

Total Export Value by Category of Main Commodities(2018-2019)

单位：亿元

商品名称	2018年	2019年
机电产品（包括本目录已具体列名的机电产品）	6008.98	6513.85
高新技术产品	3440.34	3855.12
电话机	1395.45	1479.85
文化产品	445.72	475.46
自动数据处理设备及其部件	449.07	457.74
服装及衣着附件	381.89	344.16
家具及其零件	307.15	286.03
静止式变流器	213.64	210.01
玩具	194.50	223.52
自动数据处理设备的零件	177.83	214.50
鞋类	163.39	173.93
贵金属或包贵金属的首饰	4.86	3.34
灯具、照明装置及零件	138.32	148.06
通断保护电路装置及零件	187.02	193.87
箱包及类似容器	146.52	135.70
电线和电缆	164.90	158.68
塑料制品	173.23	193.15
纺织纱线、织物及制品	131.44	146.52
电视、收音机及无线电讯设备的零附件	123.36	159.75
打印机（包括多功能一体机）	60.56	63.49
眼镜及其零件	76.78	79.61
印刷电路	66.03	65.69

10-6 主要商品进口数量与金额(海关口径，2018-2019年)

Main Import Commodities in Volume and Value(Custom Statistics)(2018-2019)

金额单位：万元

商品名称	数量单位	2018年		2019年	
		数量	金额	数量	金额
谷物及谷物粉	万吨	22.21	60136	16.42	46697
食用植物油	万吨	17.25	69648	34.98	130890
食糖	万吨	14.80	31656	12.43	27134
天然橡胶（包括胶乳）	万吨	3.36	26982	2.27	17036
合成橡胶（包括胶乳）	万吨	4.40	73681	4.26	66882
原木	万立方	47090.23	86188	40946.14	89736
锯材	万立方	36021.42	158132	25609.25	108433
羊毛（包括羊毛条）	吨	558.62	2257	26.81	55
纺织用合成纤维	万吨	0.65	11273	0.39	9346
#聚酯纤维	万吨	4724.40	5440	0.28	3369
人造纤维短纤	吨	43.94	94	214.49	428
成品油	万吨	2.94	19810	1.84	17112
合成有机染料	吨	1673.65	12073	1352.85	10361
初级形状的塑料	万吨	190.12	2544801	198.97	2401577
#初级形状的聚乙烯	万吨	16.07	143920	20.10	159707
初级形状的聚丙烯	万吨	19.78	186321	17.85	164824
初级形状的苯乙烯聚合物	万吨	55.80	670044	60.28	651010
初级形状的聚氯乙烯	万吨	15.18	107361	13.81	96674
初级形状的聚酯	万吨	21.93	457099	22.13	381572
牛皮革及马皮革	万吨	4.33	246800	4.39	225890
纸及纸板（未切成形的）	万吨	62.71	289899	94.42	336435
毛纱线	万吨	0.37	38864	0.24	30932
合成纤维纱线	万吨	3.35	102664	3.14	101172
棉机织物	万米	4251.16	61777	3198.04	52097
涂覆浸渍塑料的织物	万吨	1.07	60367	0.87	55216
针织或钩编织物	万米	8842	123378	7929.35	105313
钢材	万吨	58.34	493955	45.93	402892
#钢铁板材	万吨	45.89	347137	36.67	271970
未锻轧铜及铜材	万吨	11.15	613377	9.18	530718
#铜材	万吨	9.24	529500	7.89	475658
未锻轧铝及铝材	万吨	1.46	59547	1.07	45619
#铝材	万吨	1.14	51684	0.78	38544

10-6 续表

金额单位：万元

商品名称	数量单位	2018年		2019年	
		数量	金额	数量	金额
钢铁或铝制结构体及其部件	吨	563.91	1070	1997.97	1735
液泵及液体提升机	万台	97.59	9707	49.75	7911
冷冻机和制冷设备	金额		549		1262
机械提升搬运装卸设备及零件	金额		41984		36684
制造纸及纸制品用机械及零件	金额		39906		7190
印刷、装订机械及零件	金额		256938		238468
纺织机械及零件	金额		49703		17453
#针织机及缝编机	台	684	35009	87	4899
纱线织物等后整理机器	台	133	3025	108	4895
工业用缝纫机	台	602	1082	142	709
金属加工机床	台	4189	138747	2919	80125
橡胶或塑料加工机械及零件	金额		54358		52897
型模及金属铸造用型箱	金额		45854		40945
自动数据处理设备及其部件	万台	5548.54	977850	5415.88	906711
自动数据处理设备的零件	吨	8611.77	689957	8230.16	736160
电动机及发电机	万台	14081.05	96233	13084.68	96359
发电机组及旋转式变流机	台	176	10292	39	11915
电视、收音机及无线电讯设备	吨	3460.46	330418	2199.49	282602
通断保护电路装置及零件	金额		1306777		1371743
二极管及类似半导体器件	亿个	581.39	1382328	538.73	1348525
电线和电缆	吨	20709.36	274941	16503.44	267100
计量检测分析自控仪器及器具	金额		370312		485349
塑料制品	吨	16671.79	132753	16752.09	169975

10-7 主要商品出口数量与金额(海关口径，2018-2019年)

Main Export Commodities in Volume and Value (Custom Statistics)(2018-2019)

金额单位：万元

商品名称	数量单位	2018年		2019年	
		数　量	金　额	数　量	金　额
活猪（种猪除外）	万头	0.89	12		
水海产品	万吨	0.12	3904	0.14	4761
蔬菜	万吨	3.77	7137	7.90	15570
食用植物油（包括棕榈油）	吨	58202.59	31447	37462.22	20572
成品油	万吨	0.01	41	0.18	1171
医药品	吨	2736.74	17167	1549.28	10782
美容化妆品及护肤品	吨	3086.74	76190	3403.60	93168
洗衣粉	吨	32825.55	21033	28460.05	15878
初级形状的聚氯乙烯	万吨	1.51	12884	1.74	16834
家用或装饰用木制品	万吨	0.70	29405	0.73	37228
纸及纸板（未切成形的）	万吨	7.36	55881	6.79	70977
纺织纱线、织物及制品	金额		1314392		1463811
#棉纱线	吨	4858.71	17503	5022.19	19514
亚麻及苎麻机织物	万米	41.63	69	6.22	157
棉机织物	万米	2034.54	39302	2426.96	41118
玻璃制品	吨	18012.69	57617	16924.62	63914
家用陶瓷	万吨	1.95	58932	2.36	117598
钢材	万吨	2.13	37267	2.57	44798
未锻轧铜及铜材	吨	25338.60	131925	21052.66	112370
未锻轧铝及铝材	万吨	0.72	20750	0.75	19980
手用或机用工具	万吨	5.61	407767	5.56	527267
电扇	万台	11163.44	310273	10274.84	344753
纺织机械及零件	金额		39044		41615
金属加工机床	万台	13.26	57154	9.87	82832
电子计算器	亿台	0.07	13815	0.05	7732
电动机及发电机	亿台	5.12	466001	4.75	459383

10-7 续表

金额单位：万元

商品名称	数量单位	2018年		2019年	
		数量	金额	数量	金额
静止式变流器	亿个	5.42	2136740	7.90	2100554
原电池	亿个	23.00	148282	28.54	191843
蓄电池	万个	366.75	11024	157.56	16426
电话机	万台	17547.27	13961868	18496.59	14795178
扬声器	亿个	1.92	764153	1.82	744571
收音设备（包括收录音组合机）	万台	3008.58	377822	2593.60	318147
电视机	万台	113.72	158717	51.03	23666
#彩色电视机	万台	113.72	158717	51.03	23666
电视、收音机及无线电讯零附件	万吨	3.10	1230405	2.83	1597483
电容器	万吨	1.07	684966	0.99	481106
通断及保护电路装置及零件	金额		1877938		1938000
二极管及类似半导体器件	亿个	737.16	458622	808.01	511722
电线和电缆	万吨	20.30	1651899	17.37	1586946
照相机	万架	566.00	116440	559.05	88066
医疗仪器及器械	金额		267292		319559
手表	万只	6574.40	165208	4390.96	137013
#电动手表	万只	6532.43	160936	4367.33	133284
家具及其零件	金额		3071670		2857614
灯具、照明装置及零件	金额		1388888		1479037
箱包及类似容器	万吨	16.74	1466101	15.36	1354384
服装及衣着附件	金额		3819413		3430859
#织物制服装	金额		3262482		2867707
裘皮服装	吨	81.92	8325	46.82	4182
帽类	万个	8410.03	148980	7029.83	179088
鞋	亿双	1.22	1449527	1.20	1483630
塑料制品	万吨	62.09	1732925	62.36	1931171
玩具	金额		1944658		2234771
贵金属或包贵金属的首饰	千克	38684.77	48635	27426.21	33381

10−8 历年新签利用外资协议(合同)宗数

Number of Signed Agreements or Contracts of Utilization of Foreign Capital over Years

单位：宗

年　份	新签协议（合同）数	"三来一补"企业	"三资"企业
1979	184	184	
1980	415	415	
1981	555	553	2
1982	470	468	2
1983	454	447	7
1984	551	508	43
1985	625	514	111
1986	618	559	59
1987	824	729	95
1988	2048	1839	209
1989	939	779	160
1990	1267	1075	192
1991	1636	1268	368
1992	2232	1374	858
1993	3118	1773	1345
1994	2678	1521	1157
1995	3077	2094	983
1996	1678	1343	335
1997	1685	1492	193
1998	1383	1051	332
1999	1362	1135	227
2000	1276	871	405
2001	1395	705	690
2002	1391	524	867
2003	1524	392	1132
2004	1423	391	1032
2005	992	219	773
2006	786	177	609
2007	790	82	708
2008	588	35	553
2009	601	22	579
2010	875	6	869
2011	1325	1	1324
2012	690		690
2013	506		506
2014	465		465
2015	440		440
2016	446		446
2017	925		925
2018	1400		1400
2019	1028		1028

10-9 历年新签利用外资协议(合同)规定外商投资额

Amount of Signed Agreements or Contracts of Utilization of Foreign Capital over Years

单位：万美元

年　份	协议（合同）规定外商投资额	“三来一补”企业	“三资”企业
1979	476	476	
1980	1055	1055	
1981	806	784	22
1982	787	771	16
1983	1616	841	775
1984	3217	1013	2204
1985	6815	1870	4945
1986	3398	1593	1805
1987	18513	14082	4431
1988	62173	42507	19666
1989	23365	9268	14097
1990	30180	12346	17834
1991	64483	19348	45135
1992	208825	29720	179105
1993	355515	54823	300692
1994	349703	47700	302003
1995	330920	97428	233492
1996	208861	62811	146050
1997	121351	62114	59237
1998	163677	58709	104968
1999	147247	69756	77491
2000	183633	69302	114331
2001	209779	56833	152946
2002	248914	47285	201629
2003	325633	59538	266095
2004	413216	124089	289127
2005	475238	166363	308875
2006	552758	197836	354922
2007	625088	176903	448185
2008	393701	134952	258749
2009	203040	41420	161620
2010	307282	47542	259740
2011	370189	19353	350836
2012	415522	34491	381031
2013	415614	11504	404110
2014	443973	12514	431459
2015	509080	3226	505854
2016	479046	5873	473173
2017	261769	986	260783
2018	225050	1459	223591
2019	197911		197911

10-10 历年实际利用外资

Foreign Capital Actually Utilized over Years

单位：万美元

年 份	累计实际利用外资	当年实际利用外资	“三来一补”企业	“三资”企业
1979	173	173	173	
1980	1107	934	934	
1981	1642	535	528	7
1982	2357	715	668	47
1983	3258	901	871	30
1984	5175	1917	1233	684
1985	8069	2894	1511	1383
1986	11111	3042	1553	1489
1987	22370	11259	9185	2074
1988	46496	24126	17717	6409
1989	71445	24949	16559	8390
1990	95764	24319	14309	10010
1991	121918	26154	11478	14676
1992	168510	46592	13716	32876
1993	261938	93428	14181	79247
1994	366750	104812	26938	77874
1995	472415	105665	38418	67247
1996	579979	107564	38061	69503
1997	701406	121427	33467	87960
1998	835219	133813	40780	93033
1999	980951	145732	48620	97112
2000	1145663	164712	55975	108737
2001	1327225	181562	66841	114721
2002	1542073	214848	68980	145868
2003	1798409	256336	80936	175400
2004	2715217	303430	89555	213875
2005	3090356	375139	93023	146796
2006	3524129	433773	98543	180789
2007	4028524	504395	94365	211759
2008	4351094	322570	77902	244668
2009	4645251	294157	34758	259399
2010	4961538	316287	43116	273171
2011	5283359	321821	16769	305052
2012	5655263	371904	34966	336938
2013	6057448	402935	9160	393775
2014	6519582	462134	9215	452919
2015	7066420	546838	14856	531982
2016	7464805	398385	5768	392617
2017	7640842	176038	4145	171893
2018	7780274	130557	3310	127247
2019	7911553	129092		129092

10-11 主要年份“三资”企业利用外资

Utilization of Foreign Capital of Enterprises with Foreign Investment in Main Years

项　　目	单　位	1990年	1995年	2000年	2005年	2010年	2015年	2018年	2019年
全部“三资”企业利用外资情况									
当年新签协议宗数	宗	192	983	405	773	869	440	1400	1028
本年止累计执行宗数	宗	591	2807	4012	6657	8338	10016	12431	13196
#已投产	宗	454	2629	3908	5870	7469	9561	11275	12015
项目（协议）终止宗数	宗	24	48	338	193	471	270	184	202
实际利用外资总额	万美元	18642	75853	115801	290553	277547	531982	127247	129092
引进设备价值	万美元	6619	50267	80215	118401	63822	15852	13823	2775
出口总值	万美元	13439	178351	835600	2353253	4426236	6371274	6042929	5789901
期末职工人数	万人	3.81	25.01	87.17	145.50	163.53	203.50	169.00	168.04
中外合作企业利用外资情况									
当年新签协议宗数	宗	72	195	19	2				2
本年止累计执行宗数	宗	237	730	705	337	184	107	91	87
#已投产	宗	177	682	700	299	184	107	91	87
项目（协议）终止宗数	宗	15	12	130	25	23	10	12	1
实际利用外资总额	万美元	5072	15159	10045	13529	1345	4264		
引进设备价值	万美元	2411	9320	5033	4060	651		33	
出口总值	万美元	2423	35718	92100	116157	117188	46676	39490	26060
期末职工人数	万人	1.02	5.82	13.57	10.38	3.50	1.49	1.02	0.98

注：本表2000年起出口总值是海关口径。

10-11 续表

项目	单位	1990年	1995年	2000年	2005年	2010年	2015年	2018年	2019年
中外合资企业利用外资情况									
当年新签协议宗数	宗	93	378	29	31	18	43	104	152
本年止累计执行宗数	宗	338	1590	1690	712	507	502	644	748
#已投产	宗	251	1498	1650	668	489	459	621	676
项目（协议）终止宗数	宗	9	31	159	53	99	9	25	46
实际利用外资总额	万美元	13070	39659	23966	25672	36342	40981	8471	18290
引进设备价值	万美元	3920	25557	14365	4060	28850	2886	1	
出口总值	万美元	10934	90357	248800	289344	348622	299587	290492	323844
期末职工人数	万人	2.69	13.51	24.68	17.95	11.60	9.57	9.53	8.67
外商独资企业利用外资情况									
当年新签协议宗数	宗	27	410	357	740	851	397	1295	874
本年止累计执行宗数	宗	16	487	1614	5607	7641	9388	11696	12361
#已投产	宗	8	449	1555	4903	6790	8991	10563	11252
项目（协议）终止宗数	宗		5	49	115	349	251	147	155
实际利用外资总额	万美元	500	21035	79113	252194	239860	482771	118053	110802
引进设备价值	万美元	288	15390	58140	91288	34321	12966	13789	2775
出口总值	万美元	82	52276	494700	1947751	3960425	6025010	5712946	5439997
期末职工人数	万人	0.10	5.67	48.92	117.17	148.43	192.44	158.45	158.40

10-12 主要年份分方式、分国别(地区)实际利用外资

Foreign Capital Actually Utilized by Type and Countries(Regions)in Main Years

单位：万美元

项　　目	1990年	1995年	2000年	2005年	2010年	2015年	2018年	2019年
按引进方式分								
总　计	10167	68438	164712	375139	316287	546841	130557	129092
外商直接投资	10010	67247	108737	282116	273171	531985	127247	129092
合资经营企业	5871	31314	18865	18195	32135	40981	8471	18290
合作经营企业	3645	14983	8305	12669	1176	4264		
外资（独资）经营企业	494	20950	78890	251252	239634	482771	118053	110802
外商投资股份公司			2677		226	3969	723	
外商其他投资	157	1191	55975	93023	43116	14856	3310	
国际租赁								
补偿贸易								
加工装配	157	1191	55975	93023	43116	14856	3310	
按国家和地区分								
总　计	10167	67247	164712	375139	316287	546841	127247	129092
香　港	10167	58333	88950	185214	182600	373441	90246	108126
澳　门		13		44	442	389	70	33
台　湾		3016	23722	130682	82674	100227	27862	2375
日　本		391	7476	25253	12861	19413	2631	1701
泰　国		96	33	20		2	220	
新加坡		822	3511	3994	6094	9070	2279	1291
德　国		3	1884	487	1488	250	345	219
法　国			89	20	688	881	7	
瑞　士			546		127		195	110
加拿大		46	15	99	568	4226	83	74
美　国		3230	2391	8122	3309	8685	1380	639
澳大利亚		56	14	48	61	215	2	1
韩　国			2362	6958	5955	4970	705	2893
利比亚			153					
英　国		79		12	277	572	252	159
其　他		1162	33566	14186	19143	24500	969	11471

注：1995年分国别地区的外商投资额是外商直接投资额。

10-13 外商直接投资分行业情况(2018-2019年)

Foreign Direct Investment by Sector(2018-2019)

单位：万美元

行业	2018年			2019年		
	项目个数（个）	合同外资金额	实际投资金额	项目个数（个）	合同外资金额	实际投资金额
总计	1400	223591	127247	1028	197911	129092
农、林、牧、渔业	4	343		4	273	13
采矿业						
制造业	320	133944	85814	458	100858	87777
#纺织业	10	6286	3357	9	-397	1998
化学原料及化学制品制造业	8	2871	1574	12	1350	1177
医药制造业	1	418	676		847	315
通用设备制造业	21	4035	6208	18	15061	4082
专用设备制造业	41	6192	7369	41	4052	3561
通信设备、计算机及其他电子设备制造业	48	26844	16822	76	30724	20164
电力、燃气及水的生产和供应业		3840	139	2	624	1000
建筑业	11	263	4	11	2446	1030
交通运输、仓储和邮政业	6	9208	10062	7	14883	10529
信息传输、计算机服务和软件业	71	2706	82	39	1871	59
批发和零售业	722	30407	9680	336	22241	6702
住宿和餐饮业	16	429	766	13	656	124
金融业	7	256		6	1409	1712
房地产业	18	22063	15347	26	35263	13777
#房地产开发经营						
租赁和商务服务业	128	7744	4393	60	11351	4345
科学研究、技术服务和地质勘查业	69	11196	877	46	5380	1290
居民服务和其他服务业	6	378	83	3	446	334
卫生、社会保障和社会福利业	1	293				
公共管理和社会组织						

10−14 东莞电子商务交易额

E-commerce transactions of Dongguan

单位：亿元

项　　目	2018年	2019年	2019年比2018年增长(%)
电子商务交易额	4801.0	5377.0	12.0
电子商务网络零售交易额	479.7	497.7	3.8
服装	157.0	154.1	-1.8
手机数码	83.1	92.2	11.0
家居家装	71.9	78.6	9.3
母婴	31.6	29.6	-6.3
运动健康	18.7	18.8	0.5
工业/农业/商业	25.9	28.5	10.0
食品酒水	12.3	14.9	21.1
电脑办公	21.1	19.7	-6.6
个护化妆	7.8	8.3	6.4
汽车用品	11.1	12.9	16.2
家用电器	11.1	11.2	0.9
珠宝礼品	8.0	9.3	16.3
其他	8.3	12.1	45.8
箱包饰品	7.2	6.5	-9.7
中西药品	0.4	0.4	-
图书音像	4.1	0.3	-92.7
虚拟用品	0.3	0.2	-33.3

10-15 主要年份宾馆酒店接待能力和接待人数

Capacity and Tourists Received by Hotels in Main Years

项目	单位	1990年	1995年	2000年	2005年	2010年	2015年	2018年	2019年
三星级以上宾馆（酒店）	家	3	16	30	63	82	54	30	28
三星级	家	3	16	23	27	35	18	4	4
四星级	家			6	22	25	17	12	11
五星级	家			1	14	22	19	14	13
客房（已评1星以上）	间	3793	7568	18024	18258	16631	12127	9619	9436
床位（已评1星以上）	张	8531	15136	30895	25014	24841	16444	13027	13360
开房率	%	60.2	68.8	61.9	58.9	58.1	54.0	41.7	42.0
全年接待人数	万人次	125	89	291	1156	2251	3199.09	4433.87	4748.61
国际及港澳台旅游者	万人次	27	27	106	169	327	373.40	401.91	404.99
#外国人	万人次	1	6	15	70	109	105.02	111.09	112.94
港澳台同胞	万人次	26	21	89	99	219	268.38	290.82	292.05
国内旅客	万人次	98	62	185	987	1924	2825.69	4031.96	4343.63
外出旅游人数	万人次					154	142.88	163.42	171.12
国内旅游人数	万人次					139	124.64	148.76	156.06
出国（境）游人数	万人次					15	18.24	14.66	15.06

10−16 历年旅游业情况

Basic Statistics on Tourism over Years

年份	三星级以上宾馆（酒店）（家）	客房（已评1星以上）（间）	床位（已评1星以上）（张）	开房率（%）	全年接待人数（万人次）	国际及港澳台旅游者	外国人	港澳台同胞	国内游客	国际旅游外汇收入（万美元）
1986					80	11		10	69	554
1987					107	19	1	18	87	453
1988		6435	7641	65.8	125	20		19	105	710
1989		3324	7376	64.8	115	18		18	97	504
1990		3793	8531	60.2	125	27	1	26	98	1025
1991		4004	8701	64.9	155	37	1	36	118	2443
1992		4042	8770	72.6	172	47	2	46	125	2473
1993		4258	8517	75.1	169	52	2	50	117	2888
1994		3542	7443	77.6	119	44	4	40	75	3464
1995	16	7568	15136	68.8	89	27	6	21	62	5679
1996	16	13409	26818	50.3	175	36	6	29	139	6464
1997	19	10420	19142	50.6	171	59	5	54	112	6778
1998	20	17428	31987	53.3	216	75	11	63	141	6601
1999	20	17931	25482	63.5	253	97	17	77	156	7055
2000	30	18024	30895	61.9	291	106	15	89	185	7617
2001	48	20572	32789	62.0	327	110	22	88	217	8200
2002	53	9427	14652	69.0	930	108	22	86	822	11847
2003	52	8170	12599	65.0	1086	80	24	56	1006	13825
2004	60	10530	14934	61.2	1131	149	66	83	982	23437
2005	63	18258	25014	58.9	1156	169	70	99	987	28189
2006	71	18258	25014	60.1	1363	193	81	112	1170	33180
2007	74	19023	26132	63.4	1725	248	102	146	1477	42702
2008	77	19510	26864	58.9	1872	268	103	165	1604	45614
2009	80	16332	24389	58.0	2037	286	104	182	1751	51756
2010	82	16631	24841	58.1	2251	327	109	219	1924	67592
2011	77	17899	24348	60.0	2615	357	121	236	2258	90975
2012	75	17254	23612	59.9	2744	415	135	280	2329	126924
2013	75	18611	24437	56.9	2826	418	138	280	2408	144981
2014	58	12855	16921	51.2	2791	356	122	234	2435	157493
2015	54	12127	16444	54.0	3199	373	105	268	2826	157743
2016	36	10354	14324	57.4	3792	400	111	289	3392	153117
2017	32	9666	13176	59.2	4142	404	113	291	3738	159582
2018	30	9619	13027	41.7	4434	402	111	291	4032	163012
2019	28	9436	13360	42.0	4749	405	113	292	4344	159108

注：国际旅游外汇收入1995年以前单位为万元（外汇券），1995年起为万美元。

主要统计指标解释

Explanatory Notes on Main Statistical Indicators

海关进出口总额 指实际进出我国国境的货物（包括贸易和非贸易）的价值总和。主要包括对外贸易实际进出口货物，来料加工装配、补偿贸易、进料加工进出口货物，国家间及国际组织无偿援助物资和赠送品，华侨、港澳台同胞和外籍华人捐赠品，租赁期满归承租人所有的租赁货物，边境地方贸易及边境地区小额贸易进出口货物（边民互市贸易除外），中外合资、合作经营企业、外商独资经营企业进出口货物和公用物品，到、离岸价格在规定限额以上的进出口货样和广告品（无商业价值、无使用价值和免费提供出口的除外），从保税仓库提取在中国境内销售的进出口货物，以及其他进出口货物。海关进出口总额反映一个国家在对外经济贸易方面实际进出口货物的总规模。

贸易出口 指由外贸进出口公司、工农贸易进出口公司和地方性的进出口公司由国家统一安排的出口、代理出口和自营、联营出口，其中包括进料加工出口，以及各进出口公司在国内以外汇结算方式售给友谊商店、华侨商店、出国人员服务公司和中外合资、合作经营和外资企业等的出口商品。

"三来一补"出口 指来料加工装配出口按工缴费计算，中小型补偿贸易按金额计算。

"三资"企业出口 指三资企业自己出口的本企业产品。不包括委托外贸进出口公司出口的商品。

利用外资 指我国各级政府、部门、企业和其他经济组织通过对外借款、吸收外商直接投资以及向境外发行债券、股票等方式筹措的境外资金。

外资的形式可以是现汇、实物、工业产权或专有技术等有形资本和无形资本。

我国自有外汇如国家外汇、中国银行等金融机构用自有资金发放的外汇贷款等，华侨、港澳同胞的捐赠，联合国或其他国际组织的无偿赠送资金、无偿援建的项目均不属于外资范围。

利用外资的方式有：对外借款，外国（或港澳地区）企业和经济组织或个人在我国境内开办独资企业，与我国境内的企业或组织共同开办合资企业合作经营（企业）项目或合作开发资源，以及补偿贸易、国际租赁等。

外商直接投资 指外国企业和经济组织或个人（包括华侨、港澳同胞以及我在境外注册的企业）按我国有关政策、法规，在我国境内开办外商独资企业，与我国境内的企业或经济组织共同举办中外合资企业、合作经营企业或合作开发资源的投资以及外商从企业得到收益的再投资。

新口径合同利用外资 根据2003年修订的《利用外资统计制度》，明确指出合同外资的统计指外商直接投资（三资企业）企业设立时，根据合同（章程）规定，外方投资者应缴付的注册资本。

国际旅游（外汇）收入 指国内各部门为来我国旅游的外国人、华侨、港澳和台湾同胞提供商品和劳务而得到的外汇收入。包括供应商品、饮食和提供住宿、交通、邮电、文化娱乐、导游等各项服务所得的全部外汇收入。

十一、财政、金融与保险

Finance, Banking and Insurance

11-1 主要年份财政收支主要指标

Main Indicators of Government Revenue and Expenditure in Main Years

单位：万元

项　　目	1978年	1980年	1985年	1990年	2000年	2005年
财政收入						
来源于东莞的财政收入	6604	6710	11118	35719	1035561	3319079
中央财政收入					617151	1935069
#关税和海关代征税					273972	483327
省级财政收入					113681	344330
一般公共预算收入	6604	6710	11118	35719	304730	1039680
工商税收						
工商税收总额					867584	2923001
国税（不含关税）					607216	1849818
地税					260368	1073183
财政支出						
一般公共预算支出	1792	2015	4999	22779	336102	1170427
#基本建设支出					27426	276646
企业挖潜改造支出		88	15	37	1584	9107
科技三项费用支出		7		140	9963	31572
农林水气部门事业费支出		304	1154	3261	40097	62181
工交部门事业费支出		2	7	180	192	20499
城市维护费支出		31	219	1350	41267	162370
科教文卫体事业费支出		1051	2139	7357	86737	210620
#科学事业费				404	936	3956
教育事业费		760	1504	3786	68194	171055
卫生事业费		185	262	743	12083	11469
体育事业费		18	50	827	1517	2860
抚恤和社会福利救济支出		75	132	368	2888	8335
行政管理费支出		293	320	1324	29817	102296
公检法司支出			92	740	46446	166055

注：1. 1995年及以前年份，来源于东莞的财政收入不含关税。
　　2. 从2007年起财政收支按新的分类项目，在10—1续表中反映。

11-1 续表

单位：万元

指　　标	2010年	2015年	2018年	2019年
一般公共预算收入	2778404	5179682	6499110	6732663
#增值税	626301	1421654	2261881	2312510
企业所得税	247986	396494	702592	694683
个人所得税	110441	144828	324285	234965
房产税	92706	184115	366702	312422
契税	186994	354276	379322	446162
罚没收入	78400	88266	113257	116291
一般公共预算支出	2898306	5812410	7654053	8630134
#一般公共服务	269505	470871	736307	859551
公共安全	388243	635334	971081	1121147
教育	653090	1309337	1554296	1853932
科学技术	79830	308338	393445	253628
社会保障和就业	264017	529597	482051	574359
农林水事务	229613	312956	625137	376273
交通运输	90609	542551	271636	535871
税收总额	6887249	14130921	22636893	21666058

11-2 历年财政收支

Basic Conditions of Local Government General Budgetary Revenue and Expenditure over Years

单位：万元

年 份	一般公共预算收入						一般公共预算支出	
	总 量	增长速度(%)	#各项税收	工商税收	专项收入	其他收入	总 量	增长速度(%)
1978	6604		6595	5826		9	1792	
1979	6634	0.5	6625	5725		9	1908	6.5
1980	6710	1.1	6699	5785		11	2015	5.6
1981	6823	1.7	6805	5942		18	2139	6.2
1982	8103	18.8	8068	7184		35	2612	22.1
1983	8578	5.9	8501	7599		77	2804	7.4
1984	8469	-1.3	8385	7442		84	3013	7.5
1985	11118	31.3	10998	9708		120	4999	65.9
1986	16053	44.4	15865	14574	45	143	9916	98.4
1987	20221	26.0	19989	18551	50	182	12512	26.2
1988	27076	33.9	26837	25309	76	163	17475	39.7
1989	31888	17.8	30997	29331	116	775	21623	23.7
1990	35719	12.0	33544	31911	686	1489	22779	5.3
1991	44374	24.2	41659	39302	913	1802	27499	20.7
1992	56204	26.7	52620	48272	1351	2233	38162	38.8
1993	93828	66.9	88920	83462	1947	2961	72910	91.1
1994	76940	-18.0	70451	60889	2697	3792	88984	22.0
1995	115618	50.3	106388	95463	4070	5160	124173	39.5
1996	96541	-16.5	85648	74323	4470	6423	124059	-0.1
1997	114069	18.2	96980	85245	4794	12295	148510	19.7
1998	151012	32.4	123816	106700	5693	21503	179064	20.6
1999	182577	20.9	159873	134852	8759	13945	212641	18.8
2000	304730	66.9	265565	248159	14709	24456	336102	58.1
2001	450163	47.7	402668	381660	18356	29139	478646	42.4
2002	552933	22.8	489780	467998	26438	36715	649606	35.7
2003	674461	22.0	575342	536390	30710	68409	765190	17.8
2004	721959	7.0	707954	655571	35273	83162	941554	23.0
2005	1039680	44.0	879653	797038	36423	123604	1170427	24.3
2006	1289445	24.0	1077152	990029	49285	163008	1478955	26.4
2007	1864468	44.6	1652620	1291335	55863	155985	1930968	30.6
2008	2092248	12.2	1682270	1555499	60590	349388	2182626	13.0
2009	2311555	10.5	1822650	1618514	60007	428899	2326216	6.6
2010	2778404	20.2	2217675	1950773	72153	488576	2898306	24.6
2011	3130639	12.7	2433937	2171228	133951	562751	3519171	21.4
2012	3563245	13.8	2792883	2514813	159582	610780	3855844	9.6
2013	4092897	14.9	3318201	2938124	221062	553634	4446589	15.3
2014	4552119	11.2	3651289	3364746	233430	667400	4576816	2.9
2015	5179682	10.2	3995152	3564401	412612	771918	5812410	27.0
2016	5447543	8.2	4311691	3786326	420802	715050	5992899	3.1
2017	5920682	11.2	4789158	4420501	486407	645117	6676462	11.4
2018	6499110	9.8	5482360	5063018	559906	456844	7654053	14.6
2019	6732663	3.6	5554553	5087616	493874	684236	8630134	12.8

11-3 税收情况（2018-2019年）

Taxes (2018-2019)

单位：万元

指　　标	2018年	2019年
税收总额	22636893	21666058
#内资企业	15996253	15617677
国有企业	54641	53034
集体企业	155873	200105
股份合作企业	1004	8421
联营企业	319	297
有限责任公司	5526248	5767446
股份有限公司	934907	954389
私营企业	4243590	4387536
其它企业	5079672	4246449
#港澳台投资企业	3272253	2960225
#外商投资企业	2150259	1861380
#个体经营	1218128	1226776
#增值税	9130008	13372638
消费税	110049	157151
企业所得税	3698404	3518737
个人所得税	1621423	1174823
房产税	366702	312423
印花税	160215	167001
城镇土地使用税	113135	99746
土地增值税	893282	1190588
车船税	95655	100036
车辆购置税	527693	534408
#第一产业	3082	2487
第二产业	10215432	9518683
#采矿业	1482	1533
制造业	9523449	8797844
农副食品加工业	65069	40845
食品制造业	121935	98708
酒、饮料和精制茶制造业	51683	56409
烟草制品业		
纺织业	176866	162207
纺织服装、服饰业	275806	262094
皮革、毛皮、羽毛及其制品和制鞋业	288698	254454
木材加工和木、竹、藤、棕、草制品业	39175	36414
家具制造业	249205	217101
造纸和纸制品业	498858	363423

11-3 续表

单位：万元

指　　标	2018年	2019年
印刷和记录媒介复制业	149288	123257
文教、工美、体育和娱乐用品制造业	236343	233542
石油加工、炼焦和核燃料加工业	19277	6320
化学原料和化学制品制造业	165050	160345
医药制造业	37892	37967
化学纤维制造业	14253	13022
橡胶和塑料制品业	686575	649528
非金属矿物制品业	177702	197636
黑色金属冶炼和压延加工业	8149	10010
有色金属冶炼和压延加工业	18105	16496
金属制品业	794271	728634
通用设备制造业	434717	429640
专用设备制造业	470028	455773
汽车制造业	111716	109173
铁路、船舶、航空航天和其他运输设备制造业	14790	14491
电气机械和器材制造业	782611	710181
计算机、通信和其他电子设备制造业	3192074	3006416
仪器仪表制造业	101321	93196
其他制造业	319565	280949
废弃资源综合利用业	2224	2508
金属制品、机械和设备修理业	20203	27105
电力、燃气及水的生产和供应业	255358	227748
建筑业	435143	491558
房屋建筑业	95975	129975
土木工程建筑业	42968	66910
建筑安装业	165295	157634
建筑装饰和其他建筑业	130905	137039
第三产业	12418380	12144889
#交通运输、仓储及邮政业	188600	183162
信息传输、软件和信息技术服务业	177975	175206
批发和零售业	1605135	1461573
住宿和餐饮业	57602	48641
金融业	834514	886554
房地产业	2552930	3261168
租赁和商务服务业	621567	659205
科学研究和技术服务业	184544	201316
水利、环境和公共设施管理业	39497	29247
居民服务、修理和其他服务业	304692	210675
教育	26969	23629
卫生和社会工作	30990	24153
文化、体育和娱乐业	21168	29777
公共管理、社会保障和社会组织	444068	4502969
其他行业	5328129	447614

11-4 历年金融机构各项存贷款余额

Deposits and Loans in All Financial institutions over Years

单位：万元

年 份	各项本外币存款余额	#住户存款	各项本外币贷款余额	各项人民币存款余额	#住户存款	各项人民币贷款余额
1978	10496	5410	19607	10496	5410	19607
1979	14875	7185	21302	14875	7185	21302
1980	26093	11718	30797	26093	11718	30797
1981	38003	20339	40243	38003	20339	40243
1982	45120	27650	45525	45120	27650	45525
1983	60547	38597	57618	60547	38597	57618
1984	110265	61823	121891	110265	61823	121891
1985	134867	91941	142437	134867	91941	142437
1986	195948	131352	206813	195948	131352	206813
1987	284819	189654	312431	284819	189654	312431
1988	380511	249134	415818	380511	249134	415818
1989	468203	325670	493737	468203	325670	493737
1990	680696	455140	630355	680696	455140	630355
1991	1029899	679935	852849	949713	614737	783957
1992	1577735	895260	1185126	1473354	815404	1059794
1993	1946346	1186421	1512129	1795701	1071713	1338033
1994	2737104	1700582	1990311	2497834	1515445	1709945
1995	4114645	2526179	2828201	3836761	2329685	2548512
1996	5201272	3392956	3404854	4896463	3180215	3128076
1997	7083202	4507195	4076237	6711687	4258238	3826560
1998	9166048	5724445	4641324	8640053	5337482	4427394
1999	11169344	6740770	5426244	10408377	6163430	5243735
2000	13277901	7537819	6421906	12286706	6720704	6308405
2001	15659074	8868348	7656842	14586491	7991768	7501801
2002	19024082	10930292	9517967	17901799	10016909	9334054
2003	22377551	13173589	12472347	21267775	12310616	12067237
2004	25769443	15142762	14502244	24628693	14316777	14052461
2005	30367695	17966871	15404787	29334026	17282760	15005217
2006	34643620	20739887	17752094	33656508	20133979	17305554
2007	38433605	21640637	22179330	37518345	21207413	21547660
2008	44602450	26775123	24328833	43545340	26380433	23803585
2009	50949212	29455910	30170741	49866108	29045704	29037984
2010	60778667	34258874	34419920	59433885	33868535	33298244
2011	67566598	37503559	38609164	66093904	37109919	37160847
2012	76912423	42469653	44468248	74304570	42042032	41956074
2013	88749114	45175855	49894985	86307325	44764310	47742282
2014	93232801	46482691	55623579	90699213	46067942	53316348
2015	99687961	46306942	59808985	97362437	45913850	58160376
2016	115450990	49435649	65456575	111984273	48829068	64024779
2017	124979678	51607075	69862641	118366589	51034188	68554427
2018	141572229	56560095	82096962	134305611	56013557	79996011
2019	164264429	63657037	101321403	154114179	63169006	95997294

注：2015年起，“城乡居民储蓄存款余额”改名为“住户存款”，口径有变，数据与往年不可比。

11-5　保险行业主要指标

Main Indicators of Insurance

指　　标	单位	2010年	2011年	2012年	2013年	2014年	2015年	2016年	2018年	2019年
保险公司	家	37	38	46	52	52	54	56	64	66
保险业从业人员	人	27281	28064	33449	40867	43886	57664	71226	80535	69500
保费收入	万元	1597166	1636513	1776566	2071338	2580654	3053737	4726882	4894279	5611103
寿险类	万元	1129950	1085528	1166113	1355224	1731887	2062920	3650822	3466942	4006012
#传统寿险	万元	72494	72212	79299	110599	465876	717225	1351292	1371165	1625424
分红险	万元	867738	813006	966343	1072335	1026853	945344	1015713	1313837	1467644
万能险	万元	110035	18650	17032	16823	18354	16280	307938	16586	16615
投连险	万元	18953	805	724	680	768	827	883	1006	1049
意外险	万元	18718	23730	27899	37653	54475	79625	104923	151379	161920
健康险	万元	42012	57507	74816	117135	165561	303619	870073	612970	733360
财险类	万元	467216	550985	610453	716114	848797	990817	1076060	1427336	1605091
#机动车险	万元	400405	460241	515282	612210	722660	852862	945118	1161643	1221177
企财险	万元	32123	34107	32135	35318	35246	32487	31770	41796	44344
家财险	万元	1832	1806	1476	1761	1482	1634	2379	4657	4284
货运险	万元	4576	6917	7164	5695	6218	3622	3648	3419	2663
责任险	万元	9772	10516	12930	16584	19837	22055	27050	47216	59736
短健险	万元	4289	7222	6924	7268	7382	8362	7998	11425	29768
短意险	万元	11073	10271	11959	13650	14914	17525	20409	39054	50199
农业险	万元	55	35	61	130	25	27	47	129	197

主要统计指标解释

Explanatory Notes on Main Statistical Indicators

一般公共预算收入　指国家财政参与社会产品分配所取得的收入，是实现国家职能的财力保证，主要包括：

（1）各项税收：包括国内增值税、国内消费税、进口货物增值税和消费税、出口货物退增值税和消费税、营业税、企业所得税、个人所得税、资源税、城市维护建设税、房产税、印花税、城镇土地使用税、土地增值税、车船税、船舶吨税、车辆购置税、关税、耕地占用税、契税、烟叶税等。

（2）非税收入：包括专项收入、行政事业性收费、罚没收入和其他收入。

一般公共预算支出　指国家财政将筹集起来的资金进行分配使用，以满足经济建设和各项事业的需要。主要包括：一般公共服务、外交、国防、公共安全、教育、科学技术、文化体育与传媒、社会保障和就业、医疗卫生、环境保护、城乡社区事务、农林水事务、交通运输、资源勘探电力信息等事务、商业服务等事务。

信贷资金　指金融机构以信用方式积聚和分配的货币资金。金融机构信贷资金的来源有各项存款、金对国际金融机构负债、流通中现金、银行自有资金及当年结益等；信贷资金的运用有各项贷款、黄金占款、外汇占款、财政借款及在国际金融机构中的资产等。

存款　指机构或个人在保留资金或者货币所有权的条件下，以不可流通的存款凭证为依据，暂时让渡或者接受资金使用权所形成的债权或者债务。存款对象或性质的不同可划分为单位存款、个人存款、财政性存款等项目。

贷款　指机构或个人在保留资金或者货币所有权的条件下，以不可流通的贷款凭证或类似凭证为依据，暂时让渡或者接受资金使用权所形成的债权或者债务。贷款分单位贷款、个人贷款、融资租赁等项目。

住户存款　个人客户在其他存款性公司开立账户并存入资金或者货币，由其他存款性公司出具存款凭证，个人客户凭存款凭证可以支取本金或利息的存款。

保费　指投保人为取得保险人在约定范围内所承担赔偿责任而支付给保险人的费用。

十二、人民生活

People's Living Conditions

12-1 主要年份人民生活主要指标

Basic Statistics on People's Living Conditions in Main Years

指　标	单位	1985年	1990年	1995年	2000年	2005年	2010年	2015年	2018年	2019年
全市职工年平均工资	元				7765	10639	16108	41864	58738	63655
城镇在岗职工年平均工资	元	1456	3552	9682	14051	28253	46576	53221	69937	74017
国有单位	元	1400	3600	9390	16371	37919	57275	91982	136364	157562
城镇集体单位	元	1501	3507	7507	10475	15958	27391	63105	90588	82188
其他各种单位	元	1571	3525	7891	14218	20882	37803	50487	65110	68878
城镇常住居民人均可支配收入	元	791	2508	9588	14142	22882	35690	39793	50721	55156
城镇常住居民人均消费性支出	元	689	2038	9220	12529	21768	25733	29001	33675	36198
食品烟酒	元	493	1295	3644	4048	6035	8732	9625	10625	11328
衣着	元	28	95	604	487	1285	1706	1637	1887	1971
居住	元	58	184	1084	1218	1242	2089	4870	6507	7117
生活用品及服务	元	48	153	694	623	1165	1771	1643	1788	1932
医疗保健	元	14	42	258	431	811	1294	1315	1497	1666
交通通信	元	4	25	1562	3309	7482	5925	5820	6544	6870
教育文化娱乐	元	21	113	991	1517	3205	3443	3168	3852	4244
其他用品和服务	元	23	131	383	896	543	773	924	975	1070
农村常住居民人均可支配收入	元	803	1542	4769	8484	13076	20486	24225	32277	35905
农村常住居民人均消费性支出	元						11842	19889	25355	27721
居民人均可支配收入	元							38651	49331	53657
居民人均消费性支出	元							28256	33209	35730

注：1. 2012年起城镇在岗职工含劳务派遣人员；2013年起，将原属于乡镇企业且符合城镇非私营单位条件的“四上”企业纳入城镇单位从业人员及工资统计的范围，下同。
2. 全市职工年平均工资调查范围为东莞市辖区内除农户以外各类经济实体。
3. 按照国家统计局的统一部署，自2012年12月起正式启动城乡住户调查一体化改革工作。2014年起正式对外发布全体居民人均可支配收入和消费性支出指标，新口径指标将原城市居民人均可支配收入改为城镇常住居民人均可支配收入，农民人均纯收入改为农村常住居民人均可支配收入，与往年数不可比，下同。

12-2 历年城镇在岗职工工资总额与平均工资

Total and Average Wage of Employed Persons in Urban Areas over Years

年份	工资总额（万元）	国有单位	城镇集体单位	其他单位	平均工资（元）	国有单位	城镇集体单位	其他单位
1978	4485	2911	1574		474	630	325	
1979	5869	3611	2258		650	708	574	
1980	7255	4210	3045		750	867	632	
1981	9416	5000	4416		887	979	801	
1982	11839	6440	5399		1095	1089	1102	
1983	12808	6834	5974		1197	1138	1273	
1984	14963	7002	7961		1383	1333	1431	
1985	17260	7619	9238	403	1456	1400	1501	1571
1986	20980	10336	10026	618	2616	1698	1525	1940
1987	27610	12300	14159	1151	2067	2028	2094	2166
1988	35007	17931	14854	2222	2757	2942	2588	2574
1989	42947	20340	20808	1799	3320	3355	3295	3236
1990	46780	22321	21012	3447	3552	3600	3507	3525
1991	54002	24456	23268	6278	3777	3841	3674	3933
1992	68360	30469	28886	9005	4531	4610	4404	4696
1993	107088	47088	40171	19829	6228	7007	5583	6044
1994	131160	61869	49323	19968	8360	9390	7507	7891
1995	171543	75157	51398	44988	9682	10802	8007	10367
1996	178968	83372	52581	43015	10382	11623	8658	10775
1997	175156	87890	47185	40081	10691	12160	8774	10610
1998	187636	98109	50302	39225	11422	13123	9362	10959
1999	204550	109437	52217	42896	12557	14601	9966	12062
2000	229404	125711	53903	49790	14051	16371	10475	14218
2001	261645	152564	52645	56436	16183	19869	11001	15238
2002	291778	165611	58907	67260	17804	22228	11640	17348
2003	362935	230464	55866	76605	22598	29773	12940	19140
2004	432893	282512	62898	87483	25326	35163	13954	19223
2005	518216	349572	70872	97772	28253	37919	15958	20882
2006	608670	413718	74637	120315	31135	41457	17174	23032
2007	707007	487826	74408	144773	35284	46197	18807	26218
2008	809893	570134	82432	157327	39516	51441	20833	28838
2009	944243	639161	76001	229081	42585	56129	22077	31195
2010	1029873	678673	96664	254537	46576	57275	27391	37803
2011	1229001	826777	104824	297400	50398	61504	30549	39591
2012	1434133	960274	126456	347404	57007	66857	35977	47726
2013	10499782	1138596	218818	9142369	42870	75846	38409	40776
2014	11319163	1189178	226508	9903477	47600	78384	47024	45469
2015	12308012	1288341	255177	10764494	53221	91982	63105	50487
2016	13160504	1511235	235480	11413789	57649	109565	72895	54026
2017	14844731	1643574	304130	12897027	61619	116358	88696	57742
2018	17152468	2059199	383532	14709737	69937	136364	90588	65110
2019	21402401	2491214	518523	18392664	74017	157562	82188	68878

12-3 城镇在岗职工工资总额及平均工资(2019年，按经济类型、行业分)

Total and Average Wage of Fully Employed Persons in Urban Areas (2019, by Status of Registration and Sector)

项　　目	工资总额(万元)	国有单位	城镇集体单位	其他单位	平均工资(元)	国有单位	城镇集体单位	其他单位
总　计	21402401	2491214	518523	18392664	74017	157562	82188	68878
按企业、事业和机关分								
企业	18317502	148675	229780	17939047	68608	134693	58772	68477
事业	1587459	1132613	243284	211562	161537	167222	160161	137816
机关	1181842	1166918	3630	11294	151945	152838	106449	103612
按国民经济行业分								
农、林、牧、渔业	8174	4935		3239	81575	113186		57224
工　业	13940333	4376	86663	13849294	66072	64452	59916	66115
建筑业	307689	456	3422	303812	69370	123162	58797	69465
交通运输、仓储和邮政业	301240	54147	1469	245625	88335	154220	61718	80923
信息传输、软件和信息技术服务业	228363	4912	268	223183	129157	126917	86387	129284
批发和零售业	801623	727	8587	792309	65655	64884	51020	65861
住宿和餐饮业	136563	31	1119	135414	48350	38375	43882	48393
金融业	388405	18824	76	369505	149105	68352	54286	158715
房地产业	521672	2501	15694	503477	87821	86847	72155	88424
租赁和商务服务业	780638	26618	120149	633871	69242	108333	50154	73427
科学研究、技术服务业	469638	46062	14184	409391	87415	191607	162851	81148
水利、环境和公共设施管理业	56598	15975	2055	38568	68297	106712	101748	58543
居民服务、修理和其他服务业	88823	8267	267	80289	44534	132912	48545	41670
教　育	1066416	402525	151199	512691	111872	182559	139495	82113
卫生和社会工作	891734	598738	93644	199352	155230	176901	157147	113005
文化、体育和娱乐业	79570	24919	2245	52407	76931	119918	75319	65780
公共管理、社会保障和社会组织	1334922	1277202	17483	40238	146796	150356	119091	88943
国际组织								

12-4 主要年份各种分组的城镇在岗职工平均工资

Average Wage of Employed Persons in Urban Areas by Item in Main Years

单位：元

项　　目	1985年	1990年	1995年	2000年	2005年	2010年	2015年	2018年	2019年
职工平均工资	1456	3552	9682	14051	28253	46576	53221	69937	74017
按经济类型分									
国有单位	1400	3600	10802	16371	37919	57275	91982	136364	157562
城镇集体单位	1501	3507	8007	10475	15958	27391	63105	90588	82188
其他单位	1571	3525	10367	14218	20882	37803	50487	65110	68878
按国民经济行业分									
农、林、牧、渔业	1312	3639	12412	14000	37046	61606	99510	149125	81575
工　业	1450	3481	8945	12316	18371	30418	48893	63708	66072
建筑业	2052	3813	9125	9820	18385	31020	47757	59576	69370
交通运输、仓储和邮政业					31989	40809	61710	80128	88335
信息传输、软件和信息技术服务业					71801	110207	124608	153439	129157
批发和零售业					28565	38986	50656	68603	65655
住宿和餐饮业					18257	21955	34957	45693	48350
金融业	1500	3303	13254	20560	40655	94569	176578	185964	149105
房地产业	1779	4414	11184	17993	34805	53939	74262	84301	87821
租赁和商务服务业					29824	47505	52828	62348	69242
科学研究、技术服务业					37423	51017	84770	116196	87415
水利、环境和公共设施管理业					34573	51426	44510	41900	68297
居民服务、修理和其他服务业					44853	56776	32474	38045	44534
教　育					27255	37734	89780	121038	111872
卫生和社会工作					37991	52867	86091	122891	155230
文化、体育和娱乐业					37710	58317	58686	75311	76931
公共管理、社会保障和社会组织	1519	3666	12347	15424	37888	56817	79271	128395	146796
国际组织									

12-5 各种经济类型分行业城镇在岗职工工资总额、平均工资(2018-2019年)

Total and Average Wage of Employed Persons in Urban Areas by Status of Registration and Sector (2018-2019)

项　　目	国有经济		城镇集体经济		其他经济类型	
	2018年	2019年	2018年	2019年	2018年	2019年
职工工资总额(万元)	2059199	2491214	383532	518523	14709737	18392664
农、林、牧、渔业	4193	4935			355	3239
工业	1839	4376	82863	86663	12119608	13849294
建筑业		456	10598	3422	385391	303812
交通运输、仓储和邮政业	43244	54147	1048	1469	212589	245625
信息传输、软件和信息技术服务业	124	4912		268	172280	223183
批发和零售业	144	727	6980	8587	504505	792309
住宿和餐饮业		31	1999	1119	121533	135414
金融业	217682	18824	175199	76	100370	369505
房地产业	284	2501	7369	15694	287604	503477
租赁和商务服务业	6904	26618	67222	120149	309808	633871
科学研究、技术服务业	17085	46062	9360	14184	180176	409391
水利、环境和公共设施管理业	6678	15975	342	2055	22351	38568
居民服务、修理和其他服务业	1046	8267	26	267	45341	80289
教育	419534	402525		151199	120042	512691
卫生和社会工作	495079	598738	19933	93644	101311	199352
文化、体育和娱乐业	16794	24919	593	2245	26474	52407
公共管理、社会保障和社会组织	828570	1277202		17483		40238
国际组织						
职工平均工资(元)	136364	157562	90588	82188	65110	68878
农、林、牧、渔业	154169	113186			107545	57224
工　业	49027	64452	62500	59916	63719	66115
建筑业		123162	77073	58797	59206	69465
交通运输、仓储和邮政业	116436	154220	67186	61718	75416	80923
信息传输、软件和信息技术服务业	176714	126917		86387	153424	129284
批发和零售业	130818	64884	50656	51020	68932	65861
住宿和餐饮业		38375	48885	43882	45644	48393
金融业	188095	68352	193334	54286	170436	158715
房地产业	167000	86847	90305	72155	84117	88424
租赁和商务服务业	159450	108333	48690	50154	65443	73427
科学研究、技术服务业	182722	191607	207069	162851	109897	81148
水利、环境和公共设施管理业	80077	106712	50294	101748	36593	58543
居民服务、修理和其他服务业	82992	132912	51000	48545	37571	41670
教　育	151851	182559		139495	70817	82113
卫生和社会工作	126856	176901	132097	157147	105357	113005
文化、体育和娱乐业	110266	119918	134864	75319	62190	65780
公共管理、社会保障和社会组织	128395	150356		119091		88943
国际组织						

12-6 国有企、事业和机关单位城镇在岗职工工资总额及平均工资(2019年)

Total and Average Wage of Employed Persons in Urban State-owned Enterprises, Institutions and Government Agencies (2019)

项　　目	单位从业人员工资总额(万元)	在岗职工工资总额	其他从业人员工资总额	在岗职工平均工资(元)
总　计	2524858	2491214	33645	157562
按企事业机关分				
企　业	148755	148675	81	134693
#地　方	142718	142652	66	134160
事　业	1142709	1132613	10096	167222
#地　方	1136672	1126745	9927	167297
机　关	1189049	1166918	22131	152838
#地　方	1136813	1118401	18412	154601
按行业分				
农、林、牧、渔业	4999	4935	64	113186
工　业	4391	4376	15	64452
建筑业	471	456	15	123162
交通运输、仓储和邮政业	54147	54147		154220
信息传输、软件和信息技术服务业	4991	4912	79	126917
批发和零售业	727	727		64884
住宿和餐饮业	31	31		38375
金融业	18824	18824		68352
房地产业	2501	2501		86847
租赁和商务服务业	26825	26618	208	108333
科学研究、技术服务业	46874	46062	812	191607
水利、环境和公共设施管理业	16586	15975	611	106712
居民服务、修理和其他服务业	8267	8267		132912
教　育	408976	402525	6450	182559
卫生和社会工作	600531	598738	1794	176901
文化、体育和娱乐业	25117	24919	198	119918
公共管理、社会保障和社会组织	1300602	1277202	23400	150356
国际组织				

12-7 工业、建筑业城镇在岗职工工资总额和平均工资（2018-2019年）

Total and Average Wage of Employed Persons in Urban Industrial and Construction Units (2018-2019)

项目	2018年		2019年	
	工资总额（万元）	平均工资（元）	工资总额（万元）	平均工资（元）
工业总计	12204309	63708	13940333	66072
按经济类型分				
国有单位	1839	49027	4376	64452
城镇集体单位	82863	62500	86663	59916
其他各种单位	12119608	63719	13849294	66115
按工业行业分(大类)				
农副食品加工业	30190	74395	57588	84676
食品制造业	98374	58692	128521	68384
酒、饮料和精制茶制造业	31107	70682	31367	73839
烟草制品业				
纺织业	205080	61823	255954	61368
纺织服装、服饰业	397598	54050	419101	59122
皮革、毛皮、羽毛及其制品和制鞋业	591803	51622	608636	52691
木材加工和木、竹、藤、棕、草制品业	14935	55480	43470	61485
家具制造业	283052	56038	301017	60842
造纸和纸制品业	298488	66776	361537	67636
印刷和记录媒介复制业	245119	60836	296411	63398
文教、工美、体育和娱乐用品制造业	682049	49902	816280	53951
石油加工、炼焦和核燃料加工业	14333	59278	9489	59011
化学原料和化学制品制造业	154022	78555	188104	76686
医药制造业	24659	84679	30041	95792
化学纤维制造业	7690	55803	12058	58677
橡胶和塑料制品业	926756	58055	1059704	61093
非金属矿物制品业	223167	66350	297235	71831
黑色金属冶炼和压延加工业	11619	85245	14765	81617
有色金属冶炼和压延加工业	48945	57266	54054	60093
金属制品业	824567	61862	974297	63212
通用设备制造业	499489	66486	562337	71530
专用设备制造业	644134	67582	858465	66858
汽车制造业	179143	76560	189687	76756
铁路、船舶、航空航天和其他设备制造业	52161	77910	65130	78207
电气机械和器材制造业	1279902	58676	1462931	61945
计算机、通信和其他电子设备制造业	4010469	72725	4272936	74465
仪器仪表制造业	215392	63013	248230	64096
其他制造业	103143	62564	195644	61535
废弃资源综合利用业	723	62861	696	55254
电力、热力生产和供应业	49727	131345	47601	133001
燃气生产和供应业	14305	99271	14115	125019
水的生产和供应业	36753	78149	53380	87536
建筑业总计	395989	59576	307689	69370
国有单位			456	123162
城镇集体单位	10598	77073	3422	58797
其他单位	385391	59206	303812	69465

12-8　历年城乡居民收入

Income of Households over Years

单位：元

年　份	全体居民人均可支配收入	城镇常住居民人均可支配收入	农村常住居民人均可支配收入
1978			149
1979			188
1980			272
1981			463
1982			567
1983			618
1984			691
1985		791	803
1986		1033	951
1987		1247	1142
1988		1778	1325
1989		2282	1424
1990		2508	1542
1991		3068	1673
1992		4026	2290
1993		5970	2903
1994		8270	3769
1995		9588	4769
1996		10824	5554
1997		11032	6132
1998		11506	6830
1999		12954	7704
2000		14142	8484
2001		16938	9383
2002		16949	10178
2003		18471	11033
2004		20526	11941
2005		22882	13076
2006		25320	14313
2007		27025	15747
2008		30275	16904
2009		33045	18098
2010		35690	20486
2011		39513	22842
2012		42944	24944
2013		46594	27214
2014	35712	36764	22327
2015	38651	39793	24225
2016	41902	43096	26526
2017	45451	46739	29078
2018	49331	50721	32277
2019	53657	55156	35905

注：本表城镇居民人均可支配收入1997年以前是生活费收入口径，1997年起是可支配收入口径，2014年起为新口径，下同。

12–9 历年城镇常住居民人均可支配收入

Income of Urban Households over Years

单位：元

年 份	可支配收入				
		工资性收入	经营净收入	财产净收入	转移净收入
1985	791	603			
1986	1033	974			
1987	1247	989			
1988	1778	1097			
1989	2282	1185			
1990	2508	1459	46	30	417
1991	3062	2160	226	55	534
1992	4026	2560	411	175	709
1993	5969	3684	749	889	319
1994	8270	5758	840	553	994
1995	9588	6260	1210	659	1329
1996	10824	8428	1127	455	1273
1997	11032	8024	625	349	1544
1998	11506	8334	884	319	1207
1999	12954	7910	1799	357	1541
2000	14142	8702	2740	895	720
2001	16938	11037	2643	895	1879
2002	16949	13050	1662	1076	1923
2003	18471	15282	1598	1210	1388
2004	20526	17153	1634	1553	1535
2005	22882	18524	2709	1894	1536
2006	25320	18318	4389	2504	1946
2007	27025	18930	3359	4849	2101
2008	30275	20872	4521	3527	3047
2009	33045	23723	4724	4209	3094
2010	35690	26799	4171	4771	3220
2011	39513	27272	4075	7481	4374
2012	42944	30518	3940	9099	3484
2013	46594	33051	4003	10136	3941
2014	36764	28256	3993	6711	-2196
2015	39793	29750	3973	7397	-1326
2016	43096	31826	4576	7505	-810
2017	46739	34415	4718	8203	-597
2018	50721	36258	5532	9265	-333
2019	55156	38539	6309	10576	-269

12-10 历年城镇常住居民人均消费性支出

Living Expenditure of Urban Resident over Years

单位：元

年份	年人均消费性支出	食品烟酒	衣着	居住	生活用品及服务	医疗保健	交通通信	教育文化娱乐	其他用品和服务	恩格尔系数(%)
1985	689	493	28	58	48	14	4	21	23	71.6
1986	883	588	43	66	84	15	6	46	35	66.6
1987	1174	709	64	79	128	55	9	106	24	60.4
1988	1583	977	64	136	171	22	12	124	77	61.7
1989	1980	1235	101	156	196	55	24	115	98	62.4
1990	2038	1295	95	184	153	42	25	113	131	63.5
1991	2481	1476	188	254	122	47	47	211	136	59.5
1992	3901	1834	259	369	263	94	587	331	164	47.0
1993	5533	2615	373	333	583	133	855	389	252	47.3
1994	7270	3172	420	761	925	192	850	714	236	43.6
1995	9220	3644	604	1084	694	258	1562	991	383	39.5
1996	8585	3682	706	674	660	225	990	847	802	42.9
1997	8309	3681	594	880	435	415	916	939	449	44.3
1998	8644	3785	457	659	612	455	1025	1074	577	43.8
1999	11348	3712	400	898	601	371	3398	1043	923	32.7
2000	12529	4048	487	1218	623	431	3309	1517	896	32.3
2001	14669	4572	648	1173	746	513	4258	1429	1330	31.2
2002	15157	4818	748	1060	611	529	4303	2660	428	31.8
2003	15446	4804	921	2966	1093	693	2062	2512	395	31.1
2004	18426	5041	1134	2517	925	811	4973	2673	352	27.4
2005	21768	6035	1285	1242	1165	811	7482	3205	543	27.7
2006	18995	6321	1238	2341	1229	809	3531	3001	525	33.3
2007	21545	6966	1213	1903	1342	860	5208	3515	538	32.3
2008	23208	7778	1349	2585	1539	1332	4462	3464	699	33.5
2009	24270	7972	1492	2232	1616	1400	5456	3326	776	32.8
2010	25733	8732	1706	2089	1771	1294	5925	3443	773	33.9
2011	27495	9513	1806	2128	1902	1251	6035	3886	974	34.6
2012	31369	11103	2121	2852	2173	1521	6108	4348	1143	35.4
2013	33251	11704	2280	3034	2328	1619	6408	4666	1212	35.2
2014	27071	9022	1653	4550	1932	1280	4712	3200	723	33.3
2015	29001	9625	1637	4870	1643	1315	5820	3168	924	33.2
2016	30688	9966	1836	5407	1688	1344	6146	3383	917	32.5
2017	32498	10533	1834	5716	1780	1505	6589	3526	1016	32.4
2018	33675	10625	1887	6507	1788	1497	6544	3852	975	31.6
2019	36198	11328	1971	7117	1932	1666	6870	4244	1070	31.3

12-11 历年农村常住居民人均收入

Per Capita Actual Income of Rural Households over Years

单位：元

年 份	可支配收入				
		工资性收入	经营净收入	财产净收入	转移净收入
2006	17676	8522	4195	4171	789
2007	19945	9446	4388	5191	920
2008	20622	9876	4326	5531	889
2009	22077	10442	4517	6210	908
2010	22537	11201	3629	6402	1305
2011	26460	13254	4150	7232	1822
2012	27008	14045	3829	7013	2121
2013	29399	15147	4171	7368	2713
2014	22327	21030	2286	1846	-2836
2015	24225	21405	2241	2181	-1602
2016	26526	23113	2250	2207	-1043
2017	29078	25068	2306	2505	-801
2018	32277	27512	2661	2946	-842
2019	35905	30340	3064	3385	-884

注：本表2006—2013年相关数据为家庭现金收入。

12-12 历年农村常住居民人均消费性支出

Per Capita Consumption Expenditure of Rural Households over Years

单位：元

年 份	年人均消费性支 出	食品烟酒	衣 着	居 住	生活用品及服务	医 疗保 健	交 通通 信	教育文化娱乐服务	其他用品和服务
2006	9370	3380	448	1458	474	510	1543	932	625
2007	10771	3805	602	2001	581	494	1953	1029	306
2008	10887	3823	691	1500	622	545	1799	1198	709
2009	10598	3711	633	1485	471	565	1764	1223	746
2010	11842	4447	627	1877	480	569	2120	1082	640
2011	14055	5313	655	2345	574	665	2698	1225	580
2012	16103	5980	751	2817	771	765	2828	1533	659
2013	17003	6291	812	2744	752	748	3103	1769	784
2014	18505	7154	1131	3191	817	471	3811	1684	245
2015	19889	7493	1197	2861	975	881	3861	2316	304
2016	21539	8102	1263	3150	1079	904	4153	2567	323
2017	23090	8637	1227	3398	1180	1001	4535	2765	348
2018	25355	9258	1393	4001	1219	1157	5216	2711	399
2019	27721	10053	1559	4346	1318	1366	5520	3108	451

12-13　居民人均收入和支出（2018-2019年）

Income and Expenditure of Households (2018-2019)

单位：元

项　　目	2018年			2019年		
	常住居民	城镇常住居　　民	农村常住居　　民	常住居民	城镇常住居　　民	农村常住居　　民
人均可支配收入	49331	50721	32277	53657	55156	35905
工资性收入	35883	36258	27512	38169	38539	30340
经营净收入	5150	5532	2661	5881	6309	3064
财产净收入	8766	9265	2946	10017	10576	3385
转移净收入	-469	-333	-842	-410	-269	-884
人均消费支出	33209	33675	25355	35730	36198	27721
食品烟酒	10603	10625	9258	11315	11328	10053
衣着	1839	1887	1393	1952	1971	1559
居住	6347	6507	4001	6912	7117	4346
生活用品及服务	1752	1788	1219	1893	1932	1318
交通通信	6465	6544	5216	6795	6870	5520
教育文化娱乐	3757	3852	2711	4144	4244	3108
医疗保健	1488	1497	1157	1662	1666	1366
其他用品和服务	959	975	399	1056	1070	451

主要统计指标解释

Explanatory Notes on Main Statistical Indicators

可支配收入 指调查户在调查期内获得的、可用于最终消费支出和储蓄的总和，即调查户可以用来自由支配的收入。可支配收入既包括现金，也包括实物收入。按照收入的来源，可支配收入包含四项，分别为：工资性收入、经营净收入、财产净收入和转移净收入。计算公式为：

可支配收入 = 工资性收入 + 经营净收入 + 财产净收入 + 转移净收入

其中：经营净收入 = 经营收入 – 经营费用 – 生产性固定资产折旧 – 生产税

财产净收入 = 财产性收入 – 财产性支出

转移净收入 = 转移性收入 – 转移性支出

工资性收入 指就业人员通过各种途径得到的全部劳动报酬和各种福利，包括受雇于单位或个人、从事各种自由职业、兼职和零星劳动得到的全部劳动报酬和福利。

经营净收入 指住户或住户成员从事生产经营活动所获得的净收入，是全部经营收入中扣除经营费用、生产性固定资产折旧和生产税之后得到的净收入。

财产净收入 指住户或住户成员将其所拥有的金融资产、住房等非金融资产和自然资源交由其他机构单位、住户或个人支配而获得的回报并扣除相关的费用之后得到的净收入。财产净收入包括利息净收入、红利收入、储蓄性保险净收益、转让承包土地经营权租金净收入、出租房屋净收入、出租其他资产净收入和自有住房折算净租金等。

转移净收入 计算公式为：转移净收入 = 转移性收入 – 转移性支出

转移性收入 指国家、单位、社会团体对住户的各种经常性转移支付和住户之间的经常性收入转移。包括政府、非行政事业单位、社会团体对居民转移的养老金或退休金、社会救济和补助、惠农补贴、政策性生活补贴、救灾款、经常性捐赠和赔偿以及报销医疗费等；住户之间的赡养收入、经常性捐赠和赔偿以及在外（含国外）工作的本住户非常住成员寄回带回的收入等。

转移性支出 指调查户对国家、单位、住户或个人的经常性或义务性转移支付。包括缴纳的税款、各项社会保障支出、赡养支出、经常性捐赠和赔偿支出、外来从业人员寄给家人的支出以及其他经常转移支出等。

消费支出 指住户用于满足家庭日常生活消费需要的全部支出，包括用于消费品的支出和用于服务性消费的支出。根据用途不同，消费支出可划分为食品烟酒、衣着、居住、生活用品及服务、交通通信、教育文化娱乐、医疗保健、其他用品及服务八大类。根据来源不同，消费支出可划分为现金消费支出、实物消费支出（含自产自用、来自单位、来自政府和其他社会组织）。

职工工资总额 指各单位在一定时期内直接支付给本单位全部职工的劳动报酬总额。工资总额的计算原则应以直接支付给职工的全部劳动报酬为根据。各单位支付给职工的劳动报酬以及其他根据有关规定支付的工资，不论是计入成本的还是不计入成本的，不论是按国家规定列入计征奖金税项目的，还是未列入计征奖金税项目的，不论是以货币形式支付的还是以实物形式支付的，均包括在工资总额内。

职工平均工资 指企业、事业、机关单位的职工在一定时期内平均每人所得的货币工资额。它表明一定时期职工工资收入的高低程度，是反映职工工资水平的主要指标。计算公式为：职工平均工资=报告期实际支付全部职工工资总额/报告期全部职工平均人数。

十三、社会事业

Social Undertakings

13-1 主要年份社会事业主要指标

Main Indicators of Social Undertakings in Main Years

项　　　目	单位	1985年	1990年	1995年	2000年	2005年	2010年	2015年	2018年	2019年
公有企事业单位科学技术人员数	人	9166	11629	16856		42593	40025	42624	45167	46275
专利申请量	件		34	325	1653	6694	21654	38094	97030	83217
专利授权量	件		30	262	1399	3114	20397	26820	65985	60419
各类技术合同签订项目数	项		5	46	110	50	90	177	272	417
各类技术合同签订项目金额	万元		12	1804	3469	4058	18366	9853	183248	2220675
在校学生数										
普通高等学校	人			1628	3241	16645	38293	114626	121408	124439
成人高等学校	人	403	531	1254	3642	12665	21703	43894	35874	47997
中等职业技术学校	人	3363	8919	18737	23144	29487	47531	69734	82311	84654
普通中学	人	46596	61188	92481	112418	191044	258276	287582	332363	349043
小学	人	134421	162664	195063	272793	480923	552377	719263	803482	837399
小学学龄儿童入学率	%	99.8	99.9	100.0	100.0	100.0	100.0	100.0	100.0	100.0
小学毕业生升学率	%	79.5	95.4	99.2	99.8	99.9	100.0	100.0	100.0	100.0
初中毕业生升学率	%	38.5	43.6	85.4	90.3	94.1	97.9	98.5	98.4	99.0
普通高中毕业生升学率	%	26.5	31.2	64.9	70.5	96.5	95.1	98.0	98.4	99.5
电影放映单位	个	60	114	218	192	70	46	79	140	159
艺术表演团体	个	1	7	2	1		4	20	26	30
文化馆(群众艺术馆)	个	1	1	1	1	1	1	1	1	1
公共图书馆	个	3	5	15	18	473	505	641	653	653
博物馆	个	2	2	2	3	16	30	48	48	53
档案馆	个	1	1	1	1	1	1	1	1	1
《东莞日报》发行量	万份		177	987	1578	2751	4563	4356	5697	5677
广播电台	座		1	1	1	1	1	1	1	1
电视台	座	1	1	1	1	1	1	1	1	1
卫生事业机构病床床位数	张	2323	3866	5798	7081	11972	19980	27457	31059	33041
卫生技术人员数	人	3305	3902	5290	6915	16608	37487	45226	54317	57332
#执业（助理）医师	人	1201	1721	2299	3309	6901	13214	15889	19516	20818
举办全民健身活动	次							367	788	799
参加全民健身活动人数	万人次							20.12	65.67	69.51
律师人数	人	6	12	85	130	625	1366	2035	3051	3392
公证人员数	人	6	10	19	20	48	96	120	118	130
人民调解委员会调解人员数	人	3603	3664	3664	3644	4556	17438	14683	11220	9577
优抚收养单位收养人数	人次		19	11	7	8	8	7	7	6
一般工业固体废物综合利用率	%	37.5	17.9	18.2	63.8	86.5	95.0	88.7	66.3	81.5
城市环境空气质量达标天数	天						357	307	301	285

注：1. 2010年起，公有企事业单位科学技术人员数只统计在编在岗人员数，与往年数不可比。
　　2. 中等职业技术学校包含市技工学校，不含一般成人中专。
　　3. 2004年起，卫生方面包含诊所、卫生所、医务室及村卫生室的数据，与往年数不可比。

13−2 科技活动基本情况（2019年）

Basic Statistics on Scientific and Technological Activities (2019)

项　　目	单位	2019年	项　　目	单位	2019年
科技企业			火炬计划特色产业基地	个	6
企业数			#工业总产值	亿元	1668
#国家高新技术企业	个	6217	国家高新技术企业数	个	801
省创新型试点企业	个	80	科技企业孵化器/加速器	个	122
省创新型企业	个	42	#建筑场地面积	万平方米	197.5
省创新百强企业	个		在孵企业数	个	3806
重点培育上市后备科技企业	个		毕业企业数	个	1824
科技机构			工程中心		
机构数	个	39	国家级工程中心	个	1
职工总数	人	3607	省级工程中心	个	455
#单位在职从事科技活动人员	人	2865	#工程中心从业人员	人	47338
#大学本科及以上学历	人	2463	经费收入	万元	3837071.6
科技活动收入	万元	110218	发表论文	篇	422
#政府拨款	万元	59072	专利授权数	项	10362
科技经费内部支出	万元	93164	研发新产品生产项数	项	1941
课题数	项	430	研发新产品产值	万元	28885435
课题经费支出额	万元	57187	市级工程中心	个	284
科技论文数	篇	561	#工程中心从业人员	人	24616
专利申请受理	件	460	经费收入	万元	1360883
专利授权数	件	276	发表论文	篇	241
科技园区和基地			专利授权数	项	7296
国家级高新区	个	1	研发新产品生产项数	项	1188
省级高新区	个		研发新产品产值	万元	14413170

13-3　规模以上工业企业R&D活动及相关情况

The Main Indicators on R&D of Industrial Enterprises above Designated Size

指　　标	单位	2013年	2014年	2015年	2016年	2017年	2018年	2019年
企业情况								
有研发机构的企业数	家	372	563	950	2004	2959	3943	4592
有R&D活动的企业数	家	709	855	1145	1709	2119	2822	3651
企业办研发机构情况								
机构数	个	476	716	1126	2264	3256	4203	4875
机构人员合计	人	29943	40012	54234	98662	140923	156854	176879
机构经费支出	万元	558771	746857	1016937	1966566	2723383	4269519	5561934
项目情况								
全部R&D项目数	项	3973	4307	4484	5812	7047	11497	16061
人员情况								
R&D人员合计	人	53258	58752	59469	64963	73644	111969	124459
#研究人员	人	9109	8707	13851	14562	13860	21454	22829
R&D人员折合全时当量合计	人年	43635	49457	47449	48209	50728	86581	93540
#研究人员	人年	7727	7432	11240	11133	9864	16979	17406
经费支出情况								
R&D经费支出合计	万元	983720	1150506	1267890	1434038	1614225	2212356	2605714
其中：①经常费支出	万元	855711	1041473	1142706	1295452	1521925	2031286	2419432
②资产性支出	万元	128009	109034	125183	138586	92300	181071	186282
其中：①基础研究支出								
②应用研究支出	万元	183	3754	4302	1086	2373	2819	2627
③试验发展支出	万元	983537	1146753	1263587	1432952	1611852	2209537	2603087
其中：①政府资金	万元	16012	11334	15031	18231	20037	26326	637056
②企业资金	万元	938785	1114200	1232605	1365448	1583556	2180401	1968606
③境外资金	万元	22682	14807	7670	26395	2697	2247	
④其他资金	万元	6241	10165	12583	23965	7936	3382	52
委托外单位开展研发的经费支出合计	万元	49266	143368	278714	601287	793196	1367049	1189869
#对境内研究机构支出	万元	14379	120399	236268	522990	691110	1099666	1023620
对境内高等学校支出	万元	2142	1626	1692	1760	1848	5220	7286
对境内企业支出			8166	9354	26272	31401	116687	17860
对境外支出	万元	7380	13177	31401	50265	68837	145477	141103
科技活动产出及相关情况								
新产品开发项目数	项	6376	5978	6414	9929	15286	18058	20931
新产品开发经费支出	万元	1232410	1497801	1638609	2203250	2977748	3967662	5107357
新产品销售收入	万元	11951808	21901522	24215567	46427486	63927517	90096776	91549452
#出口	万元	3786174	8113170	7917504	16506231	18840166	14417471	24462335
专利申请数	件	10946	9586	9209	15068	22501	39891	45034
#发明专利	件	4256	3819	2772	4427	6290	18317	21787
有效发明专利数	件	3217	5363	6084	10236	17756	29052	46728
#已被实施	件		2667	3601	5719	8224	14541	25464
拥有注册商标数量	件	3580	4327	5421	7603	9059	13287	18682
发表科技论文	篇	209	190	174	218	273	288	240
形成国家或行业标准	项	172	139	83	154	297	342	383
政府相关政策落实情况								
使用来自政府部门的研发资金	万元	18832	22395	20087	22407	28058	25911	18648
研究开发费用加计扣除减免税	万元	15654	39356	65931	101935	144843	357579	545462
高新技术企业减免税	万元	84695	68852	107146	149333	191581	489134	366705
技术获取和技术改造情况								
技术改造经费支出	万元	69366	95019	172104	102409	204403	312672	366701
购买境内技术经费支出	万元	6222	48493	359624	537856	363890	1364409	2212898
引进境外技术经费支出	万元	52216	78964	338910	666201	299229	898604	679037
引进境外技术的消化吸收经费支出	万元	8189	5704	2649	1373	1566	8351	5

13-4 规模以上服务业企业R&D活动及相关情况（2018-2019年）

The Main Indicators on R&D of Service Enterprises above Designated Size (2018-2019)

指　　标	单位	2018年	2019年
企业情况			
有研发机构的企业数	家	34	111
有R&D活动的企业数	家	22	97
企业办研发机构情况			
机构数	个	41	118
机构人员合计	人	4515	8000
机构经费支出	万元	73186	318213
项目情况			
全部R&D项目数	项	93	408
人员情况			
R&D人员合计	人	1427	3722
#研究人员	人	515	1450
R&D人员折合全时当量合计	人年	1076	2328
#研究人员	人年	360	855
经费支出情况			
R&D经费支出合计	万元	150445	53953
其中：①经常费支出	万元	14493	49527
②资产性支出	万元	552	4426
其中：①基础研究支出			
②应用研究支出	万元	671	0.2
③试验发展支出	万元	14374	53953
其中：①政府资金	万元	137	451
②企业资金	万元	14908	53502
③境外资金	万元		
④其他资金	万元		
委托外单位开展研发的经费支出合计	万元	96	40633
#对境内研究机构支出	万元	7	362
对境内高等学校支出	万元		3
对境内企业支出	万元	88	40265
对境外支出	万元		2
科技活动产出及相关情况			
专利申请数	件	187	892
#发明专利	件	112	467
有效发明专利数	件	110	1069
#已被实施	件	46	780
发表科技论文	篇	7	10
形成国家或行业标准	项	3	7
政府相关政策落实情况			
使用来自政府部门的研发资金	万元	295	703
研究开发费用加计扣除减免税	万元	1666	13690
高新技术企业减免税	万元	2913	9837

13-5 主要年份公有企事业单位科学技术人员

Scientific and Technical Personnel in Public Enterprises and Institutions in Main Years

单位：人

项　　目	1990年	1995年	2005年	2010年	2015年	2018年	2019年
公有企事业单位科技人员数	11629	16856	42593	40025	42624	45167	46275
#工程技术人员	1084	1718	1839	1438	1795	2231	2793
农业技术人员	432	230	290	172	205	284	272
卫生技术人员	1430	1988	16188	11171	10360	10109	9902
科学研究人员	21	52	77	16	58	98	112
教学人员	7524	11553	21717	24010	25937	26846	27228
经济人员	278	329	636	1184	1971	2530	3041
会计人员	581	484	1299	1454	1561	1713	2055
统计人员	170	77	82	91	94	85	148

注：2010年起，公有企事业单位科学技术人员数只统计在编在岗人员数，与往年数不可比，下同。

13-6 主要年份三种专利申请量与授权量

Three Kinds of Patents Application Accepted and Granted in Main Years

单位：件

项　　目	1990年	1995年	2000年	2005年	2010年	2015年	2018年	2019年
专利申请量	34	325	1653	6694	21654	38094	97030	83217
发　明	1	5	35	245	3143	11166	24674	20290
实用新型	5	70	386	1971	7677	17567	56089	45116
外观设计	28	250	1232	4478	10834	9361	16267	17811
专利授权量	30	262	1399	3114	20397	26820	65985	60419
发　明	1	8	4	24	442	2795	6716	8005
实用新型	4	41	344	1116	7529	14074	46519	37930
外观设计	25	213	1051	1974	12426	9951	12750	14484

13-7 主要年份各类技术合同签订情况

Basic Statistics on Technical Contracts Signed by Type in Main Years

项　目	1990年	1995年	2000年	2005年	2010年	2015年	2018年	2019年
技术合同项目数(项)	5	46	110	50	90	177	272	417
#技术开发合同	3		1	41	79	156	249	384
技术咨询合同				2		1		
技术转让合同	2	44	78	1	2	2	15	11
技术服务合同		2	31	6	9	18	8	22
技术合同金额(万元)	12	1804	3469	4058	18366	9853	183248	2220675
#技术开发合同			1000	1888	6878	7677	165539	1919574
技术咨询合同				80		10		
技术转让合同	12	1656	2007	2000	11046	750	16962	299034
技术服务合同		148	1362	90	442	1416	747	2067
技术合同实现金额(万元)	7	1623	2398	2522	17891	9571	178760	2214743
#技术开发合同			700	1427	6402	7505	161073	1913754
技术咨询合同				35		10		
技术转让合同	7	1535	1260	1000	11046	750	16962	299034
技术服务合同		88	438	60	442	1306	725	1954

13-8 主要年份高新科技发展情况

Basic Statistics on High-tech Development in Main Years

项　　目	单 位	1995年	2000年	2005年	2010年	2015年	2018年	2019年
高新技术企业								
企业数	个	11	66	247	334	986	5790	6217
总产值	亿元	30.55	274.41	925.07	1240.59	2719.73	9954.45	11693.50
总收入	亿元	26.76	266.49	927.72	1249.50	2989.10	10461.13	12101.80
出口总额	亿美元	0.54	7.34	71.59	99.08	774.69	2651.96	2619.20
从业人员数	人	6400	36304	171812	246134	320119	935823	985532
#科技活动人员	人	832	8663	34448	72833	64010	172662	177348

注：高新技术企业情况2009年以前为省级高新技术企业情况，2009年起为国家级高新技术企业情况。

13-9 科技创新平台情况（2012-2019年）

Basic Statistics on Technology Innovation Platform (2012-2019)

单位：个

项　　目	2012年	2013年	2014年	2015年	2016年	2017年	2018年	2019年
科技创新平台								
#公共科技创新平台(新型研发机构)	13	16	17	27	24	34	32	33
企业创新平台								
#企业工程技术研究开发中心	124	161	186	219	289	424	612	679
#国家级	1	1	1	1	1	1	1	1
省级	45	76	92	126	166	283	388	455
市级	78	84	93	92	122	140	223	284
实验室				76	90	101	102	130
#国家级				1	1	1	1	1
省级	11	11	11	12	12	12	13	13
市级	31	35	37	42	77	88	88	116
#重点实验室	31	35	37	42	51	62	62	90

13-10 历年公有企事业单位科学技术人员数

Scientific and Technical Personnel in Public Enterprises and Institutions over Years

单位：人

年 份	科学技术人员	#工程技术人员	农业技术人员	卫生技术人员	科学研究人员	教学人员	经济人员	会计人员	统计人员
1980	6619	370	190	1076	19	4282		564	99
1981	7473	463	217	1166	23	4978		501	109
1982	7547	468	243	1241	28	4954		509	101
1983	8453	525	315	1699		5257		109	109
1984	9033	615	307	1791		5534		261	201
1985	9166	663	318	2319	6	5129		491	214
1986	9490	768	358	2398	5	5222		501	203
1987	10945	797	378	2426	6	6495		583	222
1988	12495	1014	359	3093	24	7064	72	590	197
1989	11306	960	388	1393	19	7394	281	632	181
1990	11629	1084	432	1430	21	7524	278	581	170
1991	15004	2170	405	3347	13	7843	308	558	153
1992	16809	2522	375	3690	18	8659	313	613	153
1993	18491	2871	264	4074	112	9511	290	916	141
1994	20198	3490	272	4513	57	9949	300	657	112
1995	23104	3944	255	4878	66	11613	329	750	171
1996	24693	4037	263	5356	51	12287	360	740	143
1997	26103	4258	294	5504	48	13371	418	882	280
1998	26582	4321	310	4862	48	14316	376	894	171
1999	28789	4620	288	5246	48	15604	416	946	152
2001	24677	795	121	5493	31	17309	252	273	40
2002	34168	5261	246	6538	28	18756	555	1319	184
2003	33070	996	159	11145	44	19614	314	741	57
2004	39398	1752	276	14541	141	20905	561	613	74
2005	42593	1839	290	16188	77	21717	636	1299	82
2006	46371	1913	462	18401	70	22434	763	1512	93
2007	49032	2037	492	19528	71	23364	892	1832	92
2008	51729	2375	343	20955	50	24063	1048	1827	100
2009	55097	2302	284	21679	43	26741	1129	1940	122
2010	40025	1438	172	11171	16	24010	1184	1454	91
2011	41370	1427	216	11117	21	25084	1393	1426	90
2012	41336	1426	217	10762	24	25412	1261	1556	79
2013	41812	1378	208	10613	17	25707	1678	1514	169
2014	42141	1552	205	10290	19	25807	1954	1628	87
2015	42624	1795	205	10360	58	25937	1971	1561	94
2016	43225	1948	210	10411	85	25951	1990	1737	91
2017	43238	2119	273	9569	318	26045	2347	1800	84
2018	45167	2231	284	10109	98	26846	2530	1713	85
2019	46275	2793	272	9902	112	27228	3041	2055	148

注：本表数据来源于市科技局，经核实2000年没有公有企事业单位科学技术人员相关数据。

13-11 历年三种专利与技术合同签订情况

Basic Statistics on Three Kinds of Patents and Technical Contracts Signed by Type over Years

年份	专利申请量(件)	#发明	专利授权量(件)	#发明	技术合同签订项目数(项)	技术合同签订金额(万元)	技术合同实现金额(万元)
1990	34	1	30	1	5	12	7
1991	70	3	50	1	4	10	10
1992	102	5	78	2	3	23	10
1993	100	3	90	1	2	24	2
1994	104	4	100	2	14	2537	1756
1995	325	5	262	8	46	1804	1623
1996	333	3	312	4	133	4839	3756
1997	725	1	321		78	2036	800
1998	890	15	709	9	62	3048	2398
1999	1221	15	819	16	20	1124	1077
2000	1653	35	1399	4	110	3469	2398
2001	2914	71	1753	5	89	1335	953
2002	3100	90	2680	10	91	766	730
2003	3865	93	2858	14	58	700	680
2004	4325	185	3167	26	69	4278	2726
2005	6694	245	3114	24	50	4058	2522
2006	9879	553	4872	28	25	13644	13402
2007	13842	876	6752	44	53	8510	8138
2008	14406	1188	8093	115	54	12838	3694
2009	19106	1593	12918	254	60	6996	6264
2010	21654	3143	20397	442	70	15760	15572
2011	24455	4214	19353	758	163	31966	29923
2012	29199	5568	20894	1385	152	14516	13577
2013	29012	6454	22595	1495	175	25960	24610
2014	28431	6912	20336	1624	177	11241	10298
2015	38094	11166	26820	2795	177	9853	9571
2016	56653	17024	28559	3682	178	17370	15002
2017	81275	20402	45204	4969	252	94186	92822
2018	97030	24674	65985	6716	272	183248	178760
2019	83217	20290	60419	8005	417	2220675	2214743

13-12 历年科学技术成果项数

Scientific and Technological Achievements over Years

单位：项

年份	获国家级科技进步奖	获省级科技进步奖	获市级科技进步奖					
				特等奖	一等奖	二等奖	三等奖	四等奖
1979			25			5	4	16
1980			27			2	11	14
1981			35		2	4	11	18
1982			62		1	3	21	37
1983			38		2	6	11	19
1984			35			11	11	13
1985			68		2	11	30	25
1986			86		5	14	27	40
1987			59		2	19	25	13
1988		1	37		6	10	16	5
1989		1	32		4	6	22	
1990		1	31		7	15	9	
1991		4	35	1	3	18	13	
1992		3	19		4	7	8	
1993			18	1	3	8	6	
1994		6	23		4	9	10	
1995		4	22		1	5	16	
1996		3	32		7	6	19	
1997		4	32		7	6	19	
1998		6	38	1	2	11	24	
1999		9	39		6	11	22	
2000		6	47	1	7	15	24	
2001		4	51		4	23	24	
2002		3	47		7	15	25	
2003		4	50		7	14	29	
2004		6	60	1	6	19	34	
2005		3	75	2	10	25	38	
2006		2	70	1	8	24	37	
2007		7	83	1	18	26	38	
2008		7	83		19	28	36	
2009		19	85		22	24	39	
2010		8	87		20	29	38	
2011		13	77		21	30	26	
2012		9	93		22	33	38	
2013		9	93		26	33	34	
2014		8	75		12	27	36	
2015		5	63		8	20	35	
2016		4	63		8	20	35	
2017		11	63		9	18	36	
2018		6						
2019								

注：2018年起，取消市级各类科学技术成果评定。

13-13 主要年份各类学校情况

Basic Statistics on Schools by Type in Main Years

项　　目	单位	1985年	1990年	1995年	2000年	2005年	2010年	2015年	2018年	2019年
普通高等专业学校										
学校数	所			1	1	4	5	8	9	9
毕业生数	人			395	985	1439	8105	23927	28487	30715
招生数	人			576	1440	7273	12660	33319	33114	35792
在校学生数	人			1628	3241	16645	38293	114626	121408	124439
教职工数	人			262	293	1761	3192	7451	7440	7662
#专任教师	人			119	161	1081	2174	6569	5454	5717
中等职业技术学校										
学校数	所	3	17	20	23	21	26	25	28	28
毕业生数	人	234	2210	4641	9554	9062	14028	17119	22441	25219
招生数	人	1508	3866	8697	8759	10971	18477	26074	29322	30735
在校学生数	人	3363	8919	18737	23144	29487	47531	69734	82311	84654
教职员工数	人	217	619	1134	1608	2230	2996	3783	5396	5818
#专任教师	人	150	434	859	1221	1621	2341	2973	3863	4171
普通中学										
学校数	所	106	64	69	77	134	190	218	240	246
毕业生数	人	12317	18688	24165	30261	48935	73810	84541	88130	96201
#高中生	人	2055	2527	3231	7120	12233	20816	25322	26034	27135
招生数	人	16978	20441	33086	41488	70843	93196	103313	123816	128042
#高中生	个	2915	3389	6099	9048	19540	24668	26720	27956	30221
在校学生数	人	46596	61188	92481	112418	191044	258276	287582	332363	349043
#高中生	人	6304	8572	13653	24677	52283	70398	78905	82710	85561
教职员工数	人	3266	4001	5900	6012	12177	16946	23537	31806	34836
#专任教师	个	2420	2963	4381	5027	9640	14572	17701	21602	23001
小　学										
学校数	所	583	570	595	552	414	330	327	328	331
毕业生数	人	17901	18262	27257	33684	61173	77429	89575	111340	112400
招生数	人	20264	26158	36702	53786	84784	108900	140200	158398	160064
在校学生数	人	134421	162664	195063	272793	480923	552377	719263	803482	837399
教职员工数	人	7009	7797	9560	9131	21964	28298	33427	43120	45726
#专任教师	人	6017	6785	8060	7946	17478	23733	30281	37894	40157

注：中等职业技术学校包含市技工学校，不含一般成人中专，下同。

13-13 续表

项　　目	单位	1985年	1990年	1995年	2000年	2005年	2010年	2015年	2018年	2019年
成人高等专业教育										
当年招生人数	人				1697	6387	6086	14435	16778	23480
在校学生数	人	403	531	1254	3642	12665	21703	43894	35874	47997
小学适龄儿童入学										
小学适龄儿童总数	人	103460	133011	177791	247555	423058	511439	697780	784152	820212
小学已入学儿童数	人	103282	132934	177787	247539	423058	511439	697780	803482	837399
小学学龄儿童入学率	%	99.8	99.9	100.0	100.0	100.0	100.0	100.0	100.0	100.0
小学毕业生升学										
小学毕业生人数	人	17901	18262	27257	33684	61173	77429	89575	111340	112400
已升学人数	人	14235	17413	27166	33627	61095	77429	89575	111340	112400
小学毕业生升学率	%	79.5	95.4	99.2	99.8	99.9	100.0	100.0	100.0	100.0
初中毕业生升学										
初中毕业生人数	人	10262	16161	20933	23141	36702	52994	59219	62096	69066
已升学人数	人	3955	7134	17876	20896	34536	51881	58333	61109	69066
初中毕业生升学率	%	38.5	43.6	85.4	90.3	94.1	97.9	98.5	98.4	99.0
普通高中毕业生升学										
高考录取人数	人	543	759	2095	5017	12461	20099	27426	31062	33829
#高考升本科人数	人	274	250	697	1678	5161	11033	12592	16672	18568
普通高中毕业生升学率	%	26.5	31.2	64.9	70.5	96.5	95.1	98.0	98.4	99.5
幼儿园										
幼儿园数	所	83	86	258	452	511	727	949	1125	1171
在园幼儿数	人	31382	47040	84263	111763	111330	208373	314449	355587	364816
幼教职工数	人	984	1387	1427	7517	12567	22122	39492	49921	52019
#专任教师	人	841	1160	1160	4618	7002	13947	20561	24407	25443
特殊教育										
学校数	所						1	2	2	1
毕业生数	人						89	35	127	121
招生数	人						55	111	140	197
在校学生数	人						501	739	906	1116
教职员工数	人						55	185	281	290
#专任教师	人						41	134	179	191
全市教育经费投入总额	亿元				15.53	50.19	94.36	188.55	282.77	323.70

13-14 历年各类学校在校学生数

Number of Students Enrollment by Type of School over Years

单位：人

年份	普通高等学校	中等职业技术学校	#技工学校	普通中学	#高中	小学	幼儿园	特殊教育
1949		151		1960	318	52781		
1952		543		3394	296	70359		
1957		561		6652	848	88001		
1962		380		9736	1513	119998		
1965		358		10469	1397	160931		
1970				60150	9873	118128		
1975		689		49569	10847	168236		
1978		595		76025	12092	161114	18228	
1979		450		62292	7010	158008	12774	
1980		386		54829	6909	154871	7630	
1981		450		43514	5755	150857	8103	
1982		661		41683	4654	144754	14650	
1983		967		42777	4798	135440	15436	
1984		1070		46488	5766	134567	23702	
1985		3363		46596	6304	134421	31382	
1986		3891	60	49445	7880	140700	38195	
1987		5847	117	54435	8367	144287	42569	
1988		7120	229	59268	8201	150097	42845	
1989		7878	293	61955	7687	155852	44110	
1990		8919	582	61188	8572	162664	47040	
1991		10938	915	60146	8725	170064	51051	
1992		13161	1277	65171	9711	175203	57537	
1993	1079	14176	1516	75305	10297	180114	65310	
1994	1451	16084	2025	85827	11409	186244	72552	
1995	1628	18737	2404	92481	13653	195063	84263	
1996	1771	22614	2567	95150	16887	205957	85709	
1997	2025	24821	2598	98005	20609	221838	100059	
1998	2171	25588	2291	101202	22490	235787	103585	
1999	2241	25073	2001	105518	23084	248759	109773	
2000	3241	23144	1746	112418	24677	272793	111763	
2001	3802	23638	2039	122115	28232	295384	112963	
2002	5144	25363	2152	135256	32398	342804	108898	
2003	6884	27664	2564	149656	38143	386890	104832	
2004	9104	28487	2559	171336	45050	448296	112538	
2005	16645	29487	2618	191044	52283	480923	111330	
2006	22005	35403	2905	214638	57662	496828	118683	
2007	25178	40429	3063	234578	61151	520684	130932	
2008	28656	45419	3238	248442	63962	528644	156362	
2009	33992	46538	3268	249464	66750	511160	176249	
2010	38293	47531	2955	258276	70398	552377	208373	501
2011	45081	48159	2915	263076	73644	578279	227656	384
2012	52381	50092	2833	267918	75851	608118	255657	421
2013	60877	61011	13101	278289	77045	659138	277777	380
2014	69866	64412	14192	284648	78053	687269	290548	449
2015	114626	69734	16300	287582	78905	719263	314449	739
2016	112603	74700	17457	295753	79851	738686	331710	747
2017	118416	80294	22330	310169	81052	765120	347381	850
2018	121408	82311	23852	332363	82710	803482	355587	906
2019	124439	84654	27692	349043	85561	837399	364816	1116

注：2013年起中等职业技术学校含东莞市技师学院、东莞市实验技工学校、东莞市联合技工学校数据。

13-15 历年各类学校当年招收学生数

Number of New Students Enrollment by Type of School over Years

单位：人

年 份	普通高等学校	中等职业技术学校	#技工学校	普通中学	#高中	小 学	特殊教育
1949		102					
1952		285		1666	190		
1957		80		2516	259		
1962		45		3716	566		
1965		134		3656	476		
1970				45069	7919		
1975		188		28329	5930		
1978		250		29788	3436	30152	
1979		200		25364	3900	28315	
1980		186		24083	3906	26857	
1981		266		16808	2594	26461	
1982		162		17492	2317	23970	
1983		573		18111	2344	19604	
1984		1964		16609	2477	17644	
1985		1508		16978	2915	20264	
1986		1977	60	17944	2781	25867	
1987		2883	64	21720	2665	28926	
1988		2832	112	23280	2925	29437	
1989		2966	124	21877	2686	27539	
1990		3866	343	20441	3389	26158	
1991		5008	445	21430	3266	27539	
1992		5696	487	26161	3751	28804	
1993	567	5835	633	29948	3944	31841	
1994	569	7064	952	32229	4440	34495	
1995	576	8697	996	33086	6099	36702	
1996	711	10119	978	33576	7385	39689	
1997	750	9718	798	35140	8273	42066	
1998	750	9664	852	36423	8118	43802	
1999	802	9060	665	38400	8199	47715	
2000	1440	8759	527	41488	9048	53786	
2001	1597	8850	1116	44729	10727	56521	
2002	2190	9417	1153	49881	11852	65066	
2003	3104	9809	874	55564	15147	71476	
2004	3804	10618	1044	63085	17467	80525	
2005	7273	10971	1100	70843	19540	84784	
2006	8032	13357	1250	79985	20866	89663	
2007	8519	16491	1297	85816	21146	92860	
2008	10218	17475	1163	89808	22313	94641	
2009	12863	15767	1598	88325	23631	92281	
2010	12660	18477	2052	93196	24668	108900	55
2011	16837	17812	1180	95155	25647	114763	78
2012	20507	18269	1306	96348	25758	123290	55
2013	20816	24687	7069	100170	26039	127237	57
2014	22830	24524	5110	102112	26741	125039	92
2015	33319	26074	6060	103313	26720	140200	111
2016	31362	29139	7442	110681	27153	138179	90
2017	35393	30437	9734	115754	27916	142485	139
2018	33114	29322	8889	123816	27956	158398	140
2019	35792	30735	11220	128042	30221	160064	197

13-16 历年各类学校当年毕业生数

Number of Graduates by Type of School over Years

单位：人

年 份	普通高等学校	中等职业技术学校	#技工学校	普通中学	#高中	小 学	特殊教育
1949				414	83		
1952		48		588	44	14349	
1957		87		1365	203	59056	
1962		209		2680	468	28418	
1965		44		2363	393	32508	
1970				15081	1954	26187	
1975		374		20842	4937	25009	
1978		244		43035	8533	30480	
1979		244		33554	8004	28925	
1980		250		19578	3096	27294	
1981		191		13308	3046	27215	
1982				10483	3004	27348	
1983		260		10752	1940	26723	
1984		230		10969	1404	17870	
1985		234		12317	2055	17901	
1986		660		13527	1271	17533	
1987		819		13895	2296	23183	
1988		1323		15322	2966	23054	
1989		1960	60	15310	2716	20315	
1990		2210	57	18688	2527	18262	
1991		2634	112	19820	2559	19186	
1992		2126	123	19323	2643	23308	
1993	30	2915	390	18363	3020	26893	
1994	197	5035	445	20360	2787	28500	
1995	395	4641	541	24165	3231	27257	
1996	560	5813	753	27675	3483	27156	
1997	484	6745	691	28729	3834	27992	
1998	556	8316	918	29839	5448	29794	
1999	714	9044	796	30109	6585	31426	
2000	985	9554	634	31291	7120	33684	
2001	1019	7748	684	32409	7553	37077	
2002	753	7171	542	34204	8277	40611	
2003	1350	7217	509	39031	8784	45599	
2004	1506	8630	917	43471	10676	51831	
2005	1439	9062	777	48935	12233	61173	
2006	2269	9422	677	55856	15486	70474	
2007	5096	10061	754	60436	17354	74681	
2008	6486	10728	821	66594	19315	78037	
2009	7292	11927	962	71811	20550	78027	
2010	8105	14028	956	73810	20816	77429	89
2011	9463	14774	831	76816	22095	80463	64
2012	12625	14099	993	79449	23398	87733	64
2013	11630	16660	2426	78364	24341	84641	66
2014	12990	17521	2834	82718	25180	86693	48
2015	23927	17119	2985	84541	25322	89575	35
2016	22974	20593	5278	85524	25673	98789	78
2017	28205	20504	4063	85796	26274	103106	107
2018	28487	22441	5252	88130	26034	111340	127
2019	30715	25219	6645	96201	27135	112400	121

13-17 历年各级各类学校专任教师数

Number of Full-time Teachers by Level and Type of School over Years

单位：人

年 份	普通高等学校	中等职业技术学校	#技工学校	普通中学	#高中	小 学	幼儿园	特殊教育
1978		34		3641	638	5641		
1979		31		3367	369	6136		
1980		29		2996	370	6022		
1981		32		2343	344	6433		
1982		38		2210	284	6186		
1983		61		2361	296	5830		
1984		63		2352	309	5971		
1985		150		2420	354	6017	841	
1986		168	5	2463	407	6515	720	
1987		208	7	2709	490	6878	941	
1988		306	9	3007	540	7112	967	
1989		422	11	2949	462	6743	980	
1990		434	12	2963	488	6785	1160	
1991		513	15	3019	500	6831	1470	
1992		600	17	3198	479	7164	1569	
1993	99	737	16	3583	610	7314	1773	
1994	113	767	26	4001	710	7610	1920	
1995	119	859	34	4381	733	8060	1160	
1996	119	924	40	4310	886	7410	2175	
1997	123	1151	89	4404	991	7518	2753	
1998	125	1338	93	4632	1065	7912	3247	
1999	133	1205	92	4699	1149	7198	3715	
2000	161	1221	84	5027	1310	7946	4618	
2001	231	1286	121	5348	1411	8693	4701	
2002	290	1445	125	6373	1769	10880	5351	
2003	312	1548	124	7069	1976	12490	5505	
2004	560	1531	134	8437	2367	15512	6218	
2005	1081	1621	150	9640	2817	17478	7002	
2006	1357	1801	122	10953	3215	18717	7919	
2007	1569	1965	156	12272	3678	20511	9279	
2008	1691	2218	161	12995	3976	21203	11072	
2009	1890	2321	160	13598	4178	21130	12419	
2010	2174	2341	171	14572	4541	23733	13947	41
2011	2435	2403	167	15262	4851	24787	15232	43
2012	2729	2448	180	15858	5026	25379	16689	48
2013	2952	2677	458	16422	5114	26681	17640	47
2014	3148	2861	628	17148	5291	28679	18748	54
2015	6569	2973	647	17701	5387	30281	20561	134
2016	4651	3257	700	18885	5671	32302	22089	159
2017	5257	3741	986	19991	5867	34400	23477	166
2018	5454	3863	1033	21602	5974	37894	24407	179
2019	5717	4171	1141	23001	6147	40157	25443	191

13-18 历年各类学校入(升)学率与高考入围人数

Number of Passing College Entrance Examination and Proportion of Students Entering Schools over Years

年 份	学龄儿童入学率(%)	小学毕业生升学率(%)	初中毕业生升学率(%)	高中毕业生升学率(%)	高考入围人数(人)
1978	98.36	85.80	14.30	8.14	846
1979	98.70	76.00	16.00	6.71	566
1980	98.85	73.40	25.40	7.15	222
1981	98.72	50.56	27.40	8.64	239
1982	99.06	54.40	34.40	8.04	252
1983	99.75	57.60	37.40	12.34	245
1984	99.65	70.80	29.86	43.32	619
1985	99.83	79.52	38.54	26.50	534
1986	99.90	84.71	33.89	43.69	595
1987	99.94	83.60	40.10	27.09	644
1988	99.93	89.88	42.00	30.63	925
1989	99.92	96.18	43.30	32.92	977
1990	99.94	95.35	43.60	31.20	759
1991	99.92	96.18	45.20	26.22	861
1992	99.94	97.58	56.00	35.59	994
1993	99.95	97.79	68.50	39.23	1102
1994	99.96	98.94	79.02	62.75	1823
1995	99.99	99.16	85.40	64.90	2095
1996	99.98	96.45	86.70	66.80	2160
1997	99.99	99.90	87.35	60.00	2212
1998	99.99	99.86	88.25	47.69	2348
1999	99.99	99.87	89.80	53.15	3501
2000	99.99	99.83	90.30	70.50	5017
2001	100.00	99.77	90.50	74.82	5651
2002	100.00	99.80	91.10	83.00	6873
2003	100.00	99.80	92.10	93.60	9167
2004	100.00	99.90	93.30	96.70	10756
2005	100.00	99.90	94.10	96.50	11196
2006	100.00	100.00	94.80	82.90	11359
2007	100.00	100.00	95.20	89.10	13275
2008	100.00	100.00	96.60	91.00	15047
2009	100.00	100.00	97.00	87.50	17487
2010	100.00	100.00	97.90	95.10	18845
2011	100.00	100.00	98.00	94.50	19588
2012	100.00	100.00	97.80	95.90	22127
2013	100.00	100.00	98.40	95.40	22840
2014	100.00	100.00	98.40	98.37	23900
2015	100.00	100.00	98.50	97.97	26519
2016	100.00	100.00	98.40	98.90	24094
2017	100.00	100.00	98.50	98.33	29907
2018	100.00	100.00	98.41	98.38	31672
2019	100.00	100.00	99.00	99.54	34697

13-19 历年文化艺术、文物事业机构数

Number of Institutions in Culture and Cultural Relics over Years

年 份	电影放映单位(个)	#影剧院	艺术表演团体(个)	群众艺术馆(个)	文化站(广电文化中心)(个)	公共图书馆(个)	公共图书馆藏书量(万册)	博物馆(个)	档案馆(座)
1978	167	5	1	1	33	1	11	2	1
1979	157	5	1	1	33	1	15	2	1
1980	65	5	1	1	33	1	16	2	1
1981	75	6	1	1	33	1	17	2	1
1982	53	6	1	1	33	1	19	2	1
1983	49	6	1	1	33	1	19	2	1
1984	65	6	1	1	33	1	24	2	1
1985	60	7	1	1	33	3	30	2	1
1986	61	9	2	1	33	3	30	2	1
1987	70	13	4	1	33	8	30	2	1
1988	78	15	5	1	33	3	30	2	1
1989	102	26	6	1	33	3	30	2	1
1990	114	26	7	1	33	5	30	2	1
1991	126	36	5	1	33	6	31	2	1
1992	150	50	2	1	33	8	37	2	1
1993	163	53	2	1	33	11	47	2	1
1994	193	63	2	1	33	14	58	2	1
1995	218	97	2	1	33	15	68	2	1
1996	225	111	4	1	33	16	73	2	1
1997	229	130	4	1	33	26	84	2	1
1998	233	147	4	1	32	26	106	3	1
1999	210	87	4	1	32	20	133	3	1
2000	192	87	1	1	32	18	97	3	1
2001	145	84	1	1	32	21	99	3	1
2002	162	81	2	1	32	24	109	3	2
2003	107	55	2	1	32	346	289	3	2
2004	88	78		1	32	397	631	6	2
2005	70	31		1	32	473	660	16	2
2006	51	34		1	33	1222	771	21	2
2007	51	34		1	33	1271	896	23	2
2008	40	34	1	1	33	387	515	23	1
2009	40	62	4	1	33	504	599	31	1
2010	46	62	4	1	33	505	701	30	1
2011	52	62	5	1	33	622	771	31	1
2012	59	11	6	1	33	649	1020	31	1
2013	66	11	10	1	33	641	1061	31	1
2014	60	11	16	1	33	641	996	33	1
2015	79	9	20	1	33	641	1015	48	1
2016	96	7	20	1	33	605	1014	49	1
2017	125	7	26	1	33	653	1066	54	1
2018	140	7	26	1	33	653	1096	48	1
2019	159	7	30	1	33	653	1152	53	1

13–20 广播电视事业发展情况

Basic Statistics on Radio and Television Industry

项　　目	单位	2015年	2016年	2017年	2018年	2019年
广播电台						
#机构数	个	1	1	1	1	1
节目套数	套	53	53	42	42	43
#交通广播	套	17	17	14	14	15
综合广播	套	18	18	14	14	13
音乐广播	套	18	18	14	14	15
电视台						
#机构数	个	1	1	1	1	1
节目套数	套	43	36	56	40	38
#新闻综合频道	套	23	19	30	20	19
公共频道	套	20	17	26	20	19

13–21 火灾事故发生情况

Statistics on Fire Accidents

项　　目	单位	2015年	2016年	2017年	2018年	2019年
发生起数	起	1676	1670	1332	1035	842
#放火	起	29	45	13	14	13
电气	起	556	644	317	381	217
生产作业	起	106	99	235	121	122
吸烟	起	16	2	43	15	14
用火不慎	起	147	116	270	144	104
玩火	起	8	7	4	11	5
自燃	起	130	110	154	169	115
雷击	起	1	3	3		3
其他	起	683	644	293	180	249
死亡人数	人	12	14	6	6	7
受伤人数	人	3	10	5	3	15
直接财产损失折款	万元	5406	6364	4201	4813	5917
平均每起事故损失	万元	3.23	3.81	3.15	4.65	7.03

注：本表数据来源于市公安局。

13–22 主要年份交通事故发生情况

Basic Statistics on Traffic Accidents in Main Years

项　　目	单位	1995年	2000年	2005年	2010年	2015年	2018年	2019年
发生起数	起	2015	7386	7124	4874	3595	3440	2978
受伤人数	人	2061	8217	8642	5355	3934	3225	2616
死亡人数	人	692	903	921	528	483	482	457
损失折款	万元	685	1759	934	682	551	943	709
平均每起事故损失	元	3400	2382	1312	1400	1533	2715	2381

注：本表数据来源于市公安局和海事局，含道路和水上交通事故。

13–23 各类卫生事业机构及床位、人员数（2019年）

Number of Health Care Institutions, Beds and Employed Personnel by Type of Institution (2019)

项　　目	机构数（个）	实有床位数（张）	卫生工作人员（人）	#卫生技术人员	#执业（助理）医师
总　　计	3055	33041	68014	57332	20818
医疗机构	3006	33041	67064	56728	20697
县及县以上及其他医院	110	32181	46222	37851	12680
#综合医院	67	27552	40450	33712	11346
中医医院	7	1571	2243	1812	657
专科医院	29	2308	3261	2184	654
护理院	7	750	268	143	23
社区卫生服务中心（站）	396		6672	5533	2166
村（社区）卫生站					
门诊部（含18所分院个数）	884		7684	7273	3371
诊所、卫生所、医务室	1614		4649	4561	2019
妇幼保健院	1	700	1556	1297	388
专科疾病防治院	1	160	281	213	73
急救中心（站）	1		29	19	1
采供血机构	1		137	110	11
疾病预防控制中心（防疫站）	1		218	160	93
卫生监督所	34		361	245	
健康教育所	1				
其他卫生机构	11		205	70	16

13-24 主要年份卫生事业机构各类人员数

Number of Personnel in Health Institutions in Main Years

单位：人

项　　目	1980年	1985年	1990年	1995年	2000年	2005年	2010年	2015年	2018年	2019年
卫生工作人员	3599	3945	4503	6149	9289	22127	46102	54950	64349	68014
#卫生技术人员	2960	3305	3902	5290	8065	18757	37487	45226	54317	57332
执业（助理）医师	1167	1201	1721	2299	3309	8130	13214	15889	19516	20818
注册护士	584	643	1164	1751	2673	6303	14689	19782	25452	27096
药剂人员	236	572	546	602	706	1281	2284	2694	3016	3144
检验人员	120	147	152	216	367	781	1412	1633	1879	1960
其　他	1040	766	316	395	350	2262	5888	5228	4454	4314
其他技术人员	8		13	96	174	786	1217	1361	1417	1382
管理人员	299	282	243	432	597	1080	2418	2307	2270	2621
工勤人员	332	358	345	331	453	1504	4980	6056	6345	6679

注：2004年起，卫生方面包含诊所、卫生所、医务室及村卫生室的数据，与往年数不可比。

13-25 医疗机构服务情况（2019年）

Services in Medical Institutions (2019)

指 标 名 称	诊疗人数（人次）	#门、急诊	入院人数（人）	住院病死率（%）
总　　计	74372012	74011472	1166168	0.35
医院	38567222	38261988	1115889	0.37
#公立医院	31076712	30898634	824028	0.36
#卫生部门办	30513198	30335120	810374	0.36
其他部门办	76005	76005	586	1.79
社会办	487509	487509	13068	0.45
民营医院	7490510	7363354	291861	0.39
基层医疗机构	33713313	33658105		
社区卫生服务中心（站）	21875377	21825776		
村卫生室				
门诊部	3785957	3785544		
诊所、卫生所、医务室	8051979	8046785		
#诊所	2240395	2239918		
卫生所、医务室	5811584	5806867		
专业公共卫生服务机构	2091477	2091379	50279	0.02
专科疾病防治院	279121	279121	4258	
妇幼保健院	1812356	1812258	46021	0.02

13-26 历年卫生事业机构、床位、人员数

Number of Health Care Institutions, Beds and Personnel over Years

年 份	机构数（个）	实有床位数（张）	#医院	卫生工作人员（人）	#卫生技术人员	#执业（助理）医 师
1978	82	2257	785	3242	2636	768
1979	81	2271	791	3466	2863	971
1980	83	2207	776	3599	2960	1167
1981	83	2210	826	3724	3091	1102
1982	83	2292	842	3886	3253	1097
1983	83	2098	851	3985	3335	1088
1984	83	2231	880	4005	3351	1132
1985	87	2323	960	3945	3305	1201
1986	88	3054	1646	4084	3454	1179
1987	88	3393	1902	4475	3490	1304
1988	87	3640	2152	4582	3829	1537
1989	87	3677	2129	4522	3874	1620
1990	85	3866	1764	4503	3902	1721
1991	85	4085	1784	4578	3946	1755
1992	83	4517	1879	4705	4127	1832
1993	99	4940	1918	5247	4524	2023
1994	98	5365	1949	5689	4930	2221
1995	99	5798	2089	6149	5290	2299
1996	99	5288	1584	6712	5766	2449
1997	151	5505	1649	7286	6283	2605
1998	171	5892	1659	8306	7139	2955
1999	176	6241	1770	8697	7575	3080
2000	174	7081	1830	9289	8065	3309
2001	173	7474	1961	9323	8064	3429
2002	178	8641	8396	10692	9011	3938
2003	172	9820	9546	11584	9807	4251
2004	944	10797	10528	15058	10522	4870
2005	874	11972	11688	22127	12273	5677
2006	1210	13293	13024	27128	19277	8629
2007	1649	15227	14878	34151	27060	10446
2008	2106	16778	16383	40449	33113	11869
2009	2106	18080	17685	43561	35766	12884
2010	2229	19980	19571	46102	37487	13214
2011	2249	22814	22276	48142	39582	13644
2012	2222	24617	24042	49353	40597	14043
2013	2254	25736	25026	52325	42132	14864
2014	2194	26704	25994	53013	43091	15081
2015	2237	27457	26715	54950	45226	15889
2016	2344	28138	27450	57167	47668	16680
2017	2446	29866	29046	60197	50600	17506
2018	2722	31059	30239	64349	54317	19516
2019	3055	33041	32181	68014	57332	20818

注：2004年起本表包含诊所、卫生所、医务室及村卫生室的数据，与往年数不可比。

13–27　历年体育运动情况

Basic Statistics on Sports over Years

年　份	破（超）世　界纪　录（次）	破（超）亚　洲纪　录（次）	破（超）全　国纪　录（次）	在国际比赛中获得金牌总数（枚）	在全国比赛中获得金牌总数（枚）	在省级比赛中获得金牌总数（枚）	市级运动会参赛运动员人数（人）	为国家省输送运动员（人）
1978			9	1	7	26	2500	11
1979	2		2	1	7		2250	18
1980			12		2		2400	14
1981			11	4	19		2500	13
1982			14	4	30	15	2650	9
1983	1		7	5	6		2420	7
1984			1	16	5		2500	33
1985		2	1	5	2		1960	7
1986		7	4	7	4	52	2420	16
1987	1	1	8	35	9		2130	19
1988	3	1	4	14	25		2540	15
1989			27	5	43	92	6430	18
1990	13	5		4	6		2370	25
1991	2	1	8	12	14		4800	16
1992	2	3	21	10	6		15000	30
1993	2	8	5	12	9		10350	16
1994	34	2	24	6	23	157	2720	14
1995	10	1		5	37		1500	14
1996				3	16		7800	13
1997	10	9		1	6	36	6000	74
1998	2	4	28	4	28	87	1560	74
1999				4	33		6000	6
2000			3	4	91		4000	6
2001				13	22	48	8000	5
2002				2	35	58		11
2003		7		2	31	82		6
2004	3	4	4	49	34			18
2005				2	13	46	8564	44
2006				20	21	32	16000	
2007				3	25	46	2740	9
2008				3	16	49	630	17
2009		1	3	8	20	94	1550	17
2010				4	6	40	9895	16
2011				8	27	116	3300	25
2012					10	127	3400	16
2013					5	55	3600	10
2014					8	113	3998	31
2015					48	135	2010	18
2016				5	96	212	2325	31
2017					44	150	8982	16
2018					84	125	6883	11
2019	1				93	236	14884	15

13-28 主要年份体育比赛成绩

Basic Statistics on Sports Achievements in Main Years

项　　目	单位	1980年	1985年	1990年	1995年	2000年	2005年	2010年	2015年	2018年	2019年
破世界纪录	次			13	10						1
获得国际赛冠军	个		5	4	5	4		4			
破亚洲纪录	次		2	5	1						
破全国纪录	次	12	1			3					
获国际比赛奖牌											
金牌	枚		5	4	5	4	2	4			
银牌	枚			4	3	2	1	2			
铜牌	枚						2				
获全国比赛金牌	枚	2	2	6	37	91	13	6	48	84	93

注：“获得国际赛冠军”及“获国际比赛奖牌”含地区赛。

13-29 主要年份群众体育活动情况

Basic Statistics on Activities of Mass Sports in Main Years

项　　目	单位	1980年	1985年	1990年	1995年	2000年	2005年	2010年	2015年	2018年	2019年
举办市级运动会	次	5	4	9	4	2	4	16	8	19	11
市级运动会参赛运动员人数	人	2400	1960	2370	1500	4000	8564	9895	2010	6883	14884
举办全民健身活动	次								367	788	799
参加全民健身活动人数	万人次								20.12	65.67	69.51
为国家和省输送运动员人数	人	14	7	25	14	6	47	16	18	11	15

13-30 主要年份治安案件情况

Basic Statistics on Public Security Cases in Main Years

项　　　目	单位	2005年	2010年	2015年	2018年	2019年
治安案件受理数	起	13760	44979	128576	105686	148336
扰乱公共秩序	起	2816	198	336	706	986
妨害公共安全	起	243	630	395	818	569
侵犯人身、财产权利	起	6044	24551	102807	90462	108310
#盗窃	起	2599	10513	57235	54290	59653
妨害社会管理秩序	起	4296	19600	25038	13700	36557
#吸毒	起	2697	4455	15165	4895	3261
卖淫、嫖娼	起	153	663	527	1285	1736
赌博或为赌博提供条件	起	942	10464	5495	1932	1600
治安案件查处数	起	12490	37818	58375	47773	66171
扰乱公共秩序	起	2797	186	256	555	715
妨害公共安全	起	237	583	293	598	460
侵犯人身、财产权利	起	4865	17687	32943	33273	28623
#盗窃	起	2007	5476	16391	19045	14535
妨害社会管理秩序	起	4246	19362	24883	13347	34897
#吸毒	起	2665	4317	15127	4868	3227
卖淫、嫖娼	起	147	659	524	1241	1620
赌博或为赌博提供条件	起	938	10408	5478	1862	1329
查处违法人员数	人	20692	42815	49312	37851	57557
扰乱公共秩序	人	4486	363	609	708	893
妨害公共安全	人	218	618	293	584	341
侵犯人身、财产权利	人	6769	14145	7984	6709	7644
#盗窃	人	2676	3802	2579	2184	3214
妨害社会管理秩序	人	8201	27689	40426	29850	47516
#吸毒	人	3922	4885	17049	6949	4681
卖淫、嫖娼	人	415	1506	1209	2798	3487
赌博或为赌博提供条件	人	3179	17191	18265	14253	12758

注：本表数据来源于市公安局。

13-31 主要年份刑事案件情况

Basic Statistics on Criminal Cases in Main Years

单位：起

项　　目	2005年	2010年	2015年	2018年	2019年
刑事案件立案数	44641	36965	94541	66812	74723
危害公共安全	264	586	1170	3109	6318
破坏市场经济秩序	451	577	2359	1393	1887
侵犯公民人身权利	3748	3587	2715	239	2474
#杀人	87	69	21	25	23
伤害	3071	2882	2057	1720	1522
强奸	266	336	333	357	507
侵犯财产	39657	31251	85100	57093	60514
#抢劫	9144	5045	5290	921	636
抢夺	3736	3250	10705	682	169
入室盗窃	4150	8779	15834	6455	4044
盗窃机动车	16050	3526	1707	445	254
诈骗	897	3203	14450	18587	27939
妨害社会管理秩序	571	963	3194	2826	3530
#毒品犯罪	215	587	1863	1066	925
刑事案件破案数	13682	16271	19495	21712	24964
危害公共安全	161	550	693	1921	5386
破坏市场经济秩序	439	388	1032	689	823
侵犯公民人身权利	2037	1933	1198	1296	1514
#杀人	73	61	23	22	24
伤害	1586	1449	887	878	892
强奸	171	224	164	242	339
侵犯财产	10598	12534	13887	15438	14739
#抢劫	3582	2531	1274	680	512
抢夺	1525	1700	2066	653	133
入室盗窃	1081	4182	2707	1103	633
盗窃机动车	1880	631	246	119	66
诈骗	202	536	260	2184	4612
妨害社会管理秩序	490	866	2684	2368	2502
#毒品犯罪	210	569	1664	1002	646

注：本表数据来源于市公安局。

13–32 主要年份道路交通违法情况

Basic Statistics on Traffic Offense in Main Years

项　目	单位	2005年	2010年	2015年	2018年	2019年
处理违法起数	万起	61.04	282.48	174.98	318.32	326.14
#机动车	万起		280.44	174.21	316.29	323.70
非机动车	起		10084	7667	16604	21479
行人和乘车人	起		10281	14	3677	3008
罚款总额	万元	9991.70	44359.52	32453.86	58891.21	58066.48
#机动车	万元		44355.07	32411.54	58808.59	58008.06
非机动车	万元		2.80	42.31	80.13	57.85
行人和乘车人	元		16500	100	24900	5700

注：本表数据来源于市公安局。

13–33 主要年份律师、公证、基层司法及普法教育

Basic Statistics on Lawyers, Notarization, Grassroots Judicial Work and Law Education in Main Years

项　目	单位	1990年	1995年	2000年	2005年	2010年	2015年	2018年	2019年
律师工作									
律师事务所	个	2	8	22	46	115	163	241	263
律师	人	12	85	221	625	1366	2035	3051	3392
担任常年法律顾问	家	102	364	416	1426	2752	3245	6941	7286
民事诉讼代理	件	145	343	1203	6543	12041	16122	31025	48755
非诉讼法律事务	件	110	1162	2079	13391	19967	22678	22008	36742
刑事辩护及代理	件	295	235	438	2496	2776	3566	10166	12398
公证工作									
公证处	个	1	1	1	1	3	3	3	3
公证人员	人	10	19	20	48	96	120	118	130
办结公证总数	件	5347	11377	28910	60685	48296	81253	85379	100009
#国内民事公证	件	113	2795	19607	19627	35104	66946	70360	84538
国内经济公证	件	236	898	1776	34015	3536	3027	2346	2467
涉外公证（含港澳台）	件	4998	7684	4809	4607	9656	14307	15019	16207
基层司法工作									
法律服务所	个	24	29	32	32	32	32	32	32
法律服务工作者	人					58	80	60	56
担任法律顾问	家	62	482	695	1208	724	316	235	54
民事诉讼代理	件	26	568	1221	1790	1090	426	264	448
非诉讼代理	件	129	1045	3016	3837	1549	440	353	2967
调解工作									
人民调解委员会	个	904	813	750	814	1552	1554	1262	1232
调解人员	人	3664	3466	3644	4556	17438	14683	11220	9577
调解民间纠纷	件	2005	2632	2642	15210	15239	13471	12308	63749
参加普法教育人数	万人	79.9	170	79	571	288	651	795	735

13−34 历年计划生育情况

Basic Statistics on Family Planning over Years

年 份	已婚育龄妇女人数(人)	女性初婚人数(人)	#23周岁及以上	不足20周岁	落实各种节育措施育龄夫妇(对)	节育率(%)
1978	130438	10974			103414	79.28
1979	134483	11914			104612	77.79
1980	136742	9270			101190	74.00
1981	141079	13714			112956	80.07
1982	142324	8729			115302	81.01
1983	149928	12664			129035	86.06
1984	156444	9579			138785	88.71
1985	159985	11208			142974	89.37
1986	168611	13983	11899		150545	89.30
1987	176868	13492	11252		158857	89.80
1988	183022	12419	10072		164889	90.10
1989	196042	13691	10228	15	172799	88.20
1990	202505	13264	9670	29	177425	87.60
1991	211544	13790	10834	12	184254	87.10
1992	224624	15295	10375	13	190151	84.70
1993	235150	13932	9793	6	200673	85.30
1994	243456	13213	9833	9	208234	85.50
1995	252627	13921	10430	26	215339	85.20
1996	258873	13556	10114	20	221805	85.70
1997	263646	12968	9623	9	226674	85.98
1998	267982	12366	9260	7	233007	86.95
1999	280455	12114	8999	4	249368	88.92
2000	285244	11122	7050	14	249741	87.55
2001	295395	10903	6755	14	260077	88.04
2002	303134	11635	7082	8	268243	88.49
2003	306157	12441	7767	5	266832	87.16
2004	312941	13957	9318	2	273387	87.36
2005	317062	13251	9057	5	275685	86.95
2006	323479	12460	9117	3	279246	86.33
2007	331556	13621	10333	1	293733	85.29
2008	343051	14485	11053	1	291049	84.84
2009	352115	14450	11157	5	297559	84.51
2010	367607	14265	11019	4	309054	84.07
2011	380570	14899	11820	1	320135	84.12
2012	384854	14875	12049	12	320907	83.38
2013	391864	13549	10952	5	327002	83.45
2014	399044	14871	12118	6	333848	83.66
2015	401786	12933	10667	6	338726	84.31
2016	418882	14465	12078	13	339885	81.14
2017	444011	14870	12592		349627	78.74
2018	489727	14229	12301		372050	75.97
2019	528570	13230	11639		266952	50.50

13-34 续表

年 份	领取独生子女证		人口出生率（‰）	政 策 生育率（%）	多孩率（%）
	累 计（人）	领证率（%）			
1978			18.73		
1979			24.13		
1980			24.41		
1981			21.86		
1982			19.07		
1983			16.74		
1984			15.54		
1985	1954	1.22	15.37	88.94	4.27
1986	2029	1.20	16.44	92.45	2.93
1987	2257	1.28	16.11	93.16	1.97
1988	2408	1.32	16.75	93.58	2.14
1989	2116	1.10	17.06	92.35	2.54
1990	2288	1.13	17.07	89.08	3.71
1991	2514	1.19	17.91	89.55	3.65
1992	2335	1.04	19.31	86.08	4.44
1993	2905	1.24	18.38	87.29	4.50
1994	3245	1.33	17.88	86.50	4.71
1995	3389	1.34	17.76	85.09	4.33
1996	4028	1.63	17.05	83.83	4.87
1997	4514	1.71	16.50	83.98	4.68
1998	4971	1.85	15.31	90.01	2.92
1999	21228	7.57	14.55	89.31	2.92
2000	30921	10.84	12.11	90.17	1.77
2001	41636	14.10	11.16	91.75	1.57
2002	49188	16.23	10.35	91.80	1.31
2003	51814	16.92	10.34	92.45	1.24
2004	55425	17.71	10.86	93.48	1.14
2005	60426	19.06	10.62	94.32	0.80
2006	69507	21.49	10.14	94.69	0.71
2007	73766	22.25	10.39	95.48	0.63
2008	77919	22.71	10.77	96.28	0.54
2009	80738	22.93	10.67	96.75	0.75
2010	81736	22.23	10.90	96.97	0.99
2011	83312	21.89	10.92	98.65	0.90
2012	81341	21.14	13.32	84.23	3.42
2013	81215	20.73	11.79	83.52	3.65
2014	80769	20.24	11.20	89.21	2.57
2015	77688	19.34	11.34	92.47	1.20
2016	69298	16.54	13.92	97.06	1.88
2017	49102	11.06	22.22	98.47	3.02
2018	38347	7.83	18.35	95.84	6.16
2019	30885	5.84	16.69	93.49	8.77

注：领证率是期末已领取独生子女证人数除以全市已婚育龄妇女人数。

13-35 主要年份优抚和社会救济、福利事业

Basic Statistics on Special Care, Social Relief and Welfare in Main Years

项　　目	单位	1990年	1995年	2000年	2005年	2010年	2015年	2018年	2019年
优抚事业									
优抚收养性事业单位数	个	1	1	1	1	1	1	1	1
优抚收养性单位收养人数	人次	19	11	7	8	8	7	7	6
社会救济									
社会救济人数	人次	4433	7273	19914	23886	36516	19000	8805	8135
年末社会散居孤幼人数	人	2026	2444	1596	875	11	109	65	31
#定期救济对象	人	142	569	29	18	11	109	65	31
自然灾害生活救助费	万元	4.6	70	50	744	139	536	141	
社会福利									
社会福利事业单位数	个	1	1	3	36	38	37	44	45
#民政部门办	个	1	1	3	4	3	3	13	14
社会福利事业单位收养人数	人	363	351	406	2240	2609	2737	2497	2646
#民政部门办	人	363	351	406	893	1715	1252	1007	1222
安排“四残”人员就业人数	人	199	239	393	351	321	395	264	21
社会福利事业单位费用支出	万元					9770	24991	10483	14442
敬老院情况									
全市敬老院个数	个			32	31	35	34	31	31
年末敬老院供养人数	人			833	1347	894	1485	1490	1424
“五保户”情况									
年末列入“五保户”户数	户			1545	1575	1254	833	782	828
年末列入“五保户”人数	人			1587	1575	1263	833	782	828
全年“五保户”费用支出	万元			2198	1594	1536	1484	1325	1692
城乡基层社会保障									
建立社会保障网络镇街数	个	33	24	32	32	32	32	32	32

注：“五保户”人数及费用支出含敬老院供养人数及费用支出。

13-36　主要年份婚姻登记情况

Basic Statistics on Marriage Registration in Main Years

项　　　目	单位	1985年	1990年	1995年	2000年	2005年	2010年	2015年	2018年	2019年
准予登记结婚	对	11870	13668	14170	10535	14293	11415	18101	16720	16084
#涉外、华侨、港澳台同胞	对	638	709	510	213	113	79	169	154	160
准予登记离婚	对				448	1319	1856	3672	5548	6725
#涉外、华侨、港澳台同胞	对						9	45	64	71

13-37　主要年份环境保护基本情况

Basic Statistics on Environmental Protection in Main Years

项　　　目	单　位	1985年	1990年	1995年	2000年	2005年	2010年	2015年	2018年	2019年
废水										
废水排放总量	万吨	3100	5259	9681	40703	69049	87953	114086	125820	137653
#工业废水	万吨	2686	4124	5511	11753	21355	29742	20429	19341	21275
污水厂集中处理率	%						71.5	95.0	94.5	99.5
废气										
工业废气排放量	亿立方米	34	307	556	1318	1695	2340	3219	4677	5922
一般工业固体废物										
一般工业固体废物产生量	万吨	16	112	108	149	284	313	486	587	741
一般工业固体废物处置量	万吨	8	2	1	5	12	15	55	194	131
一般工业固体废物处置率	%	48.2	1.8	0.9	66.9	99.8	4.8	11.3	33.0	17.6
一般工业固体废物综合利用率	%	37.5	17.9	18.2	63.8	86.5	95.0	88.7	66.3	81.5
城市环境质量及污染控制										
空气质量指数	范围值				21-87	24-123	14-108	20-201	25-190	17-206
交通干线噪声平均值	db				68.4	67.9	67.7	68.8	66.1	70.3
汽车尾气排放达标率	%				81.2	88.1	81.0	86.0	89.0	89.0
全市生活垃圾无害化处理率	%						37.3	74.9	100.0	100.0

13-38 主要年份社会保险事业情况

Basic Statistics on Social Insurance in Main Years

项目	单位	1995年	2000年	2005年	2010年	2015年	2018年	2019年
各类社会保险参保人次	万人次	149.33	338.33	804.71	2726.37	2659.94	2510.87	2575.30
#失业保险	万人	6.49	17.84	177.78	279.90	412.14	418.67	431.16
养老保险	万人	8.46	82.95	182.49	421.84	670.60	597.24	593.08
医疗保险	万人	7.60	88.21	189.40	592.27	601.92	583.30	615.50
工伤保险	万人	126.78	136.53	235.10	469.08	464.46	437.48	448.53
社会保险基金总收入	万元	18155	127964	491540	1544112	4309420	6567743	6550422
#失业保险	万元	60	2732	28954	27008	186278	134604	132085
养老保险	万元	7697	85245	343429	976257	3340876	5299681	5185679
医疗保险	万元	2057	23488	82138	333342	643199	894570	943927
工伤保险	万元	8341	15891	35073	62806	132895	100058	138888
社会保险基金总支出	万元	10520	40454	217413	547470	1684737	3121685	4545176
#失业保险	万元	16	440	6676	9681	58297	94864	128789
养老保险	万元	7450	24130	135958	194055	781414	1982387	3284796
医疗保险	万元	1436	3694	51021	299975	555937	806933	832951
工伤保险	万元	1618	11703	22220	41910	120276	122233	181425

注：1．1997年起养老保险因口径调整，与以前年份不可比。
2．参加各种社会保险总人数包含生育保险人数。

13-39 主要年份最低生活保障情况

Basic Statistics on Minimum Income Relief in Main Years

项目	单位	2005年	2010年	2015年	2016年	2017年	2018年	2019年
居民最低生活保障线	元/人月	320	440	610	610	880	880	980
村民最低生活保障线	元/人月	300	440	610	610	880	880	980
居民最低生活保障户数	户	1911	1599	2707	1938	1855	1596	1565
居民最低生活保障人数	人	4885	3643	5466	3569	3419	2884	2873
居民最低生活保障金支出	万元	790	673	6098	2510	2708	2277	3144
村民最低生活保障户数	户	6705	12214	5566	4090	4337	2877	2482
村民最低生活保障人数	人	17426	30785	11961	8343	8515	5635	4859
村民最低生活保障金支出	万元	2318	5922	3228	5317	6041	3737	5205

13-40 主要年份市政建设情况

Basic Statistics on Municipal Construction in Main Years

项　　目	单 位	1995年	2000年	2005年	2010年	2015年	2018年	2019年
水厂日供水能力	万立方米	66	187	480	700	746	730	723
年末供水管道总长度	公里	1580	2106	3680	16268	20100	22087	21930
全年供水量	万立方米	18802	70046	155100	165607	155441	161352	160435
#生活用水量	万立方米	7361	21433	51100	28560	42685	48849	52722
建成区绿地面积	万平方米	800	1396	10298	33092	38801.81	42370.55	42745.40
#公园绿地面积	万平方米				9075	11535.60	16478.94	18629.37
建成区绿化覆盖面积	万平方米	1885	1364	9436	35571	41667.00	47578.73	52210.44
建成区土地面积	平方公里	82.00	147.68	657.17	798.48	928.87	1007.76	1139.83
公园数	个		273	931	1004	1223	260	271
公园面积	公顷		1423	2887	11130	14493.14	15773.80	12192.95

注：1.公园数和公园面积不含森林公园数及其面积。
　　2.2017年起，按《全国城市(县城)建设统计报表》规定，公园个数及面积的统计范围调整为镇级和市级的城市公园，村(社区)级公园不纳入统计范围。

13-41 主要年份液化石油气及天然气供应情况

Basic Statistics on Supply of Liquefied Petroleum Gas and Natural Gas in Main Years

项　　目	单 位	1995年	2000年	2005年	2010年	2015年	2018年	2019年
年末液化石油气用户数	户	63419	110172	144797	956018	885176	1143628	1258144
#居民用户数	户	62246	106910	144035	870921	853945	1066513	1194418
全年液化石油气供气量	吨	25935	58287	161930	344762	289410	331833	326982
#家庭用量	吨	18948	22104	24354	188108	234500	180975	172943
年末天然气用户数	户			5027	147047	594731	985478	1075050
#居民用户数	户			5000	116239	586339	976371	1067799
全年天然气供气量	万立方米			1657	29611	72134	101869	141290
#家庭用量	万立方米			45	1600	16400	11152	22381
年末汽车天然气加气站	个				10	15	38	38
天然气汽车加气全年供应量	万立方米				5324	3836	13505	15666

注：本表2000—2006年为市喜威液化石油气有限公司与市中液石油气有限公司的业务量，2007年起调整为市城市管理综合执法局统计口径。

13-42 历年环境保护基本情况

Basic Statistics on Environmental Protection over Years

年　份	降　水 PH均值	酸　雨 PH均值	酸雨频率 (%)	酸雨占 总　降 水　量 (%)	交通干 线噪声 平均值 (db)	工　业 废　水 排放量 (万吨)
1982						1842
1983						2068
1984	6.53					2127
1985						2686
1986					76.8	2416
1987	6.64	5.38		38.4	78.9	3501
1988	4.85	4.72	63.6	75.1	77.6	3029
1989	5.44	5.21	31.0	31.8	74.1	3976
1990	6.15	5.30	29.5	43.3	75.9	4124
1991	5.24	4.78	35.4	30.4	72.2	5506
1992	5.10	4.71	36.8	35.9	76.0	5849
1993	4.93	4.41	22.5	29.1	75.8	6500
1994	5.33	4.81	23.2	25.5	72.6	7057
1995	5.89	5.49	9.2	13.7	70.3	5511
1996	5.83	5.40	14.7	10.9	70.4	6033
1997	4.94	4.84	56.6	76.4	70.6	8930
1998	4.79	4.70	60.3	80.4	70.3	7989
1999	4.97	4.68	40.0	50.5	69.1	11719
2000	4.90	4.67	50.7	56.6	68.7	11753
2001	5.06	4.74	31.6	43.9	68.2	11694
2002	5.47	5.09	29.3	28.8	68.0	25587
2003	4.55	4.44	60.5	77.2	67.9	23389
2004	4.47	4.41	69.6	85.7	68.0	22501
2005	4.07	4.00	65.7	86.2	67.9	21355
2006	3.57-6.57	4.70	50.0	42.4	68.0	24134
2007	5.21	4.36-7.59	54.2	59.2	67.9	91260
2008	4.83	4.65	60.1	63.6	63.6	33359
2009	5.03	4.88	51.8	67.3	63.8	29960
2010	5.11	4.97	52.2	65.3	67.7	29742
2011	5.02	4.59	47.6	31.9	67.8	29091
2012	5.26	4.98	33.7	47.2	67.9	26909
2013	5.23	4.93	30.8	46.7	68.3	23463
2014	5.46	5.16	38.2	40.2	68.5	28292
2015	5.91	5.35	8.2	7.8	68.8	20429
2016	5.88	5.45	12.6	14.6	65.0	17245
2017	5.79	5.04	15.0	10.9	62.4	20735
2018	6.33	5.25	2.4	0.6	66.1	19341
2019	5.74	5.21	18.0	17.8	70.3	21275

注：2007年起，工业废水排放量统计口径变更，与往年不可比。

主要统计指标解释

Explanatory Notes on Main Statistical Indicators

工程技术人员 指在国民经济各行业从事工程技术工作的自然科学技术专业人员，包括：高级工程师、工程师、助理工程师、技术员和未评定职称的技术人员。

农业技术人员 指在国民经济各行业从事农业技术工作的自然科学技术专业人员，包括：高级农艺师、农艺师、助理农艺师、技术员和未评定职称的技术人员。

科学研究人员 指在国民经济各行业从事科学技术活动的科学技术专业人员，包括：正副研究员、助理研究员、研究实习员、技术员和未评定职称的技术人员。

专利申请量 指企业当年向国家知识产权局提出专利申请并被受理项数。

专利授权量 指企业当年获国家知识产权局授予专利权的项数。

发明 专利法及其实施细则所称的发明是指对有关产品、方法或其改进所提出的新的技术方案。

实用新型 专利法及其实施细则所称的实用新型是指对产品的形状、构造或者其结合所提出的适于实用的新的技术方案。

外观设计 专利法及其实施细则所称的外观设计是指对产品的形状、图案、色彩或者其结合所作出的富有美感并适于工业上应用的新设计。

研究与试验发展(R&D) 指在科学技术领域，为增加知识总量，以及运用这些知识去创造新的应用进行的系统的创造性的活动，包括基础研究、应用研究、试验发展三类活动。国际上通常采用 R&D 活动的规模和强度指标反映一国的科技实力和核心竞争力。

基础研究 指为了获得关于现象和可观察事实的基本原理的新知识(揭示客观事物的本质、运动规律，获得新发现、新学说)而进行的实验性或理论性研究，它不以任何专门或特定的应用或使用为目的。其成果以科学论文和科学著作为主要形式。用来反映知识的原始创新能力。

应用研究 指为获得新知识而进行的创造性研究，主要针对某一特定的目的或目标。应用研究是为了确定基础研究成果可能的用途，或是为达到预定的目标探索应采取的新方法(原理性)或新途径。其成果形式以科学论文、专著、原理性模型或发明专利为主。用来反映对基础研究成果应用途径的探索。

试验发展 指利用从基础研究、应用研究和实际经验所获得的现有知识，为产生新的产品、材料和装置，建立新的工艺、系统和服务，以及对已产生和建立的上述各项作实质性的改进而进行的系统性工作。其成果形式主要是专利、专有技术、具有新产品基本特征的产品原型或具有新装置基本特征的原始样机等。在社会科学领域，试验发展是指把通过基础研究、应用研究获得的知识转变成可以实施的计划(包括为进行检验和评估实施示范项目)的过程。人文科学领域没有对应的试验发展活动。主要反映将科研成果转化为技术和产品的能力，是科技推动经济社会发展的物化成果。

R&D 人员 指参与研究与试验发展项目研究、管理和辅助工作的人员，包括项目(课题)组人员，企业科技行政管理人员和直接为项目(课题)活动提供服务的辅助人员。反映投入从事拥有自主知识产权的研究开发活动的人力规模。

R&D 人员全时当量 指全时人员数加非全时人员按工作量折算为全时人员数的总和。例如：有两个全时人员和三个非全时人员(工作时间分别为 20%、30%和 70%)，则全时当量为 2+0.2+0.3+0.7=3.2 人年。为国际上比较科技人力投入而制定的可比指标。

R&D 经费支出合计 指调查单位用于内部开展 R&D 活动（基础研究、应用研究和试验发展）的实际支出。包括用于 R&D 项目（课题）活动的直接支出，以及间接用于 R&D 活动的管理费、服务费、与 R&D 有关的基本建设支出以及外协加工费等。不包括生产性活动支出、归还贷款支出以及与外单位合作或委托外单位进行 R&D 活动而转拨给对方的经费支出。

毕业生数 毕业生数是指上学年内，具有学籍的学生学完教学计划规定的全部课程，考试及格，实际毕业的学生数。不包括结业生和肄业生。

招生数 招生数是指新学年开始时，按规定实际招收入学的新生数，不包括重读生和复学生（高等教育包括春秋两季招收的学生）。

在校学生数 是指具有学籍的注册学生总数。

学龄儿童入学率 指调查范围内已入小学学习的学龄儿童占校内外学龄儿童总数（包括弱智儿童在内，但不包括盲聋哑儿童）的比重。

电影放映单位 指具有放映机器设备、固定或不固定的放映场所与专职或兼职的放映技术人员，经有关部门登记批准，经常为一定的观众对象放映电影的机构。包括经批准对外开放进行营业，并与电影发行放映管理机构分帐的专用放映单位和军委系统租片单位。

公共图书馆藏书量 是指本馆已编目的古籍、图书、期刊和报纸的合订本、小册子、手稿，以及缩徽制品、录像带、录音带、光盘等视听文献资料数量之和。

医疗机构 是指根据《医疗机构管理条例》的规定，经登记取得《医疗机构执业许可证》的机构。包括医院、社区卫生服务中心（站）、卫生院、门诊所、诊疗所、医务室、村卫生室、妇幼保健院（所、站）、专科疾病防治院（所、站）、急救中心、临床检验中心。

医院 指设有固定床位能收容病人住院并能为病人提供医疗、护理服务的医疗机构。包括县及县以上医院、农村乡卫生院、其他医院三部分。按所属性质分为卫生部门、工业及其他部门、集体经济单位三类。其中县及县以上医院按业务性质分为综合医院和专科医院。

实有床位 是指报告期末固定实有床位数，包括正规床、简易床、监护床、正在消毒和修理床位、因扩建或修理而停用的床位，不包括产科新生儿床、待产室待产床、库存床、观察床、临时加床和病人家属陪伴床。

诊疗人数 是指所有诊疗工作的总人数。包括病人来院就诊的门诊、急诊人次和出诊、下地段、赴家庭病床、到工厂、农村、工地、会议、集体活动等外出诊疗的人次数，以及外出进行的单项健康检查及健康咨询指导人次数。并包括本院职工的诊疗的人次数及局部的单项健康检查人数。

卫生技术人员 指卫生事业机构支付工资的全部固定职工和合同制职工中现任职务为卫生技术工作的专业人员。包括中医师、西医师、中西医结合高级医师、护师、中药师、西药师、检验师、其他技师、中医士、西医士、护士、助产士、中药剂士、西药剂士、检验士、其他技士、其他中医、护理员、中药剂员、西药剂员、检验员，其他初级卫生技术人员。

病死率 是指年内住院病人中死亡人数占出院人数的比例。

刑事案件立案 是指实施违反我国刑事法律的行为，构成犯罪的案件。根据《关于公安机关办理刑事案件程序规定》第一百六十二条，公安机关受理案件后，经过审查，认为有犯罪事实需要追究刑事责任，且属于自己管辖的，由接受单位制作《刑事案件立案报告书》，经县级以上公安机关负责人批准，予以立案。

刑事案件破案 根据《关于公安机关办理刑事案件程序规定》第一百六十六条的规定，刑事案件破案应当具备下列条件：（一）犯罪事实已有证据证明；（二）有证据证明犯罪事实是犯罪嫌疑人实施的；（三）犯罪嫌疑人或者主要犯罪嫌疑人已经归案。

治安案件查处 是指触犯了《中华人民共和国治安管理处罚条例》规定，给社会或个人造成一定危害，公安机关依照相关法律、法规和规定，应当给予处罚的行为事件。

律师 指受聘参加法律顾问处工作，担任法律顾问、刑（民）事代理人、刑事辩护人，办理非诉讼事件、解答法律询问，代写法律事务文书等主要从事律师业务的专职法律工作者和兼职律师。

公证人员 指在国家公证机关依法办理公证事务的司法人员。包括公证员、助理公证员和在公证处工作的其他人员。

调解人员 在人民调解委员会担负调解民间一般民事纠纷和轻微违法行为所引起的纠纷的工作人员。包括调解委员会的委员和调解小组的调解员。

社会保险基金收入 是指根据国家规定，由纳入基本社会保险范围的单位，按照国家规定的缴费基数和缴费比例缴纳的社会统筹基金，以及通过其他方式取得的形成基金来源的收入，包括：单位缴纳的社会统筹基金收入、财政补贴收入、利息收入、其他收入。

社会保险基金支出 是指按照国家政策规定的开支范围和开支标准从社会统筹基金中支付给参加基本社会保险人员个人的费用，以及由于保险关系转移、上下级之间调剂资金等原因而发生的支出。

社会福利事业单位 指集中收养社会孤老、残、幼的机构。包括由民政部门管理的社会福利院、儿童福利院、精神病人福利院和城镇集体办的福利院，以及农村集体举办的敬老院。

社会福利事业单位收养人数包括民政部门管理的和城镇及农村集体举办的社会福利事业单位中收养的老人、少年儿童、缺乏生活自理能力的残疾人员和精神病人。

废水排放总量 包括工业废水和生活污水。工业废水指工业企业在生产、科研过程中向企业外部排放的所有排放口的废水量总和。生活污水指居民或职工在饮用、洗涤、烹饪、清洁卫生等过程中排放的污水量。

十四、能　源

Energy

14-1 主要节能情况

Main Condition of Energy Conservation

单位：±%

年 份	单位生产总值能耗上升率或下降率	单位生产总值电耗上升率或下降率	单位工业增加值能耗上升率或下降率
2006	-4.86	-5.69	-10.66
2007	-5.36	-7.64	-10.07
2008	-5.11	-12.49	-10.94
2009	-4.48	-8.42	-0.26
2010	-2.02	2.84	-10.92
2011	-4.61	-3.40	-6.12
2012	-4.46	-2.85	-11.42
2013	-5.35	-6.17	-8.45
2014	-5.88	-1.50	-9.74
2015	-7.90	-6.54	-10.88
2016	-4.65	-2.62	-3.93
2017	-4.87	0.23	-7.95
2018	-5.55	-1.28	-9.15
2019	-4.46	-1.82	-11.94

14-2 规模以上工业企业能源加工转换情况（2019年）

Energy Convertion of Industrial Enterprises Above Designated Size (2019)

能源名称	计量单位	工业生产消费量	#加工转换				能源加工转换产出	回收利用
			投入合计	火力发电	供热	加工煤制品		
原煤	吨	13355551	12794806	9239063	3352048	203695		
煤制品	吨	287440	267231	134844	132387		287440	
天然气（气态）	万立方米	143289	114984	102218	12765			
液化天然气（液态）	吨	778	778	778				
柴油	吨	6705	3741	3584	158			
热力	百万千焦	52312019	413102	413102			66260822	
电力	万千瓦时	919434					3054815	
城市生活垃圾（用于燃料）	吨	4217185	4217185	4217185				
生物燃料	吨标准煤	9485	6909	3557	3353			
余热余压	百万千焦	828229	828229	828229				828229
能源合计	吨标准煤	15074857	11482706	8834839	2488359	159508	6172304	28243

注：2019年规模以上工业能源数据包含广东电力发展股份有限公司沙角A电厂、深圳市广深沙角B电力有限公司沙角B火力发电厂、广东省粤电集团有限公司沙角C电厂数据。

14-3 全市规模以上工业企业能源购进、消费及库存量（2019年）

Energy Purchases, Consumptton and Stock of Industrial Enterprises of Whole Municipality Above Designated Size (2019)

能源品种	单 位	购进量	消费量		年末库存量
				#工业生产	
原煤	吨	13624453	13716884	13713983	944170
煤制品	吨	5411	292812	292812	919
天然气（气态）	万立方米	186553	185976	184945	4
液化天然气（液态）	吨	23026	22815	22654	
汽油	吨	16398	16564	3440	40
煤油	吨	108	104	103	5
柴油	吨	52571	53338	33146	4641
燃料油	吨	4823	4468	4387	9786
液化石油气	吨	8113	8052	7148	32
润滑油	吨	2383	2374	2341	6
石蜡	吨	57	59	59	
溶剂油	吨	126	123	123	5
其他石油制品	吨	1856	1856	1856	73
热力	百万千焦	13032994	63310959	63192886	
电力	万千瓦时	3318110	4186897	4019901	
城市生活垃圾（用于燃料）	吨	4286874	4217250	4217244	64658
生物燃料	吨标准煤	72903	69848	69812	781
余热余压	百万千焦		828229	828229	
其他燃料	吨标准煤	2192	3624	3470	

14-4 全市规模以上工业企业分行业能源消费量（2019年）

Total Energy Consumption of Industrial Enterprises Above Designated Size by Sector (2019)

行　　业	原煤（吨）	煤制品（吨）	天然气（气态）（万立方米）	液化天然气（液态）（吨）	汽油（吨）
总　　计	13716884	292812	185976	22815	16564
采矿业					5
煤炭开采和洗选业					
石油和天然气开采业					
黑色金属矿采选业					
有色金属矿采选业					
非金属矿采选业					5
开采专业及辅助性活动					
其他采矿业					
制造业	6583211	292812	70334	22037	16317
农副食品加工业	40576	5373	892	328	116
食品制造业			1430	784	65
酒、饮料和精制茶制造业			1006	91	10
烟草制品业					
纺织业	407685		2634	99	797
纺织服装、服饰业			934	22	483
皮革、毛皮、羽毛及其制品和制鞋业			395	143	1158
木材加工和木、竹、藤、棕、草制品业			327	93	143
家具制造业			718	55	344
造纸和纸制品业	6119830	267231	3482	1952	348
印刷和记录媒介复制业	109		1581	1065	407
文教、工美、体育和娱乐用品制造业			616	30	526
石油、煤炭及其他燃料加工业			369		
化学原料和化学制品制造业	2681		2022	8221	738
医药制造业			378		110
化学纤维制造业			557		36
橡胶和塑料制品业	5		2859	742	1374
非金属矿物制品业	12317	20209	38009		207
黑色金属冶炼和压延加工业			66		71
有色金属冶炼和压延加工业			1110		240
金属制品业			3590	6298	1181
通用设备制造业			470	34	1285
专用设备制造业			874	19	1230
汽车制造业			960		238
铁路、船舶、航空航天和其他运输设备制造业			141	757	19
电气机械和器材制造业	8		1233	189	1564
计算机、通信和其他电子设备制造业	1		3334	59	3236
仪器仪表制造业			19		190
其他制造业			328	1056	187
废弃资源综合利用业					
金属制品、机械和设备修理业					13
电力、热力、燃气及水生产和供应业	7133673		115642	778	241
电力、热力生产和供应业	7122115		114984	778	83
燃气生产和供应业			60		5
水的生产和供应业	11558		599		153

14-4 续表 1

(2019年)

行业	煤油(吨)	柴油(吨)	燃料油(吨)	液化石油气(吨)	润滑油(吨)	石蜡(吨)	溶剂油(吨)	其它石油制品(吨)
总计	104	53338	4468	8052	2374	59	123	1856
采矿业								
煤炭开采和洗选业								
石油和天然气开采业								
黑色金属矿采选业								
有色金属矿采选业								
非金属矿采选业								
开采专业及辅助性活动								
其他采矿业								
制造业	104	49934	4468	8029	2335	59	123	1856
农副食品加工业		775		4				
食品制造业		1482	129	301				
酒、饮料和精制茶制造业		201						
烟草制品业								
纺织业		1183	64	4				
纺织服装、服饰业	23	1264	408	28				
皮革、毛皮、羽毛及其制品和制鞋业		1167	7	419	14		87	3
木材加工和木、竹、藤、棕、草制品业		382						
家具制造业	1	438		330	2			
造纸和纸制品业		8374	67	59	2			
印刷和记录媒介复制业	74	773		31				
文教、工美、体育和娱乐用品制造业		1398	261	328		1		2
石油、煤炭及其他燃料加工业					7			
化学原料和化学制品制造业		3418	131	738	1487			
医药制造业		38						
化学纤维制造业		145						
橡胶和塑料制品业		4010	16	906	12	58		
非金属矿物制品业		7318	3208	412	114			
黑色金属冶炼和压延加工业		147						
有色金属冶炼和压延加工业		1577		130	13			
金属制品业		2456	7	1157	186		35	6
通用设备制造业		1168	36	783	304			
专用设备制造业		1173	22	209	56			1845
汽车制造业	2	391			14			
铁路、船舶、航空航天和其他运输设备制造业		2054						
电气机械和器材制造业		2276	26	714	87			
计算机、通信和其他电子设备制造业	4	4994	86	1299	36		2	
仪器仪表制造业		218		1	1			
其他制造业		1116		177				
废弃资源综合利用业								
金属制品、机械和设备修理业								
电力、热力、燃气及水生产和供应业		3404		23	39			
电力、热力生产和供应业		3328		23	39			
燃气生产和供应业								
水的生产和供应业		75						

14-4 续表 2

(2019年)

行业	热力(百万千焦)	电力(万千瓦时)	城市生活垃圾(用于燃料)(吨)	生物燃料(吨标准煤)	余热余压(百万千焦)	其他燃料(吨标准煤)
总计	63310959	4186897	4217250	69848	828229	3624
采矿业		376				
煤炭开采和洗选业						
石油和天然气开采业						
黑色金属矿采选业						
有色金属矿采选业						
非金属矿采选业		376				
开采专业及辅助性活动						
其他采矿业						
制造业	63310959	3958265	65	66496	828229	3624
农副食品加工业	5839378	68996		1455		
食品制造业	493329	31840		894		
酒、饮料和精制茶制造业	97850	17009		1343		
烟草制品业						
纺织业	7418977	81398		5001		
纺织服装、服饰业	99248	51783		2623		
皮革、毛皮、羽毛及其制品和制鞋业	118884	77061		451		
木材加工和木、竹、藤、棕、草制品业		11342		3266		
家具制造业		62703		2460		27
造纸和纸制品业	47702462	792066		30715		6
印刷和记录媒介复制业	10702	68447		950		
文教、工美、体育和娱乐用品制造业		112388				78
石油、煤炭及其他燃料加工业		1195				
化学原料和化学制品制造业	75521	98461		3450		
医药制造业	47662	5157				
化学纤维制造业		8905				160
橡胶和塑料制品业	1085967	412427		2129		1781
非金属矿物制品业	226148	193590		9876	828229	
黑色金属冶炼和压延加工业		11062				
有色金属冶炼和压延加工业		29958		474		
金属制品业	17838	287583		1067		
通用设备制造业		94138				
专用设备制造业		161143				327
汽车制造业		41054				
铁路、船舶、航空航天和其他运输设备制造业	66597	12414				
电气机械和器材制造业	1390	306467		44		1212
计算机、通信和其他电子设备制造业	9006	857470	65	299		
仪器仪表制造业		31925				32
其他制造业		29641				
废弃资源综合利用业		279				
金属制品、机械和设备修理业		365				
电力、热力、燃气及水生产和供应业		228256	4217185	3353		
电力、热力生产和供应业		173047	4217185	3353		
燃气生产和供应业		1247				
水的生产和供应业		53963				

14-5 主要年份全社会用电量

Total Consumption of Electricity in Main Years

单位：万千瓦时

项　　目	2005年	2010年	2015年	2018年	2019年
全社会用电量总计	4198289	5619996	6668438	8066430	8507151
#各行业用电量合计	3855742	5036303	5822942	7080792	7427050
第一产业	9761	10279	14115	14342	15486
第二产业	3397588	4317267	4877762	5675621	5900282
第三产业	448393	708757	931065	1390830	1511282
城乡居民生活用电量合计	342547	583693	845497	985637	1080101
各行业用电分类					
农、林、牧、渔业	9761	10279	14115	16392	17631
工　业	3374306	4262339	4833053	5803832	6025301
#采矿业	8112	8044	531	454	477
制造业	3044575	3953169	4493951	5409095	5620691
电力、热力、燃气及水的生产和供应业	321619	301126	338572	394283	404133
电力、热力生产和供应业	240737	183361	229753	281264	289425
#电厂生产全部耗用电量	41656	51096	55866	71929	64646
线路损失电量	190736	132265	163744	175500	191431
燃气生产和供应业	654	1778	382	599	648
水的生产和供应业	80228	115987	108436	112420	114059
建筑业	23282	54928	44709	38014	44119
交通运输、仓储和邮政业	14425	26524	51705	84747	97596
交通运输业	8614	16173	30546	48539	52744
装卸搬运和仓储业	2084	5774	16094	32173	40944
邮政业	3727	4577	5065	4036	3908
信息传输、软件和信息技术服务业	15277	35085	61673	67262	69607
商业住宿和餐饮业	282238	376037	511790	617689	677378
批发和零售业	148555	194549	335417	426753	474122
住宿和餐饮业	130153	181488	176372	190936	203256
金融、房地产、商务及居民服务业	65223	117690	95148	104201	128233
金融业	16158	14156	8311	12276	13439
房地产业	21976	23489	14002	18320	20282
租赁和商务服务业	27089	80045	72835	73605	94512
公共服务及管理组织	71230	153421	210750	348654	367187
科学研究技术服务业	4550	2950	4724	23155	49012
#地质勘查业	248	45	215	353	222
水利、环境和公共设施管理业	26633	56514	70396	88947	98671
#水利管理业	12157	5208	4823	7156	8997
教育、文化、体育和娱乐业	13596	29655	51512	71200	84926
#教育	4793	8615	42007	56773	64830
卫生和社会工作	12151	8964	36193	37035	40325
公共管理和社会组织、国际组织	14300	55338	47926	93018	57945

14-6 规模以上工业综合能源消费量（2018-2019年）

Overall Energy Consumpiton of Industrial Enterprises above Designated Size (2018-2019)

单位：万吨标准煤

指　　标	2018年	2019年
合　计	1109.29	1399.00
采矿业	0.04	0.05
煤炭开采和洗选业		
石油和天然气开采业		
黑色金属矿采选业		
有色金属矿采选业		
非金属矿采选业	0.04	0.05
开采专业及辅助性活动		
其他采矿业		
制造业	921.20	950.28
农副食品加工业	34.82	32.67
食品制造业	7.20	7.64
酒、饮料和精制茶制造业	3.60	3.77
烟草制品业		
纺织业	46.97	46.86
纺织服装、服饰业	7.44	7.83
皮革、毛皮、羽毛及其制品和制鞋业	9.50	9.86
木材加工和木、竹、藤、棕、草制品业	1.64	2.08
家具制造业	8.75	8.28
造纸和纸制品业	427.44	422.78
印刷和记录媒介复制业	9.13	10.25
文教、工美、体育和娱乐用品制造业	13.41	13.76
石油、煤炭及其他燃料加工业	0.62	0.64
化学原料和化学制品制造业	12.28	17.24
医药制造业	0.98	1.23
化学纤维制造业	1.72	1.75
橡胶和塑料制品业	49.25	56.40
非金属矿物制品业	68.01	71.17
黑色金属冶炼和压延加工业	0.73	1.43
有色金属冶炼和压延加工业	4.98	5.13
金属制品业	33.21	39.74
通用设备制造业	9.81	11.83
专用设备制造业	17.79	19.93
汽车制造业	6.39	6.04
铁路、船舶、航空航天和其他运输设备制造业	2.40	2.26
电气机械和器材制造业	33.94	37.61
计算机、通信和其他电子设备制造业	103.43	104.12
仪器仪表制造业	3.30	3.75
其他制造业	2.30	4.17
废弃资源综合利用业	0.07	0.03
金属制品、机械和设备修理业	0.05	0.04
电力、热力、燃气及水生产和供应业	188.04	448.67
电力、热力生产和供应业	180.62	440.43
燃气生产和供应业	0.10	0.14
水的生产和供应业	7.32	8.10

主要统计指标解释

Explanatory Notes on Main Statistical Indicators

能源购进量　指能源使用企业（单位）在报告期购进、用于本企业（单位）消费的各种能源数量。本指标解释不涉及能源贸易企业的能源购进量。

工业企业能源消费量　指工业企业在工业生产活动和非工业生产活动中消费的能源，包括工业生产活动中作为燃料、动力、原料、辅助材料使用的能源，生产工艺中使用的能源，用于能源加工转换的能源；非工业生产活动中使用的能源。

工业生产能源消费量　指工业企业为进行工业生产活动所消费的能源。主要包括：

（1）用于本企业产品生产、工业性作业的能源，包括用作原料、材料、燃料、动力的能源；作为能源加工转换企业，还包括用作加工转换的能源。

（2）产品生产过程中作为辅助材料使用的能源。

（3）生产工艺过程使用的能源。

（4）新技术研究、新产品试制、科学试验使用的能源。

（5）为了工业生产活动而在进行的各种修理过程中使用的能源。

（6）生产区内的劳动保护用能等。

能源库存量　指能源使用企业（单位）在报告期的某时间点所拥有的、用于企业（单位）消费的各种能源的库存量。本指标解释不涉及能源生产企业的能源产成品库存和能源贸易企业的能源商品库存。

综合能源消费量　指企业（单位）在报告期内工业生产实际消费的各种能源（扣除能源加工转换和能源回收利用等重复因素）的总和。计算综合能源消费量时，需要将各种能源品种的消费量换算成按照标准计量单位（如：吨标准煤）计量的消费量。

能源加工转换投入　能源加工转换，指为了特定的用途，将一种能源（一般为一次能源），经过一定的工艺，加工或转换成另外一种能源（二次能源）。

火力发电的加工转换投入　指火力发电企业为发电而投入发电锅炉燃烧室的燃料数量。通常燃料主要有：煤炭、燃料油、天然气、焦炉煤气、高炉煤气、转炉煤气、生物质燃料、可燃废弃物和可燃垃圾等。

供热的加工转换投入　指热力生产企业为生产热力而投入供热锅炉燃烧室的燃料数量，以及热电联产机组按照热电产出比例分摊的用于供热的燃料投入量。

加工煤制品的加工转换投入　指煤制品生产企业，在不改变煤炭基本属性的情况下，为生产型煤（煤球、煤饼、蜂窝煤）、煤粉、水煤浆等煤制品而使用的原煤或其他煤炭产品的数量。

能源加工转换产出量　指一次能源经过加工转换产出的二次能源产品（包括不作能源使用的其他副产品和联产品）的数量，比如火力发电产出的电力，热电联产同时产出的电力、蒸汽、热水，原煤洗选产出的洗精煤、洗中煤、洗煤泥等，炼焦产出的焦炭、焦炉煤气和其他焦化产品（煤焦油、粗苯等），炼油和煤制油产出的汽油、煤油、柴油、燃料油、液化石油气、炼厂干气 、石脑油、润滑油、石蜡、溶剂油、石油焦、石油沥青等，制气（指煤气生产）产出的发生炉煤气、焦炭和其他焦化产品（煤焦油、粗苯等）。

十五、镇街主要指标

Main Indicators of Towns

15-1 镇街生产总值

Gross Domestic Product by Town

单位：万元

镇街	(1991年)				(1992年)			
	地区生产总值	第一产业	第二产业	第三产业	地区生产总值	第一产业	第二产业	第三产业
莞城	22046	174	16612	5260	28881	108	22263	6510
石龙	25154	907	17669	6578	29467	1026	21163	7278
虎门	44900	10059	16412	18429	56539	10336	24781	21422
东城	23500	7179	13793	2528	32770	7362	21392	4016
万江	18518	3874	11653	2991	27997	3968	18928	5102
南城	13339	2219	8181	2939	18147	1973	12681	3493
中堂	14889	3300	9065	2524	19902	4360	10669	4873
望牛墩	11950	2794	7394	1762	13789	2854	8683	2252
麻涌	24449	10489	11478	2482	26907	9797	14294	2816
石碣	12556	2686	7660	2210	16967	2888	11140	2939
高埗	11546	3352	5163	3031	14295	4017	6503	3775
道滘	15659	4540	9542	1577	19009	4805	12003	2201
洪梅	6492	3879	1872	741	6906	2441	3435	1030
沙田	12616	6467	4552	1597	16779	6511	7850	2417
厚街	31303	5679	22403	3221	38272	6064	28528	3680
长安	24850	7961	13185	3704	36298	8980	21883	5435
寮步	23700	9030	8979	5691	30083	9256	12627	8200
大岭山	10557	5918	3123	1516	16175	6342	4928	4905
大朗	19481	11277	4870	3334	24694	10104	9836	4754
黄江	20403	2765	15888	1750	28355	3244	22864	2247
樟木头	10515	2107	6426	1982	13972	2212	8536	3224
清溪	8673	2076	4428	2169	12742	2405	6936	3401
塘厦	17826	6128	9049	2649	30454	6300	19988	4166
凤岗	8676	2698	5550	428	12119	3257	8146	716
谢岗	9472	2019	5197	2256	7178	2339	4236	603
常平	38008	13134	14511	10363	45046	11625	20103	13317
桥头	14030	4083	8114	1833	22099	5429	10336	6334
横沥	11125	2499	6349	2277	15673	2710	9342	3621
东坑	16245	3544	11393	1308	22332	3368	17294	1670
企石	16155	3731	9575	2849	21159	4699	13097	3363
石排	16123	2350	10727	3046	18091	2704	11839	3548
茶山	13328	3385	7146	2797	16377	4160	8782	3435

15-1 续表 1

单位：万元

镇街	(1993年) 地区生产总值	第一产业	第二产业	第三产业	(1994年) 地区生产总值	第一产业	第二产业	第三产业
莞城	41307		32838	8469	55021		43120	11901
石龙	34182	582	21188	12412	48891	216	32738	15937
虎门	74808	11281	37710	25816	103070	14350	51597	37123
东城	37567	4379	25901	7287	44963	5223	30065	9675
万江	39317	4818	26939	7561	45953	5499	31186	9268
南城	23341	2767	16312	4262	46416	2811	38511	5094
中堂	31352	7282	16982	7089	34819	6271	19472	9076
望牛墩	15717	2642	10196	2879	18449	2796	11974	3679
麻涌	34553	9305	22223	3025	42676	9160	27917	5599
石碣	23877	2542	16311	5024	34401	2816	24582	7003
高埗	17843	4751	8347	4745	22368	5495	10877	5996
道滘	24306	5086	15471	3749	37062	5383	24264	7415
洪梅	8069	2265	4292	1512	9020	2406	4756	1858
沙田	24446	6574	14434	3438	31950	6196	20646	5107
厚街	57912	6707	44408	6796	101289	7615	77637	16037
长安	49862	9995	31962	7905	68914	11024	46939	10951
寮步	46311	9423	21926	14962	63089	12428	30205	20456
大岭山	22611	6717	7660	8234	27722	6725	11258	9739
大朗	32720	10237	15152	7331	46550	13958	21052	11540
黄江	37008	3021	30171	3816	47096	3254	39031	4811
樟木头	18265	1361	13994	2910	23438	1680	18008	3750
清溪	19533	3299	12076	4158	30510	4230	20391	5889
塘厦	41635	4353	31001	6281	80870	6396	65620	8854
凤岗	16961	3282	12778	901	24520	4166	19054	1300
谢岗	12063	2367	8997	699	16093	3365	11143	1585
常平	67921	12564	34518	20839	100294	13561	62109	24624
桥头	27654	5023	15085	7546	40632	6225	22445	11962
横沥	23825	2604	13815	7406	33565	3922	17444	12198
东坑	33565	4073	25007	4485	36161	4245	26665	5251
企石	28573	5167	17684	5722	34915	6545	21854	6516
石排	25462	2992	17949	4521	31920	3699	21172	7049
茶山	21196	4908	12096	4192	30233	6017	18221	5995

15-1 续表 2

单位：万元

镇街	(1995年) 地区生产总值	第一产业	第二产业	第三产业	(1996年) 地区生产总值	第一产业	第二产业	第三产业
莞城	69318		52710	16608	72335		50523	21812
石龙	70501	318	46550	23633	72190	303	36303	35584
虎门	130282	18388	68784	43110	158257	25193	85444	47620
东城	85114	6208	57257	21649	100581	6744	66136	27701
万江	55648	6705	37884	11059	63649	8488	40934	14227
南城	83707	2938	63407	17362	103785	3667	79347	20771
中堂	41537	6593	23358	11585	50533	7418	28908	14206
望牛墩	21961	3197	14061	4703	25963	3440	16512	6011
麻涌	47340	11783	28584	6973	49764	15494	26884	7386
石碣	46831	3332	33206	10293	66081	3495	45532	17054
高埗	28324	6213	14403	7708	36274	6945	19348	9981
道滘	47605	5698	27835	14072	55596	6031	35931	13634
洪梅	15209	2667	6923	5619	16733	2908	7657	6168
沙田	42922	7741	29376	5806	49023	10655	32354	6015
厚街	118353	9670	90642	18041	140036	10906	83151	45979
长安	93323	12505	65233	15585	131672	12882	97066	21724
寮步	75398	14727	32311	28360	85876	15651	37022	33203
大岭山	39228	8485	17265	13478	49383	9773	21083	18527
大朗	66807	17319	25844	23644	78506	16982	29641	31883
黄江	61098	3708	46392	10998	63391	3929	46558	12904
樟木头	31914	2662	24710	4543	41323	3443	32232	5647
清溪	52550	5721	35627	11202	82953	6083	55419	21451
塘厦	112158	6909	90588	14661	139903	9900	112916	17087
凤岗	37051	4767	30135	2149	48015	5521	39670	2824
谢岗	18872	4356	12655	1861	25536	5213	18242	2081
常平	135315	18444	87856	29015	146594	19303	86033	41258
桥头	54012	7206	30626	16180	64694	8418	38393	17883
横沥	44663	4484	23559	16620	54922	4717	29045	21161
东坑	34654	5179	19727	9748	50965	5274	32218	13473
企石	44588	7760	28861	7967	54066	8947	35535	9584
石排	34349	4898	20547	8904	37946	5718	21459	10769
茶山	41484	7159	24892	9433	51339	8233	30308	12798

15-1 续表 3

单位：万元

镇街	(1997年) 地区生产总值	第一产业	第二产业	第三产业	(1998年) 地区生产总值	第一产业	第二产业	第三产业
莞城	80298		49962	30336	110076		49677	60399
石龙	95560	293	48361	46906	133953	116	77910	55927
虎门	246823	25799	130963	90061	362826	29535	176729	156562
东城	125730	5850	78959	40921	161819	5246	105142	51431
万江	69516	8749	42333	18434	82239	9424	50075	22922
南城	130392	3490	103126	23776	160524	3933	128850	27741
中堂	61741	7610	35991	18140	76980	7727	45359	23894
望牛墩	30854	3780	19390	7684	36531	3941	22769	9821
麻涌	52217	15965	29345	6907	62531	16443	35485	10603
石碣	85990	3782	54674	27534	109255	3852	70872	34531
高埗	46630	7586	26579	12465	60242	8235	36383	15624
道滘	69424	6383	47525	15516	80887	6756	54039	20092
洪梅	20052	4501	7602	7949	23134	4607	9569	8958
沙田	54881	11342	36602	6936	71203	16829	42167	12207
厚街	184205	11448	96880	75877	247177	12150	146229	88798
长安	180377	13111	134235	33031	245676	13562	183031	49083
寮步	103656	17341	45112	41203	129731	18768	60452	50511
大岭山	65246	10538	31884	22824	83268	9134	45040	29094
大朗	95301	19093	38996	37212	122409	15008	53085	54316
黄江	67618	4139	47073	16406	83585	4244	58492	20849
樟木头	55682	4725	43020	7936	71299	5333	51615	14351
清溪	120961	7519	84276	29166	160483	7802	115314	37367
塘厦	178757	11467	140870	26420	230580	12121	177569	40890
凤岗	63066	5925	51486	5655	79286	6187	65440	7659
谢岗	29488	6379	20521	2588	34881	6958	24888	3035
常平	185390	20195	98068	67127	231059	19811	131252	79995
桥头	79685	8523	51919	19243	96661	9712	61140	25809
横沥	67894	6411	34892	26591	81263	5364	45427	30472
东坑	63718	4810	44682	14226	78576	5726	54359	18491
企石	62625	9562	42240	10823	72065	9827	47551	14687
石排	43477	6463	23530	13484	53842	6606	28932	18304
茶山	63955	9321	39524	15110	77319	9878	47785	19656

15-1 续表 4

单位：万元

镇街	(1999年) 地区生产总值	第一产业	第二产业	第三产业	(2000年) 地区生产总值	第一产业	第二产业	第三产业
莞城	131005		58104	72901	184225		67030	117195
石龙	157715	349	86171	71195	184256	189	98240	85827
虎门	442633	31013	213607	198014	532946	30479	263928	238539
东城	207432	4126	125159	78147	262854	4233	153667	104954
万江	97379	9435	59636	28308	138724	11604	85526	41594
南城	198820	2756	149678	46386	233013	3119	171413	58481
中堂	94412	7001	57217	30194	123213	7032	76571	39610
望牛墩	43303	4012	26738	12553	51516	4072	31399	16045
麻涌	75449	12466	44768	18215	90816	12213	45965	32638
石碣	137148	3866	88152	45130	175180	4021	111038	60121
高埗	78709	8792	50131	19786	102516	9155	67888	25473
道滘	93751	7151	61687	24913	109999	7569	67841	34589
洪梅	26118	4162	11872	10084	29921	4383	14095	11443
沙田	86339	12167	53505	20667	109128	12714	71503	24911
厚街	300721	12412	171495	116814	405317	12705	221947	170665
长安	332335	13820	240690	77825	419347	14256	299650	105441
寮步	161782	19944	82582	59256	202379	20732	110577	71070
大岭山	108469	9238	67662	31569	138789	9742	89991	39056
大朗	156427	16699	69193	70535	201504	17826	94065	89613
黄江	97621	4410	67206	26005	123331	5243	83748	34340
樟木头	94385	4225	64138	26021	147697	4639	71921	71138
清溪	206524	8790	151219	46515	303131	9984	231303	61844
塘厦	288110	12783	217897	57430	363971	13486	272234	78251
凤岗	100753	6267	61392	33094	128298	6336	79138	42824
谢岗	42142	3610	29017	9515	50174	3975	35779	10420
常平	302805	15703	166347	120755	395318	16116	218229	160974
桥头	111892	9062	69595	33235	130380	9093	82261	39026
横沥	97209	6178	55276	35756	116749	8593	62314	45842
东坑	101287	5363	65010	30913	118430	6241	76250	35940
企石	85313	10000	51789	23524	99467	11339	58897	29231
石排	69030	6772	37874	24384	87817	6913	48532	32372
茶山	90250	9514	55468	25268	105432	10712	64726	29994

15-1 续表 5

单位：万元

镇街	(2001年) 地区生产总值	第一产业	第二产业	第三产业	(2002年) 地区生产总值	第一产业	第二产业	第三产业
莞城	222233		80203	142030	312742		76890	235852
石龙	215738	150	115691	99897	248664	144	135163	113357
虎门	618557	30469	304781	283307	717425	26838	350636	339951
东城	342044	3785	188628	149631	466960	2110	232502	232348
万江	175693	13015	90857	71821	213919	11026	106945	95948
南城	286473	2929	211622	71922	350029	2711	262431	84887
中堂	153366	7155	95677	50533	194263	5908	122819	65536
望牛墩	60921	3540	36872	20509	73104	3591	43299	26214
麻涌	127061	12298	74806	39957	173557	10052	120426	43079
石碣	243163	4139	150613	88411	340162	4141	209830	126191
高埗	133362	9477	90730	33155	173004	9701	120415	42888
道滘	128327	8011	76692	43624	153201	8479	87039	57683
洪梅	34245	4587	16543	13115	41756	4793	21676	15287
沙田	142060	13641	92266	36153	182363	13912	119778	48673
厚街	483117	13088	253149	216880	583689	13976	297707	272006
长安	529219	14496	371263	143460	679022	14622	469032	195368
寮步	252526	21246	143824	87456	314871	20276	182688	111907
大岭山	194021	10089	133489	50443	251078	5741	178811	66526
大朗	264929	17764	128283	118882	341930	15525	181234	145171
黄江	154595	5176	98438	50981	199781	5288	122001	72492
樟木头	176062	4460	84195	87407	210845	5545	101237	104063
清溪	393471	10517	302613	80341	501941	11106	382584	108251
塘厦	457175	13796	335872	107507	573947	13603	425078	135266
凤岗	162854	6400	97540	58914	205006	2035	126903	76068
谢岗	58323	4115	41585	12623	71092	5665	40790	24637
常平	493419	16451	272983	203985	557039	16077	310537	230425
桥头	151979	8366	98054	45559	179442	7245	118564	53633
横沥	140251	9252	74148	56851	168932	9380	90576	68976
东坑	132805	6013	84256	42535	149147	5438	92587	51122
企石	115314	12403	63421	39490	127616	9088	68807	49721
石排	107585	6925	61859	38801	131394	6967	75798	48629
茶山	123931	9801	75341	38789	153215	9801	91916	51498

15-1 续表 6

单位：万元

镇街	(2003年) 地区生产总值	第一产业	第二产业	第三产业	(2004年) 地区生产总值	第一产业	第二产业	第三产业
莞城	415993		80802	335191	552370		94035	458335
石龙	287713	116	167126	120471	317521	51	186652	130820
虎门	905165	27106	462105	415954	1139827	27168	598000	514659
东城	652408	1657	314094	336657	897727	900	411172	485655
万江	269593	9622	129625	130346	329849	5617	156431	167801
南城	452911	2743	314752	135416	741609	1869	349496	390244
中堂	256251	7013	162945	86292	338808	5956	206693	126159
望牛墩	87872	3520	50846	33506	106086	3550	59709	42827
麻涌	234612	8769	177540	48303	292911	8664	226131	58116
石碣	463023	4253	290495	168275	590604	3649	381862	205093
高埗	224078	9891	157949	56238	282716	9943	202317	70456
道滘	178954	8975	100566	69413	217400	9499	119688	88213
洪梅	53960	5113	29668	19179	76686	4770	41140	30776
沙田	236769	13944	155438	67387	310921	13975	202383	94563
厚街	721188	12275	374482	334431	878666	12341	454284	412041
长安	887947	14863	603308	269776	1162826	15040	759582	388204
寮步	394322	13167	234806	146349	498253	5327	303435	189491
大岭山	322872	4937	226565	91370	447412	4571	313857	128984
大朗	443891	10640	240983	192268	574604	6986	325826	241792
黄江	258682	4567	152903	101212	331432	3294	187369	140769
樟木头	250877	4863	119145	126869	291893	4350	139729	147814
清溪	645553	11218	495035	139300	848426	9610	660589	178227
塘厦	710030	13565	526730	169735	882099	13700	653816	214583
凤岗	284608	2048	170574	111986	373309	2015	220434	150860
谢岗	91482	4266	51312	35904	119007	4328	69024	45655
常平	657385	12627	377679	267079	796109	10792	468642	316674
桥头	213712	5419	134937	73356	264849	4495	144282	116072
横沥	205872	9602	117554	78716	253887	9075	153884	90928
东坑	181394	8423	113270	59701	230057	7943	145998	76116
企石	142717	5216	72284	65217	167279	3848	80461	82970
石排	157729	7144	92020	58565	190127	7259	109953	72915
茶山	195098	8607	118895	67596	268473	7413	161070	99990

15-1 续表 7

单位：万元

镇街	(2005年) 地区生产总值	第一产业	第二产业	第三产业	(2006年) 地区生产总值	第一产业	第二产业	第三产业
莞城	617849		153367	464482	712319		230144	482174
石龙	349301	141	194749	154411	384329	35	213392	170902
虎门	1283052	22937	668632	591483	1492628	11446	763086	718096
东城	1049758	480	473888	575389	1264850	427	571728	692694
万江	375471	4209	164099	207164	440346	4711	187932	247702
南城	1016644	1900	440431	574313	1229016	1995	508223	718798
中堂	424212	6122	276399	141691	507968	6428	332766	168774
望牛墩	126751	3511	73191	50049	156949	3480	87638	65831
麻涌	387211	8588	310275	68348	494018	7106	398466	88445
石碣	728816	3782	491498	233535	868731	3091	588622	277018
高埗	366593	10020	254017	102556	456695	6552	320225	129918
道滘	255589	8753	143285	103551	301036	9568	174820	116648
洪梅	102660	3939	61138	37583	123863	4082	77274	42507
沙田	364800	13695	240822	110283	442784	12585	293854	136345
厚街	1033929	11722	531019	491188	1199117	6929	609223	582965
长安	1339428	9492	917732	412204	1539236	7505	1042139	489592
寮步	598969	7765	364261	226943	739610	1136	451671	286803
大岭山	547734	4102	370108	173524	675091	2329	431260	241502
大朗	707369	14112	411161	282096	850356	1491	499588	349277
黄江	364377	3065	220654	140658	441152	741	276062	164349
樟木头	330537	3463	157434	169640	393688	600	185556	207532
清溪	984943	9036	761281	214626	1097986	8012	828219	261755
塘厦	1057175	13661	771724	271790	1186644	12312	830537	343794
凤岗	517427	1762	320177	195488	623929	1750	373375	248804
谢岗	148917	4467	91026	53424	192841	4795	118714	69332
常平	951464	10062	556932	384470	1119659	6338	644544	468777
桥头	287240	4495	168473	114271	388604	1387	210763	176454
横沥	304870	8593	195659	100619	373304	7274	242406	123624
东坑	261238	11543	165441	84254	295233	5703	194653	94877
企石	200581	3129	102183	95269	244027	2266	129255	112506
石排	234709	7268	128132	99308	294009	7283	154259	132467
茶山	305183	6652	190620	107911	384988	3215	245078	136695

15-1 续表 8

单位：万元

镇街	(2007年) 地区生产总值	第一产业	第二产业	第三产业	(2008年) 地区生产总值	第一产业	第二产业	第三产业
莞城	897597		298250	599347	1015311		294311	721000
石龙	427216	10	235821	191385	475742	7	239943	235792
虎门	1846638	10373	936639	899626	2153489	11940	1093014	1048535
东城	1559123	377	699730	859017	1816793	339	773623	1042831
万江	520636	3405	221314	295917	604659	3702	262498	338459
南城	1425257	2015	583496	839747	1632407	1285	618209	1012913
中堂	588085	6553	379181	202351	659949	6760	419455	233734
望牛墩	193635	3462	105983	84190	236495	3359	127759	105377
麻涌	651344	5985	537412	107947	834681	7564	693959	133158
石碣	994532	3096	670790	320646	1082524	2795	694349	385380
高埗	568276	6530	384637	177109	690604	6526	442377	241701
道滘	362268	8202	211240	142826	439328	7218	240510	191600
洪梅	163384	4281	110958	48145	206785	4381	147969	54435
沙田	515106	12403	327706	174997	588063	12863	337140	238060
厚街	1420026	7270	719643	693113	1616483	7971	797404	811108
长安	1770272	7746	1152474	610052	2029075	4979	1158887	865209
寮步	886584	1118	531815	353650	1038493	2141	584767	451585
大岭山	822554	2241	502679	317634	960138	2248	554712	403178
大朗	1025864	2098	592111	431655	1100875	877	688340	411658
黄江	556305	740	347972	207593	721414	724	438204	282486
樟木头	461719	505	228647	232567	507743	311	253050	254382
清溪	1266762	6207	924401	336153	1417816	5170	966538	446108
塘厦	1365736	11206	903107	451422	1602945	10447	980030	612468
凤岗	747757	1752	409163	336843	901696	1725	472782	427189
谢岗	239771	5178	143093	91500	273944	9273	160217	104454
常平	1311744	6665	747353	557726	1495652	6058	796227	693366
桥头	467790	1326	242928	223536	536868	2692	254438	279737
横沥	443014	4350	275399	163265	522130	6972	300380	214778
东坑	320991	4532	204804	111654	372361	4017	231268	137076
企石	291765	2868	150052	138844	320630	2314	159252	159064
石排	360806	7308	187787	165711	417073	7313	216033	193727
茶山	476010	3131	293991	178888	593265	4327	353036	235902

15-1 续表 9

单位：万元

镇街	(2009年) 地区生产总值				(2010年) 地区生产总值			
		第一产业	第二产业	第三产业		第一产业	第二产业	第三产业
莞城	1040352		299502	740850	1115792		292038	823754
石龙	500549	7	251357	249185	556305	18	304821	251466
虎门	2419910	12828	1251686	1155397	2702726	16705	1381543	1304478
东城	1981608	500	757416	1223692	2325903	656	991152	1334095
万江	610175	3390	249526	357259	685919	3222	287888	394809
南城	1872783	1284	734981	1136517	2055462	1269	555924	1498269
中堂	674939	7100	413984	253856	695262	7310	431830	256122
望牛墩	286686	3472	166118	117095	302050	3658	172713	125679
麻涌	932534	7862	777674	146998	1087720	8234	891648	187838
石碣	1086898	2648	650121	434129	1122881	3295	762820	356766
高埗	608438	5999	390194	212244	696749	5892	459823	231034
道滘	450580	8351	242454	199775	523260	8861	309422	204977
洪梅	264819	4740	197972	62107	355295	4887	276048	74360
沙田	619483	13163	368138	238182	693021	13446	436821	242754
厚街	1678908	8479	914313	756117	1902062	9339	1086280	806443
长安	2211285	4875	1323386	883024	2526623	5739	1600805	920079
寮步	1123230	1661	636883	484686	1349627	1897	789877	557853
大岭山	984070	2294	528931	452845	1075990	2490	574968	498532
大朗	1183474	1280	705331	476863	1416061	1436	879639	534986
黄江	764041	770	433072	330199	857727	852	493318	363557
樟木头	526185	370	254463	271353	553702	387	239856	313459
清溪	1367253	5502	908931	452820	1453430	6065	983652	463713
塘厦	1752390	11238	1106487	634665	1884677	11288	1223558	649831
凤岗	1011987	1233	530038	480716	1113150	1248	580298	531604
谢岗	295677	9452	172097	114128	364226	8230	231116	124880
常平	1534976	6940	822743	705293	1656766	7562	836169	813035
桥头	534067	3291	263554	267222	590294	4943	304181	281170
横沥	548695	6058	346590	196047	597618	3689	363785	230144
东坑	409118	1903	261738	145478	498756	1420	335923	161413
企石	321347	2160	182769	136418	338048	1973	206857	129218
石排	450810	7210	255950	187650	540400	6950	332869	200581
茶山	614130	4214	369256	240660	630320	2729	363192	264399

15-1 续表 10

单位：万元

镇街	(2011年)				(2012年)			
	地区生产总值	第一产业	第二产业	第三产业	地区生产总值	第一产业	第二产业	第三产业
莞城	1209471		327289	882182	1294734		310517	984217
石龙	618112	20	335789	282303	659109	28	352454	306627
虎门	3055730	16073	1482485	1557172	3422356	16086	1725936	1680334
东城	2569788	869	1037274	1531645	2779290	1210	1014671	1763409
万江	778525	2832	329963	445730	813123	2684	334656	475783
南城	2439689	1316	657856	1780517	2784446	1230	688651	2094565
中堂	784008	8362	490247	285399	792092	8500	487921	295671
望牛墩	357888	4049	209790	144049	366219	4493	202129	159597
麻涌	1203578	9587	930015	263976	1255088	10132	910725	334231
石碣	1124804	3031	768950	352823	1132253	3139	769072	360042
高埗	804267	5677	532642	265948	844131	5775	553151	285205
道滘	594372	10424	350440	233508	626091	11771	364416	249904
洪梅	389405	5430	292000	91975	398013	5029	295568	97416
沙田	755929	16062	452731	287136	815255	18396	408554	388305
厚街	2183182	10109	1302703	870370	2676877	10596	1724407	941874
长安	2783197	5630	1750536	1027031	3146290	5850	2089955	1050485
寮步	1499972	1431	867299	631242	1613768	8556	915642	689570
大岭山	1257288	2592	660718	593978	1390297	2738	764318	623241
大朗	1575776	1701	972097	601978	1725549	2111	1061396	662042
黄江	960794	936	535697	424161	1099460	1103	629881	468476
樟木头	632085	417	266380	365288	662920	328	274257	388335
清溪	1538949	6889	1014016	518044	1561065	7990	1021240	531835
塘厦	2177163	11593	1375233	790337	2331403	13283	1436031	882089
凤岗	1305130	1414	689152	614564	1391491	1634	719078	670779
谢岗	430332	10748	280487	139097	484832	14028	327431	143373
常平	1880290	8627	971418	900245	2084635	9493	1046525	1028617
桥头	640000	3917	339881	296202	761527	3897	448256	309374
横沥	657707	4617	408307	244783	714704	4492	453908	256304
东坑	632177	1621	445554	185002	713061	1549	502910	208602
企石	385331	2380	233371	149580	420599	2780	255153	162666
石排	580343	6716	338977	234650	590059	6839	346502	236718
茶山	704188	3086	386223	314879	754322	3438	442351	308533

15-1 续表 11

单位：万元

镇街	(2013年) 地区生产总值	第一产业	第二产业	第三产业	(2014年) 地区生产总值	第一产业	第二产业	第三产业
莞城街道	1313996		286637	1027359	1396413		279993	1116420
石龙镇	745464	40	412921	332503	800352	42	446898	353412
虎门镇	3797597	16924	1901654	1879019	4101082	17675	2093611	1989796
东城街道	3338081	1679	1320984	2015418	3501797	1753	1385886	2114158
万江街道	950186	2724	402216	545246	1005623	2845	425565	577213
南城街道	3277656	1269	824788	2451599	3562627	1243	825922	2735462
中堂镇	832363	9280	498758	324325	884564	9688	541292	333584
望牛墩镇	479910	4921	265503	209486	511728	5139	280596	225993
麻涌镇	1440995	11042	965867	464086	1504265	11510	1002633	490122
石碣镇	1163439	3046	808931	351462	1262165	3184	885834	373147
高埗镇	1040039	5958	707056	327025	1125947	6220	773983	345744
道滘镇	691767	13120	409411	269236	733749	13676	432258	287815
洪梅镇	476631	5536	354834	116261	555569	5782	411133	138654
沙田镇	961786	20113	445626	496047	1069371	20998	492683	555690
厚街镇	2818469	11491	1689907	1117071	2978203	11978	1721639	1244586
长安镇	3645756	6274	2532121	1107361	3949109	6540	2775542	1167027
寮步镇	1895919	7996	1092858	795065	2043777	8335	1157389	878053
大岭山镇	1630113	2899	964598	662616	1774695	3026	1054817	716852
大朗镇	1949820	2338	1170581	776901	2127804	2502	1283732	841570
黄江镇	1218902	1263	701847	515792	1264209	1317	725634	537258
樟木头镇	769119	344	323759	445016	818237	358	363646	454233
清溪镇	1791979	8817	1205791	577371	1913554	9221	1298877	605456
塘厦镇	2709553	13965	1851493	844095	2924546	14754	2036362	873430
凤岗镇	1687691	1734	928154	757803	1887859	1807	1123723	762329
谢岗镇	541679	12346	376150	153183	632614	12894	453389	166331
常平镇	2493932	10491	1328483	1154958	2656256	10935	1431946	1213375
桥头镇	908298	3873	551782	352643	1052143	4037	681758	366348
横沥镇	852779	4630	564237	283912	937378	4834	635104	297440
东坑镇	834485	1490	594323	238672	915210	1556	654331	259323
企石镇	487763	3258	299056	185449	523550	3396	326710	193444
石排镇	693392	7042	414155	272195	755786	7355	462578	285853
茶山镇	877459	3585	527736	346138	949892	3737	583913	362242

15-1 续表 12

单位：万元

镇街	(2015年)				(2016年)			
	地区生产总值	第一产业	第二产业	第三产业	地区生产总值	第一产业	第二产业	第三产业
莞城街道	1452479		269542	1182937	1620254		276307	1343947
石龙镇	835298	42	453893	381363	905741	46	471273	434422
虎门镇	4363778	17799	2097379	2248600	4862900	19276	2241945	2601679
东城街道	3787721	1765	1464293	2321663	4265957	1912	1643897	2620148
万江街道	1076624	2865	448529	625230	1201026	3103	507365	690558
南城街道	3884214	1252	799638	3083324	4350090	1258	806069	3542763
中堂镇	899849	9756	536874	353219	978185	10565	585139	382481
望牛墩镇	541549	5175	288001	248373	581033	5605	289313	286115
麻涌镇	1620080	11855	1046412	561813	1777904	12839	1019980	745085
石碣镇	1351678	3232	936451	411995	1545634	3394	1073984	468256
高埗镇	1209769	6264	842946	360559	1306165	6783	884598	414784
道滘镇	754773	13772	422974	318027	879504	13813	489571	376120
洪梅镇	578354	5822	424152	148380	638739	6305	458533	173901
沙田镇	1184019	21145	535930	626944	1337034	22900	570905	743229
厚街镇	3097742	12062	1695762	1389918	3420651	13063	1823685	1583903
长安镇	4389421	6586	3056154	1326681	5200720	7132	3511443	1682145
寮步镇	2144476	8393	1150206	985877	2412672	9091	1251080	1152501
大岭山镇	1957690	3047	1105756	848887	2263120	3300	1224166	1035654
大朗镇	2342547	2534	1386616	953397	2634364	2745	1576892	1054727
黄江镇	1357603	1325	758646	597632	1509471	1435	833574	674462
樟木头镇	880643	361	389196	491086	987560	391	440469	546700
清溪镇	2058013	9285	1391328	657400	2315266	10056	1592721	712489
塘厦镇	3228699	14858	2314135	899706	3626338	16091	2571814	1038433
凤岗镇	2058295	1820	1231245	825230	2368803	1971	1459441	907391
谢岗镇	691098	12984	508046	170068	767472	14062	576132	177278
常平镇	2878721	11012	1589011	1278698	3141862	11926	1674946	1454990
桥头镇	1122633	4065	716956	401612	1304386	4402	858184	441800
横沥镇	1030696	4868	709435	316393	1178695	5272	828253	345170
东坑镇	1029140	1567	765446	262127	1154794	1697	875238	277859
企石镇	579141	3420	368762	206959	659945	3704	423347	232894
石排镇	819548	7406	508310	303832	964824	8021	607672	349131
茶山镇	1020292	4040	620394	395858	1141124	4396	710697	426031

15-1 续表 13

单位：万元

镇街	(2017年) 地区生产总值	第一产业	第二产业	第三产业	(2018年) 地区生产总值	第一产业	第二产业	第三产业
莞城街道	1807582		294312	1513270	2061132		301783	1759349
石龙镇	960402	45	490340	470017	1088002	96	519842	568064
虎门镇	5430350	18852	2517147	2894351	6091139	14565	2954072	3122502
东城街道	4837211	1870	1808388	3026953	5386320	1558	2052598	3332164
万江街道	1343799	3034	579484	761281	1479224	7719	663122	808383
南城街道	4744451	1261	704623	4038567	5562042	1188	823195	4737659
中堂镇	1105728	10333	670958	424437	1258879	17178	756667	485034
望牛墩镇	717105	5482	372802	338821	852550	4583	452672	395295
麻涌镇	2035233	13481	1184372	837380	2354315	13797	1439349	901169
石碣镇	1731072	3411	1189491	538170	1932927	3483	1320148	609296
高埗镇	1440173	6634	980511	453028	1526093	8200	1053096	464797
道滘镇	994648	13509	559577	421562	1061745	9374	591961	460410
洪梅镇	807833	6166	597262	204405	880943	3713	642655	234575
沙田镇	1476993	22396	637176	817421	1719948	17059	722550	980339
厚街镇	3755234	12776	2049213	1693245	3931841	18947	2157650	1755244
长安镇	6014798	6975	4002080	2005743	7067066	1574	4686989	2378503
寮步镇	2731999	8891	1463066	1260042	3105120	39023	1638596	1427501
大岭山镇	2609140	3227	1461132	1144781	2753135	3393	1491710	1258032
大朗镇	2985724	2937	1832904	1149883	3371339	5594	2100843	1264902
黄江镇	1790100	1438	1067647	721015	2015317	1940	1186601	826776
樟木头镇	1110215	382	496239	613594	1244977	382	561454	683141
清溪镇	2588285	9835	1789618	788832	2850822	19419	2014581	816822
塘厦镇	4058335	15737	2926895	1115703	4444715	12779	3210397	1221539
凤岗镇	2673675	1928	1719513	952234	2828129	1346	1788622	1038161
谢岗镇	866082	13753	651046	201283	938838	15751	674742	248345
常平镇	3389214	11664	1824684	1552866	3552317	8922	2000427	1542968
桥头镇	1508191	4306	1020689	483196	1680889	4661	1150316	525912
横沥镇	1356313	5156	985890	365267	1538377	7333	1143029	388015
东坑镇	1318832	1660	1016355	300817	1525498	2250	1172280	350968
企石镇	779782	3622	516899	259261	963714	3633	657833	302248
石排镇	1153224	7844	749094	396286	1353952	5557	929695	418700
茶山镇	1290128	4749	815700	469679	1459395	3283	921056	535056

15-1 续表 14

单位：万元

镇 街	(2019年)			
	地区生产总值	第一产业	第二产业	第三产业
莞城街道	2159500		351026	1808474
石 龙 镇	1161889	106	545124	616659
虎 门 镇	6481579	16058	3139690	3325831
东城街道	5865523	1717	2281754	3582051
万江街道	1598134	8510	726920	862704
南城街道	6128442	1310	1031009	5096123
中 堂 镇	1384937	18939	812292	553707
望牛墩镇	931000	5053	481607	444340
麻 涌 镇	2549863	15211	1534435	1000217
石 碣 镇	2032498	3840	1381327	647330
高 埗 镇	1669602	9041	1139233	521329
道 滘 镇	1168700	10335	658780	499585
洪 梅 镇	945894	4093	703385	238416
沙 田 镇	1952800	18808	851938	1082054
厚 街 镇	4127979	20889	2280178	1826912
长 安 镇	7603300	1736	4940238	2661326
寮 步 镇	3342795	43024	1742791	1556981
大岭山镇	2843590	3741	1572617	1267231
大 朗 镇	3547452	6168	2290342	1250942
黄 江 镇	2160936	2138	1324535	834263
樟木头镇	1320817	421	599425	720971
清 溪 镇	3123736	21410	2215005	887321
塘 厦 镇	4702506	14089	3326062	1362356
凤 岗 镇	3039097	1483	1885443	1152170
谢 岗 镇	1041550	17366	745308	278877
常 平 镇	3691690	9837	2076912	1604940
桥 头 镇	1744700	5139	1198832	540729
横 沥 镇	1664500	8085	1243780	412635
东 坑 镇	1700000	2481	1327595	369924
企 石 镇	1074830	4005	735367	335457
石 排 镇	1505510	6127	1039381	460002
茶 山 镇	1614444	3620	1017625	593199

15-2 镇街第三产业增加值（2019年）

Value-added of the Tertiary Industry by Town (2019)

单位：万元

镇　街	第三产业增加值	#交通运输及仓储业	批发和零售业	住宿和餐饮业	金融业	房地产业
莞城街道	1808474	137559	159956	50541	432039	298485
石龙镇	616659	11934	109941	24454	82260	82161
虎门镇	3325831	239221	666138	126702	350915	859661
东城街道	3582051	225285	376619	132500	705153	514867
万江街道	862704	53103	233656	60970	98792	60380
南城街道	5096123	187370	989986	135139	1095892	638968
中堂镇	553707	11201	147637	34520	62033	68982
望牛墩镇	444340	14968	55430	10993	37964	108610
麻涌镇	1000217	130144	289908	20031	64652	287519
石碣镇	647330	17120	85683	44135	86483	180432
高埗镇	521329	32304	84650	27212	48797	132620
道滘镇	499585	15873	94440	19466	54022	136569
洪梅镇	238416	45535	42238	6585	25374	23481
沙田镇	1082054	235128	232935	23146	68848	319780
厚街镇	1826912	47324	480265	110223	259550	270000
长安镇	2661326	38480	852716	129942	429175	256898
寮步镇	1556981	128888	329208	92187	124448	228587
大岭山镇	1267231	24928	185491	41769	95764	552743
大朗镇	1250942	48965	296185	93308	165273	216761
黄江镇	834263	14697	185774	41466	86666	243038
樟木头镇	720971	68339	213160	41796	68263	113827
清溪镇	887321	30970	143078	52038	91575	224014
塘厦镇	1362356	30811	248348	108278	183454	249995
凤岗镇	1152170	27502	146962	57782	148386	252463
谢岗镇	278877	4872	62708	13799	35123	31886
常平镇	1604940	33527	401074	101596	162033	232093
桥头镇	540729	6589	97832	37723	54165	142673
横沥镇	412635	8967	69428	30649	60805	51600
东坑镇	369924	3904	63507	20663	45301	83410
企石镇	335457	10492	41734	24530	46379	47049
石排镇	460002	32840	92425	32136	60668	61729
茶山镇	593199	22048	200771	31093	53105	78816

15-3 镇街户籍户数与人口数（2019年）

Population of Household by Town (2019)

单位：人

镇　街	户数(户)	城镇户	乡村户	人口数	按性别分 男	按性别分 女	按城镇、乡村分 城镇人口	按城镇、乡村分 乡村人口
全　市	732335	658831	73504	2510586	1236985	1273601	2270689	239897
莞城街道	46085	46085		200769	100023	100746	200769	
石 龙 镇	24126	24126		82751	40454	42297	82751	
虎 门 镇	45969	39088	6881	162173	80118	82055	141007	21166
东城街道	43127	43127		148065	72647	75418	148065	
万江街道	33903	33903		108513	53744	54769	108513	
南城街道	44412	44412		143837	70216	73621	143837	
中 堂 镇	24849	23745	1104	85749	43428	42321	82196	3553
望牛墩镇	14091	12191	1900	52008	25794	26214	45465	6543
麻 涌 镇	26536	14415	12121	85685	42454	43231	45446	40239
石 碣 镇	18404	18404		59664	29588	30076	59664	
高 埗 镇	12685	10006	2679	44449	22237	22212	35341	9108
道 滘 镇	18958	14281	4677	64804	32243	32561	47881	16923
洪 梅 镇	8296	5008	3288	26148	13017	13131	15172	10976
沙 田 镇	16598	9586	7012	53448	26296	27152	29539	23909
厚 街 镇	37405	34844	2561	127739	62478	65261	118854	8885
长 安 镇	20961	20961		78953	38119	40834	78953	
寮 步 镇	32733	30367	2366	109170	53306	55864	101998	7172
大岭山镇	18203	15912	2291	62516	30756	31760	55000	7516
大 朗 镇	29235	27122	2113	95758	47893	47865	89849	5909
黄 江 镇	13165	7800	5365	41729	20145	21584	26201	15528
樟木头镇	13361	13361		46452	22210	24242	46452	
清 溪 镇	15896	13125	2771	51920	24975	26945	43857	8063
塘 厦 镇	27879	27605	274	86706	41006	45700	86025	681
凤 岗 镇	11795	11795		44233	20583	23650	44233	
谢 岗 镇	6782	4128	2654	24402	12059	12343	14955	9447
常 平 镇	34688	34491	197	108731	53623	55108	108048	683
桥 头 镇	13770	10466	3304	45148	22422	22726	34228	10920
横 沥 镇	14504	12751	1753	49285	24691	24594	43007	6278
东 坑 镇	12274	10334	1940	36308	18391	17917	30400	5908
企 石 镇	15063	11547	3516	49243	25047	24196	37683	11560
石 排 镇	14859	14859		49589	24928	24661	49589	
茶 山 镇	15671	12934	2737	53152	26173	26979	44222	8930
松 山 湖	6052	6052		31489	15921	15568	31489	

注：户籍人口相关数据来源于市公安局，下同。

15-4 镇街户籍人口自然变动情况（2019年）

Population Household by Town (2019)

镇　街	出　生		死　亡		自然增长	
	人　数（人）	出生率（‰）	人　数（人）	死亡率（‰）	人　数（人）	自然增长率（‰）
全　市	40305	16.69	10583	4.38	29722	12.31
莞城街道	2729	13.98	977	5.01	1752	8.98
石 龙 镇	1046	12.61	480	5.79	566	6.82
虎 门 镇	2378	14.94	808	5.08	1570	9.86
东城街道	2417	17.09	409	2.89	2008	14.19
万江街道	1895	17.81	474	4.45	1421	13.35
南城街道	2740	19.89	288	2.09	2452	17.80
中 堂 镇	1285	15.09	504	5.92	781	9.17
望牛墩镇	779	15.13	266	5.17	513	9.97
麻 涌 镇	1462	17.28	519	6.14	943	11.15
石 碣 镇	967	16.87	255	4.45	712	12.42
高 埗 镇	736	16.66	252	5.70	484	10.95
道 滘 镇	1012	15.43	403	6.15	609	9.29
洪 梅 镇	420	16.09	119	4.56	301	11.53
沙 田 镇	914	17.67	295	5.70	619	11.97
厚 街 镇	1834	15.73	576	4.94	1258	10.79
长 安 镇	1404	18.60	211	2.79	1193	15.80
寮 步 镇	1768	17.54	353	3.50	1415	14.04
大岭山镇	1050	18.89	218	3.92	832	14.97
大 朗 镇	1679	18.14	411	4.44	1268	13.70
黄 江 镇	779	19.27	133	3.29	646	15.98
樟木头镇	830	18.56	131	2.93	699	15.63
清 溪 镇	732	14.85	196	3.98	536	10.88
塘 厦 镇	1606	21.42	217	2.89	1389	18.52
凤 岗 镇	832	19.60	123	2.90	709	16.70
谢 岗 镇	384	16.66	118	5.12	266	11.54
常 平 镇	1740	16.30	403	3.78	1337	12.52
桥 头 镇	676	15.24	256	5.77	420	9.47
横 沥 镇	712	15.60	192	4.21	520	11.39
东 坑 镇	581	16.46	182	5.16	399	11.30
企 石 镇	737	14.91	274	5.54	463	9.37
石 排 镇	759	15.48	252	5.14	507	10.34
茶 山 镇	735	14.48	273	5.38	462	9.10
松 山 湖	687	23.67	15	0.52	672	23.15

注：本表数据来源于市卫生健康局。

15-5 镇街人口迁移变动情况（2019年）

Population Migration by Town (2019)

单位：人

镇　　街	迁移总计	省　内	省　外	迁入总计	省内迁入	省外迁入	迁出总计	迁往省内	迁往省外
全　　市	179694	69160	110534	171895	64964	106931	7799	4196	3603
莞城街道	5922	2560	3362	5363	2215	3148	559	345	214
石 龙 镇	3982	1859	2123	3692	1692	2000	290	167	123
虎 门 镇	11440	4926	6514	11010	4688	6322	430	238	192
东城街道	13740	5557	8183	13103	5213	7890	637	344	293
万江街道	6926	2661	4265	6669	2496	4173	257	165	92
南城街道	14707	5042	9665	13870	4487	9383	837	555	282
中 堂 镇	1916	912	1004	1766	849	917	150	63	87
望牛墩镇	1143	447	696	1088	418	670	55	29	26
麻 涌 镇	2309	915	1394	2144	823	1321	165	92	73
石 碣 镇	5336	1895	3441	5168	1814	3354	168	81	87
高 埗 镇	1635	691	944	1593	671	922	42	20	22
道 滘 镇	2021	737	1284	1950	694	1256	71	43	28
洪 梅 镇	626	211	415	586	193	393	40	18	22
沙 田 镇	3359	1256	2103	3287	1217	2070	72	39	33
厚 街 镇	9254	3034	6220	9079	2962	6117	175	72	103
长 安 镇	9367	3034	6333	8984	2787	6197	383	247	136
寮 步 镇	10096	3696	6400	9817	3560	6257	279	136	143
大岭山镇	4928	2107	2821	4795	2022	2773	133	85	48
大 朗 镇	6052	2792	3260	5917	2716	3201	135	76	59
黄 江 镇	4627	1798	2829	4492	1714	2778	135	84	51
樟木头镇	6579	2481	4098	6311	2367	3944	268	114	154
清 溪 镇	5578	2085	3493	5380	2013	3367	198	72	126
塘 厦 镇	10361	3697	6664	9985	3454	6531	376	243	133
凤 岗 镇	6935	3221	3714	6639	3016	3623	296	205	91
谢 岗 镇	1028	549	479	957	528	429	71	21	50
常 平 镇	9655	3406	6249	9323	3255	6068	332	151	181
桥 头 镇	2783	1249	1534	2625	1182	1443	158	67	91
横 沥 镇	4164	1573	2591	4035	1528	2507	129	45	84
东 坑 镇	2104	704	1400	2031	688	1343	73	16	57
企 石 镇	1597	597	1000	1462	573	889	135	24	111
石 排 镇	1953	824	1129	1768	774	994	185	50	135
茶 山 镇	2769	1082	1687	2637	1057	1580	132	25	107
松 山 湖	4802	1562	3240	4369	1298	3071	433	264	169

注：本表按户籍人口统计，数据来源于市公安局。

15-6 镇街土地面积和人口密度（2019年）

Land Area and Population Density by Town (2019)

镇　　街	土地面积（平方公里）	人口密度（人/平方公里）	
		户籍人口	常住人口
莞城街道	11.2	17926	15214
石 龙 镇	13.8	5996	10536
虎 门 镇	166.5	974	3888
东城街道	105.1	1409	4723
万江街道	48.5	2237	5235
南城街道	56.6	2541	5758
中 堂 镇	59.9	1432	2369
望牛墩镇	31.6	1646	2731
麻 涌 镇	87.2	983	1408
石 碣 镇	36.2	1648	6743
高 埗 镇	34.6	1285	6246
道 滘 镇	54.3	1193	2648
洪 梅 镇	33.2	788	1783
沙 田 镇	117.7	454	1541
厚 街 镇	125.7	1016	3523
长 安 镇	89.5	882	7531
寮 步 镇	72.5	1506	5794
大岭山镇	95.5	655	2975
大 朗 镇	97.5	982	3292
黄 江 镇	92.9	449	2516
樟木头镇	118.8	391	1152
清 溪 镇	140.1	371	2239
塘 厦 镇	128.2	676	3888
凤 岗 镇	82.4	537	3938
谢 岗 镇	91.0	268	1086
常 平 镇	103.3	1053	3824
桥 头 镇	56.0	806	2995
横 沥 镇	44.7	1103	4655
东 坑 镇	23.7	1532	5759
企 石 镇	58.2	846	2129
石 排 镇	48.7	1018	3300
茶 山 镇	45.4	1171	3586
松 山 湖	89.6	351	1415

注：土地面积数据来源于市自然资源局，不包括海域面积。其中，沙田镇面积含虎门港，松山湖面积含生态园。

15-7 镇街常住人口（2018-2019年）

Permanent Population by Town (2018-2019)

单位：万人

镇　街	2018年	2019年	镇　街	2018年	2019年
莞城街道	16.94	17.04	寮 步 镇	41.64	42.01
石 龙 镇	14.45	14.54	大岭山镇	28.23	28.41
虎 门 镇	64.21	64.74	大 朗 镇	31.70	32.10
东城街道	49.06	49.64	黄 江 镇	23.23	23.37
万江街道	25.16	25.39	樟木头镇	13.54	13.68
南城街道	32.22	32.59	清 溪 镇	31.10	31.37
中 堂 镇	14.09	14.19	塘 厦 镇	49.41	49.84
望牛墩镇	8.60	8.63	凤 岗 镇	32.15	32.45
麻 涌 镇	12.20	12.28	谢 岗 镇	9.82	9.88
石 碣 镇	24.23	24.41	常 平 镇	39.20	39.50
高 埗 镇	21.51	21.61	桥 头 镇	16.62	16.77
道 滘 镇	14.28	14.38	横 沥 镇	20.60	20.81
洪 梅 镇	5.88	5.92	东 坑 镇	13.53	13.65
沙 田 镇	18.03	18.14	企 石 镇	12.31	12.39
厚 街 镇	43.93	44.29	石 排 镇	15.94	16.07
长 安 镇	66.70	67.40	茶 山 镇	16.13	16.28
松 山 湖	12.58	12.68			

15-8 镇街外来暂住人口数（2018-2019）

Migrant Population by Town (2018-2019)

单位：人

镇 街	2018年			2019年		
	外来暂住人口	男	女	外来暂住人口	男	女
全 市	4534459	2400554	2133905	9673671	5785802	3887869
莞城街道	59317	31902	27415	126839	76890	49949
石 龙 镇	53964	24271	29693	112597	58498	54099
虎 门 镇	405373	219277	186096	867558	528500	339058
东城街道	156956	85548	71408	336289	206187	130102
万江街道	78026	41251	36775	166425	99423	67002
南城街道	154346	80187	74159	328380	193266	135114
中 堂 镇	42512	24045	18467	91599	57953	33646
望牛墩镇	29458	15857	13601	62998	38218	24780
麻 涌 镇	50633	31537	19096	110802	76010	34792
石 碣 镇	87365	41617	45748	183656	100305	83351
高 埗 镇	70313	37636	32677	150246	90710	59536
道 滘 镇	33245	17492	15753	70860	42159	28701
洪 梅 镇	21049	11763	9286	45270	28351	16919
沙 田 镇	75158	42793	32365	162106	103139	58967
厚 街 镇	333024	189879	143145	718448	457645	260803
长 安 镇	395273	200398	194875	838051	482998	355053
寮 步 镇	215018	123654	91364	464491	298030	166461
大岭山镇	232762	137920	94842	505211	332414	172797
大 朗 镇	199325	93365	105960	418082	225028	193054
黄 江 镇	156478	75249	81229	329360	181365	147995
樟木头镇	114368	69617	44751	249325	167791	81534
清 溪 镇	130592	64743	65849	276017	156043	119974
塘 厦 镇	351389	162505	188884	735806	391669	344137
凤 岗 镇	195257	106976	88281	418677	257833	160844
谢 岗 镇	43838	22947	20891	93369	55307	38062
常 平 镇	180908	91497	89411	383428	220526	162902
桥 头 镇	69139	35921	33218	147099	86577	60522
横 沥 镇	102621	56321	46300	220101	135745	84356
东 坑 镇	61368	29539	31829	129186	71195	57991
企 石 镇	52157	28685	23472	111901	69136	42765
石 排 镇	105001	57712	47289	225255	139097	86158
茶 山 镇	86585	46226	40359	184946	111414	73532
松 山 湖	185105	98594	86511	395250	237631	157619

注：外来暂住人口相关数据来源于市公安局，下同。

15-9 镇街计划生育情况（2019年）

Basic Statistics on Family Planning by Town (2019)

镇　街	已婚育龄妇女人数（人）	女性初婚人数（人）	#23周岁及以上	落实各种节育措施育龄夫妇（对）	节育率（%）	领取独生子女证累　计（人）	领证率（%）	政　策生育率（%）	多孩率（%）
全　市	528570	7833	6739	266952	50.50	30885	5.84	93.49	8.77
莞城街道	35225	381	350	16501	46.84	3515	9.98	96.81	6.23
石 龙 镇	15003	265	233	7753	51.68	1457	9.71	96.08	6.12
虎 门 镇	33308	626	559	14602	43.84	1464	4.40	91.76	9.92
东城街道	34195	340	304	17827	52.13	1844	5.39	93.92	8.23
万江街道	23238	263	225	13302	57.24	1644	7.07	93.40	8.76
南城街道	36956	318	294	14792	40.03	1772	4.79	93.07	9.71
中 堂 镇	15162	305	275	7684	50.68	1136	7.49	95.80	5.45
望牛墩镇	9390	234	211	5266	56.08	596	6.35	94.61	7.19
麻 涌 镇	16871	398	364	8681	51.46	1641	9.73	95.01	6.22
石 碣 镇	12558	199	169	8108	64.56	758	6.04	92.66	9.41
高 埗 镇	8121	150	128	4491	55.30	536	6.60	93.34	8.29
道 滘 镇	11317	239	202	5194	45.90	782	6.91	94.47	7.81
洪 梅 镇	5044	93	75	2835	56.21	344	6.82	94.05	8.81
沙 田 镇	11525	226	184	5924	51.40	931	8.08	93.54	8.97
厚 街 镇	25254	403	350	14080	55.75	1309	5.18	92.31	9.38
长 安 镇	20423	255	227	12879	63.06	615	3.01	90.88	11.75
寮 步 镇	22568	256	201	10714	47.47	961	4.26	93.61	8.77
大岭山镇	12391	152	125	4855	39.18	572	4.62	95.14	8.86
大 朗 镇	19765	358	291	11614	58.76	1124	5.69	91.19	10.84
黄 江 镇	10294	106	81	5526	53.68	547	5.31	90.63	11.30
樟木头镇	11777	170	147	5380	45.68	311	2.64	93.25	9.76
清 溪 镇	11371	170	142	5748	50.55	505	4.44	94.13	8.47
塘 厦 镇	21936	359	304	8939	40.75	863	3.93	90.29	11.96
凤 岗 镇	11212	140	122	6389	56.98	254	2.27	91.71	11.06
谢 岗 镇	4751	76	64	1874	39.44	243	5.11	94.27	6.51
常 平 镇	24408	391	316	11146	45.67	1432	5.87	92.59	9.25
桥 头 镇	9318	155	135	5320	57.09	600	6.44	90.98	11.54
横 沥 镇	9823	140	112	5223	53.17	525	5.34	92.98	9.69
东 坑 镇	6924	106	91	3721	53.74	481	6.95	96.56	5.68
企 石 镇	9728	188	140	6087	62.57	527	5.42	95.79	6.38
石 排 镇	9866	170	147	4217	42.74	617	6.25	96.05	6.46
茶 山 镇	9936	147	118	5747	57.84	463	4.66	93.20	8.03
松 山 湖	8912	54	53	4533	50.86	516	5.79	94.32	9.17

15−10 镇街农林牧渔业总产值（2019年）

Gross Output Value of Agriculture by Town (2019)

单位：万元

镇　　街	农林牧渔业总产值	农业	林业	牧业	渔业
石龙镇	2684	2490	81		113
虎门镇	19885	8800	148		10937
东城街道	2654	2344	145		166
万江街道	11114	10005	87		1022
南城街道	4470	4333	137		
中堂镇	28403	25775	142	17	2468
望牛墩镇	6826	6005	110	48	664
麻涌镇	23043	21464	131		1448
石碣镇	6668	4883	84		1701
高埗镇	16015	10279	85		5651
道滘镇	15120	11249	76	4	3791
洪梅镇	5963	3306	31	20	2606
沙田镇	25784	14598	123	596	10468
厚街镇	23860	20467	136	21	3236
长安镇	1992	1051	118	63	759
寮步镇	59198	58842	115		241
大岭山镇	5077	4746	143	40	147
大朗镇	15010	2381	4	239	12386
黄江镇	4536	3935	91	17	493
樟木头镇	598	415	78	104	
清溪镇	28390	27808	52	219	310
塘厦镇	23419	21945	84		1390
凤岗镇	2255	2015	159	33	48
谢岗镇	22069	13476	36	43	8514
常平镇	15665	12021	168		3477
桥头镇	7027	5341	39	39	1608
横沥镇	16784	4341	7	2577	9860
东坑镇	1246	1068	6	92	80
企石镇	4488	3259	48	229	952
石排镇	8379	4620	59	19	3681
茶山镇	4455	2657	62	34	1702

15-11 镇街主要农产品生产及产品产量（2019年）

Production and Output of Main Agricultural Products by Town (2019)

镇　街	粮食播种面积（亩）	粮　食总产量（吨）	稻谷播种面积（亩）	稻　谷产　量（吨）	蔬菜（含菜用瓜）播种面积（亩）	蔬菜（含菜用瓜）产量（吨）	水　果总面积（亩）
石龙镇							
虎门镇	473	153	176	67	17096	18664	5856
东城街道	1495	628	1321	581	3043	3944	1658
万江街道	720	286	590	254	13881	21480	157
南城街道	484	145	38	15	397	346	1885
中堂镇	949	319	392	161	16833	23581	2593
望牛墩镇	2523	713	260	115	4425	5672	4246
麻涌镇	1861	611	1677	561	4260	4271	16945
石碣镇	120	34	6	2	10102	12582	212
高埗镇	393	134	220	88	14749	21897	150
道滘镇	3035	985	1278	540	11760	29321	1159
洪梅镇	1490	444	620	225	632	771	1643
沙田镇	457	167	369	142	23593	27473	2792
厚街镇	119	38	10	4	42199	47807	30774
长安镇	38	9			1742	1745	3800
寮步镇	121	28			1912	20060	2729
大岭山镇	263	57			8340	10243	10310
大朗镇	259	52			4195	4196	17332
黄江镇	26	7			2092	2447	14245
樟木头镇	200	35			452	632	5120
清溪镇	140	37	5	1	11421	18429	12418
塘厦镇	362	91			34487	42568	12053
凤岗镇	54	15			1488	1286	9723
谢岗镇	691	207	72	24	19345	26945	14850
常平镇	327	94			16900	26389	8173
桥头镇	208	55			7390	11092	2092
横沥镇	610	196	150	60	5670	5639	3018
东坑镇	295	62			1715	1411	1691
企石镇	610	140	14	4	5495	7957	1647
石排镇	17	5			9013	10835	465
茶山镇	260	103	250	100	6000	5786	3400

15-11 续表 1

(2019年)

镇　街	水　果总产量(吨)	香(大)蕉面积(亩)	香(大)蕉产量(吨)	荔　枝面　积(亩)	荔　枝产　量(吨)	生猪年末存栏量(头)	生　猪出栏量(头)
石龙镇							
虎门镇	665	110	234	4539	6		
东城街道	786	193	183	438	90		
万江街道	205	113	135	12	10		
南城街道	149			1120	40		
中堂镇	5477	2174	5014	44	8		
望牛墩镇	7290	3700	6905	8	1		
麻涌镇	22524	15092	20269				
石碣镇	172	10	17	50	22		
高埗镇	248						
道滘镇	1840	923	1328	10	8		
洪梅镇	2200	1420	2064	42	2		
沙田镇	3211	2139	2672	127	90		
厚街镇	2908	1295	1670	25042	640		
长安镇	144			3668	118		
寮步镇	419			2100	110		
大岭山镇	505			9000	10		
大朗镇	389			15514	227		
黄江镇	131			13140	40		
樟木头镇	70			4470	60		
清溪镇	884	80		8870	10		
塘厦镇	1028	10		10574	216		
凤岗镇	1062			7109	739		
谢岗镇	449	1140	75	13000	30		
常平镇	268	86	18	6875	81		
桥头镇	591	420	277	680	26		
横沥镇	604	220	462	2658	68	7332	1144
东坑镇	489	86	98	1054	1		
企石镇	262	133	137	1206	65		
石排镇	280	62	83	115	20		
茶山镇	525	170	262	2900	48		

15-11 续表 2

(2019年)

镇　　街	三鸟年末存栏量(只)	三鸟出栏量(只)	畜牧总肉量(吨)	#猪肉	淡水养殖面积(亩)	水产品产量(吨)	#淡水产量
石龙镇					6	62	62
虎门镇					10200	7608	4553
东城街道					597	120	120
万江街道					1605	799	799
南城街道							
中堂镇	2505	4795	6		3525	2130	2130
望牛墩镇	3970	13900	16		1170	615	615
麻涌镇					1855	1227	1227
石碣镇					500	311	311
高埗镇					1710	1029	1029
道滘镇	1393	1133	1		6045	3984	3984
洪梅镇	3915	5809	7		4980	2392	2392
沙田镇	29547	135476	198		9206	7954	4686
厚街镇	2700	6305	7		5700	1887	1887
长安镇	11018	18314	21		1200	432	247
寮步镇					638	243	243
大岭山镇	6450	11300	13		750	150	150
大朗镇	8420	42848	51		2835	932	932
黄江镇	5000	4000	6		4410	494	494
樟木头镇	1600	25349	35				
清溪镇	859	1996	2		758	301	301
塘厦镇					3000	1481	1481
凤岗镇	6236	9232	11		195	51	51
谢岗镇					7485	5049	5049
常平镇					2910	702	702
桥头镇	3200	11883	13		1937	1873	1873
横沥镇	3375	7278	781	772	385	1008	1008
东坑镇	9349	24755	31		270	79	79
企石镇	1983	54367	77		1095	918	918
石排镇	5200	5501	6		3210	2958	2958
茶山镇	8850	8090	10		1335	1786	1786

15-12 镇街农业主要物质消耗（2019年）

Main Material Consumption of Agriculture by Town (2019)

镇 街	农 村 用 电 量 （万千瓦时）	化肥施用 实 物 量 （吨）	农 药 使用量 （吨）
石 龙 镇	2025		
虎 门 镇	481643	1173	41
东城街道		82	2
万江街道	167185	593	22
南城街道		32	0.1
中 堂 镇	165010	1184	31
望牛墩镇	68435	327	8
麻 涌 镇	18417	1048	17
石 碣 镇	206969	456	14
高 埗 镇	142993	246	3
道 滘 镇	128800	818	34
洪 梅 镇	1586	235	5
沙 田 镇	22215	1185	62
厚 街 镇	384435	1305	55
长 安 镇	742507	293	4
寮 步 镇	29986	242	4
大岭山镇	34115	708	9
大 朗 镇	421111	754	31
黄 江 镇	13508	130	17
樟木头镇	106521	165	9
清 溪 镇	337611	1191	51
塘 厦 镇	547063	1990	23
凤 岗 镇	353083	123	4
谢 岗 镇	5382	1221	24
常 平 镇	356279	535	13
桥 头 镇	153260	599	5
横 沥 镇	166200	339	4
东 坑 镇	130329	139	3
企 石 镇	116452	295	1
石 排 镇	22560	519	20
茶 山 镇	187419	308	5

15−13 镇街农村集体(经联社、经济社两级合计)经济收益分配(2019年)

Income Distribution of Rural Economy by Town (2019)

单位：万元

镇　街	经营总收入	经营总费用	经营纯收入
全　市	2413579	653259	1760320
莞城街道	22318	4844	17475
石 龙 镇	23230	8187	15043
虎 门 镇	230318	62788	167531
东城街道	150888	39006	111882
万江街道	69506	21725	47781
南城街道	89660	23194	66466
中 堂 镇	101163	17258	83905
望牛墩镇	15244	3559	11685
麻 涌 镇	41835	8109	33726
石 碣 镇	88645	28841	59804
高 埗 镇	31199	7829	23369
道 滘 镇	31301	8660	22642
洪 梅 镇	14218	4637	9581
沙 田 镇	37255	10565	26690
厚 街 镇	150965	51382	99583
长 安 镇	236458	47872	188586
寮 步 镇	118084	42294	75790
大岭山镇	72114	12747	59367
大 朗 镇	119898	45977	73920
黄 江 镇	35537	7788	27750
樟木头镇	32141	10950	21192
清 溪 镇	84893	22694	62199
塘 厦 镇	114044	23098	90946
凤 岗 镇	123859	22779	101080
谢 岗 镇	25948	4397	21551
常 平 镇	94304	26888	67416
桥 头 镇	47086	12852	34235
横 沥 镇	38331	12262	26069
东 坑 镇	34980	9467	25513
企 石 镇	28131	9603	18528
石 排 镇	45130	15865	29265
茶 山 镇	64897	25146	39752

15−14 镇街规模以上工业企业主要经济指标（2019年）

Main Indicators of Industrial Enterprises above Designated Size by Town (2019)

镇　街	企业单位数（个）	亏损企业	工业增加值（万元）	先进制造业工业增加值（万元）
莞城街道	41	10	278248	147517
石 龙 镇	63	14	473708	258925
虎 门 镇	611	76	1892862	866634
东城街道	454	51	1427655	710672
万江街道	223	30	504723	208528
南城街道	74	9	433671	185261
中 堂 镇	209	13	752255	99186
望牛墩镇	139	18	413763	136985
麻 涌 镇	131	27	1251487	375808
石 碣 镇	298	28	1084871	699508
高 埗 镇	209	30	895292	507712
道 滘 镇	213	19	496138	228675
洪 梅 镇	72	10	506994	179038
沙 田 镇	245	37	677151	373774
厚 街 镇	496	80	1941143	741410
长 安 镇	821	132	3662144	2524371
寮 步 镇	472	64	1289043	727151
大岭山镇	435	76	1235938	674771
大 朗 镇	518	55	1258778	581519
黄 江 镇	329	39	1099080	641484
樟木头镇	155	18	421342	172964
清 溪 镇	573	79	1687000	589608
塘 厦 镇	792	111	2303560	904602
凤 岗 镇	393	66	1303901	457036
谢 岗 镇	190	32	504462	205289
常 平 镇	486	71	1234613	590167
桥 头 镇	360	41	954109	405682
横 沥 镇	399	48	875529	413707
东 坑 镇	212	24	949157	390854
企 石 镇	239	29	452206	194176
石 排 镇	322	30	707095	263156
茶 山 镇	306	43	616245	259700

15-14 续表 1

(2019年)

镇街	高技术制造业工业增加值(万元)	资产总额(万元)	#流动资产	负债总额(万元)
莞城街道	10097	1310228	561902	486866
石龙镇	280626	1935660	1443849	1002917
虎门镇	459670	6731376	5055078	3520525
东城街道	484437	4900753	3394578	2851453
万江街道	93626	1655725	1227965	957576
南城街道	110478	2134116	1173092	969728
中堂镇	10918	2467118	1600986	1445957
望牛墩镇	44732	1093914	774426	663272
麻涌镇	29131	6633387	3773150	3313704
石碣镇	713282	3443013	2698957	2110953
高埗镇	110494	2410784	1740078	1310263
道滘镇	86843	2214496	1408096	1171729
洪梅镇	29189	2818640	2080441	1431112
沙田镇	80692	2610213	1423550	1643516
厚街镇	471514	6213879	4790420	3227124
长安镇	1750200	18312339	14569153	10770068
寮步镇	421574	4295227	3171983	2436210
大岭山镇	454260	4194438	3004659	2420131
大朗镇	317825	4235150	3369836	2668099
黄江镇	504530	3551970	2528275	2082662
樟木头镇	60526	1476293	1023154	892162
清溪镇	511107	5723548	4194711	2968177
塘厦镇	734457	7495261	5817911	4244920
凤岗镇	325254	4647792	3273470	2413239
谢岗镇	213788	1279484	995935	768155
常平镇	252040	4490002	3253800	1970944
桥头镇	249179	3494597	2715224	2343682
横沥镇	219127	3383815	2232150	2245940
东坑镇	559399	2664663	2006382	1684960
企石镇	78825	1444514	1101991	952610
石排镇	194435	2074325	1436357	1250060
茶山镇	93952	1946936	1468256	1097380

15-14 续表 2

(2019年)

镇　街	营业收入（万元）	税金及附加（万元）	利润总额（万元）	本年应交增值税（万元）	从业人员平均人数（人）
莞城街道	1122711	4745	91044	16357	12467
石 龙 镇	2173862	8974	135395	28295	28670
虎 门 镇	7510307	36760	345797	132436	159772
东城街道	5709043	37608	353215	124316	101065
万江街道	1823828	9987	108659	41262	38717
南城街道	1624888	9040	149111	35784	18160
中 堂 镇	3687172	19411	116482	154010	31143
望牛墩镇	1673077	9004	63814	65858	21409
麻 涌 镇	8938689	24118	260503	86423	38334
石 碣 镇	5423851	17449	180669	26010	92832
高 埗 镇	3254348	15761	125441	40769	76143
道 滘 镇	2427499	8536	97381	35789	32462
洪 梅 镇	2342845	11073	146369	84862	22436
沙 田 镇	2975804	11760	148221	37604	39131
厚 街 镇	10043972	32611	289616	130827	151289
长 安 镇	23930163	55476	1194606	253566	258635
寮 步 镇	5272913	20802	180948	78182	107748
大岭山镇	4606489	22174	153797	80876	94346
大 朗 镇	5472798	20619	190948	90473	84785
黄 江 镇	4439068	18894	180175	60097	84967
樟木头镇	1789915	7707	51996	33752	34937
清 溪 镇	7274744	30239	202639	63201	150014
塘 厦 镇	9332092	42836	391581	138498	200147
凤 岗 镇	6150654	24691	185687	99477	100052
谢 岗 镇	1654433	7752	76966	23235	34167
常 平 镇	5052781	23045	151774	61969	112911
桥 头 镇	4681541	15225	143100	48300	77853
横 沥 镇	3619487	16333	133558	49982	85606
东 坑 镇	4282882	17728	126457	72628	70773
企 石 镇	2213866	8138	45056	27704	37798
石 排 镇	2665589	13451	67721	51872	68098
茶 山 镇	2753212	12068	35489	41213	51387

15-15 镇街规模以上工业企业主要经济效益指标（2019年）

Main Indicators on Economic Benefit of Industrial Enterprises above Designated Size by Town (2019)

镇　街	工业增加值率 (%)	总资产贡献率 (%)	资　产负债率 (%)	流动资产周转率 (次/年)	成本费用利润率 (%)	全员劳动生产率 (元/人)
莞城街道	24.9	9.0	37.2	2.0	8.8	223188
石 龙 镇	20.3	9.3	51.8	1.5	6.7	165228
虎 门 镇	25.9	7.8	52.3	1.5	4.8	118473
东城街道	24.5	11.0	58.2	1.7	6.6	141261
万江街道	28.1	10.5	57.8	1.5	6.4	130362
南城街道	25.7	9.4	45.4	1.4	10.1	238806
中 堂 镇	20.2	12.6	58.6	2.3	3.3	241549
望牛墩镇	25.0	13.5	60.6	2.2	4.0	193266
麻 涌 镇	15.5	6.2	50.0	2.4	3.0	326469
石 碣 镇	19.6	6.8	61.3	2.0	3.5	116864
高 埗 镇	27.2	7.9	54.4	1.9	4.0	117580
道 滘 镇	21.3	7.3	52.9	1.7	4.2	152837
洪 梅 镇	20.5	8.3	50.8	1.1	6.7	225973
沙 田 镇	22.2	8.2	63.0	2.1	5.3	173047
厚 街 镇	19.6	7.6	51.9	2.1	3.0	128307
长 安 镇	18.5	8.6	58.8	1.6	5.1	141595
寮 步 镇	22.8	6.9	56.7	1.7	3.6	119635
大岭山镇	23.6	6.5	57.7	1.5	3.5	131001
大 朗 镇	22.5	7.4	63.0	1.6	3.6	148467
黄 江 镇	23.6	7.7	58.6	1.8	4.3	129354
樟木头镇	22.7	7.0	60.4	1.8	3.0	120601
清 溪 镇	21.1	5.5	51.9	1.7	2.9	112456
塘 厦 镇	23.8	7.9	56.6	1.6	4.4	115093
凤 岗 镇	20.3	7.2	51.9	1.9	3.1	130322
谢 岗 镇	28.1	8.9	60.0	1.7	4.9	147646
常 平 镇	23.7	5.5	43.9	1.6	3.1	109344
桥 头 镇	20.1	6.2	67.1	1.7	3.2	122553
横 沥 镇	23.3	6.4	66.4	1.6	3.8	102274
东 坑 镇	21.4	8.2	63.2	2.1	3.1	134113
企 石 镇	20.2	6.0	66.0	2.0	2.1	119638
石 排 镇	25.4	6.8	60.3	1.9	2.6	103835
茶 山 镇	21.7	5.1	56.4	1.9	1.3	119922

15−16 镇街规模以上工业企业R&D人员情况（2019年）

R&D Personnel of Industrial Enterprises above Designated Size by Town (2019)

镇　街	有R&D活动的工业企业数（个）	R&D人员合　计（人）	#参加项目人员	#女性	#研　究人　员	#全　时人　员	非全时人　员
全　市	3651	124459	115604	23540	22829	97050	27409
莞城街道	21	352	253	85	135	317	35
石 龙 镇	28	1153	1030	246	210	795	358
虎 门 镇	160	5816	5537	1107	823	4612	1204
东城街道	147	5722	5106	980	1178	3847	1875
万江街道	110	2759	2576	558	426	2080	679
南城街道	31	586	531	117	138	422	164
中 堂 镇	64	1663	1545	250	327	1207	456
望牛墩镇	61	1598	1506	304	241	1277	321
麻 涌 镇	71	3347	3112	560	682	2337	1010
石 碣 镇	119	3749	3502	809	509	2911	838
高 埗 镇	101	3038	2871	594	421	2478	560
道 滘 镇	76	1481	1309	236	224	1202	279
洪 梅 镇	33	1409	1344	236	214	794	615
沙 田 镇	101	2064	1929	474	370	1635	429
厚 街 镇	121	3627	3373	774	537	2875	752
长 安 镇	216	10096	9585	1867	1829	8138	1958
寮 步 镇	196	5680	5279	1083	1038	4304	1376
大岭山镇	153	5377	5061	789	836	4556	821
大 朗 镇	168	4883	4537	742	825	3748	1135
黄 江 镇	73	3221	2873	433	599	2601	620
樟木头镇	45	1726	1646	466	198	1448	278
清 溪 镇	211	8107	7627	1794	1197	6670	1437
塘 厦 镇	236	8844	8268	1883	1537	6949	1895
凤 岗 镇	131	4664	4265	805	761	3483	1181
谢 岗 镇	85	2139	2003	454	265	1692	447
常 平 镇	139	3896	3466	812	571	3171	725
桥 头 镇	111	3418	3147	637	528	2428	990
横 沥 镇	154	4154	3879	698	595	3346	808
东 坑 镇	80	2563	2425	501	504	2088	475
企 石 镇	85	2515	2161	407	429	2019	496
石 排 镇	142	3375	3064	715	598	2374	1001
茶 山 镇	79	2270	2090	517	339	1864	406
松 山 湖	102	9161	8700	1605	3742	7377	1784

15-17 镇街规模以上工业企业R&D人员全时当量情况（2019年）

R&D Personnel Full-time-equivalent of Industrial Enterprises above Designated Size by Town (2019)

镇　街	有R&D活动的工业企业数（个）	R&D人员全时当量（人年）	#研究人员	#应用研究人员	#试验发展人员
全　市	3651	93540	17406	157	93383
莞城街道	21	267	105		267
石 龙 镇	28	861	150		861
虎 门 镇	160	4533	629	30	4503
东城街道	147	3975	875		3975
万江街道	110	2088	341		2088
南城街道	31	409	89		409
中 堂 镇	64	1294	248		1294
望牛墩镇	61	1266	189		1266
麻 涌 镇	71	2507	503		2507
石 碣 镇	119	2768	368		2768
高 埗 镇	101	2458	338		2458
道 滘 镇	76	1082	173		1082
洪 梅 镇	33	1058	158		1058
沙 田 镇	101	1653	300	1	1652
厚 街 镇	121	2807	430	44	2764
长 安 镇	216	7328	1259	2	7326
寮 步 镇	196	4007	669	31	3976
大岭山镇	153	4024	654		4024
大 朗 镇	168	3464	580	2	3463
黄 江 镇	73	2327	426		2327
樟木头镇	45	1317	161	17	1300
清 溪 镇	211	6149	912	1	6147
塘 厦 镇	236	6736	1226		6736
凤 岗 镇	131	3346	540	10	3336
谢 岗 镇	85	1543	172	1	1542
常 平 镇	139	2932	427	10	2922
桥 头 镇	111	2394	336		2394
横 沥 镇	154	3464	467		3464
东 坑 镇	80	2035	403	2	2033
企 石 镇	85	1703	322		1703
石 排 镇	142	2197	374	6	2192
茶 山 镇	79	1757	264		1757
松 山 湖	102	7783	3316		7783

15-18 镇街规模以上工业企业R&D经费情况（2019年）

The R&D Funds of Industrial Enterprises above Designated Size by Town (2019)

镇街	R&D经费支出合计（万元）	按活动类型分组			按资金来源分组			
		基础研究支出	应用研究支出	试验发展支出	政府资金	企业资金	境外资金	其他资金
全　市	2605714		2627	2603087	637056	1968606		52
莞城街道	8109			8109	136	7973		
石龙镇	22162			22162	1843	20319		
虎门镇	76505		333	76172	2547	73958		
东城街道	109151			109151	1122	108030		
万江街道	33052			33052	76	32977		
南城街道	10790			10790	30	10760		
中堂镇	44198			44198	5	44193		
望牛墩镇	31987			31987	15	31972		
麻涌镇	80314		219	80095	4858	75455		
石碣镇	49764			49764	125	49639		
高埗镇	45328			45328	33	45296		
道滘镇	25017			25017	196	24821		
洪梅镇	20777			20777	40	20737		
沙田镇	38287		20	38267	40	38247		
厚街镇	50594		707	49887	280	50314		
长安镇	251714		22	251692	11186	240528		
寮步镇	85976		287	85689	199	85777		
大岭山镇	74134			74134	16	74118		
大朗镇	81457		41	81416	65	81392		
黄江镇	52640			52640		52640		
樟木头镇	17570		56	17515	51	17520		
清溪镇	108761		240	108521	981	107780		
塘厦镇	124992			124992	526	124467		
凤岗镇	70776		435	70340	429	70347		
谢岗镇	32415		8	32407	311	32104		
常平镇	61124		137	60987	683	60390		52
桥头镇	52219			52219		52219		
横沥镇	59127			59127	6901	52226		
东坑镇	46828		60	46768	61	46767		
企石镇	32264			32264		32264		
石排镇	46703		61	46641	369	46334		
茶山镇	30094			30094	192	29902		
松山湖	730789			730789	603742	127047		

15−18 续表

(2019年)

镇　街	按使用项目分		委托外单位开展研发的经费支出合计(万元)				
	经常性支出	资产性支出		对境内研究机构支出	对境内高等院校支出	对境内企业支出	对境外支出
全　市	2419432	186282	1189869	1023620	7286	17860	141103
莞城街道	7835	274	107	2	83	22	
石 龙 镇	19714	2448	214	187	6	15	5
虎 门 镇	72657	3848	2		2		
东城街道	83061	26091	446	12	10	424	
万江街道	32190	862	13		5	7	2
南城街道	10499	292	66			66	
中 堂 镇	38023	6175	261	1	7.9	252	
望牛墩镇	30058	1929	96	22	13	62	
麻 涌 镇	76602	3712	43	8		34	
石 碣 镇	42948	6816	66	66		0.3	
高 埗 镇	43535	1793	45.5		33	12.7	
道 滘 镇	23303	1714	32	1		31	
洪 梅 镇	18671	2105	60	24			36
沙 田 镇	35626	2661	687.6	16		671	
厚 街 镇	45757	4837	84		5	31	48
长 安 镇	225074	26641	16703	5661	628	1746	8668
寮 步 镇	80470	5506	482	15	26	438	3
大岭山镇	70617	3517	590	16	15	558	
大 朗 镇	75727	5730	2283	3	4	2215	61
黄 江 镇	50150	2490	94	8	1	7	79
樟木头镇	17227	344	115			115	
清 溪 镇	100861	7900	549	64	331	14	140
塘 厦 镇	117364	7629	1200		91	1104	5
凤 岗 镇	61723	9052	188	142		2	45
谢 岗 镇	28615	3800	20		1.9	18	
常 平 镇	57102	4023	597	21	10	503	62
桥 头 镇	49730	2489	70		35	10	24
横 沥 镇	55959	3168	93	4	49	39	
东 坑 镇	44748	2080	1087		30	1056.6	
企 石 镇	30015	2249	26	24	2		
石 排 镇	42288	4414	33	1		25	8
茶 山 镇	29534	561	11	3		9	
松 山 湖	701655	29134	1163507	1017320	5897	8372	131918

15－19 镇街规模以上工业企业办科技机构情况（2019年）

Basic Statistics on Scientific and Technological Institutions of Industrial Enterprises above Designated Size by Town (2019)

镇　街	有研发机构的工业企业数（个）	机构数（个）	机构人员合计（人）	#博士毕业	#硕士毕业	机构经费支出（万元）
全　市	4592	4875	176879	969	8755	5561934
莞城街道	26	26	517	4	22	12660
石 龙 镇	34	34	1740	6	55	38306
虎 门 镇	204	210	8052	14	109	138963
东城街道	178	185	6655	19	111	125701
万江街道	120	125	3167	16	36	56006
南城街道	35	38	752	10	13	15006
中 堂 镇	72	72	2189	1	13	63560
望牛墩镇	65	65	1839	7	26	41735
麻 涌 镇	78	88	4373	12	130	157726
石 碣 镇	136	140	5506	6	50	87273
高 埗 镇	111	113	3859	4	64	71028
道 滘 镇	95	95	1808	8	32	41354
洪 梅 镇	35	38	1946	2	13	49215
沙 田 镇	122	122	2585	8	58	54211
厚 街 镇	202	224	4921	6	66	83220
长 安 镇	286	299	20350	110	1478	1035171
寮 步 镇	220	233	6958	21	125	132789
大岭山镇	172	176	6464	20	81	110285
大 朗 镇	177	185	5703	33	102	111340
黄 江 镇	139	144	6045	8	80	126935
樟木头镇	47	61	1891	6	25	26936
清 溪 镇	245	267	10241	22	113	163648
塘 厦 镇	430	449	15001	43	181	256835
凤 岗 镇	162	164	5673	23	62	105660
谢 岗 镇	100	105	2387	7	22	45796
常 平 镇	211	213	5608	11	53	109343
桥 头 镇	123	133	3938	14	48	71949
横 沥 镇	189	191	5523	10	121	95294
东 坑 镇	69	70	3179	8	87	75587
企 石 镇	91	94	2699	11	32	46509
石 排 镇	183	191	4019	14	64	69746
茶 山 镇	134	136	2963	3	34	53383
松 山 湖	101	189	18328	482	5249	1888765

15-20 镇街固定资产投资总额增长速度（2019年）

Growth Rate of Total Investment in Fixed Assets by Town (2019)

单位：%

镇　街	固定资产投资	#第二产业	第三产业	#工　业	#房地产开发投资	#民营
莞城街道	0.4	-4.8	30.6	-4.8	27.8	4.3
石 龙 镇	-39.3	22.1	-65.2	22.1	-60.6	-47.5
虎 门 镇	-14.0	-16.0	-13.5	-16.0	-13.3	-6.8
东城街道	9.3	25.6	6.3	25.3	8.9	8.9
万江街道	11.6	14.3	16.2	14.3	24.3	68.2
南城街道	-16.2	83.5	1.8	78.8	-8.7	-3.4
中 堂 镇	40.1	20.6	57.0	20.6	139.4	63.7
望牛墩镇	13.2	150.10	-33.8	142.8	1.7	2.1
麻 涌 镇	-4.8	6.7	-9.4	6.7	-15.9	-21.2
石 碣 镇	18.3	17.2	18.9	17.2	14.3	50.6
高 埗 镇	42.0	-18.9	72.8	-18.9	84.7	-6.5
道 滘 镇	15.2	145.9	-6.3	145.9	0.6	13.2
洪 梅 镇	-3.1	86.8	-32.8	86.8	15.4	19.8
沙 田 镇	20.1	16.4	42.0	16.4	31.9	57.1
厚 街 镇	31.5	-3.9	69.9	-3.9	55.6	32.8
长 安 镇	42.0	33.2	56.1	33.2	119.6	43.0
寮 步 镇	1.5	20.1	-3.8	20.1	-29.9	1.9
大岭山镇	17.3	66.9	-2.2	66.9	-11.4	14.1
大 朗 镇	14.1	-28.9	35.1	-28.9	76.4	48.1
黄 江 镇	-17.7	-17.7	-17.6	-17.7	-24.6	-17.8
樟木头镇	10.6	43.3	0.7	43.3	18.2	27.4
清 溪 镇	19.8	-14.4	89.5	-14.4	296.5	5.7
塘 厦 镇	5.2	2.6	6.6	2.6	-9.2	6.1
凤 岗 镇	19.5	68.9	5.7	68.9	-13.3	124.5
谢 岗 镇	67.8	108.3	29.7	108.3	347.1	94.7
常 平 镇	11.3	45.0	1.6	45.0	5.0	-6.7
桥 头 镇	8.7	10.2	6.4	10.2	5.9	55.6
横 沥 镇	16.9	10.4	23.2	10.4	16.0	19.0
东 坑 镇	17.1	22.7	11.6	22.7	12.5	15.6
企 石 镇	15.0	22.2	11.8	22.2	-1.4	-53.5
石 排 镇	15.3	13.2	16.5	13.2	6.3	17.8
茶 山 镇	20.1	9.1	25.0	9.6	38.0	23.8
松 山 湖	27.2	23.7	30.9	23.7	-42.3	25.4

15-21 镇街邮电局、所通信能力及服务网点（2018-2019年）

Communication Capacity and Service Establishments of Telecommunication Offices by Town (2018-2019)

镇街	邮电局（所、综合营业厅）(处)		服务网点（含报刊亭）(处)		固定电话用户 (户)	
	2018年	2019年	2018年	2019年	2018年	2019年
全　市	540	516	9080	6310	2241356	2123451
市　区	68	65	1016	709	422497	394390
石龙镇	10	10	177	123	79867	76668
虎门镇	42	39	732	408	169228	158219
中堂镇	11	11	113	79	42329	39674
望牛墩镇	6	6	62	47	20258	19505
麻涌镇	9	9	106	71	26159	22889
石碣镇	15	15	177	165	54526	52419
高埗镇	13	12	165	122	35635	34204
道滘镇	7	7	57	47	33435	31104
洪梅镇	6	6	41	26	18270	17457
沙田镇	9	8	152	136	36459	34755
厚街镇	29	30	680	309	123469	115432
长安镇	46	45	862	446	150936	142322
寮步镇	20	20	543	319	86980	83085
大岭山镇	17	14	241	212	56606	53754
大朗镇	20	18	515	314	93328	87977
黄江镇	16	15	171	115	44924	42166
樟木头镇	13	14	302	282	56956	54402
清溪镇	25	23	370	311	64479	61716
塘厦镇	31	31	547	435	83291	79558
凤岗镇	21	19	313	242	66028	61346
谢岗镇	7	5	108	98	26569	23027
常平镇	28	26	442	303	112601	107588
桥头镇	12	12	202	154	46784	44786
横沥镇	13	13	181	155	42957	40765
东坑镇	8	8	188	159	27556	25849
企石镇	8	8	163	129	33031	31627
石排镇	12	11	223	209	45164	42920
茶山镇	13	12	207	160	45342	42473
松山湖	5	4	24	25	45558	52039

注：市区指莞城、南城、东城、万江四个街道。

15-22 镇街商贸情况（2019年）

Statistics on Commerce by Town (2019)

单位：万元

镇　　街	社会消费品零售总额	限额以上批发和零售业销售额	限额以上住宿和餐饮业营业额
莞城街道	1258164	2225974	22879
石 龙 镇	559089	483134	20038
虎 门 镇	3310464	2033458	98647
东城街道	2696697	3486465	160560
万江街道	1097584	1727357	45450
南城街道	3958784	8201119	153697
中 堂 镇	507451	1437082	22556
望牛墩镇	162706	394911	3610
麻 涌 镇	3089114	4755845	10920
石 碣 镇	599463	597400	23558
高 埗 镇	363236	483722	4330
道 滘 镇	384247	1072120	5994
洪 梅 镇	102006	219017	4523
沙 田 镇	419608	5220697	10799
厚 街 镇	2474135	2359345	164081
长 安 镇	3084860	6771344	100508
寮 步 镇	3985233	3164627	62372
大岭山镇	885016	1940014	28280
大 朗 镇	1480303	1202082	44366
黄 江 镇	716172	628049	10471
樟木头镇	831523	1819019	19518
清 溪 镇	664605	554891	20956
塘 厦 镇	1713650	852361	66337
凤 岗 镇	948644	639579	27949
谢 岗 镇	183866	218619	4799
常 平 镇	1915308	1551699	58021
桥 头 镇	443602	118877	21373
横 沥 镇	448062	406402	9344
东 坑 镇	285108	89441	7236
企 石 镇	344126	114105	6113
石 排 镇	482087	268688	8292
茶 山 镇	543744	433435	12088
松 山 湖	100215	5223292	38934

注：本表社会消费品零售总额数据根据东莞市第四次全国经济普查结果重新核定。

15-23 镇街注册工商企业及个体户数（2019年）

Registered Industrial & Commercial Enterprises and Self-employed Individuals by Town (2019)

单位：户

镇　街	总户数	#内资企业	外商投资企业	三来一补	私营企业	个体户	农民合作社	来华经营	常驻代表机构
全　市	1238646	28863	14827	1048	515816	677487	188	17	400
莞城街道	30945	1071	256	3	14247	15336	1	3	28
石 龙 镇	17060	366	148	4	3893	12643		1	5
虎 门 镇	111887	1741	844	42	42218	67016	16	1	9
东城街道	90457	3299	1127	30	41557	44387	2	1	54
万江街道	41048	846	234	7	19611	20346	3		1
南城街道	76053	4045	1006	9	45157	25755	2		79
中 堂 镇	20894	417	103	6	5690	14670	8		
望牛墩镇	6440	199	86		2565	3584	6		
麻 涌 镇	13558	502	97	6	2933	10002	18		
石 碣 镇	27110	426	247	14	9193	17223	5		2
高 埗 镇	18365	288	148	5	5987	11931	2		4
道 滘 镇	14065	342	178	5	5235	8297	7		1
洪 梅 镇	4317	140	87		1563	2523	3		1
沙 田 镇	18176	608	300	4	7078	10175	10		1
厚 街 镇	66421	1155	777	32	24680	39725	11	3	38
长 安 镇	113840	1606	1458	150	56617	53951	2		56
寮 步 镇	61943	1181	528	3	23802	36412	4		13
大岭山镇	40206	759	394	17	18587	20433	8		8
大 朗 镇	63068	872	471	51	21096	40568	8		2
黄 江 镇	28196	563	347	11	12075	15182	7		11
樟木头镇	28593	471	294	15	13705	14092	2	2	12
清 溪 镇	35375	615	620	84	13786	20258	6	1	5
塘 厦 镇	60485	1281	976	145	29198	28874	3		8
凤 岗 镇	42233	831	636	129	16387	24244	2	1	3
谢 岗 镇	10254	223	233	25	3716	6046	8		3
常 平 镇	56040	1198	894	88	24159	29651	6	1	43
桥 头 镇	21065	363	406	37	7550	12704	4		1
横 沥 镇	28038	396	363	35	9202	18016	24		2
东 坑 镇	14450	387	196	13	4978	8872	3		1
企 石 镇	16356	313	266	24	5112	10637	2		2
石 排 镇	22530	333	262	26	7605	14299	3		2
茶 山 镇	27644	441	297	28	8789	18085	1		3
松 山 湖	10162	1526	547		7133	950	1	3	2
滨 海 湾	1372	59	1		712	600			

注：本表数据来源于市市场监管局。

15-24 镇街集市贸易市场数及私营个体户注册资金额（2018-2019年）

Fair Trades and Registered Capital of Private Enterprises & Self-employed Individuals by Town (2018-2019)

镇街	集市贸易市场数（个）		个体工商户注册资金额（万元）		私营企业注册资金额（万元）	
	2018年	2019年	2018年	2019年	2018年	2019年
全市	416	420	2155473	2482707	130154605	157453884
莞城街道	7	6	46291	51822	6614916	7231299
石龙镇	7	7	34837	39511	756235	1140133
虎门镇	34	34	186083	213843	6924248	8499546
东城街道	25	25	129988	153569	14267119	16427748
万江街道	24	24	58290	66342	4934379	6214562
南城街道	21	21	91144	108495	18885826	19589367
中堂镇	8	8	47003	54155	1313849	1651476
望牛墩镇	4	4	14200	15063	946217	1228496
麻涌镇	8	8	33547	38886	959844	1333810
石碣镇	15	15	56884	61175	1427748	1863396
高埗镇	13	13	39250	44309	1514590	2036405
道滘镇	4	4	23577	26130	1723760	1991215
洪梅镇	3	3	9312	11412	409022	622117
沙田镇	10	10	31807	37719	1633197	2190472
厚街镇	20	20	117924	129624	4968085	6170753
长安镇	19	19	146316	167078	13261648	12643426
寮步镇	26	26	114008	122051	4995959	6211546
大岭山镇	11	13	68081	80296	3303833	4303488
大朗镇	12	12	159667	193162	4817067	5923636
黄江镇	7	7	55670	68645	2094147	2690366
樟木头镇	11	11	42693	49477	2639613	3304718
清溪镇	15	15	67502	77794	2197966	2970275
塘厦镇	22	22	90100	112041	6622623	7405008
凤岗镇	12	13	74322	80864	2203815	4914097
谢岗镇	6	6	26141	27980	618705	1409160
常平镇	23	23	108310	127311	5200508	6453163
桥头镇	7	7	48892	57538	1345648	1850003
横沥镇	6	6	58882	65993	1718666	2210583
东坑镇	4	5	31885	37216	856298	1240514
企石镇	9	10	42489	45867	1077207	1526207
石排镇	8	8	45119	51236	1094458	1469379
茶山镇	13	13	47442	54002	1634324	2090370
松山湖	2	2	7818	9176	7193084	10287357

注：本表数据来源于市市场监管局。

15-25 镇街“三资”企业签约、实际利用外资及出口值(新口径)(2019年)

Contracts, Foreign Capital Actually Utilized and Export Value of Enterprises with Foreign Investment by Town (2019)

镇　街	签约宗数(宗)	协议（合同）规定外商投资总额(万元)	外　商实际投资总　额(万元)	出口值(万元)
莞城街道	14	19114	2999	188483
石 龙 镇	9	15602	51559	1210208
虎 门 镇	33	16352	6002	1450168
东城街道	54	35842	21377	1048924
万江街道	18	8733	1679	131976
南城街道	66	45498	26461	487951
中 堂 镇	3	11084	7046	154832
望牛墩镇	5	8194	7839	102900
麻 涌 镇	6	68729	139221	892674
石 碣 镇	9	60806	5859	2693632
高 埗 镇	12	6353	3979	814959
道 滘 镇	11	16084	4256	201827
洪 梅 镇	5	669	5642	237489
沙 田 镇	7	57950	11498	660314
厚 街 镇	63	34982	26934	5799780
长 安 镇	124	206731	79668	3071382
寮 步 镇	29	48905	19345	1977457
大岭山镇	13	-4521	13389	732068
大 朗 镇	28	41357	15206	791902
黄 江 镇	20	4964	17523	1420267
樟木头镇	8	7736	14064	448441
清 溪 镇	59	31356	25621	3023174
塘 厦 镇	59	69467	41804	2428545
凤 岗 镇	53	46016	49028	1169756
谢 岗 镇	6	33143	53967	489498
常 平 镇	55	65299	61298	2037995
桥 头 镇	31	42726	22361	1600515
横 沥 镇	23	25822	11813	806941
东 坑 镇	9	6609	4835	1477450
企 石 镇	12	4845	11480	485729
石 排 镇	23	13405	24036	582022
茶 山 镇	20	33343	17474	477556
松 山 湖	110	95320	33972	636132

15-26 镇街进出口总额（2018-2019年，海关口径）

Total Value of Exports and Imports by Town (2018-2019, Custom Statistics)

单位：万元

镇 街	2018年			2019年		
	进出口总额	进 口	出 口	进出口总额	进 口	出 口
莞城街道	1272351	440960	831391	1107979	379609	728371
石 龙 镇	1718711	483985	1234726	1696720	454379	1242341
虎 门 镇	3835199	1609071	2226128	4848064	1919544	2928520
东城街道	4847244	1101882	3745361	5073993	1074911	3999081
万江街道	563070	115934	447136	621113	132644	488469
南城街道	4286305	819212	3467094	4051482	857928	3193553
中 堂 镇	615359	356268	259091	541778	189945	351833
望牛墩镇	564632	105145	459486	418565	102354	316211
麻 涌 镇	2031093	1247892	783200	2003088	1090721	912368
石 碣 镇	4084907	1397005	2687902	4122993	1279774	2843219
高 埗 镇	2070192	474134	1596058	2237724	612824	1624901
道 滘 镇	654894	332960	321934	615132	247956	367176
洪 梅 镇	1410050	1117737	292313	949271	650807	298464
沙 田 镇	6845447	3275883	3569564	7112691	3406688	3706004
厚 街 镇	8127653	2470778	5656875	9056238	2562577	6493661
长 安 镇	25895662	15634364	10261298	28565809	15211133	13354676
寮 步 镇	5520600	2534112	2986488	4815972	1538841	3277131
大岭山镇	2872793	1228584	1644209	2414374	991995	1422379
大 朗 镇	2380495	762864	1617631	2246266	544071	1702194
黄 江 镇	3074945	1000937	2074008	2755478	877711	1877768
樟木头镇	989897	333530	656367	1194397	405505	788892
清 溪 镇	4935679	1444259	3491419	5518517	1680962	3837555
塘 厦 镇	4694073	1429997	3264077	4486157	1222441	3263716
凤 岗 镇	2130720	591472	1539249	2312037	516309	1795727
谢 岗 镇	643870	130627	513243	699886	112185	587700
常 平 镇	4139465	1375605	2763860	4436717	1771298	2665419
桥 头 镇	4338828	1690377	2648451	3572701	1227264	2345437
横 沥 镇	1518004	369138	1148866	1479760	349768	1129992
东 坑 镇	2509384	837684	1671701	2601541	808805	1792736
企 石 镇	712335	149218	563117	926381	142289	784092
石 排 镇	999468	183874	815595	1133122	175200	957923
茶 山 镇	1127527	324628	802899	1193993	313919	880074
松 山 湖	22776183	9260482	13515700	22553285	8873020	13680265

15-27 镇街实际利用外资（2018-2019年）

Foreign Capital Actually Utilized by Town (2018-2019)

单位：万元

镇　街	2018年	2019年	镇　街	2018年	2019年
莞城街道	5948	2999	寮 步 镇	12167	19345
石 龙 镇	1401	51559	大岭山镇	45609	13389
虎 门 镇	12447	6002	大 朗 镇	11950	15202
东城街道	32360	21377	黄 江 镇	19879	17523
万江街道	1870	1679	樟木头镇	8400	14064
南城街道	10594	26461	清 溪 镇	57352	25621
中 堂 镇	250	7046	塘 厦 镇	39670	41804
望牛墩镇	509	7839	凤 岗 镇	48112	49028
麻 涌 镇	68862	139221	谢 岗 镇	51726	53967
石 碣 镇	18545	5859	常 平 镇	55752	61298
高 埗 镇	3521	3979	桥 头 镇	18555	22361
道 滘 镇	5671	4256	横 沥 镇	21126	11813
洪 梅 镇	50856	5642	东 坑 镇	4300	4835
沙 田 镇	57116	52570	企 石 镇	4545	11480
厚 街 镇	7773	26934	石 排 镇	24477	24036
长 安 镇	77271	79668	茶 山 镇	11656	17474
松 山 湖	33838	33972			

15−28 镇街税收总额（2018−2019年）

Taxes by Town (2018-2019)

单位：万元

镇　街	2018年	2019年	镇　街	2018年	2019年
莞城街道	422676	458115	寮 步 镇	749276	835863
石 龙 镇	198433	196048	大岭山镇	517028	584862
虎 门 镇	994020	876643	大 朗 镇	541720	506353
东城街道	1304756	1353514	黄 江 镇	402443	419353
万江街道	256611	308539	樟木头镇	249782	271658
南城街道	1523940	1577545	清 溪 镇	529431	476418
中 堂 镇	245397	238686	塘 厦 镇	948247	968433
望牛墩镇	128938	123974	凤 岗 镇	598100	642013
麻 涌 镇	433304	350544	谢 岗 镇	164005	149159
石 碣 镇	414058	385269	常 平 镇	516561	544993
高 埗 镇	255036	260507	桥 头 镇	272779	271990
道 滘 镇	216244	234536	横 沥 镇	296535	252521
洪 梅 镇	158130	160050	东 坑 镇	255861	260451
沙 田 镇	341275	392830	企 石 镇	142220	145356
厚 街 镇	722194	736729	石 排 镇	196005	220315
长 安 镇	1545538	1462768	茶 山 镇	271255	267766
松 山 湖	1732223	1638079			

15-29 镇街财政收支情况（2018-2019年）

Government Revenue and Expenditure by Town (2018-2019)

单位：万元

镇街	地方财政收入		地方财政支出		地方财政总财力	
	2018年	2019年	2018年	2019年	2018年	2019年
莞城街道	97142	79146	137883	153123	220822	181640
石龙镇	57922	66192	97777	112870	114143	127095
虎门镇	470972	324854	643295	412435	647351	423606
东城街道	221141	207145	271120	357891	373204	405934
万江街道	96015	194403	173427	237409	277324	359828
南城街道	413156	556943	248573	512127	491774	845487
中堂镇	158985	263061	171676	261185	236810	375461
望牛墩镇	32494	100847	78716	150943	80796	151244
麻涌镇	279014	214702	317741	265645	318512	266509
石碣镇	93991	181782	112361	157743	128008	241633
高埗镇	147404	62059	105523	119381	223271	141977
道滘镇	141014	91836	167312	160500	210259	202909
洪梅镇	31893	47606	65632	74563	71122	83217
沙田镇	114021	190397	199598	251055	251301	300700
厚街镇	209791	272644	295125	333189	314924	399379
长安镇	284107	360863	366443	477234	388036	640040
寮步镇	240421	366002	196913	246850	283642	466420
大岭山镇	177569	137466	249249	233544	411867	345492
大朗镇	198719	187681	338394	223019	379196	225912
黄江镇	82461	226142	140055	193961	256518	396223
樟木头镇	179479	102557	145323	148186	208802	127485
清溪镇	237545	199140	201799	257736	348990	312462
塘厦镇	395409	304567	356952	402278	533035	542802
凤岗镇	275448	187546	239367	352750	476635	480385
谢岗镇	196729	219512	167414	213363	197403	222501
常平镇	217443	198103	342342	423325	378792	426701
桥头镇	89156	99009	106842	155900	123485	182172
横沥镇	222349	69802	176762	175015	282446	217390
东坑镇	103859	103736	123787	126627	147011	166073
企石镇	74583	84447	74476	88897	75915	90039
石排镇	356508	89697	252260	197239	579895	455691
茶山镇	276523	124060	190214	195306	416888	409329
松山湖	621607	655490	596692	638070	984099	1022889

15−30 镇街各项人民币存贷款余额（2018−2019年）

Balance of Deposits and Loans by Town (2018-2019)

单位：万元

镇　　街	年末各项存款余额		年末各项贷款余额	
	2018年	2019年	2018年	2019年
莞城街道	13531291	14786785	4692293	5506336
石 龙 镇	1873942	2166635	1231317	1527579
虎 门 镇	8079429	9149776	5357363	6548507
东城街道	15617078	18297999	10591452	13142269
万江街道	2290401	2597159	1618885	1831711
南城街道	28112062	29745580	17536422	19790498
中 堂 镇	1527680	1756110	857949	1041573
望牛墩镇	869316	1034875	486806	534827
麻 涌 镇	1366445	1631690	1198315	1271004
石 碣 镇	2035385	2447158	965285	1413532
高 埗 镇	1252463	1377346	652499	805089
道 滘 镇	1243004	1483713	831430	1048114
洪 梅 镇	512811	699337	340871	440043
沙 田 镇	1460392	1561793	1172549	1551613
厚 街 镇	5244378	5922666	4997541	5641666
长 安 镇	10220692	16119159	3103486	3997451
寮 步 镇	2781120	3177655	2115056	2386744
大岭山镇	2288796	2569087	1339483	1726438
大 朗 镇	3724901	4178971	2707062	3201856
黄 江 镇	2277614	2590427	1113847	1296882
樟木头镇	1703330	1888799	1181188	1405415
清 溪 镇	2348137	2692233	1063273	1415898
塘 厦 镇	4367699	5075131	3369509	4053293
凤 岗 镇	3015251	3275738	2855030	3360006
谢 岗 镇	987504	1131574	300093	444688
常 平 镇	3849390	4196368	2521028	3005962
桥 头 镇	1474380	1625282	1004459	1137936
横 沥 镇	1499234	1620480	937886	1092602
东 坑 镇	1002100	1166809	661545	868380
企 石 镇	1124035	1262683	607849	818460
石 排 镇	1676770	1837780	731680	883640
茶 山 镇	1705187	1866506	616964	809433
松 山 湖	3243394	3180867	1235595	1997850

注：本表数据来源于市人民银行。

15–31 镇街普通中学情况（2019年）

Basic Statistics on Regular Secondary Schools by Town (2019)

镇街	学校数（所）	毕业生数（人）	#普通高中	招生数（人）	#普通高中	在校学生数（人）	#普通高中	教职工数（人）	#专任教师
全市	246	96201	27135	128042	30221	349043	85561	34836	23001
莞城街道									
石龙镇	4	1304		1536		4347		343	298
虎门镇	13	3646	345	5524	374	14882	1073	1868	979
东城街道	16	4708	950	6053	757	16544	2526	1681	1060
万江街道	6	1813		2494		6643		656	426
南城街道	10	3492	406	4779	449	12916	1313	1721	884
中堂镇	7	1980	228	2583	227	7394	673	676	462
望牛墩镇	4	1133		1369		3888		432	268
麻涌镇	2	680		955		2582		336	195
石碣镇	10	2075		2615		7343		668	504
高埗镇	6	875		1388		3795		420	245
道滘镇	4	1644	409	1945	509	5461	1391	493	378
洪梅镇	1	258		302		874		117	67
沙田镇	5	1909	532	2533	453	7091	1453	650	459
厚街镇	12	2743		4152		11072		1242	681
长安镇	7	2465		3808		9711		931	619
寮步镇	8	2691		4462		11188		1051	749
大岭山镇	9	2047	280	2797	400	7341	1045	856	522
大朗镇	8	3256	473	4800	500	12662	1454	1162	755
黄江镇	5	1078		2253	123	4797	123	612	372
樟木头镇	3	1067		1358		3949		301	255
清溪镇	8	1955		3022		8025		858	525
塘厦镇	6	3141	455	4588	711	11891	1788	1217	703
凤岗镇	11	2506	303	3919	430	10055	1064	962	601
谢岗镇	3	720		883		2490		222	162
常平镇	12	2594		4155		10762		1007	665
桥头镇	5	2125	473	3045	652	8174	1570	851	544
横沥镇	7	1296		2119		5361		539	333
东坑镇	6	1244		1926		4986		595	312
企石镇	3	1004		1384		3758		314	256
石排镇	5	1063		1640		4495		371	272
茶山镇	8	3796	1469	6032	1743	15987	4850	1843	1066
松山湖	4	1264	461	1755	414	4654	1270	720	405
市直属	28	32629	20351	35868	22479	103925	63968	9121	6979

15–32 镇街小学情况（2019年）

Basic Statistics on Primary Schools by Town (2019)

镇街	学校数（所）	毕业生数（人）	招生数（人）	在校学生数（人）	教职工数（人）	
						#专任教师
全市	331	112400	160064	837399	45726	40157
莞城街道	10	2270	2977	15771	1046	940
石龙镇	6	1774	2183	12358	705	640
虎门镇	26	6738	10894	55802	2934	2570
东城街道	16	6489	9433	50792	2657	2403
万江街道	16	4084	5065	27267	1509	1225
南城街道	10	4700	7452	35604	2123	1893
中堂镇	9	2654	3555	18637	947	895
望牛墩镇	4	1052	1434	7597	488	394
麻涌镇	8	1053	2055	9806	684	527
石碣镇	6	3223	4301	23124	1200	1113
高埗镇	6	1740	2317	12908	710	609
道滘镇	7	1609	1915	11089	704	607
洪梅镇	3	325	422	2472	188	128
沙田镇	4	2162	2994	15874	748	696
厚街镇	15	5549	8379	42798	2169	2002
长安镇	22	6861	10594	54210	3081	2491
寮步镇	16	4944	7106	36866	2129	1740
大岭山镇	9	3174	4813	24880	1294	1210
大朗镇	18	5386	7904	40122	2156	1803
黄江镇	9	2575	4517	21399	1320	1163
樟木头镇	7	2233	3286	17157	866	776
清溪镇	8	3632	5134	26661	1432	1299
塘厦镇	13	5200	7914	40648	2118	1827
凤岗镇	15	4758	7439	37279	1888	1719
谢岗镇	3	1256	1397	7940	474	403
常平镇	19	5456	7812	40278	2125	1898
桥头镇	8	2552	3364	18121	996	886
横沥镇	6	2975	4247	22716	1104	1012
东坑镇	5	2495	2932	16805	881	789
企石镇	8	1835	2111	11639	709	592
石排镇	8	2403	3221	17432	888	811
茶山镇	5	3408	4043	22929	1120	1079
松山湖	4	1193	2304	10925	745	692
市直属	2	4642	4550	27493	1588	1325

15-33 镇街卫生事业机构、床位及人员数（2019年）

Number of Health Care Institutions, Beds and Personnel by Town (2019)

镇 街	机构数（个）	#医院	病床床位（张）	卫生工作人员（人）	#卫生技术人员	#执业（助理）医师	注册护士	药剂人员	检验人员
全 市	3055	110	33041	68014	57332	20818	27096	3144	1960
莞城街道	63	7	524	1331	1031	396	471	71	26
石 龙 镇	46	3	2195	3139	2806	1012	1400	165	94
虎 门 镇	257	8	2347	5120	4321	1603	2119	211	149
东城街道	265	13	5258	10271	8526	2894	4130	432	299
万江街道	98	6	3846	5985	5027	1735	2640	239	124
南城街道	181	12	1906	4802	3780	1437	1628	142	165
中 堂 镇	80	2	1119	1218	1076	348	541	66	30
望牛墩镇	42	1	200	434	380	121	166	34	11
麻 涌 镇	43	2	519	757	606	206	259	47	26
石 碣 镇	69	1	286	1001	875	328	405	56	23
高 埗 镇	61	2	305	752	621	243	286	36	19
道 滘 镇	61	1	230	705	603	209	256	57	20
洪 梅 镇	27	2	190	312	251	76	102	28	14
沙 田 镇	52	2	335	741	669	260	289	37	22
厚 街 镇	161	3	1115	2739	2400	923	1186	96	67
长 安 镇	158	7	1645	3537	3084	1266	1469	166	92
寮 步 镇	109	3	1090	2055	1678	612	779	95	55
大岭山镇	109	2	450	1485	1317	564	574	75	38
大 朗 镇	143	4	1044	2280	1961	735	929	95	59
黄 江 镇	81	3	700	1444	1230	436	574	77	52
樟木头镇	48	2	621	1342	1096	340	514	51	40
清 溪 镇	103	3	668	1773	1560	570	729	94	62
塘 厦 镇	126	4	1001	2628	2165	807	915	155	85
凤 岗 镇	89	3	1084	2052	1691	619	785	100	86
谢 岗 镇	39	1	230	591	510	187	232	29	15
常 平 镇	129	5	1319	2628	2236	819	1061	131	82
桥 头 镇	65	1	500	1142	1019	347	500	41	29
横 沥 镇	79	1	420	1252	1044	380	471	61	26
东 坑 镇	53	2	650	799	680	242	304	33	23
企 石 镇	48	1	448	944	792	238	385	66	21
石 排 镇	66	1	360	1039	896	329	417	59	27
茶 山 镇	68	2	436	1000	863	321	383	60	27
松 山 湖	36			716	538	215	197	39	52

15-34 镇街优抚和社会救济基本情况（2019年）

Basic Statistics on Special Care and Social Relief by Town (2019)

镇 街	敬老院个数（个）	敬老院供养人数（人）	最低生活保障户数（户）	最低生活保障人数（人）	最低生活保障费支出（万元）
全 市	31	1424	4047	7732	8348.80
莞城街道	1	53	212	369	418.05
石 龙 镇	1	104	130	242	311.03
虎 门 镇	1	41	149	280	371.80
东城街道	1	95	29	51	65.29
万江街道	1	43	221	428	539.43
南城街道			49	73	74.16
中 堂 镇	1	46	393	717	653.75
望牛墩镇	1	34	234	513	597.98
麻 涌 镇	1	16	419	708	736.06
石 碣 镇	1	30	40	71	66.56
高 埗 镇	1	33	114	255	255.89
道 滘 镇	1	32	265	506	556.76
洪 梅 镇	1	19	99	170	133.60
沙 田 镇	1	37	138	251	168.08
厚 街 镇	1	65	225	404	503.66
长 安 镇	1	20	4	6	6.57
寮 步 镇	1	28	138	242	233.44
大岭山镇	1	36	167	301	384.66
大 朗 镇	1	65	115	283	304.62
黄 江 镇	1	43	42	73	88.96
樟木头镇	1	148	35	56	73.27
清 溪 镇	1	41	81	159	159.26
塘 厦 镇	1	59	44	91	60.71
凤 岗 镇	1	44	7	17	18.86
谢 岗 镇	1	42	43	76	86.04
常 平 镇	1		68	115	166.37
桥 头 镇	1	30	64	130	139.39
横 沥 镇	1	36	110	264	256.98
东 坑 镇	1	40	62	109	138.00
企 石 镇	1	7	138	323	269.00
石 排 镇	1	33	131	270	334.22
茶 山 镇	1	104	81	179	176.33

15-35 镇街专利申请与授权数（2019年）

Basic Statistics on Patents Application Accepted and Granted by Town (2019)

单位：件

镇街	有专利申请企业数(家)	专利申请数	#发明	实用新型	外观设计	专利授权数	#发明	实用新型	外观设计
全市	10345	83217	20290	45116	17811	60419	8005	37930	14484
莞城街道	94	644	91	365	188	441	19	256	166
石龙镇	59	317	57	182	78	210	17	154	39
虎门镇	534	3763	359	2299	1105	2912	103	1953	856
东城街道	590	4630	851	2732	1047	3373	307	2153	913
万江街道	344	2190	353	1328	509	1723	68	1258	397
南城街道	365	2429	452	1506	471	1558	98	1081	379
中堂镇	111	771	87	557	127	536	18	396	122
望牛墩镇	73	455	86	313	56	291	29	218	44
麻涌镇	60	503	115	360	28	313	32	254	27
石碣镇	276	1752	245	1001	506	1526	64	1040	422
高埗镇	166	1102	165	735	202	647	31	463	153
道滘镇	178	1042	172	706	164	837	45	639	153
洪梅镇	41	341	53	213	75	297	14	201	82
沙田镇	151	1295	213	834	248	1008	40	727	241
厚街镇	430	3924	417	1762	1745	2937	72	1297	1568
长安镇	1055	15763	8964	5189	1610	10879	4581	5117	1181
寮步镇	499	3166	421	2001	744	2362	97	1592	673
大岭山镇	382	2555	404	1536	615	1961	55	1356	550
大朗镇	389	2607	397	1686	524	1932	104	1435	393
黄江镇	270	1869	219	1132	518	1534	59	1014	461
樟木头镇	166	1580	165	920	495	1096	41	645	410
清溪镇	367	2782	414	1747	621	2015	65	1519	431
塘厦镇	710	5009	618	3146	1245	4046	180	2917	949
凤岗镇	385	2666	247	1545	874	1994	36	1233	725
谢岗镇	96	619	74	420	125	456	12	337	107
常平镇	521	3294	353	1989	952	2310	62	1576	672
桥头镇	217	1362	140	883	339	947	24	639	284
横沥镇	363	2367	260	1646	461	1669	55	1254	360
东坑镇	167	1070	128	722	220	765	23	568	174
企石镇	164	1096	158	640	298	835	31	559	245
石排镇	280	1887	207	1083	597	1413	30	887	496
茶山镇	214	1499	204	930	365	1163	158	741	264
松山湖	585	6774	3194	2953	627	4391	1431	2433	527
其它	43	94	7	55	32	42	4	18	20

15-36 镇街总用电量和总售水量（2018-2019年）

Gross Comsumption of Electicity and Water by Town (2018-2019)

镇　街	总用电量（万千瓦时）		总售水量（万吨）	
	2018年	2019年	2018年	2019年
莞城街道			1781	1777
石 龙 镇	78579	81560	1904	1931
虎 门 镇	535023	558302	9670	8709
东城街道			9718	9745
万江街道			3979	3927
南城街道			5127	5087
中 堂 镇	160877	165010	2258	2392
望牛墩镇	66175	68435	1276	1297
麻 涌 镇	182836	192543	2914	3156
石 碣 镇	199914	206969	3520	3695
高 埗 镇	138699	144367	2633	2642
道 滘 镇	125497	122928	2171	2115
洪 梅 镇	59569	58470	914	1059
沙 田 镇	166848	198498	3668	3893
厚 街 镇	369743	384435	7490	7441
长 安 镇	725192	750288	10824	11404
寮 步 镇	310891	322356	5979	6085
大岭山镇	267259	282306	3629	3315
大 朗 镇	406590	419201	6189	6419
黄 江 镇	226940	237381	3888	3651
樟木头镇	110564	116178	2378	2393
清 溪 镇	325715	337611	5356	5079
塘 厦 镇	533239	545587	7840	8130
凤 岗 镇	346806	357720	5510	5498
谢 岗 镇	111371	117121	1771	1711
常 平 镇	339301	356279	7191	7419
桥 头 镇	222130	233342	3288	3276
横 沥 镇	195901	210742	4027	4005
东 坑 镇	122940	130330	2128	2200
企 石 镇	130749	140874	2442	2444
石 排 镇	198819	217266	2675	2455
茶 山 镇	179882	187419	3635	3592
松 山 湖	200892	271643	2715	3026

注：1.总售水量数据来源于市水务局。
　　2.根据市供电局反映，四个街道为统一供电，无法划分。

东莞统计

十六、村(居)委会主要指标

Main Indicators of Villagers'（Neighborhood）Committees

16 村（居）委会主要指标（2019年）

Main Indicators of Villagers' (Neighborhood) Committees (2019)

村（居）委会	土地面积（平方公里）	户籍人口（人）	全部企业及个体户数（个）	#工业企业	资产总额（万元）	负债总额（万元）	资产负债率（%）	村组两级经营纯收入（万元）
莞　城								
东正社区	1.7	22349	1445	19	438	14	3.2	
市桥社区	0.9	34152	1275	1	347	29	8.4	
北隅社区	1.0	28389	2256	3	729	96	13.2	
西隅社区	0.6	15172	331	5	525	199	37.9	
罗沙社区	1.8	19811	4902	36	498	168	33.7	
博厦社区	1.0	11641	591	13	213	22	10.3	
兴塘社区	2.6	19653	7182	20	177	18	10.2	
创业社区	1.5	33187	4127	25	291	20	6.9	
罗沙联合社					25935	1375	5.3	11503
博厦联合社					8192	1590	19.4	2117
细村联合社					22438	2341	10.4	3855
石　龙								
中山东社区	0.5	27966	1518	10	959	421	43.9	
中山西社区	0.5	21051	829	16	992	336	33.9	
兴龙社区		23730	2231	32	3604	1006	27.9	
忠维村	0.8	1063	447	5	7885	921	11.7	1000
林屋村	0.7	696	576		4280	985	23.0	997
新维村	0.6	614	803	62	19829	1757	8.9	2346
蒲溪村	0.7	651	21		4847	1420	29.3	844
西湖村	3.5	3128	3564	230	96035	11420	11.9	7708
王屋洲村	3.2	1779	1315	18	22047	2246	10.2	1384
黄家山村	2.5	2073	811	79	33718	6506	19.3	764
虎　门								
东方社区	0.8	9216	532	2	988	392	39.7	25
则徐社区	1.2	15964	1489	35	1440	600	41.7	99
虎门寨社区	2.0	7978	6120	23	28483	2648	9.3	7564
树田社区	4.0	1584	1058	502	12624	2676	21.2	2137
怀德社区	13.8	7032	2532	228	76390	8621	11.3	15021
居岐社区	1.6	1415	388	47	23649	3871	16.4	2057
村头社区	1.3	870	285	85	14576	2345	16.1	2416
陈村社区	1.3	862	75	40	7664	1866	24.3	673
黄村社区	0.9	612	135	123	4093	691	16.9	775
大宁社区	5.4	3232	2478	286	195213	9083	4.7	16989
北栅社区	5.9	5091	2366	412	38116	3622	9.5	9559
龙眼社区	3.0	3236	1681	620	121110	13225	10.9	16095
赤岗社区	7.6	4592	1680	248	43684	5206	11.9	3504
博涌社区	5.9	7977	3856	232	205533	34830	17.0	12614
新联社区	4.0	1334	553	140	26972	8951	33.2	1893

注：村（居）委会主要指标为镇、村自报数据。

16 续表 1

(2019年)

村（居）委会	土地面积（平方公里）	户籍人口（人）	全部企业及个体户数（个）	#工业企业	资产总额（万元）	负债总额（万元）	资产负债率（%）	村组两级经营纯收入（万元）
白沙社区	7.8	7826	1386	363	122525	77743	63.5	8852
镇口社区	1.8	3316	2183	530	28246	2453	8.7	3695
金洲社区	4.8	6480	2600	75	110895	20915	18.9	7275
小捷滘社区	2.0	1066	481	173	17996	2939	16.3	2687
南栅社区	8.2	5908	4208	690	117567	20031	17.0	18075
东风社区	2.8	1931	512	81	15543	5315	34.2	2085
宴岗社区	1.3	1240	480	45	8823	1485	16.8	1524
路东社区	5.6	3705	991	236	81323	7583	9.3	13182
沙角社区	11.2	6456	1744	1012	50322	9178	18.2	11742
九门寨社区	2.6	1614	287	35	13532	3371	24.9	1550
南面社区	7.3	3115	260	30	103377	84066	81.3	1893
北面社区	5.5	2868	150	81	47633	39924	83.8	1146
武山沙社区	2.9	2585	185	60	31380	26268	83.7	1179
新湾社区	1.0	10279	201	24	9910	1809	18.3	1350
民泰社区								
东　城								
岗贝社区	1.7	23522	7952	91	1702	291	17.1	95
花园新村社区	0.9	3823	660		1308	334	25.5	
东泰社区	4.2	26192	2395		1153	457	39.6	
温塘社区	11.6	10702	4939	1039	28899	1412	4.9	19785
桑园社区	4.0	4082	1865	260	14176	1655	11.7	6669
周屋社区	2.8	2600	820	341	7771	468	6.0	3209
余屋社区	1.8	1833	657	180	8109	941	11.6	2758
鳌峙塘社区	2.0	1169	267	140	5541	1471	26.6	1083
峡口社区	1.6	1308	565	166	7648	456	6.0	2551
柏洲边社区	1.0	1208	511	102	8271	874	10.6	3085
上桥社区	1.0	1561	611	88	4094	178	4.4	2118
下桥社区	2.0	2902	3015	113	12018	1252	10.4	6866
樟村社区	3.0	3905	1156	90	22064	3594	16.3	5106
梨川社区	1.0	1833	480	99	8127	639	7.9	4138
堑头社区	1.5	4226	1857	122	16196	4772	29.5	4567
主山社区	6.6	7572	9986	395	40803	792	1.9	17081
石井社区	6.7	2389	2430	135	12254	1141	9.3	7419
同沙社区	4.5	2873	1011	195	22136	1475	6.7	5818
光明社区	1.9	1584	1216	118	10927	354	3.2	2202
牛山社区	11.0	5980	3241	340	15558	1955	12.6	6207
立新社区	2.5	3722	1190	122	7050	1635	23.2	7323
火炼树社区	1.2	2798	1781	66	8179	1501	18.4	3800
星城社区	3.0	30772	1160		1051	204	19.4	
万　江								
万江墟社区	1.0	6923	933	23	3790	1042	27.5	335
万江社区	2.6	4532	1836	209	17584	3507	19.9	3350
石美社区	2.5	4556	303	199	19425	2544	13.1	4190
莫屋社区	1.0	1616	167	132	5732	1626	28.4	1448

16 续表 2

(2019年)

村（居）委会	土地面积（平方公里）	户籍人口（人）	全部企业及个体户数（个）	#工业企业	资产总额（万元）	负债总额（万元）	资产负债率（%）	村组两级经营纯收入（万元）
拔蛟窝社区	1.3	2367	526	130	20536	1468	7.2	1205
黄粘洲社区	0.5	853	64	60	3671	1148	31.3	444
蚬涌社区	2.0	2317	420	311	4069	1292	31.8	2249
谷涌社区	2.0	3480	210	93	25444	2761	10.9	3466
小享社区	3.8	5488	632	190	22582	2216	9.8	2218
滘联社区	2.7	3672	687	206	11508	7122	61.9	618
金泰社区	1.4	2321	296	102	5533	1084	19.6	1986
曲海社区	1.2	1735	192	11	25171	369	1.5	451
牌楼基社区	1.6	1746	302	85	20183	777	3.9	1449
大莲塘社区	0.8	1090	95	38	13714	821	6.0	1353
水蛇涌社区	1.5	2493	720	181	15506	2001	12.9	1031
共联社区	1.3	2260	172	120	7504	773	10.3	2168
新谷涌社区	1.4	2950	196	63	20275	1704	8.4	1875
坝头社区	1.4	1700	35	25	31673	16331	51.6	2865
胜利社区	0.9	1047	207	18	5910	2683	45.4	1461
官桥滘社区	1.4	1910	160	84	14222	3513	24.7	1590
简沙洲社区	1.6	1838	510	428	3090	2025	65.5	1284
新和社区	3.7	3008	435	358	14588	1560	10.7	3912
上甲社区	1.4	2591	330	230	10466	3415	32.6	326
严屋社区	1.0	1211	79	70	5651	920	16.3	722
大汾社区	2.6	3692	240	146	20156	2665	13.2	2432
新村社区	5.8	8664	485	279	18275	3267	17.9	2432
流涌尾社区	2.5	2556	160	140	5456	1302	23.9	1256
新城社区		26477	1644	55	422	257	60.9	
坝新社区		3420	496	8	143	87	60.8	
南　　城								
鸿福社区		48778	6430	42				
元美社区	0.4	2840	1411		10822	2496	23.1	853
胜和社区	4.4	7283	6869	27	36863	2765	7.5	12528
亨美社区	0.5	2388	533	22	31309	3635	11.6	4097
三元里社区	0.2	1234	85	3	32117	2495	7.8	2871
篁村社区	0.8	3267	501	10	29334	2930	10.0	2662
新基社区	2.0	3167	2579	10	102680	1947	1.9	6086
周溪社区	4.9	4403	450	12	60474	4185	6.9	8009
袁屋边社区	2.1	2352	1485	45	125645	1541	1.2	7298
白马社区	4.2	3700	3216	38	43022	2550	5.9	4833
石鼓社区	2.6	2004	1142	18	38050	3635	9.6	4495
蛤地社区	8.0	3143	468	89	29002	4084	14.1	4327
西平社区	3.9	3682	2152	2	41085	13312	32.4	4654
水濂社区	6.4	2299	156	32	21454	9626	44.9	2041
雅园社区	1.8	1467	806	44	33949	1544	4.55	1712
新城社区	2.2	5699	3070					
宏远社区	1.2	20657	1535	3				
宏图社区		22401	875					

16 续表 3

(2019年)

村（居）委会	土地面积（平方公里）	户籍人口（人）	全部企业及个体户数（个）	#工业企业	资产总额（万元）	负债总额（万元）	资产负债率（%）	村组两级经营纯收入（万元）
中　　堂								
中心社区	0.7	12282	2909	113	1178	1206	102.4	-173
斗朗社区	2.5	2901	1757	243	9315	1543	16.6	1612
红锋社区	0.1	827	77	30	2345	939	40.0	246
东泊社区	2.9	4111	1678	454	20100	2922	14.5	1888
江南社区	2.1	2808	3493	1420	14838	834	5.6	1650
潢 涌 村	9.3	11047	1739	290	693179	15142	2.2	58646
三 涌 村	4.0	4227	1046	276	12249	4158	33.9	1717
湛 翠 村	1.8	2629	362	129	6641	2414	36.3	456
袁家涌村	4.0	6093	897	290	12345	3446	27.9	1136
吴家涌村	3.4	2975	672	183	12518	2055	16.4	2772
凤 冲 村	1.3	1748	202	79	5180	1528	29.5	557
鹤 田 村	2.2	2425	993	326	3823	1394	36.5	791
中 堂 村	1.1	2189	202	61	5109	1355	26.5	1269
一 村 村	0.7	2095	805	52	11818	2441	20.7	1743
东 向 村	2.4	3550	812	255	5586	780	14.0	1071
蕉 利 村	4.6	5458	1288	404	6794	1711	25.2	2104
槎 滘 村	9.4	11385	1515	428	40795	4683	11.5	3396
下 芦 村	1.3	1326	148	53	5985	1556	26.0	459
马 沥 村	1.9	2120	139	42	13296	1136	8.5	1606
四 乡 村	4.2	3553	161	34	7621	1975	25.9	787
望 牛 墩								
望牛墩社区		6524			11			
李 屋 村	0.6	723	139	59	7164	2377	33.2	491
望 东 村	1.4	2227	210	17	4641	1514	32.6	518
扶 涌 村	0.6	1012	94	19	5340	1093	20.5	404
赤 滘 村	1.9	3332	55	37	23963	2016	8.4	939
五 涌 村	1.4	1619	75	65	4763	1072	22.5	388
下 漕 村	3.5	4924	135	39	9580	3772	39.4	707
上 合 村	1.9	3240	323	61	7047	2172	30.8	306
聚龙江村	0.7	1272	202	41	7878	869	11.0	691
望 联 村	2.8	5437	494	18	9925	1322	13.3	1056
洲 湾 村	1.6	2069	56	45	5575	2498	44.8	276
洲 涡 村	1.9	2842	40	22	10551	1411	13.4	553
寮 厦 村	1.4	1526	46	22	5238	1877	35.8	441
官桥涌村	0.7	1034	19	10	4061	651	16.0	588
芙蓉沙村	0.8	1103	50	20	6242	1667	26.7	434
杜 屋 村	1.8	2650	84	40	9846	2285	23.2	475
横 沥 村	1.8	2408	67	22	7052	2150	30.5	270
福 安 村	0.6	1178	40	7	5149	942	18.3	361
官 洲 村	1.0	1106	28	20	4518	1391	30.8	365
石 排 村	0.4	685	13	7	2550	1060	41.6	259
朱平沙村	2.7	3642	131	22	18716	2447	13.1	1046
锦 涡 村	2.2	1653	57	8	10614	1849	17.42	604

16　续表 4

(2019年)

村（居）委会	土地面积(平方公里)	户籍人口(人)	全部企业及个体户数(个)	#工业企业	资产总额(万元)	负债总额(万元)	资产负债率(%)	村组两级经营纯收入(万元)
麻　　涌								
麻涌社区		10292						
麻二社区	6.8	3964	360	32	16634	7034	42.3	1231
麻一村	4.0	4685	604	45	24027	3171	13.2	1534
麻三村	3.6	4353	3260	242	29247	3854	13.2	2496
麻四村	4.5	5492	503	59	25768	2974	11.5	5699
大步村	10.7	8259	1960	94	121760	8189	6.7	5035
东太村	4.8	4984	1119	37	31344	1970	6.3	4176
新基村	4.4	6336	879	56	19323	1922	10.0	1264
川槎村	2.9	4420	530	98	658	567	86.2	1427
鸥涌村	2.8	4384	567	36	1627	449	27.6	1604
黎滘村	1.3	1520	224	40	4006	886	22.1	733
华阳村	5.5	5927	730	34	57850	5995	10.4	3290
南洲村	3.3	3194	440	53	9223	1162	12.6	655
大盛村	6.9	3417	1460	70	43549	7110	16.3	1548
漳澎村	25.7	14458	1065	100	106202	64149	60.4	2958
石　　碣								
城中社区		18785	3723	140	7323	6797	92.8	465
唐洪村	1.0	1898	870	35	15964	4151	26.0	2167
水南村	2.8	3913	1870	385	21445	4190	19.5	7580
石碣村	4.6	6067	2165	427	13668	1365	10.0	9809
刘屋村	4.9	5130	851	467	8855	1936	21.9	4360
横滘村	1.6	2192	1549	259	13883	2810	20.2	4125
鹤田厦村	2.5	2086	640	86	10870	1800	16.6	2036
四甲村	4.0	5109	1967	415	20970	2140	10.2	7517
沙腰村	4.0	3926	630	165	20172	1341	6.7	2405
梁家村	2.0	2699	431	90	21097	1704	8.1	1582
桔洲村	1.2	1599	462	172	48712	2223	4.6	5063
单屋村	2.3	1420	253	165	17697	2165	12.2	1419
涌口村	1.6	1920	468	195	14887	2498	16.8	2031
西南村	2.6	2167	1141	237	67313	4850	7.2	7863
黄泗围村	1.2	753	482	124	14949	1208	8.1	1847
高　　埗								
新创社区		5295	727	20	137	11	8.0	
冼沙村	7.2	8232	2760	838	11055	9230	83.5	4030
卢溪村	1.6	1875	300	86	5442	729	13.4	604
宝莲村	0.9	1099	105	91	2838	499	17.6	174
塘厦村	2.7	2105	348	30	3444	1128	32.8	1449
草墩村	0.8	873	44	29	3938	569	14.5	643
护安围村	1.5	1215	134	69	6955	921	13.2	662

16 续表 5

(2019年)

村（居）委会	土地面积（平方公里）	户籍人口（人）	全部企业及个体户数（个）	#工业企业	资产总额（万元）	负债总额（万元）	资产负债率（%）	村组两级经营纯收入（万元）
保安围村	2.8	2589	247	128	16729	14968	89.5	1683
三联村	1.1	1418	68	17	4678	1695	36.2	572
横滘头村	0.9	1197	90	62	4635	531	11.5	599
低涌村	2.4	3120	457	135	8564	3936	46.0	2042
朱磡村	1.0	1641	56	41	2753	543	19.7	497
欧邓村	0.7	991	95	42	2706	1376	50.9	357
芦村村	1.4	1857	79	35	5604	776	13.8	349
高埗村	3.4	3636	1325	162	6246	1131	18.1	3739
凌屋村	1.4	1350	298	35	4816	1619	33.6	809
上江城村	2.5	2455	75	18	10909	4878	44.7	1418
下江城村	1.5	1684	327	97	6897	2714	39.4	2357
新联村	0.9	1818	285	24	1540	1025	66.6	1390
道滘								
兴隆社区		16804			758	656	86.5	185
南城村	5.8	4621	713	75	15721	1359	8.6	2893
闸口村	4.5	3032	530	8	24878	7303	29.4	1965
北永村	4.8	4010	490	177	10316	3859	37.4	1905
永庆村	2.3	1776	183	83	13709	666	4.9	1324
厚德村	3.4	2706	240	34	24390	727	3.0	935
蔡白村	6.5	5202	1023	235	23664	5607	23.7	1124
南丫村	6.1	4532	1280	136	9973	2157	21.6	3810
九曲村	4.0	3384	185	50	17249	3443	20.0	855
大罗沙村	3.8	3238	141	73	10691	1567	14.7	785
小河村	4.8	6120	205	85	7872	2334	29.7	1976
昌平村	3.0	3842	277	45	5239	1362	26.0	1422
大岭丫村	3.5	4037	465	168	18460	3052	16.5	2946
大鱼沙村	1.8	1845	162	31	7765	705	9.1	702
洪梅								
洪梅社区	1.4	2099	790	4				135
洪屋涡村	14.1	7744	524	54	40405	6936	17.2	3462
新庄村	1.7	967	112	43	6023	1357	22.5	575
梅沙村	4.7	4631	280	56	37662	4907	13.0	545
金鳌沙村	1.7	1424	95	13	12622	6216	49.3	2098
乌沙村	3.9	2419	73	33	14314	1862	13.0	564
尧均村	1.0	668	147	49	7642	3163	41.4	836
夏汇村	0.9	843	44	7	4252	1320	31.0	321
氹涌村	2.1	2351	136	15	12431	2897	23.3	428
黎洲角村	1.6	3023	509	15	16881	2053	12.2	752
沙田								
横流社区	0.5	3976	2662	163	6787	309	4.6	709
滨港社区		8542						

16 续表 6

（2019年）

村（居）委会	土地面积（平方公里）	户籍人口（人）	全部企业及个体户数（个）	#工业企业	资产总额（万元）	负债总额（万元）	资产负债率（%）	村组两级经营纯收入（万元）
中围村	2.7	1993	44	6	24760	2400	9.7	2063
和安村	3.5	3542	35	9	18780	4816	25.6	2327
大流村	2.2	2285	67	6	15697	3822	24.4	1688
泥洲村	5.4	4265	55	5	19667	8138	41.4	1521
杨公洲村	3.2	2173	1281	386	18539	10885	58.7	1632
阁西村	2.4	2487	1725	185	40637	11560	28.5	2529
民田村	3.4	2944	1723	356	14247	3344	23.5	1595
大泥村	2.6	2087	2005	802	10671	751	7.0	1146
福禄沙村	2.7	2191	503	97	8877	2092	23.6	1844
西大坦村	1.6	2354	124	13	11311	3675	32.5	756
穗丰年村	4.0	3081	774	215	31486	4338	13.8	1937
齐沙村	2.3	2230	1052	279	15853	2249	14.2	2111
稔洲村	3.2	2755	2536	832	26923	16982	63.1	1841
义沙村	3.5	2111	704	221	11352	2107	18.6	717
西太隆村	3.7	2267	1307	519	8983	2359	26.3	1660
先锋村	0.3	2165	123	22	9480	1829	19.3	613
厚街								
竹溪社区		11196	186	7	4625	568	12.3	190
厚街社区	5.7	9654	7231	1864	39932	13691	34.3	4066
珊美社区	2.0	2730	6415	306	11651	2500	21.5	3506
寮厦社区	3.4	2850	4220	447	37547	2282	6.1	5425
河田社区	10.1	6860	5842	923	62996	10857	17.2	6970
汀山社区	4.7	2159	2839	776	38305	1132	3.0	2022
环冈社区	5.0	2327	1217	224	18336	678	3.7	1786
三屯社区	3.5	3074	3264	690	102014	4710	4.6	10616
宝屯社区	3.1	2856	3920	843	17934	5383	30.0	5779
陈屋社区	2.5	1793	2530	485	38660	1895	4.9	4729
赤岭社区	6.2	4133	4408	955	85337	14796	17.3	9177
桥头社区	11.7	8681	4662	1039	45756	8697	19.0	5916
南五社区	1.2	1764	1769	373	17188	3599	20.9	1490
溪头社区	4.5	4285	2054	469	54729	3532	6.5	7068
沙塘社区	1.4	2257	652	191	17351	1214	7.0	2807
宝塘社区	1.7	1711	1075	290	23203	1218	5.3	4143
下汴社区	6.0	1917	1395	426	27206	518	1.9	1841
白濠社区	5.5	5890	3117	1098	56310	5228	9.3	8131
新塘社区	4.4	6265	3783	674	47420	11382	24.0	6570
双岗社区	4.5	7308	2331	651	28490	5498	19.3	3367
涌口社区	3.7	5833	2334	599	59110	2597	4.4	5150
大迳社区	13.2	3949	550	150	16148	3916	24.3	1316
新围社区	17.6	4936	737	228	22599	2985	13.2	1199
湖景社区		23311						
长安								
长盛社区	0.9	39374	4209	4	8911	1812	20.3	

16 续表 7

(2019年)

村（居）委会	土地面积（平方公里）	户籍人口（人）	全部企业及个体户数（个）	#工业企业	资产总额（万元）	负债总额（万元）	资产负债率（%）	村组两级经营纯收入（万元）
涌头社区	3.9	1911	2123	203	34908	12651	36.2	9980
霄边社区	8.1	3776	5517	110	161915	16286	10.1	12660
咸西社区	4.0	1515	1615	163	71415	13745	19.3	5673
锦厦社区	8.1	4955	8236	825	249997	29402	11.8	33861
新安社区	10.4	3901	3426	358	72461	9612	13.3	15307
乌沙社区	9.2	4430	9211	820	65727	11444	17.4	42951
新民社区	2.6	1135	1251	186	46949	11671	24.9	5524
沙头社区	11.1	6909	5231	276	110101	18905	17.2	18804
上沙社区	5.8	3168	3361	299	68284	4120	6.0	13132
厦岗社区	7.8	3560	3025	618	67772	9954	14.7	9937
厦边社区	5.0	2811	2915	725	28489	6412	22.5	8741
上角社区	3.3	1508	1316	230	59857	8217	13.7	12015
寮　步								
寮步社区	1.7	7906	2314	83	7662	1156	15.1	569
塘边社区	0.7	1856	1301	333	4891	5540	113.3	3073
岭厦社区	0.9	1124	1088	277	20822	963	4.6	2967
新旧围社区	1.4	1106	1005	122	8774	676	7.7	1152
横坑社区	5.9	5513	6707	660	117880	10833	9.2	9273
牛杨社区	1.2	1842	1008	108	33941	12416	36.6	2194
泉塘社区	2.3	1744	1927	343	10724	3115	29.0	2713
坑口社区	1.6	1384	2239	322	9979	1093	11.0	2033
缪边社区	1.5	1395	946	138	16388	5702	34.8	1601
良平社区		35877	1361	30				
西溪村	4.5	5098	3377	727	21704	9485	43.7	3622
凫山村	4.0	6888	4190	652	14629	1676	11.5	7454
石步村	2.3	5077	1912	282	23078	2352	10.2	3760
良边村	2.7	3468	2293	368	6819	1220	17.9	3297
富竹山村	3.5	2335	2076	159	15002	1993	13.3	3618
塘唇村	3.4	2632	1182	218	24099	1860	7.7	4545
向西村	2.9	2845	1637	686	11788	5659	48.0	1446
下岭贝村	1.8	1762	2510	149	16613	2048	12.3	3294
霞边村	1.3	1021	1300	50	10277	812	7.9	1017
竹园村	1.5	987	930	190	8130	2819	34.7	562
上屯村	4.5	3733	2037	394	22587	3980	17.6	3840
石龙坑村	1.9	3961	2766	379	14671	1277	8.7	3982
浮竹山村	3.4	1782	207	45	14798	1982	13.4	2453
上底村	2.0	1654	457	94	6472	3466	53.6	645
刘屋巷村	1.6	659	461	92	6339	1083	17.1	560
药勒村	2.4	1368	748	166	24849	1303	5.2	1652
陈家埔村	1.6	1076	749	104	11742	3193	27.2	1431

16 续表 8

(2019年)

村（居）委会	土地面积（平方公里）	户籍人口（人）	全部企业及个体户数（个）	#工业企业	资产总额（万元）	负债总额（万元）	资产负债率（%）	村组两级经营纯收入（万元）
小坑村	1.5	932	448	35	10447	1427	13.7	988
长坑村	1.5	1091	466	36	11132	892	8.0	941
井巷村	1.1	1055	457	28	9039	1597	17.7	1107
大岭山								
大岭山社区	2.4	15984	2935	94	2114	1028	48.6	459
农场社区	2.0	885	820	16	18392	4032	21.9	4898
马蹄岗村	1.8	2459	255	119	12928	3292	25.5	2694
大塘朗村	2.4	1820	535	65	9235	3488	37.8	1627
新塘村	1.7	2577	290	86	27015	2485	9.2	4550
元岭村	0.3	1215	132	3	17072	1388	8.1	883
金桔村	4.7	4202	533	65	26110	2100	8.0	3096
鸡翅岭村	3.7	1530	202	25	15651	604	3.9	1508
大沙村	4.5	2203	276	158	11039	1579	14.3	2868
旧飞鹅村	3.5	558	33	20	6926	323	4.7	1125
连平村	8.0	3587	352	132	10336	1382	13.4	5654
梅林村	1.1	617	142	69	4591	823	17.9	1721
下高田村	0.3	519	51	24	4890	1121	22.9	451
大环村	4.1	717	123	83	9957	1220	12.3	727
太公岭村	2.3	1959	260	74	6151	910	14.8	2025
百花洞村	4.6	1499	312	63	14927	3478	23.3	1784
大片美村	3.4	1142	520	22	7536	447	5.9	1382
矮岭冚村	5.8	4494	2355	565	18565	1906	10.3	7610
大岭村	7.5	2698	985	195	8186	1015	12.4	1492
水朗村	5.1	1692	155	102	58135	4156	7.2	3446
大塘村	8.2	3743	887	566	17050	1726	10.1	2548
杨屋村	12.7	5739	963	403	24780	1460	5.9	5601
颜屋村	2.3	913	530	225	7785	1260	16.2	1772
大朗								
大朗社区	0.3	9637	3671	581	4578	1419	31.0	513
竹山社区	1.3	1837	1132	102	14483	796	5.5	708
巷头社区	3.5	5153	7332	491	240383	52105	21.7	12610
巷尾社区	1.6	2225	3039	201	84125	39330	46.8	4594
求富路社区	1.7	1656	1244	97	49197	3326	6.8	4542
长塘社区	3.7	5562	3010	230	125350	11791	9.4	9550
大井头社区	4.1	6484	3277	423	141348	68350	48.4	8189
圣堂社区	0.9	1899	1848	52	48147	18483	38.4	1996
黄草朗社区	1.5	2847	1418	326	29214	13071	44.7	1805
佛新社区	0.6	1006	312	77	26647	7453	28.0	1149
屏山社区	2.2	626	202	52	12890	907	7.0	296
长富社区	1.5	13807	567	23				
高英村	1.6	2031	842	173	27450	9954	36.3	980

16 续表 9

(2019年)

村（居）委会	土地面积(平方公里)	户籍人口(人)	全部企业及个体户数(个)	#工业企业	资产总额(万元)	负债总额(万元)	资产负债率(%)	村组两级经营纯收入(万元)
蔡边村	6.7	4779	2691	1123	47489	7891	16.6	2971
水口村	3.4	3289	1608	339	50311	24074	47.9	2533
洋乌村	2.1	1905	1039	267	20699	3586	17.3	2090
洋坑塘村	1.1	1277	851	180	14556	2054	14.1	1407
松柏朗村	2.7	5107	1341	141	48466	2441	5.0	1422
黎贝岭村	1.9	2617	1997	203	30805	4625	15.0	1084
佛子凹村	1.1	2841	1205	55	13602	2887	21.2	1971
松木山村	2.9	3032	1295	280	36807	8036	21.8	3104
犀牛陂村	8.0	3933	1928	451	21450	3460	16.1	4153
水平村	8.0	2251	1868	262	25163	3430	13.6	1379
宝陂村	0.5	808	98	20	19833	6118	30.9	787
石厦村	8.0	3395	1315	276	24265	4332	17.9	1998
杨涌村	1.5	1539	893	152	13910	4220	30.3	2392
沙步村	3.1	2536	1384	247	22757	3505	15.4	1398
新马莲村	6.6	1762	1209	247	4934	1690	34.3	1339
黄江								
新市社区	1.6	19084	3623	49	2034	475	23.4	277
三新社区	16.2	3406	1734	315	31794	3576	11.2	2586
田美社区	12.2	5258	7412	1660	48192	5678	11.8	7783
北岸社区	5.9	1859	1741	327	15923	1570	9.9	2864
长龙社区	18.0	2896	1816	292	13869	2012	14.5	2075
梅塘社区	25.6	5925	4079	1491	60290	11358	18.8	6489
宝山社区	4.1	3301	4740	696	45638	5824	12.8	5678
樟木头								
圩镇社区	4.3	27624	2754	347	19260	9115	47.3	1698
樟罗社区	6.8	4023	3086	133	25963	1973	7.6	4056
百果洞社区	2.4	1064	1315	33	11206	1300	11.6	1346
樟洋社区	13.6	2802	1957	68	24522	5415	22.1	2841
石新社区	7.3	2663	1567	627	42966	12585	29.3	6437
柏地社区	6.6	1593	953	63	13722	6755	49.2	1618
官仓社区	3.2	1243	302	35	7240	2114	29.2	704
裕丰社区	10.0	2343	756	391	11007	3340	30.3	1225
金河社区	14.0	1984	898	251	11309	2679	23.7	1265
樟新社区								
清溪								
清溪社区	6.1	20542	4207	211	5603	1122	20.0	2346
罗马村	8.8	2033	1058	348	5734	3598	62.8	2540
长山头村	4.9	1331	465	152	21008	6408	30.5	2474
荔横村	3.3	1664	1117	332	7027	2710	38.6	4321
浮岗村	3.2	2074	1719	267	12877	2725	21.2	2945
松岗村	3.8	1335	673	285	2533	799	31.5	1484
上元村	2.8	1041	485	136	5913	1368	23.1	1658

16 续表 10

(2019年)

村（居）委会	土地面积（平方公里）	户籍人口（人）	全部企业及个体户数（个）	#工业企业	资产总额（万元）	负债总额（万元）	资产负债率（%）	村组两级经营纯收入（万元）
重河村	7.7	2911	867	262	12313	785	6.4	5809
清厦村	2.6	1765	2186	325	6427	1395	21.7	4965
铁松村	5.2	2766	1350	335	10860	2039	18.8	3392
铁场村	7.6	921	52	4	9382	4058	43.3	899
九乡村	7.5	1813	708	305	9266	4643	50.1	2447
大埔村	3.0	788	294	75	4751	2177	45.8	877
大利村	9.0	2888	2656	857	18818	3982	21.2	6521
渔樑围村	2.3	1285	867	197	12915	1732	13.4	4737
三星村	2.2	1136	884	259	2229	542	24.3	1663
厦垠村	1.9	959	815	308	6637	5429	81.8	1673
土桥村	2.1	672	635	214	13958	4331	31.0	3307
谢坑村	3.2	839	1044	395	13868	3738	27.0	1873
三中村	8.2	1924	2601	580	17001	5655	33.3	4217
青皇村	6.5	1235	473	189	5162	1167	22.6	2052
塘厦								
塘厦社区	6.7	3578	5185	52	10143	2069	20.4	1336
林村社区	21.0	6651	2242	271	155987	28346	18.2	22356
莲湖社区	9.0	2492	780	178	21935	4328	19.7	5577
石潭埔社区	6.8	1887	1802	120	54162	3826	7.1	4876
横塘社区	3.7	1291	280	180	23732	2021	8.5	2031
莆心湖社区	6.8	2426	321	185	47170	3129	6.6	5405
诸佛岭社区	2.9	1311	5166	192	36433	3836	10.5	5510
振兴围社区	2.4	1113	450	70	22521	1396	6.2	1824
四村社区	5.5	1335	2284	89	36364	9606	26.4	3836
蛟乙塘社区	4.9	1610	322	220	340094	3920	1.2	3679
大坪社区	13.0	1627	848	200	26994	3147	11.7	2984
田心社区	4.5	1020	660	80	20858	2435	11.7	3450
龙背岭社区	8.2	1170	1434	713	15851	1667	10.5	1651
石鼓社区	6.0	2986	2808	1733	47505	3540	7.5	6362
平山社区	4.8	901	566	150	32624	3102	9.5	2737
桥陇社区	2.8	1186	172	75	18510	4982	26.9	2025
凤凰岗社区	3.5	1548	353	82	27136	3918	14.4	4031
沙湖社区	4.6	684	275	180	18346	3077	16.8	2235
石马社区	2.7	569	212	75	10854	1595	14.7	1391
清湖头社区	4.1	1685	213	173	32364	3920	12.1	6430
塘新社区		50183			287	282	98.3	
凤岗								
凤岗社区	1.1	23278	747	15				1475
雁田村	21.8	4171	3108	660	372202	39399	10.6	39043
官井头村	10.4	2247	1759	212	230301	12241	5.3	14551
油甘埔村	6.9	2244	785	483	51371	6481	12.6	11459

16 续表 11

(2019年)

村（居）委会	土地面积(平方公里)	户籍人口(人)	全部企业及个体户数(个)	#工业企业	资产总额(万元)	负债总额(万元)	资产负债率(%)	村组两级经营纯收入(万元)
凤德岭村	3.4	1349	902	340	18504	2125	11.5	4612
塘沥村	6.7	2086	458	112	19415	4534	23.4	6955
黄洞村	11.7	2346	931	528	17672	5369	30.4	4768
竹塘村	5.7	1378	1478	675	8766	1810	20.7	4752
竹尾田村	1.5	784	335	149	10352	719	7.0	1195
三联村	3.4	1618	1511	189	10511	2745	26.1	5731
五联村	5.6	1501	1342	772	18157	6101	33.6	3824
天堂围村	4.2	1231	571	90	32419	2643	8.2	2716
谢岗								
泰园社区	0.8	4263	1339	125	818	668	81.7	115
黎村村	12.8	4333	360	142	34235	4024	11.8	4667
南面村	31.6	1758	70	30	8468	1131	13.4	584
窑山村	1.0	589	95	50	4106	763	18.6	409
大龙村	5.9	1178	85	70	4264	1395	32.7	1077
大厚村	6.3	1228	176	45	31655	2838	9.0	3139
谢山村	3.9	759	283	103	23191	414	1.8	1458
谢岗村	10.4	3444	158	81	27378	1175	4.3	3357
赵林村	7.1	1952	161	92	22316	1738	7.8	2247
曹乐村	7.1	2594	535	313	10455	3226	30.9	2424
五星村	1.8	1542	85	20	4429	439	9.9	647
稔子园村	2.4	762	122	55	30278	7646	25.3	1542
常平								
常平社区	0.7	44071	2634		1879	1581	84.1	
新民社区								
下墟村	0.4	940	158	40	26480	4221	15.9	3465
岗梓村	2.7	2886	733	200	9114	3608	39.6	2604
桥梓村	2.0	2630	550	168	23825	2630	11.0	3427
塘角村	1.1	1075	153	153	9280	1135	12.2	1152
苏坑村	4.0	4074	1380	310	7820	1578	20.2	3087
袁山贝村	5.0	4051	485	314	21747	4637	21.3	3693
金美村	3.0	2890	2010	573	37756	3526	9.3	5630
还珠沥村	5.5	3089	608	26	17101	6441	37.7	2897
朗贝村	3.3	2342	283	82	8551	1023	12.0	3892
板石村	3.1	2228	625	53	3464	819	23.6	2898
桥沥村	9.8	3922	606	334	10521	1178	11.2	4109
卢屋村	2.7	1016	389	320	24502	1361	5.6	346
土塘村	8.7	3139	2258	175	24793	3614	14.6	2246
麦元村	2.4	1237	690	26	27660	1842	6.7	1477
九江水村	9.0	1601	226	65	28252	2162	7.7	1912
朗洲村	4.7	682	171	98	6902	1184	17.2	821
陈屋贝村	2.2	1198	180	35	13499	909	6.7	962

16 续表 12

(2019年)

村（居）委会	土地面积（平方公里）	户籍人口（人）	全部企业及个体户数（个）	#工业企业	资产总额（万元）	负债总额（万元）	资产负债率（%）	村组两级经营纯收入（万元）
司马村	8.1	3040	610	88	27872	6143	22.0	3211
霞坑村	1.6	798	159	35	9317	486	5.2	625
漱旧村	1.9	1191	546	52	13111	1313	10.0	1809
漱新村	2.4	1378	418	137	11843	1862	15.7	1673
黄泥塘村	1.0	966	186	165	5008	1393	27.8	296
元江元村	2.1	1656	230	108	8140	911	11.2	1603
横江厦村	5.0	3072	1958	808	18624	3417	18.4	1090
田尾村	2.1	1626	395	29	7346	2161	29.4	607
白花沥村	1.1	737	45	34	4217	894	21.2	295
沙湖口村	1.3	1067	112	21	3985	2024	50.8	610
白石岗村	5.0	4052	100	88	6403	3837	59.9	2031
松柏塘村	3.8	2591	84	34	8530	4015	47.1	753
上坑村	1.3	1037	101	27	10303	1923	18.7	1168
木棆村	3.5	2594	1321	42	39818	8543	21.5	5789
桥头								
莲城社区	14.6	13676						
桥头社区	1.0	1832	305	30	32443	2221	6.9	4799
迳联社区	1.5	2299	835	65	23878	1697	7.1	2638
田新社区	2.2	2604	250	183	29330	2428	8.3	3390
岭头社区	1.3	1409	515	68	17200	1062	6.2	2107
大洲社区	4.6	3592	395	156	19567	2041	10.4	2331
东江村	4.8	2794	230	45	12314	3563	28.9	1182
山和村	2.5	1173	106	39	10253	2383	23.2	1115
屋厦村	2.0	835	125	61	6403	891	13.9	836
岗头村	0.6	586	48	38	5483	697	12.7	563
李屋村	2.3	2011	82	42	16015	3472	21.7	1362
邓屋村	2.7	2304	46	35	25333	1962	7.7	2731
朗厦村	4.1	1819	79	78	23030	2151	9.3	2394
邵岗头村	1.3	980	50		5839	639	10.9	868
石水口村	7.8	5294	428	163	34602	3787	11.0	5378
禾坑村	1.5	1089	139	38	8701	837	9.6	1210
田头角村	1.2	851	102	53	8098	525	6.5	1330
横沥								
恒泉社区	0.2	15200	770	14	1892	894	47.3	127
石涌村	3.7	2033	2293	110	16298	2383	14.6	1955
隔坑村	2.2	3097	930	290	18063	5008	27.7	3938
半仙山村	2.2	1979	1930	57	16485	2399	14.6	1765
横沥村	4.6	3506	1040	192	32448	3898	12.0	3411
田头村	4.1	2881	1902	58	17006	2156	12.7	3047
田坑村	4.8	3170	1325	95	6615	1855	28.0	2359
村头村	3.5	2568	920	66	15355	3039	19.8	1066
长巷村	2.1	1827	120	29	8215	1603	19.5	604

16 续表 13

(2019年)

村（居）委会	土地面积（平方公里）	户籍人口（人）	全部企业及个体户数（个）	#工业企业	资产总额（万元）	负债总额（万元）	资产负债率（%）	村组两级经营纯收入（万元）
田饶步村	2.8	1982	550	130	15645	6665	42.6	359
六甲村	1.4	1215	309	50	8492	2892	34.1	651
村尾村	2.7	1723	1112	117	16525	3577	21.7	791
水边村	4.0	3194	599	178	9701	2866	29.5	1052
新四村	2.9	2325	641	125	1948	957	49.1	2378
山厦村	2.3	1182	1141	135	14356	1353	9.4	1068
月塘村	0.5	1264	251	51	12729	1215	9.6	856
张坑村	1.0	691	86	20	7734	1208	15.6	653
东坑								
草塘社区	0.1	1969	375		116	13	11.2	
骏达社区	0.1	4049	132	11	254	157	61.7	
东坑村	2.0	3476	2415	397	40572	4168	10.3	4412
黄麻岭村	0.8	1218	506	83	10079	2804	27.8	704
长安塘村	1.3	2091	700	114	16255	4703	28.9	1951
寮边头村	0.8	1774	636	102	10323	885	8.6	1222
塔岗村	2.1	1959	649	107	15128	2268	15.0	1169
坑美村	2.2	2190	662	111	23017	2051	8.9	1201
新门楼村	2.1	1873	676	130	13869	4387	31.6	917
井美村	1.9	2818	1456	228	22153	3135	14.2	2662
初坑村	2.8	2814	1643	258	4380	567	13.0	4654
凤大村	0.3	809	229	46	7577	1707	22.5	585
丁屋村	1.1	1202	322	52	6069	1719	28.3	818
彭屋村	2.1	2145	585	95	9448	2916	30.9	1751
黄屋村	2.0	2233	2215	281	15116	2762	18.3	1646
角社村	2.4	3721	1096	175	29958	2437	8.1	1823
企石								
宝石社区	0.9	7580	1224		410	174	42.4	
铁岗村	5.7	2747	191	58	14418	3660	25.4	1305
深巷村	4.1	2530	360	98	10698	2425	22.7	569
湖美村	1.0	890	30	25	7717	2205	28.6	342
博厦村	6.9	4186	130	65	38196	1928	5.1	594
上洞村	5.1	3176	92	34	23256	1809	7.8	393
清湖村	4.4	2232	126	82	8998	1922	21.4	665
江边村	4.9	3410	105	83	11122	1884	16.9	488
旧围村	3.8	2131	163	52	7278	1139	15.7	499
东平村	1.6	799	845	66	7085	5429	76.6	510
上截村	0.9	1332	112	72	7520	5679	75.5	595
下截村	1.2	1590	48	22	7006	1579	22.5	954
东山村	6.0	4757	826	143	33319	2391	7.2	4245
铁炉坑村	3.4	3672	465	147	33493	807	2.4	1609
企石村	1.5	1689	48	17	7560	2823	37.3	664
杨屋村	0.8	750	81	20	6177	3932	63.7	176
莫屋村	1.0	1445	235	55	8046	2478	30.8	470

16 续表 14

(2019年)

村（居）委会	土地面积（平方公里）	户籍人口（人）	全部企业及个体户数（个）	#工业企业	资产总额（万元）	负债总额（万元）	资产负债率（%）	村组两级经营纯收入（万元）
霞朗村	1.0	1020	351	80	15078	678	4.5	2376
新南村	2.8	2326	446	62	10393	1787	17.2	1400
南坑村	1.4	1335	150	86	12086	2975	24.6	597
石排								
太和社区		6420			2408	513	21.3	186
石排村	2.4	3820	3012	81	4651	792	17.0	2554
下沙村	2.6	2720	1109	178	5587	1296	23.1	3073
庙边王村	2.8	2582	1912	218	6375	2194	34.4	2749
福隆村	4.4	1996	2033	369	17303	8132	47.0	2561
沙角村	3.4	2737	520	340	5999	1608	26.8	969
黄家壆村	2.4	2019	548	101	8237	963	11.7	1007
赤坎村	2.7	1503	601	134	9538	3194	33.5	888
向西村	2.0	1261	913	146	8210	1777	21.6	1255
水贝村	3.5	3497	836	189	8503	1137	13.4	2029
田寮村	3.3	2083	550	163	8624	1395	16.2	755
横山村	3.4	2243	950	200	3284	1235	37.6	2286
谷吓村	1.7	2021	1228	143	7222	2882	39.9	1989
埔心村	2.2	1724	1574	170	14230	1020	7.2	3232
塘尾村	0.9	1128	275	168	10629	1262	11.9	688
李家坊村	0.8	985	378	130	6686	1038	15.5	485
田边村	4.2	2217	488	113	5207	917	17.6	1400
中坑村	2.2	2428	378	156	17833	3457	19.4	1063
燕窝村	3.5	1847	423	75	9275	1920	20.7	1727
茶山								
茶山圩社区	0.3	6427	1565	27				
茶溪社区		6089	353	135				
上元村	5.1	3454	7000	120	4122	1443	35.0	2133
茶山村	2.3	1892	885	130	19036	8698	45.7	2518
下朗村	1.8	1547	1025	75	20489	3224	15.7	2291
横江村	4.3	3516	756	297	14500	2412	16.6	2048
卢边村	3.6	2992	1300	325	14259	3089	21.7	1432
寒溪水村	1.3	1051	353	98	8738	2462	28.2	1265
增埗村	6.3	7823	3437	1149	7377	1744	23.6	8578
南社村	4.1	3872	480	248	34568	4837	14.0	3034
塘角村	2.8	3296	1206	322	19241	1464	7.6	5609
京山村	4.2	2700	1194	315	21578	6476	30.0	4095
博头村	0.9	711	148	53	5708	600	10.5	405
冲美村	0.7	826	208	82	9000	611	6.8	905
粟边村	2.2	2156	412	116	10478	1010	9.6	1284
刘黄村	1.5	1037	200	50	7747	1922	24.8	689
孙屋村	0.8	716	152	42	3425	1327	38.7	221
超朗村	3.3	3047	675	180	27374	5150	18.8	3244

十七、历年国民经济和社会发展主要指标

Main Indicators of National Economy and Social Development over Years

17 历年国民经济和社会发展主要指标

Main Indicators of National Economy and Social Development over Years

年份	户籍人口(万人)	常住人口(万人)	年末城镇常住人口比例(%)	外来暂住人口(万人)	户籍人口自然增长率(‰)	外来暂住从业人员(万人)	全社会从业人员(万人)	城镇在岗职工人数(万人)	城镇在岗职工年平均工资(元)
1949	68.24								
1952	71.68								
1957	77.48							3.90	400
1962	79.64							2.93	552
1965	86.46				29.60			3.17	524
1970	98.56				20.60			3.29	534
1975	107.94				14.51			3.80	577
1978	111.23				13.81		54.97	8.20	474
1979	112.04				19.00		56.51	9.68	650
1980	112.70				19.31		57.86	9.86	750
1981	114.46				16.57		59.42	10.66	887
1982	116.19				14.14		61.73	11.41	1095
1983	117.59				11.53		63.25	11.59	1197
1984	118.95				10.60		65.51	11.76	1383
1985	120.85				10.83		67.35	12.30	1456
1986	123.01			15.62	11.56	10.41	69.68	13.27	2616
1987	124.86			25.29	11.67	18.03	71.63	13.67	2067
1988	126.76			36.89	12.09	29.25	71.99	12.71	2757
1989	128.76			47.19	12.57	40.53	73.95	13.10	3320
1990	131.85	175.62		65.59	12.30	57.20	75.10	13.16	3552
1991	133.65	200.01		80.58	13.33	70.20	76.99	14.59	3777
1992	136.06	227.78		114.48	13.38	107.10	79.53	15.47	4531
1993	138.92	259.41		121.70	13.30	112.68	83.62	17.66	6228
1994	141.40	295.43		139.09	13.01	124.18	83.52	16.09	8360
1995	143.65	336.45		142.18	12.75	126.54	86.92	17.87	9682
1996	145.25	383.17		143.32	11.97	127.66	87.77	17.50	10382
1997	147.12	436.38		144.68	12.09	130.73	87.61	16.50	10691
1998	148.77	496.97		199.11	10.86	183.19	87.75	16.40	11422
1999	150.82	565.98		244.81	10.22	216.15	92.18	16.39	12557
2000	152.61	644.84		254.72	7.52	244.84	97.88	16.41	14051
2001	153.89	654.43		457.82	7.01	449.68	100.13	16.42	16183
2002	156.19	654.84		433.65	5.91	426.01	104.10	16.42	17804
2003	158.96	655.25		440.45	5.65	432.73	183.97	16.60	22598
2004	161.97	655.66		486.95	5.96	473.39	303.78	17.54	25326
2005	165.65	656.07	73.02	584.98	6.02	553.42	388.13	18.86	28253
2006	168.31	685.66	85.09	586.76	5.85	566.98	430.10	19.99	31135
2007	171.26	717.02	85.20	557.80	5.98	538.95	472.93	20.56	35284
2008	174.87	750.60	86.39	552.50	6.23	530.30	511.18	20.72	39516
2009	178.73	786.08	86.39	429.96	6.31	413.46	571.45	22.60	42585
2010	181.77	822.48	88.46	411.47	6.23	391.23	626.25	22.63	46576
2011	184.77	825.48	88.60	413.62	6.13	394.71	634.43	24.61	50398
2012	187.02	829.23	88.67	416.74	8.10	397.94	642.95	25.02	57007
2013	188.93	831.66	88.75	434.68	7.18	412.80	649.60	239.82	42870
2014	191.39	834.31	88.81	415.86	5.83	389.33	682.60	234.25	47600
2015	195.01	825.41	88.82	400.81	6.41	376.54	680.09	226.78	53221
2016	200.94	826.14	89.14	428.39	8.64	395.39	684.93	226.94	57649
2017	211.31	834.25	89.86	438.60	17.38	399.99	695.70	237.16	61619
2018	231.59	839.22	91.02	453.45	13.75	399.43	705.03	237.21	69937
2019	251.06	846.45	92.10	967.37	12.31	623.58	711.11	281.92	74017

注：1.2012年起城镇在岗职工含劳务派遣人员；2013年起，将原属于乡镇企业且符合城镇非私营单位条件的“四上”企业纳入城镇单位从业人员及工资统计的范围。

2.2020年，根据东莞市第四次全国经济普查结果，对2011—2018年全社会从业人员数据进行了修订。

17 续表 1

年　份	地区生产总值(亿元)	第一产业	第二产业	第三产业	人均地区生产总值(元)
1978	6.11	2.72	2.68	0.71	553
1979	6.62	2.65	2.92	1.05	593
1980	7.22	2.63	3.33	1.26	643
1981	9.11	3.28	4.30	1.54	802
1982	11.43	3.73	5.81	1.89	991
1983	13.03	3.98	6.90	2.15	1115
1984	15.96	4.57	7.81	3.59	1350
1985	22.60	6.15	11.66	4.80	1885
1986	30.02	8.14	13.57	8.30	2462
1987	39.29	9.82	17.72	11.74	3170
1988	55.46	11.89	28.28	15.29	4408
1989	60.92	12.66	27.97	20.29	4768
1990	80.44	13.28	40.53	26.63	6173
1991	95.91	13.45	50.32	32.13	5106
1992	110.89	14.41	59.27	37.21	5184
1993	157.05	14.40	87.31	55.34	6447
1994	217.03	17.48	119.49	80.06	7823
1995	296.45	21.43	167.11	107.91	9383
1996	361.99	24.86	199.69	137.44	10060
1997	448.92	25.64	243.56	179.72	10955
1998	558.45	25.94	306.06	226.44	11966
1999	667.86	25.79	367.58	274.49	12566
2000	821.14	25.91	451.47	343.76	13563
2001	993.48	26.10	541.87	425.51	15293
2002	1189.05	24.88	650.62	513.55	18164
2003	1454.70	22.82	800.06	631.82	22208
2004	1809.61	22.71	1019.11	767.79	27608
2005	2189.46	21.82	1232.14	935.50	33383
2006	2635.62	12.39	1512.81	1110.41	39287
2007	3169.26	11.82	1762.61	1394.83	45189
2008	3715.68	14.22	1912.16	1789.29	50635
2009	3816.83	14.04	1897.08	1905.70	49676
2010	4339.85	15.56	2313.00	2011.28	53959
2011	4887.26	16.55	2613.57	2257.14	59313
2012	5190.20	17.36	2713.27	2459.57	62732
2013	5740.44	18.43	2983.72	2738.29	69125
2014	6174.83	19.16	3256.18	2899.48	74129
2015	6665.34	19.92	3479.05	3166.37	80319
2016	7260.92	22.76	3859.42	3378.74	87928
2017	8079.20	22.85	4416.53	3639.82	97317
2018	8818.11	25.83	4960.40	3831.87	105387
2019	9482.50	28.48	5361.50	4092.52	112507

注：1.2019年为初步核算数，以往年份为最终核实数。2005年以前地区生产总值采用全国第一次经济普查资料修订的数据；2005—2007年采用第二次经济普查资料修订的数据；2008—2018年采用第四次经济普查资料修订的数据；2013年起，三次产业分类依据国家统计局2012年制定的《三次产业划分规定》；2016年，国家统计局改革地区研发支出的核算方法，根据新的核算方法，修订了1995—2016年全市生产总值数据。2018年根据全国第三次农业普查，修订了2006—2017年全市生产总值数据。2020年根据全国第四次经济普查结果，修订了2008—2018年全市生产总值数据，下同。

2.人均生产总值1990年及以前年份按年平均户籍人口计算，1991年起按年平均常住人口计算。

17 续表 2

(上年＝100)

年　份	地区生产总值指数	第一产业	第二产业	第三产业	人均地区生产总值指数
1979	99.5	86.5	107.0	146.4	98.5
1980	102.7	90.3	117.3	113.9	102.0
1981	116.6	115.0	122.1	110.8	115.4
1982	116.9	105.3	131.0	117.6	115.1
1983	110.4	104.8	115.7	111.3	108.9
1984	114.2	109.0	107.0	140.9	112.9
1985	132.3	118.9	144.5	132.7	130.5
1986	126.1	111.9	110.3	174.7	124.0
1987	122.5	111.6	127.7	126.1	120.5
1988	115.7	90.6	143.7	103.0	114.0
1989	107.1	99.8	106.2	113.7	105.5
1990	123.2	104.4	127.6	128.0	120.8
1991	117.5	103.1	121.5	118.6	108.8
1992	108.3	100.0	112.6	105.1	95.1
1993	127.9	79.4	139.2	129.0	112.3
1994	122.5	107.2	124.7	122.3	107.5
1995	127.4	110.5	135.2	116.8	111.8
1996	117.5	109.4	115.5	123.6	103.2
1997	119.6	104.5	119.9	121.8	105.0
1998	121.8	100.9	122.1	124.5	106.9
1999	119.7	102.3	120.6	120.3	105.1
2000	119.7	99.8	120.7	120.0	105.1
2001	120.0	103.0	121.7	119.0	111.8
2002	120.5	97.6	122.7	119.1	119.6
2003	120.5	90.2	122.2	119.7	120.4
2004	121.1	91.2	125.7	115.8	121.0
2005	119.5	102.3	120.0	119.4	119.5
2006	119.2	55.5	121.9	117.1	116.6
2007	118.3	90.2	114.8	123.3	113.1
2008	114.0	107.0	106.2	124.1	109.0
2009	105.7	102.5	101.3	110.7	101.0
2010	110.4	101.5	117.5	103.3	105.5
2011	108.4	100.8	108.0	108.9	105.8
2012	106.3	99.9	106.9	105.7	105.9
2013	110.0	100.8	112.0	107.8	109.6
2014	108.0	103.1	109.7	106.1	107.7
2015	108.4	102.6	106.3	110.9	108.8
2016	108.0	106.0	110.9	104.8	108.5
2017	108.8	102.1	110.6	106.7	108.2
2018	107.5	108.8	108.7	106.0	106.6
2019	107.4	105.5	107.6	107.2	106.6

注：本表按可比价格计算。

17 续表 3

年　份	固定资产投资增长速度(%)	房地产开发投资(万元)	一般公共预算收入(亿元)	一般公共预算支出(亿元)	居民消费价格指数(上年=100)	商品零售价格指数(上年=100)	农林牧渔业总　产　值(亿元)	农林牧渔业总产值指数(1978年=100)
1949							0.54	
1952			0.28	0.02			0.66	
1957			0.32	0.04			0.78	
1962			0.31	0.07			0.76	
1965			0.47	0.07			1.28	
1970			0.48	0.08			1.47	
1975			0.65	0.11			2.53	
1978			0.66	0.18		100.4	4.24	100.0
1979	-29.2		0.66	0.19		102.6	4.15	96.5
1980	45.9		0.67	0.20		110.9	4.19	98.0
1981	56.8		0.68	0.21		109.3	5.04	102.1
1982	381.9		0.81	0.26		101.2	5.59	117.6
1983	1.5		0.86	0.28		99.6	5.64	117.4
1984	63.6		0.85	0.30	99.3	98.6	7.02	126.7
1985	134.9		1.11	0.50	106.5	106.9	9.12	138.9
1986	63.1		1.61	0.99	104.2	104.4	12.30	174.6
1987	23.2		2.02	1.25	112.0	112.2	14.84	186.4
1988	16.6		2.71	1.75	136.0	132.8	20.37	182.1
1989	-69.7		3.19	2.16	122.0	122.4	22.11	181.9
1990	49.7		3.57	2.28	96.6	94.9	23.64	195.3
1991	83.2		4.44	2.75	102.4	101.4	24.26	199.5
1992	37.4		5.62	3.82	109.2	107.7	27.13	211.3
1993	73.5	52110	9.38	7.29	121.8	119.5	28.45	175.5
1994	329.6	78392	7.69	8.90	123.5	118.4	34.75	188.4
1995	-55.1	85163	11.56	12.42	113.9	109.7	42.69	207.8
1996	7.1	86258	9.65	12.41	106.8	104.7	49.72	216.3
1997	-2.6	86662	11.41	14.85	101.5	99.7	51.44	225.0
1998	16.8	95451	15.10	17.91	99.9	98.7	53.60	227.3
1999	14.7	104411	18.26	21.26	97.9	95.9	53.74	242.8
2000	16.5	112498	30.47	33.61	101.5	100.1	54.64	243.3
2001	22.0	148544	45.02	47.86	96.6	97.8	55.93	246.3
2002	52.7	268350	55.29	64.96	98.1	99.1	53.67	263.2
2003	66.7	551184	67.45	76.52	100.7	101.7	49.02	209.7
2004	42.4	1144195	72.20	94.16	103.0	103.2	44.19	213.5
2005	31.3	1444277	103.97	117.04	102.4	103.0	42.05	222.2
2006	18.1	1642398	128.94	147.90	101.2	102.8	21.26	121.0
2007	19.2	2094187	186.45	193.10	103.1	104.2	19.57	105.6
2008	12.3	2714197	209.22	218.26	105.5	107.9	24.50	118.3
2009	13.0	2776623	231.16	232.62	96.9	95.3	23.98	122.1
2010	1.9	2989853	277.84	289.83	102.8	103.2	26.35	125.6
2011	8.1	3733062	313.06	351.92	104.9	104.7	28.04	125.9
2012	9.4	3773210	356.32	385.58	102.9	102.4	29.21	126.5
2013	18.3	4976593	409.29	444.66	101.9	100.6	30.31	126.0
2014	10.0	5880630	455.21	457.68	102.3	101.2	31.13	128.2
2015	3.3	5752145	517.97	581.24	101.4	99.4	31.88	129.4
2016	7.7	6427591	544.75	599.29	102.7	100.9	35.47	134.4
2017	10.0	7021544	592.07	667.65	101.4	101.1	35.49	136.8
2018	5.8	7367857	649.91	765.41	102.5	102.7	39.21	145.9
2019	17.5	7965436	673.27	863.01	103.5	102.3	43.98	159.4

注：1.农林牧渔总产值1952—1970年按1957年不变价计算，1975年按1970年不变价计算，1978年起按当年价计算。
　　2.根据《全国农业普查条例》，农业2007—2017年的农林牧渔业总产值、增加值和主要农产品产量等相关数据以全国第三次农业普查结果为基础做了修订，下同。

17 续表 4

年 份	农作物总播种面积(千公顷)	#粮食	粮食产量(万吨)	油料产量(万吨)	水果产量(万吨)	肉类产量(万吨)	水产品产量(万吨)
1949	141.26	127.26	21.07	0.15			0.32
1952	167.61	149.68	26.95	0.35			0.34
1957	188.98	165.53	28.80	0.33			0.42
1962	155.97	138.18	33.12	0.38			0.63
1965	158.97	121.64	43.71	0.72	4.54		0.99
1970	174.60	127.25	45.08	0.96	6.95		1.62
1975	202.00	137.03	50.72	1.11	3.68		2.19
1978	190.63	138.15	53.23	1.42	2.65	2.69	3.09
1979	172.36	129.16	53.53	1.91	2.33	2.92	2.23
1980	162.41	117.12	52.94	2.90	2.37	2.77	2.55
1981	151.17	107.13	44.75	3.55	4.69	2.80	2.49
1982	146.96	106.68	54.33	2.99	5.82	3.30	2.77
1983	146.21	109.02	56.12	1.97	7.72	3.57	3.03
1984	144.35	105.12	55.82	2.31	10.59	3.33	3.25
1985	130.01	93.05	48.87	2.10	18.94	3.33	3.26
1986	119.41	83.81	45.52	2.01	30.77	4.33	4.65
1987	119.73	83.40	46.28	1.70	36.31	4.61	6.57
1988	119.53	82.42	46.09	1.51	26.37	5.61	6.81
1989	122.27	85.61	48.76	1.37	22.14	5.86	6.23
1990	123.25	85.74	49.43	1.34	28.24	6.22	6.85
1991	119.42	81.77	47.37	1.15	34.32	6.88	6.90
1992	104.10	64.26	36.81	0.93	34.48	6.80	7.32
1993	71.20	36.74	20.21	0.56	27.13	7.66	6.50
1994	67.30	35.75	20.24	0.37	26.49	8.54	6.74
1995	71.89	39.90	22.74	0.37	24.32	9.76	7.48
1996	72.23	41.89	24.32	0.31	20.63	11.61	8.11
1997	72.17	41.61	24.69	0.29	16.50	12.90	9.19
1998	73.46	41.63	24.72	0.26	11.41	15.35	9.69
1999	72.59	41.77	24.73	0.22	13.63	15.99	9.40
2000	65.73	35.18	20.41	0.20	12.94	17.90	9.51
2001	56.95	22.56	12.84	0.16	15.01	19.84	8.96
2002	42.28	9.88	5.37	0.09	18.93	18.88	8.24
2003	33.97	5.65	3.05	0.04	14.64	15.46	7.58
2004	30.82	5.41	3.04	0.02	17.54	14.62	7.15
2005	27.38	4.14	2.00	0.01	15.13	17.17	6.74
2006	22.26	2.29	1.00	0.01	13.96	3.49	4.71
2007	19.01	2.08	1.02	0.01	13.06	0.96	4.73
2008	20.75	2.60	1.16	0.03	10.00	1.04	7.23
2009	21.51	2.59	1.12	0.03	8.95	1.11	7.33
2010	20.08	2.26	1.06	0.05	7.33	1.22	7.63
2011	20.05	2.14	1.04	0.05	7.11	1.17	7.82
2012	19.65	1.92	0.94	0.26	6.20	1.26	7.70
2013	18.86	1.60	0.78	0.32	5.80	1.07	7.45
2014	20.42	1.33	0.65	0.41	5.88	0.96	7.27
2015	20.19	1.13	0.55	0.57	5.88	0.75	6.89
2016	21.96	1.00	0.48	0.66	5.51	0.66	5.02
2017	21.75	0.97	0.48	0.02	5.46	0.66	4.55
2018	22.41	1.21	0.58	0.02	6.77	0.22	4.60
2019	23.18	1.24	0.59	0.02	5.58	0.13	4.86

17 续表 5

年 份	工业企业单位数(个)	规模以上工业增加值(亿元)	总供电量(亿千瓦时)	全社会用电量(亿千瓦时)	建筑业总产值(亿元)	建筑业增加值(亿元)
1949	1					
1952	23					
1957	262					
1962	280		0.08			
1965	260		0.36			
1970	220		0.71			
1975	324		1.24			
1978	1290	1.01	1.64			
1979	1250	1.33	1.93			
1980	1293	1.46	2.17			
1981	1479	1.71	2.22			
1982	1862	2.01	2.69			
1983	1964	2.13	3.15			
1984	2329	2.43	3.26			
1985	4187	3.49	3.82			
1986	5949	4.28	3.93			3.03
1987	8106	5.67	6.43			3.49
1988	8408	7.93	9.48			3.23
1989	8757	9.36	12.09		1.03	0.75
1990	9892	13.44	18.01	18.01	1.27	1.34
1991	10094	17.63	24.05	24.05	2.19	1.98
1992	11639	25.66	32.00	32.00	3.19	2.64
1993	12449	35.05	43.62	43.62	5.39	4.42
1994	14086	56.61	58.58	58.58	7.99	8.72
1995	15215	64.99	68.00	68.00	9.49	12.78
1996	15326	84.14	80.03	80.03	9.66	11.63
1997	16857	103.90	94.93	94.83	28.73	12.50
1998	16406	168.71	109.48	109.48	35.92	14.99
1999	16877	232.15	132.78	134.37	40.73	17.52
2000	16975	259.44	178.03	179.66	40.45	20.26
2001	18094	290.67	207.72	209.17	50.13	23.48
2002	21313	466.61	258.55	259.86	65.84	26.96
2003	21935	595.48	321.65	323.53	76.48	41.01
2004	22156	800.45	372.84	375.85	77.01	48.03
2005	21868	1062.42	415.66	419.83	84.35	54.64
2006	22447	1318.58	464.45	472.01	94.58	64.92
2007	22587	1430.60	507.89	515.40	112.87	72.84
2008	25656	1689.90	507.35	514.16	108.81	82.40
2009	31160	1453.37	488.85	495.58	99.40	83.76
2010	38273	1708.31	556.89	562.00	122.06	86.88
2011	46413	1642.45	579.35	586.07	130.85	84.26
2012	57808	1978.13	600.58	604.28	157.58	86.90
2013	67332	2425.62	617.20	622.51	188.13	99.03
2014	80567	2490.84	655.72	660.99	204.21	107.15
2015	97944	2611.96	661.26	666.84	224.59	106.85
2016	121762	2968.16	695.59	702.01	267.22	112.88
2017	151533	3618.19	753.80	760.68	324.04	128.05
2018	174368	3914.38	799.17	806.64	473.84	159.98
2019	181532	4192.78	844.25	850.72	546.79	183.03

17 续表 6

年份	公路通车里程(公里)	民用汽车拥有量(万辆)	旅客周转量(万人公里)	货物周转量(万吨公里)	邮电业务总量(亿元)	邮电业务收入(万元)	本地电话用户(万户)	移动电话用户(万户)
1949	204	0.002						
1952	219	0.002	1350	139				
1957	373	0.005	2100	195				
1962	598	0.007	4120	293				
1965	882	0.010	4725	457				
1970	1134	0.012	2800	900				
1975	1173	0.025	3890	694				
1978	1259	0.06	9425	15148	0.07		0.20	
1979	1225	0.11	11162	15290	0.08		0.21	
1980	1225	0.20	13584	16353	0.09		0.31	
1981	1225	0.30	13845	15606	0.10		0.34	
1982	1225	0.34	16026	17185	0.09		0.35	
1983	1225	0.45	54075	108634	0.10		0.39	
1984	1240	0.61	62107	140113	0.13		0.48	
1985	1240	0.79	95237	171591	0.16		0.77	
1986	1248	0.86	127458	126898	0.20		0.88	
1987	1261	1.00	159117	174942	0.34		1.63	
1988	1302	1.36	173335	169112	0.57		2.52	
1989	1325	1.63	240999	186626	0.96		4.30	0.02
1990	1325	1.94	322236	184700	1.76		4.90	0.05
1991	1759	2.07	373284	194101	2.77		7.50	0.11
1992	2055	3.26	503973	232752	4.22		9.70	0.30
1993	2260	4.81	577800	248230	6.57		14.98	0.72
1994	2292	6.16	595134	273053	10.22		23.19	2.41
1995	2327	8.83	446230	264605	15.28		31.57	4.77
1996	2330	9.08	477466	267193	20.76		36.91	8.24
1997	2330	10.34	511592	278649	28.43		42.65	15.29
1998	2377	11.34	577452	285889	37.67		50.13	26.17
1999	2467	12.70	804278	300410	51.59		60.87	51.01
2000	2518	15.37	1001906	404678	74.05		78.12	123.68
2001	2570	18.36	1031579	406247	88.64		98.96	295.76
2002	2641	22.01	1091821	420684	109.45		127.93	412.39
2003	2688	25.56	1126964	422822	157.05	1051220	206.11	660.86
2004	2759	31.97	1166262	423669	245.52	1207778	281.35	856.09
2005	2871	40.66	1185290	424829	304.76	1328172	384.52	1016.41
2006	3891	48.93	1213809	336783	368.25	1466871	461.31	1216.34
2007	3924	60.89	1264982	356677	400.93	1619048	469.17	1408.23
2008	4001	70.16	2248521	1747489	525.79	1723829	439.41	1454.29
2009	4713	79.56	1053469	1016490	563.47	1563077	378.40	1409.29
2010	4751	92.08	1290692	1090340	674.09	1553352	332.42	1607.60
2011	4828	106.14	1458811	1874802	218.36	1648579	319.55	1677.77
2012	4966	120.70	1568758	2967132	250.47	1699619	330.79	1797.75
2013	5002	138.91	1559856	4322745	254.73	1758017	314.48	1850.39
2014	5145	155.96	854595	4480053	359.56	1694637	327.22	1763.09
2015	5165	184.49	771316	5048509	475.59	2489805	298.23	1756.75
2016	5265	224.62	773196	4552332	756.06	2951331	272.63	1575.08
2017	5262	262.76	681427	4836221	694.35	3351921	244.64	1680.97
2018	5262	294.69	456292	5272636	1282.22	3650139	231.27	1892.77
2019	5284	323.51	422945	5354685	1947.19	4096471	217.55	1788.16

注：1．公路通车里程2006年起含专用公路和村道。
2．邮电业务总量1978—2000年按1990年不变价格计算，2001—2010年按2000年不变价格计算，2011—2016年按2010年不变价格计算；2017年起，电信业务总量按2015年不变价格计算，邮政业务总量仍按2010年不变价格计算。
3．2014年客运量和旅客周转量不含城市客运量，数据与往年不可比。

17 续表 7

年份	社会消费品零售总额(亿元)	进出口总额(亿美元)	出口总额	进口总额	协议(合同)规定外商投资额(亿美元)	实际利用外资(亿美元)	#外商直接投资
1957			0.02				
1962			0.04				
1965			0.08				
1970			0.10				
1975			0.25				
1978	2.13		0.39				
1979	2.50		0.54		0.05	0.02	
1980	3.16		0.77		0.11	0.09	
1981	4.02		0.92		0.08	0.05	0.001
1982	4.81		1.09		0.08	0.07	0.005
1983	5.23		1.19		0.16	0.09	0.003
1984	7.39		1.30		0.32	0.19	0.07
1985	9.36		1.75		0.68	0.29	0.14
1986	12.24		2.33		0.34	0.30	0.15
1987	15.05		2.68		1.85	1.13	0.21
1988	24.65		3.18		6.22	2.41	0.64
1989	27.04		3.49		2.34	2.49	0.84
1990	31.97	10.82	5.68	5.14	3.02	2.43	1.00
1991	36.50	31.75	16.52	15.23	6.45	2.62	1.47
1992	45.44	50.90	26.03	24.87	20.88	4.66	3.29
1993	66.44	67.56	32.11	35.45	35.55	9.34	7.92
1994	88.17	88.30	42.94	45.36	34.97	10.48	7.79
1995	122.98	153.91	77.99	75.92	33.09	10.57	6.72
1996	135.34	178.42	91.87	86.55	20.89	10.76	6.95
1997	159.72	212.99	113.68	99.31	12.14	12.14	8.80
1998	198.61	232.73	130.61	102.13	16.37	13.38	9.30
1999	231.63	284.63	151.54	133.09	14.72	14.57	9.71
2000	271.05	320.45	171.59	148.86	18.36	16.47	10.87
2001	319.57	344.55	189.89	154.65	20.98	18.16	11.47
2002	374.59	442.47	237.36	205.11	24.89	21.48	14.59
2003	435.10	521.06	280.02	241.04	32.56	25.63	17.54
2004	508.34	645.18	351.92	293.25	41.32	30.34	21.39
2005	608.38	743.72	409.29	334.42	47.52	37.51	14.68
2006	721.59	842.21	473.76	368.45	55.28	43.38	18.08
2007	864.79	1068.73	602.32	466.41	62.51	50.44	21.18
2008	1066.57	1132.99	655.37	477.62	39.37	32.26	24.47
2009	1246.53	941.55	551.69	389.86	20.30	29.42	25.94
2010	1456.27	1213.38	695.98	517.40	30.73	31.63	27.32
2011	1706.35	1352.24	783.29	568.95	37.02	32.18	30.51
2012	1873.85	1444.16	850.66	593.50	41.55	37.19	33.69
2013	2095.19	1530.72	908.64	622.08	41.56	40.29	39.38
2014	2309.97	1625.30	970.69	654.61	44.39	46.21	45.29
2015	2622.65	1676.73	1037.19	639.55	50.91	54.68	53.20
2016	2988.84	1723.14	990.35	732.79	47.90	39.84	39.26
2017	3313.05	1811.73	1038.61	773.12	26.18	17.60	17.19
2018	3637.37	2033.31	1204.43	828.88	22.51	13.06	12.72
2019	4003.89	2001.51	1250.85	750.66	19.79	12.91	12.91

注：1.出口总额1990年起为海关口径，1990年以前为外经贸口径。
2.外商直接投资2004年起为新口径，是以验资作为统计标准，与往年数不可比。
3.2016年起，主管部门对外发布的进出口相关数据采用人民币口径。2019年人民币口径的进出口总额为13801.7亿元。其中，出口总额8628.8亿元，进口总额5172.9亿元。
4.2020年，根据全国第四次经济普查，对1993—2019年社会消费品零售总额进行了修订。

17 续表 8

年 份	国际及港澳台旅游者(万人次)	旅游总收入(亿元)	国际旅游外汇收入(万美元)	接待国内游客人次(万人次)	各项人民币存款余额(亿元)	#住户存款	各项人民币贷款余额(亿元)
1952						0.003	0.004
1957						0.02	0.26
1962					0.08	0.04	0.75
1965					0.16	0.09	0.81
1970					0.39	0.16	0.87
1975					0.96	0.41	1.39
1978					1.05	0.54	1.96
1979					1.49	0.72	2.13
1980					2.61	1.17	3.08
1981					3.80	2.03	4.02
1982					4.51	2.77	4.55
1983					6.05	3.86	5.76
1984					11.03	6.18	12.19
1985					13.49	9.19	14.24
1986	11		554	69	19.59	13.14	20.68
1987	19		453	87	28.48	18.97	31.24
1988	20		710	105	38.05	24.91	41.58
1989	18		504	97	46.82	32.57	49.37
1990	27		1025	98	68.07	45.51	63.04
1991	37		2443	118	94.97	61.47	78.40
1992	47		2473	125	147.34	81.54	105.98
1993	52		2888	117	179.83	107.17	134.31
1994	44		3464	75	249.78	151.54	173.44
1995	27		5679	62	383.68	232.97	254.85
1996	36		6464	139	489.65	318.02	312.81
1997	59		6778	112	671.17	425.82	382.66
1998	75		6601	141	864.01	533.75	442.74
1999	97		7055	156	1040.84	616.34	524.37
2000	106		7617	185	1228.67	672.07	630.84
2001	110	39.80	8200	217	1458.65	799.18	750.18
2002	108	72.51	11847	822	1790.18	1001.69	933.41
2003	80	79.92	13825	1006	2126.78	1231.06	1206.72
2004	149	85.70	23437	982	2462.87	1431.68	1405.25
2005	169	90.72	28189	987	2933.40	1728.28	1500.52
2006	193	96.01	33180	1170	3365.65	2013.40	1730.56
2007	248	118.88	42702	1477	3751.83	2120.74	2154.77
2008	268	128.69	45614	1604	4354.53	2638.04	2380.36
2009	286	151.49	51756	1751	4986.61	2904.57	2903.80
2010	327	191.32	67592	1924	5943.39	3386.85	3329.82
2011	357	249.37	90975	2258	6609.39	3710.99	3716.08
2012	415	306.35	126924	2329	7430.46	4204.20	4195.61
2013	418	346.43	144981	2408	8630.73	4476.43	4774.23
2014	356	374.60	157493	2435	9069.92	4606.79	5331.63
2015	373	395.18	157743	2826	9736.24	4591.38	5816.04
2016	400	445.40	153117	3392	11198.43	4882.91	6402.48
2017	404	488.90	159582	3738	11836.66	5103.42	6855.44
2018	402	529.37	163012	4032	13430.56	5601.36	7999.60
2019	405	574.16	159108	4344	15411.42	6316.90	9599.73

注：2015年起，“城乡居民储蓄存款余额”更名为“住户存款”，口径有变，数据与往年不可比。

17 续表 9

年 份	在校学生数(万人)			小学学龄儿童入学率(%)	高考入围人数(人)
	普通高等学校	普通中学	小学		
1949		0.20	5.28		
1952		0.34	7.04		
1957		0.67	8.80		
1962		0.97	12.00		
1965		1.05	16.09		
1970		6.02	11.81		
1975		4.96	16.82		
1978		7.60	16.11	98.36	846
1979		6.23	15.80	98.70	566
1980		5.48	15.49	98.85	222
1981		4.35	15.09	98.72	239
1982		4.17	14.48	99.06	252
1983		4.28	13.54	99.75	245
1984		4.65	13.46	99.65	619
1985		4.66	13.44	99.83	534
1986		4.94	14.07	99.90	595
1987		5.44	14.43	99.94	644
1988		5.93	15.01	99.93	925
1989		6.20	15.59	99.92	977
1990		6.12	16.27	99.94	759
1991		6.01	17.01	99.92	861
1992		6.52	17.52	99.94	994
1993	0.11	7.53	18.01	99.95	1102
1994	0.15	8.58	18.62	99.96	1823
1995	0.16	9.25	19.51	99.99	2095
1996	0.18	9.52	20.60	99.98	2160
1997	0.20	9.80	22.18	99.99	2212
1998	0.22	10.12	23.58	99.99	2348
1999	0.22	10.55	24.88	99.99	3501
2000	0.32	11.24	27.28	99.99	5017
2001	0.38	12.21	29.54	100.00	5651
2002	0.51	13.53	34.28	100.00	6873
2003	0.69	14.97	38.69	100.00	9167
2004	0.91	17.13	44.83	100.00	10756
2005	1.66	19.10	48.09	100.00	11196
2006	2.20	21.46	49.68	100.00	11359
2007	2.52	23.46	52.07	100.00	13275
2008	2.87	24.84	52.86	100.00	15047
2009	3.40	24.95	51.12	100.00	17487
2010	3.83	25.83	55.24	100.00	18845
2011	4.51	26.31	57.83	100.00	19588
2012	5.24	26.79	60.81	100.00	22127
2013	6.09	27.83	65.91	100.00	22840
2014	6.99	28.46	68.73	100.00	23900
2015	11.46	28.76	71.93	100.00	26519
2016	11.26	29.58	73.87	100.00	24094
2017	11.84	31.02	76.51	100.00	29907
2018	12.14	33.24	80.35	100.00	31672
2019	12.44	34.90	83.74	100.00	34697

17 续表 10

年份	医疗机构病床床位数(张)	卫生机构技术人员数(万人)	#执业(助理)医师	每万人口拥有		年末参加基本养老保险人数(万人次)	年末参加基本医疗保险人数(万人次)
				床位数(张)	执业(助理)医师(人)		
1949	219	0.02		3.21			
1952	179	0.01		2.50			
1957	403	0.03		5.20			
1962	1376	0.13		17.28			
1965	1308	0.16		15.13			
1970	1476	0.17		14.98			
1975	1970	0.23		18.25			
1978	2257	0.26	0.08	20.29	6.90		
1979	2271	0.29	0.10	20.27	8.67		
1980	2207	0.30	0.12	19.58	10.35		
1981	2210	0.31	0.11	19.31	9.63		
1982	2292	0.33	0.11	19.73	9.44		
1983	2098	0.33	0.11	17.84	9.25		
1984	2231	0.34	0.11	18.76	9.52		
1985	2323	0.33	0.12	19.22	9.94		
1986	3054	0.35	0.12	24.83	9.58		
1987	3393	0.35	0.13	27.17	10.44		
1988	3640	0.38	0.15	28.72	12.13		
1989	3677	0.39	0.16	28.56	12.58		
1990	3866	0.39	0.17	22.01	9.80		
1991	4085	0.39	0.18	20.42	8.77		
1992	4517	0.41	0.18	19.83	8.04		
1993	4940	0.45	0.20	19.04	7.80		
1994	5365	0.49	0.22	18.16	7.52	7.55	7.77
1995	5798	0.53	0.23	17.23	6.83	8.46	7.60
1996	5288	0.58	0.24	13.80	6.39	9.16	7.65
1997	5505	0.63	0.26	12.62	5.97	7.53	8.29
1998	5892	0.71	0.30	11.86	5.95	7.84	9.05
1999	6241	0.76	0.31	11.03	5.44	8.35	9.95
2000	7081	0.81	0.33	10.98	5.13	82.95	88.21
2001	7474	0.81	0.34	11.42	5.24	83.01	84.99
2002	8641	0.90	0.39	13.20	6.01	103.19	105.19
2003	9820	0.98	0.43	14.99	6.49	104.13	105.90
2004	10797	1.05	0.49	16.47	7.43	104.44	105.95
2005	11972	1.23	0.57	18.25	8.65	182.49	189.40
2006	13293	1.93	0.86	22.21	12.58	204.08	212.16
2007	15227	2.71	1.04	21.24	14.57	227.98	236.32
2008	16778	3.31	1.19	22.35	15.81	262.63	513.25
2009	18080	3.58	1.29	23.00	16.39	315.81	536.57
2010	19980	3.75	1.32	24.29	16.07	421.84	592.27
2011	22814	3.96	1.36	27.64	16.53	481.05	602.41
2012	24617	4.06	1.40	29.69	16.93	513.29	616.86
2013	25736	4.21	1.49	30.95	17.87	521.91	618.09
2014	26704	4.31	1.51	32.01	18.08	632.03	615.69
2015	27457	4.52	1.59	33.26	19.25	670.60	601.92
2016	28138	4.77	1.67	34.06	20.19	651.66	574.57
2017	29866	5.06	1.75	35.80	20.98	694.49	566.09
2018	31059	5.43	1.95	37.01	23.25	597.24	583.30
2019	33041	5.73	2.08	39.03	24.57	593.08	615.50

注：每万人口拥有床位数、执业(助理)医师数按常住人口计算。

17　续表 11

年　份	全社会R&D经费支出（万元）	专　利申请量（件）	专　利授权量（件）	城镇居民最低生活保障人数（人）	城镇常住居民人均可支配收入（元）	农村常住居民人均可支配收入（元）
1978						149
1979						188
1980						272
1981						463
1982						567
1983						618
1984						691
1985					791	803
1986					1033	951
1987					1247	1142
1988					1778	1325
1989					2282	1424
1990		25	30		2508	1542
1991		86	50		3068	1673
1992		109	78		4026	2290
1993		212	90		5970	2903
1994		322	98		8270	3769
1995		412	262		9588	4769
1996		540	312		10824	5554
1997		915	321		11032	6132
1998		985	872		11506	6830
1999		1436	1110		12954	7704
2000	15176	1653	1399	1825	14142	8484
2001	26952	2914	1753	2003	16938	9383
2002	36727	3100	2680	2711	16949	10178
2003	37748	3865	2858	2876	18471	11033
2004	60319	4325	3167	4968	20526	11941
2005	82855	6694	3117	4885	22882	13076
2006	117843	9879	4872	6091	25320	14313
2007	150130	13842	6752	3129	27025	15747
2008	198422	14406	8093	3653	30275	16904
2009	413840	19106	12918	3770	33045	18098
2010	516701	21654	20397	3643	35690	20486
2011	716221	24455	19353	9415	39513	22842
2012	830190	29199	20894	6598	42944	24944
2013	1099321	29012	22595	6584	46594	27214
2014	1271741	28431	20336	6560	36764	22327
2015	1478838	38094	26820	5466	39793	24225
2016	1648344	56653	28559	3569	43096	26526
2017	1881419	81275	45204	3419	46739	29078
2018	2363205	97030	65985	2884	50721	32277
2019	2899619	83217	60419	2873	55156	35905

注：按照国家统计局的统一部署，2014年起，把原来的城市居民人均可支配收入和农民人均纯收入分别改为城镇常住居民人均可支配收入和农村常住居民人均可支配收入。

十八、东莞与全国、全省、部分大中城市、三角洲城市、港澳台及粤港澳大湾区主要指标比较

Comparison of Main Indicators between Dongguan and China, Guangdong Province, Large and Medium-Sized Cities, the Cities of the Pearl River Delta, Hong Kong, Macao, Taiwan and the Guangdong-Hong Kong-Marco Greater Bay Area

18-1 主要年份全国国民经济与社会发展指标

Main Indicators on National Economy and Social Development of China

指标	单位	1980年	1990年	2000年	2005年	2010年	2015年	2018年	2019年
人口与劳动力									
年末总人口	万人	98705	114333	126743	130756	134091	137462	139538	140005
年末就业人员人数	万人	42361	64749	72085	74647	76105	77451	77586	77471
#城镇就业人员	万人	10525	17041	23151	28389	34687	40410	43419	44247
经济总量									
国内生产总值	亿元	4588	18873	100280	187319	412119	688858.2	919281.1	990865.1
第一产业增加值	亿元	1360	5017	14717	21807	38431	57774.6	64745.2	70466.7
第二产业增加值	亿元	2205	7744	45665	88084	191630	281338.9	364835.2	386165.3
第三产业增加值	亿元	1023	6111	39898	77428	182059	349744.7	489700.8	534233.1
人均国内生产总值	元	468	1663	7942	14368	30808	50237	66006	70892
农业									
主要农产品产量									
粮食	万吨	32056	44624	46218	48402	55911	66060.0	65789.0	66384.0
水果	万吨	679	1874	6225	16120	20095	24524.6	25688.4	27400.8
肉类	万吨		2857	6014	6939	7994	8749.5	8624.6	7758.8
水产品	万吨	450	1237	3706	4420	5373	6211.0	6457.7	6480.2
工业									
工业增加值	亿元	2015	6905	40260	77961	165126	234968.9	301089.3	317108.7
主要工业产品产量									
移动通信手持机(手机)	万台			5248	30354	99827	181261.4	180050.6	170100.6
彩电	万台	3	1033	3936	8283	11830	14475.7	19695.0	18999.1
发电量	亿千瓦时	3006	6212	13556	25003	42072	58145.7	71661.3	75034.3
钢材	万吨	2716	5153	13146	37771	80277	103468.4	113287.3	120477.4
运输邮电									
货运量	亿吨	31.08	97.06	135.87	186.21	324.18	417.59	515.27	470.65
货物周转量	亿吨公里	11629	26208	44321	80258	141837	178356	204686	199287
客运量	亿人	34.18	77.27	147.86	184.70	326.95	194.33	179.38	176.04
旅客周转量	亿人公里	2281	5628	12261	17467	27894	30059	34218	35349
邮电业务总量	亿元	39	156	4793	12029	31979	28425	77979	123019
年末固定电话用户	万户	214	685	14483	35045	29434	23100	19208.5	19103.3
年末移动电话用户	万户		2	8453	39341	85900	127140	156609.8	160134.5

注：1.城镇就业人员1998年起为城镇在岗职工人数。
2.2014年起，客运量和旅客周转量不含城市客运量，数据与往年不可比。
3.根据第四次全国经济普查结果，对2014年及以后的国内生产总值数据进行了修订，下同。

18-1 续表

指　　标	单　位	1980年	1990年	2000年	2005年	2010年	2015年	2018年	2019年
固定资产投资									
固定资产投资增长速度	%		2.4	10.3	26.0	23.8	9.8	5.9	5.1
#房地产开发	亿元		253	4984	15909	48259	95979	120164.7	132194.3
商业									
社会消费品零售总额	亿元	2140	8300	39106	68353	156998	300931	380986.9	411649.0
物价总指数									
商品零售价格指数	上年=100	106.0	102.1	98.5	100.8	103.1	100.1	101.9	102.0
居民消费价格指数	上年=100	107.5	103.1	100.4	101.8	103.3	101.4	102.1	102.9
外贸外经									
进出口总额	亿美元	381	1154	4743	14219	29740	39530	46224.4	45761.3
进口总额	亿美元	200	533	2251	6599	13962	16796	21357.5	20771.0
出口总额	亿美元	181	621	2492	7620	15778	22735	24867.0	24990.3
进出口总额	亿元	570	5560	39273	116922	201722	245503	305010.1	315504.8
进口总额	亿元	299	2574	18639	54274	94700	104336	140881.3	143162.4
出口总额	亿元	271	2986	20634	62648	107023	141167	164128.8	172342.3
实际利用外资	亿美元		35	407	603	1057	1263	1349.7	1381.4
财政、金融									
一般公共预算收入	亿元	1160	2937	13395	31649	83102	152269	183359.8	190382.2
一般公共预算支出	亿元	1229	3084	15887	33930	89874	175878	220904.1	238874.0
各项人民币存款余额	亿元	1690	13943	123804	287170	718238	1357022	1775226	1928785
#住户存款余额	亿元	400	7120	64332	141051	303302	546078	716038	813017
各项人民币贷款余额	亿元	2478	17511	99371	194690	479196	939540	1362967	1531123
人民生活									
城镇单位就业人员平均工资	元	762	2140	9333	18200	36539	62029	82413	90501
全国居民人均可支配收入	元	171	904	3721	6385	12520	21966	28228	30733
城镇居民人均可支配收入	元	478	1510	6280	10493	19109	31195	39251	42359
农村居民人均可支配收入	元	191	686	2253	3255	5919	11422	14617	16021
教育									
在校学生数									
普通高等学校	万人	114	206	556	1562	2232	2625	2831	3032
普通中学	万人	5508	4586	7369	8581	7703	6686	7028	7241
小学	万人	14627	12241	13013	10864	9941	9692	10339	10561
卫生									
医院床位数	万张	120	187	217	245	338.7	533.1	652.0	686.7
卫生技术人员	万人	280	390	449	456	587.6	800.8	952.9	1015.4
#执业（助理）医师	万人	115	176	208	204	241.3	303.9	360.7	386.7

注：1.实际利用外资不含对外借款，2005年起为实际使用外商直接投资口径。
　　2.进出口总额1979年及以前为外贸数据，1980年起为海关数据。

18-2 主要年份广东省国民经济与社会发展指标

Main Indicators on National Economy and Social Development of Guangdong Province

指　　标	单　位	1980年	1990年	2000年	2005年	2010年	2015年	2018年	2019年
人口与劳动力									
年末常住人口	万人		6347	8650	9194	10441	10849	11346	11521
年末就业人员人数	万人	2368	3118	3989	5023	5870	6641.74	7132.99	7150.25
#城镇就业人员	万人	564	785	759	904	1119	1948.04	1994.14	2064.59
经济总量									
地区生产总值	亿元	250	1559	10810.21	21962.99	45944.62	74732.44	99945.22	107671.07
第一产业增加值	亿元	83	385	986.32	1395.23	2199.60	3189.76	3836.40	4351.26
第二产业增加值	亿元	103	616	5042.75	11049.21	22917.43	33913.76	41398.45	43546.43
第三产业增加值	亿元	64	559	4781.15	9518.55	20827.59	37628.92	54710.37	59773.38
人均地区生产总值	元	481	2484	12817	23997	44669	69283	88781	94172
农业									
主要农产品产量									
粮食	万吨	1682	1896	1822	1395	1249	1211.66	1193.49	1240.80
水果	万吨	29	329	644	832	1049	1298.52	1547.81	1644.38
肉类	万吨	63	202	324	384	455	454.71	449.90	412.12
水产品	万吨	63	208	593	695	729	804.14	842.44	866.40
工业									
工业增加值	亿元	90	523	4519	10231	21388	31315.46	37651.05	39398.46
主要工业产品产量									
移动通信手持机(手机)	万台			1001	5966	48627	84447.75	77222.27	70502.84
彩电	万台	1	262	1532	4090	4495	7003.58	9988.97	10422.30
发电量	亿千瓦时	109	344	1293	2163	3101	3900.21	4369.62	4726.32
成品钢材	万吨	45	134	406	1366	2919	3271.01	4520.60	4510.45
运输邮电									
货运量	万吨	14201	85809	119216	133992	205034	349832	424996	446018
货物周转量	亿吨公里	1413	2599	3065	3917	5934	14667.43	28644.77	29230.88
客运量	万人	21444	78046	164791	161357	467049	137368	154682	155770
旅客周转量	亿人公里	114	453	1219	2043	3342	3601.12	4501.97	4764.98
邮电业务总量	亿元	2	26	602	2122	4833	4397.09	11010.28	16451.23
年末固定电话用户	万户		113	1415	3443	3169	2807.11	2211.42	2303.28
年末移动电话用户	万户		1	1357	6407	9710	15009.75	16823.26	16533.05

注：1.2010年年末人口数为第六次全国人口普查数据。
　　2.2014年客运量和旅客周转量不含城市客运量，数据与往年不可比。

18-2 续表

指　　标	单　位	1980年	1990年	2000年	2005年	2010年	2015年	2018年	2019年
固定资产投资									
固定资产投资增长速度	%	35.3	9.8	6.8	18.9	20.7	15.8	10.7	11.1
#房地产开发	亿元		33	859	1592	3660	8538	14412.19	15852.16
商业									
社会消费品零售总额	亿元	118	667	4321	7777	16991	30327	39767.12	42951.75
物价总指数									
商品零售价格指数	上年=100	108.5	95.6	99.9	101.8	103.3	99.6	102.1	101.4
居民消费价格指数	上年=100		97.5	101.4	102.3	103.1	101.5	102.2	103.4
外贸外经									
进出口总额	亿美元	26	419	1701	4280	7849	10228	10851.03	10365.78
进口总额	亿美元	4	197	782	1898	3317	3793	4380.57	4071.14
出口总额	亿美元	22	222	919	2382	4532	6435	6470.46	6294.64
进出口总额	亿元						63560	71645.73	71484.39
进口总额	亿元						23577	28901.67	28068.35
出口总额	亿元						39983	42744.06	43416.04
实际利用外资	亿美元 (亿元)	2	20	146	152	210	270	1450.88	1522.00
财政、金融									
地方一般公共预算收入	亿元	38	131	911	1807	4517	9367	12105.26	12654.53
地方一般公共预算支出	亿元	27	151	1070	2289	5422	12828	15729.26	17297.85
各项人民币存款余额	亿元		1577	16920	35959	79958	153552	199576.08	222962.37
#住户存款余额	亿元	30	752	8667	19051	36319	54238	69231.95	77943.89
各项人民币贷款余额	亿元		1704	11787	20966	47192	89289	139100.04	162378.43
人民生活									
在岗职工平均工资	元	789	2929	13823	23959	40358	66296	89826	100689
全省常住居民人均可支配收入	元						27859	35809.90	39014.28
城镇常住居民人均可支配收入	元	473	2303	9762	14770	23898	34757	44340.97	48117.55
农村常住居民人均可支配收入	元	274	1043	3654	4690	7890	13360	17167.74	18818.42
教育									
在校学生数									
#普通高等学校	万人	4	10	30	87	143	186	196.32	205.40
中等职业教育学校	万人	6	45	66	71	155	117	86.73	85.97
普通中学	万人	252	234	461	612	709	561	556.18	572.77
小学	万人	749	747	930	1067	849	869	988.37	1033.43
卫生									
医院及卫生院床位数	万张	8	11	16	19	28	40	47.75	50.39
卫生技术人员	万人	14	19	26	30	46	62	75.78	79.51
#执业（助理）医师	万人	6	8	11	12	18	23	27.74	29.21

注：2018年起，实际利用外资数据为人民币口径。

18-3 主要经济指标东莞占全国、全省的比重（2019年）

Proportion of Main Indicators of Dongguan to China and Guangdong Province (2019)

指标	单位	绝对值			东莞占全国的比重(%)	东莞占全省的比重(%)
		全国	全省	东莞		
人口						
年末常住人口	万人	140005	11521	846.45	0.60	7.35
经济总量						
地区生产总值	亿元	990865.1	107671.07	9482.50	0.96	8.81
第一产业增加值	亿元	70466.7	4351.26	28.48	0.04	0.65
第二产业增加值	亿元	386165.3	43546.43	5361.50	1.39	12.31
第三产业增加值	亿元	534233.1	59773.38	4092.52	0.77	6.85
工业						
主要工业产品产量						
移动通信手持机(手机)	万台	170100.6	70502.84	40573.98	23.85	57.55
彩电	万台	18999.1	10422.30	61.90	0.33	0.59
发电量	亿千瓦时	75034.3	4726.32	305.00	0.41	6.45
农业						
主要农产品产量						
粮食	万吨	66384.0	1240.80	0.59	0.001	0.05
水果	万吨	27400.8	1644.38	5.58	0.02	0.34
肉类	万吨	7758.8	412.12	0.13	0.002	0.03
水产品	万吨	6480.2	866.40	4.86	0.07	0.56
固定资产投资额						
固定资产投资增长速度	%	5.1	11.1	17.5		
运输邮电						
货物周转量	亿吨公里	199287	29230.88	535.47	0.27	1.83
旅客周转量	亿人公里	35349	4764.98	42.29	0.12	0.89
年末固定电话用户	万户	19103.3	2303.28	217.55	1.14	9.45
年末移动电话用户	万户	160134.5	16533.05	1788.16	1.12	10.82
财政、金融						
一般公共预算收入	亿元	190382.2	12654.53	673.27	0.35	5.32
一般公共预算支出	亿元	238874.0	17297.85	863.01	0.36	4.99
各项人民币存款余额	亿元	1928785	222962.37	15411.42	0.80	6.91
#住户存款余额	亿元	813017	77943.89	6316.90	0.78	8.10
各项人民币贷款余额	亿元	1531123	162378.43	9599.73	0.63	5.91
外经外贸						
进出口总额	亿元	315504.8	71484.39	13801.65	4.37	19.31
进口总额	亿元	143162.4	28068.35	5172.87	3.61	18.43
出口总额	亿元	172342.3	43416.04	8628.78	5.01	19.87
实际利用外资	亿元	9415.00	1522.00	88.03	0.94	5.78
商业、物价						
社会消费品零售总额	亿元	411649.0	42951.75	4003.89	0.97	9.32
商品零售价格指数	上年=100	102.0	101.4	103.7		
居民消费价格指数	上年=100	102.9	103.4	105.2		
人民生活						
城镇在岗职工年平均工资	元	90501	100689	74017	81.79	73.51
居民人均可支配收入	元	30733	39014	53657	174.59	137.53
城镇常住居民人均可支配收入	元	42359	48118	55156	130.21	114.63
农村常住居民人均可支配收入	元	16021	18818	35905	224.11	190.80

注：国家平均工资数据为城镇单位就业人员平均工资。

18–4 主要经济指标东莞占全国、全省的比重（2018年）

Proportion of Main Indicators of Dongguan to China and Guangdong Province (2018)

指标	单位	绝对值			东莞占全国的比重(%)	东莞占全省的比重(%)
		全国	全省	东莞		
人口						
年末常住人口	万人	139538	11346	839.22	0.60	7.40
经济总量						
地区生产总值	亿元	919281.1	99945.22	8818.11	0.96	8.82
第一产业增加值	亿元	64745.2	3836.40	25.83	0.04	0.67
第二产业增加值	亿元	364835.2	41398.45	4960.40	1.36	11.98
第三产业增加值	亿元	489700.8	54710.37	3831.87	0.78	7.00
工业						
主要工业产品产量						
移动通信手持机(手机)	万台	180050.6	77222.27	36807.80	20.44	47.66
彩电	万台	19695.0	9988.97	283.82	1.44	2.84
发电量	亿千瓦时	71661.3	4369.62	173.00	0.24	3.96
农业						
主要农产品产量						
粮食	万吨	65789.2	1193.49	0.58	0.001	0.05
水果	万吨	25688.4	1547.81	6.77	0.03	0.44
肉类	万吨	8624.6	449.90	0.22	0.003	0.05
水产品	万吨	6457.7	842.44	4.60	0.07	0.55
固定资产投资额						
固定资产投资总额	亿元	5.9	10.70	5.80		
运输邮电						
货物周转量	亿吨公里	204686	28644.77	527.26	0.26	1.84
旅客周转量	亿人公里	34218	4501.97	45.63	0.13	1.01
年末固定电话用户	万户	18224.8	2211.42	231.27	1.27	10.46
年末移动电话用户	万户	156609.8	16823.26	1892.77	1.21	11.25
财政、金融						
一般公共预算收入	亿元	183351.8	12105.26	649.91	0.35	5.37
一般公共预算支出	亿元	220906.1	15729.26	765.41	0.35	4.87
各项人民币存款余额	亿元	1775226	199576.08	13430.56	0.76	6.73
#住户存款余额	亿元	716038	69231.95	5601.36	0.78	8.09
各项人民币贷款余额	亿元	1362967	139100.04	7999.60	0.59	5.75
外经外贸						
进出口总额	亿元	305010.1	71645.73	13418.70	4.40	18.73
进口总额	亿元	140881.3	28901.67	5463.06	3.88	18.90
出口总额	亿元	164128.8	42744.06	7955.64	4.85	18.61
实际利用外资	亿美元	8856.1	1450.88	83.49	0.94	5.75
商业、物价						
社会消费品零售总额	亿元	380986.9	39767.12	3637.37	0.95	9.15
商品零售价格指数	上年=100	101.9	102.1	102.7		
居民消费价格指数	上年=100	102.1	102.2	102.5		
人民生活						
城镇在岗职工年平均工资	元	82413	89826	69937	84.86	77.86
居民人均可支配收入	元	28228	35810	49331	174.76	137.76
城镇常住居民人均可支配收入	元	39251	44341	50721	129.22	114.39
农村常住居民人均可支配收入	元	14617	17168	32277	220.82	188.01

18-5 主要经济指标人均水平东莞与全国、全省的比较（2019年）

Comparison of Per Capita Level of Main Economic Indicators between Dongguan and China, Guangdong Province (2019)

指　　标	单 位	人 均 水 平			东莞相当于全国(%)	东莞相当于全省(%)
		全 国	全 省	东 莞		
地区生产总值	元	70892	94172	112507	158.7	119.5
一般公共预算收入	元	13621	11068	7988	58.6	72.2
出口总额	元	12330	37973	102378	830.3	269.6
各项人民币存款余额	元	137765	193527	182071	132.2	94.1
住户存款余额	元	58071	67654	74628	128.5	110.3
社会消费品零售总额	元	29452	37567	47505	161.3	126.5
实际利用外资	元	674	1331	1044	155.1	78.5
城镇在岗职工年平均工资	元	90501	100689	74017	81.8	73.5
城镇常住居民人均可支配收入	元	42359	48118	55156	130.2	114.6
农村常住居民人均可支配收入	元	16021	18818	35905	224.1	190.8
粮食产量	公斤	475	109	1	0.1	0.6
水产品产量	公斤	46	76	6	12.4	7.6
水果产量	公斤	196	144	7	3.4	4.6
工业发电量	千瓦时	5368	4134	3619	67.4	87.5
医院卫生院床位数	张/千人	4.90	4.37	3.90	79.6	89.2
卫生技术人员数	人/千人	7.25	6.90	6.77	93.4	98.1

注：本表人均指标时点数按年末常住人口计算，时期数按年平均常住人口计算。

18-6 主要经济指标人均水平东莞与全国、全省的比较（2018年）

Comparison of Per Capita Level of Main Economic Indicators between Dongguan and China, Guangdong Province (2018)

指　　标	单 位	人 均 水 平			东莞相当于全国(%)	东莞相当于全省(%)
		全 国	全 省	东 莞		
地区生产总值	元	66006	88781	105387	159.7	118.7
一般公共预算收入	元	13165	10753	7767	59.0	72.2
出口总额	元	11785	37969	95079	806.8	250.4
各项人民币存款余额	元	127222	175900	160036	125.8	91.0
住户存款余额	元	51315	61019	66745	130.1	109.4
社会消费品零售总额	元	27355	35325	43471	158.9	123.1
实际利用外资	元	636	1289	998	156.9	77.4
城镇在岗职工年平均工资	元	82413	89826	69937	84.9	77.9
城镇常住居民人均可支配收入	元	39251	44341	50721	129.2	114.4
农村常住居民人均可支配收入	元	14617	17168	32277	220.8	188.0
粮食产量	公斤	472	106	1	0.1	0.7
水产品产量	公斤	46	75	5	11.9	7.3
水果产量	公斤	184	137	8	4.4	5.9
工业发电量	千瓦时	5106	3882	2068	40.5	53.3
医院卫生院床位数	张/千人	4.67	4.21	3.70	79.2	87.9
卫生技术人员数	人/千人	6.83	6.68	6.47	94.8	96.9

注：本表人均指标时点数按常住人口计算，时期数按年平均常住人口计算。

18-7　全国部分大中城市国民经济和社会发展主要指标（2019年）

指　　标	单 位	上 海 市	北 京 市	深 圳 市	广 州 市
综合					
土地面积	平方公里	6341	16411	1997	7249
年末常住人口	万人	2428.14	2153.60	1343.88	1530.59
地区生产总值	亿元	38155.32	35371.30	26927.09	23628.60
第一产业增加值	亿元	103.88	113.70	25.20	251.37
第二产业增加值	亿元	10299.16	5715.10	10495.84	6454.00
第三产业增加值	亿元	27752.28	29542.50	16406.06	16923.23
人均地区生产总值	万元	15.73	16.40	20.35	15.64
工业、用电					
规模以上工业增加值	%	0.4	3.1	4.7	5.1
全社会用电量	亿千瓦时	1568.58	1166.40	972.98	1005.58
固定资产投资					
固定资产投资总额	%	5.1	-2.4	18.8	16.5
#房地产开发投资额	%	4.9	-0.9	15.9	14.8
交通、邮电					
民用汽车拥有量	万辆	441.55	590.80	348.20	278.91
货运量	万吨	109609	24463	33982	132922
客运量	万人	22238	72149	6907	25658
快递业务量	亿件	31.33	22.87	42.20	63.47
快递业务收入	亿元	1288.84	339.14	561.40	635.49
年末移动电话用户数	万户		4019.70	2896.48	3200.02
金融、贸易、财政					
年末金融机构本外币存款余额	亿元	132820.27	171062.30	83942.45	59131.20
年末金融机构本外币贷款余额	亿元	79843.01	76875.60	59461.39	47103.31
社会消费品零售总额	亿元	13497.21	12270.10	6582.85	9975.59
地方一般公共预算收入	亿元	7165.10	5817.10	3773.21	1697.21
地方一般公共预算支出	亿元	8179.28	7408.30	4551.03	2865.12
对外经济、科技					
进出口总额	亿元	34046.82	28663.50	29773.86	9995.81
出口总额	亿元	13720.91	5167.80	16708.95	5257.98
进口总额	亿元	20325.91	23495.70	13064.92	4737.83
实际利用外资	亿美元	190.48	142.10	78.09	71.43
专利申请量	万件	17.36	22.60	26.15	17.72
专利授权量	万件	10.06	13.20	16.66	10.48
人民生活、物价					
居民人均可支配收入	元	69442	67756	62522	60074
城镇常住居民人均可支配收入	元	73615	73849	62522	65052
农村常住居民人均可支配收入	元	33195			28868
居民消费价格总指数（以上年为100）	%	102.5	102.3	103.4	103.0

注：1.佛山市、泉州市实际利用外资分别为51.13亿元和44.13亿元，数据已按国家公布的平均汇率(6.8985)折算为美元口径。
2.合肥市进出口总额、出口总额和进口总额分别为322.10亿美元、201.99亿美元和120.11亿美元，数据已按国家公布

Main Indicators on National Economy and Social Development in Large and Medium-Sized Cities (2019)

重庆市	苏州市	成都市	武汉市	杭州市	天津市	南京市	宁波市	无锡市
82402	8657	14335	8569	16596	11966	6587	9816	4627
3124.32	1074.99	1658.10	1121.20	1036.00	1561.83	850.00	854.20	659.15
23605.77	19235.80	17012.65	16223.21	15373.00	14104.28	14030.15	11985.10	11852.32
1551.42	196.70	612.18	378.99	326.00	185.23	289.82	322.30	122.50
9496.84	9130.18	5244.62	5988.88	4875.00	4969.18	5040.86	5782.90	5627.88
12557.51	9908.92	11155.86	9855.34	10172.00	8949.87	8699.47	5879.90	6101.94
7.58	17.92	10.34	14.55	15.25	9.04	16.57	14.32	18.00
6.2	2.8	7.8	4.4	5.1	3.4	7.0	6.4	7.8
1160.19	1544.48	693.84	615.46	816.70	878.43	621.53	807.92	750.82
5.7	8.3	10.0	9.8	11.6	13.9	8.0	8.1	6.1
4.5	5.0	14.9	6.7	10.7	12.5	6.2	7.3	3.3
653.95	417.74	577.20	313.70	269.00	306.97	269.94	277.02	208.76
112765	17245	31377	67555	36384	56941	41034	68407	19587
63558	29602	24579	25371	20888	19608	15902	11451	8623
5.53	17.32	12.60	11.30	26.57	6.97	8.83	9.60	8.17
70.45	216.85	137.20	114.80	326.79	95.84	10.18	100.04	81.42
3678.80	1886.48	2617.00	1577.20	1817.90	1704.70	1307.86	1358.16	1024.10
39483.20	33705.02	38592.80	28658.90	45287.00	31788.78	35536.08	20857.80	17605.46
37105.02	30880.46	36464.40	32114.31	42245.20	36141.27	33585.88	22187.20	13556.67
8667.34	6088.84	7478.40	7449.64	6215.45		6135.74	4473.72	3983.41
2134.90	2221.81	1483.00	1564.12	1965.97	2410.25	1580.03	1468.50	1036.33
4847.80	2141.34	2006.80	2237.10	1952.85	3508.71	1658.60	1767.90	1117.58
5792.78	21987.17	5822.70	2440.20	5596.81	7346.03	4828.15	9170.26	6366.63
3712.92	13232.76	3309.80	1362.30	3612.66	3017.81	3006.85	5969.63	3821.15
2079.86	8754.41	2512.90	1077.90	1984.15	4328.22	1821.30	3200.63	2545.48
103.10	46.15	80.40	123.09	69.40	47.32	41.01	23.60	36.20
6.73	16.30	8.08	7.71	11.36	9.60	10.30	7.03	
4.39	8.11	5.08	3.93	6.16	5.78	5.50	4.72	3.83
28920	60109	39503	46010	59261	42404	57630	56982	54847
37939	68629	45878	51706	66068	46119	64372	64886	61915
15133	35152	24357	24776	36255	24804	27636	36632	33574
102.7	103.0	102.8	103.2	103.1	102.7	103.1	103.0	102.9

的平均汇率(6.8985)折算为人民币口径。

3.数据为初步统计数，来自各市统计公报、网站等，最终数据以各市2020年统计年鉴为准。

18-7 续表

(2019年)

指　标	单位	青岛市	郑州市	长沙市	佛山市
综合					
土地面积	平方公里	11293	7446	11816	3798
年末常住人口	万人	949.98	1035.20	839.45	815.86
地区生产总值	亿元	11741.31	11589.70	11574.22	10751.02
第一产业增加值	亿元	409.98	140.90	359.69	156.92
第二产业增加值	亿元	4182.76	4617.00	4439.32	6044.62
第三产业增加值	亿元	7148.57	6831.80	6775.21	4549.48
人均地区生产总值	万元	12.43	11.31	13.99	13.38
工业、用电					
规模以上工业增加值	%	0.6	6.1	9.1	7.0
全社会用电量	亿千瓦时	457.90	564.60	395.93	702.65
固定资产投资					
固定资产投资总额	%	21.6	2.8	10.1	5.4
#房地产开发投资额	%	21.5	2.8	11.2	6.3
交通、邮电					
民用汽车拥有量	万辆	253.00	385.60		273.58
货运量	万吨		30426	12705	33311
客运量	万人		14842	12705	4359
快递业务量	亿件	4.53	8.23	635.20	6.91
快递业务收入	亿元	65.53	89.27	7497.80	94.90
年末移动电话用户数	万户	1246.00	1666.00	1307.45	1288.33
金融、贸易、财政					
年末金融机构本外币存款余额	亿元	17876.30	23356.10	21048.45	16948.10
年末金融机构本外币贷款余额	亿元	18209.90	25364.30	21248.71	12175.18
社会消费品零售总额	亿元	5516.05	4671.50	5247.03	3516.33
地方一般公共预算收入	亿元	1241.70	1222.50	950.23	731.47
地方一般公共预算支出	亿元	1576.60	1910.60	1425.98	941.57
对外经济、科技					
进出口总额	亿元	5925.60	4129.90	2002.03	4827.60
出口总额	亿元	3411.90	2678.30	1396.43	3727.70
进口总额	亿元	2513.70	1451.60	605.60	1099.90
实际利用外资	亿美元	58.40	44.10	63.74	7.41
专利申请量	万件	11.36	5.96	4.21	8.10
专利授权量	万件	6.16	3.37	2.25	5.87
人民生活、物价					
居民人均可支配收入	元	45452	35942	48724	54043
城镇常住居民人均可支配收入	元	54484	42087	55211	55233
农村常住居民人均可支配收入	元	22573	23536	32329	31503
居民消费价格总指数（以上年为100）	%	103.3	103.1	102.9	102.9

泉州市	东莞市	济南市	合肥市	福州市	南通市	西安市	烟台市
11051	2460	7998	11445	11968	10549	10097	13865
874.00	846.45	890.87	818.90	780.00	731.80	1020.35	713.80
9946.66	9482.50	9443.37	9409.40	9392.30	9383.39	9321.19	7653.45
218.61	28.48	343.06	291.86	526.47	428.80	279.13	550.42
5855.27	5361.50	3265.22	3415.32	3830.99	4602.10	3167.44	3185.48
3872.78	4092.52	5835.09	5702.22	5034.84	4352.49	5874.62	3917.55
11.41	11.25	10.64	11.56	12.09	12.83	9.23	10.73
8.6	8.5	4.2	8.6	8.7	7.2	6.9	5.0
515.25	850.72	414.30	375.46		451.55	418.50	553.19
6.3	17.5	12.6	9.0	9.0	6.6	1.1	5.0
15.8	8.1	9.7	1.9	25.9	20.4	-2.1	12.8
159.99	323.51	258.40	217.57	140.99	207.60	308.26	196.68
35827	17653	34392	42326	30313	24584	27426	27700
6331	3276	3244	11983	8517	7428	26315	7386
12.17	16.30	5.16	6.52	4.76	4.70	5.39	1.69
95.59	207.46	55.99	59.70	48.91	44.65	62.43	19.69
1032.98	1788.16	1122.90	1045.00	993.60	892.00	1711.37	824.35
7728.61	16426.44	18646.10	16417.25	15757.34	13725.31	23340.84	9115.84
7140.23	10132.14	18768.70	15854.83	17443.72	10211.92	22436.65	5813.26
3761.82	4003.89	5162.20	3234.51	4198.94	3260.19	4936.83	3306.46
457.75	673.27	874.20	745.99	668.08	619.26	702.56	595.42
658.25	863.01	1197.30	1122.67	952.17	972.84	1247.99	774.54
2111.80	13801.65	1103.30	2222.01	2525.80	2519.90	3243.06	2906.83
1453.49	8628.78	622.50	1393.43	1802.00	1715.10	1730.21	1733.69
658.32	5172.87	480.80	828.58	723.80	804.80	1512.85	1173.14
6.40	12.91	22.42	33.92	9.40	26.65	70.57	19.41
4.95	8.32	4.66	6.12	2.90	3.70	7.24	0.46
3.26	6.04	2.52	3.02	1.90	1.98	3.41	0.14
39155	53657	51913	38806	38719	40320	34064	37783
49592	55156	33439	45404	47920	50217	41850	47977
22142	35905	19454	22462	21320	24303	14588	21218
102.3	103.5	103.3	102.9	102.5	103.2	102.7	103.0

18-8 长江三角洲国民经济和社会发展主要指标（2019年）

指　　标	单 位	上海市	南京市	苏州市	无锡市	常州市	镇江市
综合							
行政区域土地面积	平方公里	6341	6587	8657	4627	4372	3840
年末常住人口	万人	2428.14	850.00	1074.99	659.15	473.60	320.35
年末户籍人口	万人	1450.43	709.82	722.60	502.83	385.00	270.16
地区生产总值	亿元	38155.32	14030.15	19235.80	11852.32	7400.86	4127.32
第一产业增加值	亿元	103.88	289.82	196.70	122.50	157.00	140.20
第二产业增加值	亿元	10299.16	5040.86	9130.18	5627.88	3529.17	2004.79
第三产业增加值	亿元	27752.28	8699.47	9908.92	6101.94	3714.69	1982.33
人均地区生产总值	万元	15.73	16.57	17.92	18.00	15.64	12.90
工业、用电							
规模以上工业增加值	%	0.4	7.0	2.8	7.8	9.1	4.9
规模以上工业企业营业务收入	亿元	39403.51	11866.12	35313.02	18033.91	11674.47	3956.51
规模以上工业企业利润总额	亿元	2906.25	623.01	1922.23	1212.75	742.12	219.16
全社会用电量	亿千瓦时	1568.58	621.53	1544.48	750.82	505.85	246.39
#工业用电量	亿千瓦时	748.39	327.26	1199.82	563.31	385.20	190.10
固定资产投资							
固定资产投资总额	%	5.1	8.0	8.3	6.1	5.6	2.0
#房地产开发投资额	%	4.9	6.2	5.0	3.3	49.9	13.3
交通、邮电							
民用汽车拥有量	万辆	441.55	269.94	417.74	208.76	143.60	64.70
货运量	万吨	109609	41034	17245	19587	16358	10076
客运量	万人	22238	15902	29602	8623	4367	2892
快递业务量	亿件	31.33	8.83	17.32	8.17	2.68	1.41
快递业务收入	亿元	1288.84	10.18	216.85	81.42	40.64	16.44
年末固定电话用户数	万户		201.42	225.74	122.63	90.80	54.50
年末移动电话用户数	万户		1307.86	1886.48	1024.10	667.60	370.72
金融、贸易、财政							
年末金融机构本外币存款余额	亿元	132820.27	35536.08	33705.02	17605.46	11176.90	5613.48
#住户存款	亿元	33295.40	8299.64	10605.31	6316.12	4367.70	2439.32
年末金融机构本外币贷款余额	亿元	79843.01	33585.88	30880.46	13556.67	8593.50	5284.58
社会消费品零售总额	亿元	13497.21	6135.74	6088.84	3983.41	2815.71	1433.72
地方一般公共预算收入	亿元	7165.10	1580.03	2221.81	1036.33	590.03	306.85
地方一般公共预算支出	亿元	8179.28	1658.60	2141.34	1117.58	653.70	466.20
对外经济、科技							
进出口总额	亿元	34046.82	4828.15	21987.17	6366.63	2330.80	771.70
出口总额	亿元	13720.91	3006.85	13232.76	3821.15	1738.80	541.70
进口总额	亿元	20325.91	1821.30	8754.41	2545.48	592.10	230.00
实际利用外资	亿美元	190.48	41.01	46.15	36.20	25.02	6.60
专利申请量	万件	17.36	10.30	16.30		4.78	2.39
专利授权量	万件	10.06	5.50	8.11	3.83	2.49	1.26
人民生活、物价							
居民人均可支配收入	元	69442	57630	60109	54847	49840	44259
城镇常住居民人均可支配收入	元	73615	64372	68629	61915	58345	52713
农村常住居民人均可支配收入	元	33195	27636	35152	33574	30491	26785
居民消费价格总指数（以上年为100）	%	102.5	103.1	103.0	102.9	103.0	103.0

注：1.上海户籍人口为常住户籍人口；南通、扬州民用汽车拥有量为机动车拥有量； 湖州、台州、嘉兴为汽车保有量；苏州、无锡为汽车拥有量。

Main Indicators on National Economy and Social Development of the Yangtze River Delta Economic Zone (2019)

南通市	扬州市	泰州市	杭州市	宁波市	嘉兴市	湖州市	绍兴市	舟山市	台州市
10549	6591	5787	16596	9816	4230	5820	8279	1440	9411
731.80	454.90	463.61	1036.00	854.20	480.00	306.00	505.70	117.60	615.00
759.80	457.14	500.55	795.40	608.50	363.70	267.57	447.87	96.60	606.64
9383.39	5850.08	5133.36	15373.00	11985.10	5370.32	3122.40	5781.00	1371.60	5134.05
428.80	292.80	292.50	326.00	322.30	120.89	133.80	208.00	146.40	282.08
4602.10	2778.21	2525.98	4875.00	5782.90	2892.55	1595.40	2771.00	475.50	2339.90
4352.49	2779.07	2314.88	10172.00	5879.90	2356.88	1393.20	2802.00	749.70	2512.07
12.83	12.89	11.07	15.25	14.32	11.28	10.26	11.46	11.68	8.36
7.2	8.5	6.4	5.1	6.4	6.8	8.4	8.4	43.2	1.3
8024.17	4829.22	5440.50	15515.54	17460.05	10277.03	4916.95	6545.33	843.60	4976.65
456.17	208.37	334.81	1087.50	1298.45	597.75	299.35	453.12	13.98	328.13
451.55	259.40	296.00	816.70	807.92	538.03	295.02	462.37	65.50	331.22
307.45	171.95	212.36	433.04	590.17	423.99	215.51	356.30	25.95	212.87
6.6	6.1	6.0	11.6	8.1	11.3	11.4	10.2	8.6	10.7
20.4	12.1	-0.3	10.7	7.3	2.9	12.0	3.4	12.5	19.9
207.60	98.09	82.52	269.00	277.02	147.81	88.70	153.37	22.30	175.22
24584	11829		36384	68407	25042	21002	15277	41977	29923
7428	2796		20888	11451	5060	5645	2108	5684	9746
4.70	1.75	1.21	26.57	9.60	7.19	3.61	4.95	0.17	8.25
44.65	20.47	14.95	326.79	100.04	65.28	24.98	34.01	3.38	44.07
152.90	90.23		233.10	250.20	94.93	73.00	116.95	23.80	100.80
892.00	551.15	496.27	1817.90	1358.16	705.40	463.30	665.74	187.20	960.57
13725.30	6787.31	6966.15	45287.00	20857.80	9511.54	5229.40	9582.13	2282.10	9457.39
7135.50			11901.30	7566.90	4341.34	2454.90	4747.18	980.90	5355.19
10211.90	5391.98	5531.73	42245.20	22187.20	8117.48	4840.20	8568.32	2435.70	8543.19
3260.19	1655.90	1348.94	6215.45	4473.72	2102.54	1429.27	2207.40	580.62	2562.58
619.26	328.79	365.67	1965.97	1468.50	565.69	316.10	528.37	154.86	438.50
972.80	611.95	594.23	1952.85	1767.90	766.89	466.87	641.01	323.36	770.33
2519.90	778.60	996.70	5596.81	9170.26	2832.15	940.18	2458.99	1371.11	1700.08
1715.10	576.00	656.40	3612.66	5969.63	2106.46	838.59	2251.09	501.20	1565.15
804.80	202.60	340.30	1984.15	3200.63	725.69	101.59	207.90	869.91	134.93
26.65	13.88	14.86	69.40	23.60	41.25	19.00	6.57	5.01	6.51
3.70	3.38	2.50	11.36	7.03	3.92	2.34	3.61	0.34	3.51
1.98	1.87	1.49	6.16	4.72	2.78	1.64	2.69	0.20	2.69
40320	37074	37773	59261	56982	51615	48673	53839	53568	47988
50217	45550	47216	66068	64886	61940	59028	63935	61479	60351
24303	23333	23116	36255	36632	37413	34803	36120	36784	30221
103.2	103.0	103.1	103.1	103.0	102.9	103.0	102.7	102.3	102.3

2.数据为初步统计数，来自各市统计公报、网站等，最终数据以各市2020年统计年鉴为准。

18-9 珠江三角洲国民经济和社会发展主要指标（2019年）

指　　标	单 位	广州市	深圳市	珠海市
综合				
土地面积	平方公里	7249	1997	1736
年末常住人口	万人	1530.59	1343.88	202.37
城镇人口占常住人口的比例	%	86.46	99.52	90.72
年末户籍人口	万人	953.72	541.79	133.29
地区生产总值	亿元	23628.60	26927.09	3435.89
第一产业增加值	亿元	251.37	25.20	57.36
第二产业增加值	亿元	6454.00	10495.84	1528.73
第三产业增加值	亿元	16923.22	16406.06	1849.79
人均生产总值（按常住人口计算）	元	156427	203489	175533
农村经济				
农林牧渔业总产值	亿元	446.31	48.16	105.31
粮食产量	万吨	13.20	0.91	2.55
水果产量	万吨	64.26	3.61	9.76
水产品产量	万吨	46.55	8.44	32.48
工业				
规模以上工业企业数	个	5802	10337	1388
规模以上工业增加值	亿元	4324.08	8893.21	1206.38
规模以上工业企业营业收入	亿元	20250.68	36436.35	5558.46
规模以上工业企业利润总额	亿元	1327.30	2521.89	451.18
规模以上工业产品销售率	%	99.35	96.75	95.24
固定资产投资				
固定资产投资总额	%	16.5	18.8	6.1
#房地产开发投资额	亿元	3102.26	3059.94	893.36
商品房屋销售面积	万平方米	1464.64	826.62	437.61
商品房屋销售额	亿元	3275.35	4517.36	1028.74
交通、邮电				
民用汽车拥有量	万辆	278.91	343.02	69.12
港口货物吞吐量	万吨	62687	25785	13838
邮电业务总量	亿元	3814.51	3998.91	315.81
年末固定电话用户数	万户	371.57	430.76	66.11
年末移动电话用户数	万户	3200.02	2896.48	386.86
全年总用电量	亿千瓦时	1005.58	972.98	189.91

Main Indicators of National Economy and Social Development of the Pearl River Delta Economic Zone (2019)

佛山市	惠州市	肇庆市	江门市	东莞市	中山市
3798	11347	14891	9507	2460	1784
815.86	488.00	418.71	463.03	846.45	338.00
95.00	72.12	48.63	66.71	92.10	88.40
461.28	389.74	453.86	400.11	251.06	182.89
10751.02	4177.41	2248.80	3146.64	9482.50	3101.10
156.92	205.50	386.02	254.23	28.48	62.60
6044.62	2169.12	925.45	1352.54	5361.50	1521.82
4549.48	1802.79	937.33	1539.87	4092.52	1516.68
133850	86043	53936	68194	112507	92709
319.56	328.08	590.06	459.25	43.98	104.61
4.39	58.61	118.29	93.22	0.59	2.12
4.42	87.69	181.05	38.07	5.58	9.53
69.81	15.81	51.13	79.24	4.86	34.24
7902	2764	1269	2458	10658	3635
4874.23	1654.17	668.90	1008.60	4192.78	1140.09
22929.99	7498.59	3011.20	4119.77	21680.97	5257.28
1795.24	298.40	191.63	223.07	773.27	250.83
96.98	96.86	97.15	96.22	96.89	99.38
5.4	15.4	10.8	8.3	17.5	-17.6
2146.84	1149.94	456.79	717.45	796.54	526.41
2133.64	1724.71	676.46	666.92	711.58	692.92
2652.61	1876.94	479.06	514.57	1369.68	795.13
273.58	130.87	60.34	88.22	323.51	120.91
9636	8956	4057	6832	19808	1547
1050.49	606.36	270.97	382.65	1947.19	628.18
226.82	113.95	65.28	98.82	217.55	92.79
1288.33	736.52	395.27	551.93	1788.16	683.61
702.65	425.88	180.44	294.71	850.72	310.04

18-9 续表

(2019年)

指　　标	单 位	广州市	深圳市	珠海市
金融、贸易、财政				
年末金融机构本外币存款余额	亿元	59131.20	83942.45	9047.24
#住户存款	亿元	18383.44	16327.05	1985.20
年末金融机构本外币贷款余额	亿元	47103.31	59461.39	6358.61
社会消费品零售总额	亿元	9551.57	9144.46	996.30
地方一般公共预算收入	亿元	1699.04	3773.38	344.49
地方一般公共预算支出	亿元	2865.33	4552.73	615.74
对外经济				
进出口总额	亿元	10003.51	29780.62	2908.54
进口总额	亿元	4745.04	13065.11	1253.98
出口总额	亿元	5258.47	16715.50	1654.56
合同利用外资金额	亿元	2594.11	1401.75	637.52
实际利用外商直接投资	亿元	459.36	532.36	163.90
人民生活、物价				
在岗职工年平均工资	元	123498	127757	100878
全体常住居民人均可支配收入	元	60074	62522	52495
全体常住居民人均消费支出	元	42309	43113	38212
城镇常住居民人均可支配收入	元	65052	62522	55219
城镇常住居民人均消费支出	元	45049	43113	40031
农村常住居民人均可支配收入	元	28868		29069
农村常住居民人均消费性支出	元	22522		22573
居民消费价格总指数（以上年为100）	%	103.0	103.4	102.3
工业生产者出厂价格指数(以上年为100)	%	99.1	100.0	100.1
教育、R&D、卫生				
学校数				
中等职业技术学校	所	82	15	8
普通中学	所	534	417	77
小学	所	980	340	131
在校学生数				
中等职业技术学校	人	180990	39442	18493
普通中学	人	526222	477390	100614
小学	人	1104714	1068992	181989
规上工业企业R&D活动人员	人	99979	302042	34234
规上工业企业R&D经费内部支出	亿元	286.24	1049.92	93.33
卫生事业机构	个	5093	5010	936
#医院	个	269	144	44
医院床位数	张	90940	44738	9186
执业（助理）医师	人	58671	40338	7740

佛山市	惠州市	肇庆市	江门市	东莞市	中山市
16948.10	6558.61	2642.47	4946.81	16426.44	6345.05
8383.03	2614.95	1645.21	3059.53	6365.70	2896.31
12175.18	5848.89	2156.79	3667.71	10132.14	4912.91
3685.27	1924.55	1107.52	1206.96	4003.89	1617.09
731.62	400.86	114.21	256.83	673.27	283.42
941.32	614.86	351.65	421.24	863.01	411.74
4828.40	2709.65	404.37	1425.36	13801.65	2387.15
1100.73	888.02	132.71	289.28	5172.87	458.01
3727.67	1821.63	271.67	1136.08	8628.78	1929.14
114.90	165.76	62.48	92.97	136.41	56.55
51.13	64.25	9.41	54.54	88.03	36.98
86401	83639	80271	80332	74017	85691
54043	37160	26121	32323	53657	50478
37160	26611	17022	21647	35730	33959
55233	42999	33260	38595	55156	52502
37970	30009	21685	25679	36198	35173
31503	23027	19217	19873	35905	35122
21822	18387	12510	13644	27721	24751
102.9	103.2	103.3	103.0	103.5	103.1
100.2	99.3	99.8	99.8	100.4	100.3
31	25	17	18	28	11
212	277	187	193	246	103
417	554	233	326	331	212
64974	48687	54052	33725	84654	23847
356309	327725	232264	220109	349043	165060
616570	609393	400466	348700	837399	326422
92022	56291	10640	33170	124459	31176
259.71	99.78	23.35	65.07	260.57	59.66
2097	3013	3175	1658	3055	986
127	78	59	48	110	67
35530	16354	13791	17632	32181	16008
20937	13992	8471	10934	20818	9321

18-10 中国香港特别行政区主要社会经济指标

Main Statistical Indicators of Hong Kong Special Administrative Region

指　　标	单　位	1990年	2000年	2010年	2018年	2019年
人口及生命统计						
年中人口	万人	570.4	666.5	702.4	745.1	750.7
粗出生率	‰	12.0	8.1	12.6	7.2	7.0@
粗死亡率	‰	5.2	5.1	6.0	6.4	6.5@
劳动、就业						
劳动人口	万人	274.8	337.4	363.1	397.9	396.6
劳动人口参与率	%	63.2	61.4	59.6	61.2	60.6
失业率	%	1.3	4.9	4.3	2.8	2.9
本地生产总值						
按2017年环比物量计算 ①						
本地生产总值年增长率	%	3.8	7.7	6.8	2.9	-1.2
本地生产总值	亿港元	9876	14551	21687	27355	27030
人均本地生产总值	港元	173120	218318	308753	367130	360042
按当年价格计算						
本地生产总值年增长率	%	11.7	4.0	7.1	6.6	1.2
本地生产总值	亿港元	5993	13375	17763	28351	28682
人均本地生产总值	港元	105050	200675	252887	380503	382046
政府收支、货币、金融						
政府收入总额 ②	亿港元	895	2251	3765	5998	
政府支出总额 ②	亿港元	856	2329	3014	5318	
货币供应量M_3	亿港元	12880	36928	71563	144037	147864
居民消费物价指数						
(2014年10月至2015年9月=100)						
综合消费物价指数		46.6	78.4	81.8	107.0	110.1
本地居民总收入（按当年价格计算）						
本地居民总收入	亿港元		13482	18139	29699@	30163@
人均本地居民总收入	港元		202287	258240	398597@	401782@
工业生产						
工业生产指数 ③（2015年=100）				101.9	101.3	101.7
工业电力消费量	万亿焦耳	24934	17769	11080	11081	10815
工业煤气消费量	万亿焦耳	583	982	917	1717	1824

18-10 续表

指　　标	单　位	1990年	2000年	2010年	2018年	2019年
房屋及物业						
已登记物业买卖合约涉及的价值	亿港元		2225	6895	7414	6924
住宅	亿港元		1684	5607	5593	5488
非住宅	亿港元		541	1288	1821	1436
楼宇售价指数						
私人住宅单位	1999年=100	44.8	89.6	150.9	377.3	382.9@
私人写字楼（甲级、乙级及丙级）	1999年=100	99.1	89.9	230.4	554.7	542.8@
楼宇租金指数						
私人住宅单位	1999年=100	76.7	98.1	119.7	193.0	194.4@
私人写字楼（甲级、乙级及丙级）	1999年=100	137.7	98.5	147.6	252.2	261.6@
运输、通讯						
进出香港的货物						
总卸下	万吨	6076	13035	17282	17543	18584@
总装上	万吨	2997	8692	12882	10975	10236@
集装箱吞吐量 ④	万标准集装箱单位	510	1810	2370	1960	1830
电话服务	万条操作线路	245	395	426	410	406@
对外商品贸易						
港产品出口	亿港元	2259	1810	695	463	478
转口	亿港元	4140	13917	29615	41118	39409
进口	亿港元	6425	16580	33648	47214	44154
旅　游						
访港旅客 ⑤	万人次	658	1306	3603	6515	5591
酒店入住率	%	79	83	87	91	79
教　育						
小学学生人数 ⑥	人	531090	498175	334415	376310	377202
中学学生人数 ⑥⑦	人	481830	490039	486817	341388	343526
专上教育学生人数 ⑧	人	112516	186729	306476	324722	324115

注：本表数据由香港特别行政区政府统计处提供，国家统计局整理编辑。1990年数据指原香港地区。@数据将于日后修订。
①以环比物量计算的本地生产总值及其组成部分的参照年为2017年。
②财政年度数字。指当年4月1日至第二年3月31日。
③自2005年统计年度开始，所有工业生产指数均按《香港标准行业分类2.0版》编制。
④1998年起，采用一系列新的集装箱吞吐量数字，与1998年以前的数字不可比。
⑤1996年及以后的数字包括澳门访港的非澳门居民旅客人数。
⑥数字包括特殊学校的学生人数。
⑦数字亦包括夜校、技工级课程及毅进文凭课程的学生人数。
⑧数字包括就读于大学及专上教育学院开办的专上教育课程。包括证书/文凭课程、副学士或同等学历及学士或更高的学位课程；以及非本地机构合办，而学生在修业后可获取非本地高等学术资格的非本地注册或获豁免课程的学生人数。

18-11 中国澳门特别行政区主要社会经济指标

Main Statistical Indicators of Macao Special Administrative Region

指　　标	单　位	1990年	2000年	2010年	2018年	2019年
人口及生命统计						
年中人口	万人	33.5	43.1	53.7	65.9	67.2
出生率	‰	20.5	8.9	9.5	9.0	8.9
死亡率	‰	4.4	3.1	3.3	3.1	3.4
劳动力						
劳动人口	万人	16.9	20.9	32.4	39.2	39.5
劳动力参与率	%	66.6	64.3	72.0	70.9	70.3
失业率	%	3.2	6.8	2.8	1.8	1.7
就业不足率	%	2.3	3.0	1.7	0.5	0.5
本地生产总值 ①						
以2017年环比物量计算						
本地生产总值实际增长率（支出法）	%	8.0	5.7	25.3	5.4	-4.7
本地生产总值	亿澳门元	858.7	1117.8	3261.1	4295.0	4092.6
人均本地生产总值	万澳门元	25.6	26.0	60.7	65.1	60.8
按当年价格计算						
本地生产总值名义增长率（支出法）	%	19.8	4.0	31.3	9.2	-2.2
本地生产总值	亿澳门元	258.3	539.4	2250.5	4446.7	4346.7
人均本地生产总值	万澳门元	7.7	12.5	41.9	67.3	64.5
政府收支、货币、金融						
政府总收入 ①	亿澳门元	60.2	153.4	884.9	1413.1	1335.1
政府总开支 ①	亿澳门元	55.1	150.2	383.9	803.3	821.0
货币供应（广义货币供应量M_2）	亿澳门元	307.4	849.2	2430.5	6514.5	6875.3
消费价格指数						
(2018年4月至2019年3月=100)						
综合消费价格指数			56.90	70.66	99.05	101.78
工业生产						
工业电力消耗量	亿千瓦小时		1.5	1.5	1.6	1.5
建　筑						
获发使用准照(建成)的私人楼宇单位数目	个	11574	3146	4527	4268	3013
获发使用准照(建成)私人楼宇总建筑面积	万平方米	105.7	37.0	127.2	129.4	47.4
获发动工批示(新动工)的私人楼宇单位数目	个		1167	870	1670	405
获发动工批示(新动工)的私人楼宇总建筑面积	万平方米		20.3	18.4	57.6	44.2

18-11 续表

指　　标	单　位	1990年	2000年	2010年	2018年	2019年
楼宇单位买卖数目	个	8463	10211	29617	15073	11022
不动产买卖契约数目	宗	8559	12484	12707	13494	10303
不动产按揭贷款数目	宗	6610	7367	15127	20095	16508
房屋（期末值）						
公共房屋 ②	个	4871	9084	8174	14817	14670
运输、通讯						
进出澳门货运车辆数目 ③	万辆	26.4	45.4	35.8	34.8	34.1
领牌车辆 ④	万辆	5.1	11.3	19.6	24.0	24.1
电话线	万条	9.6	17.7	16.8	12.4	11.6
对外商品贸易						
出口	亿澳门元	136.4	203.8	69.6	121.9	128.0
本地产品出口	亿澳门元		170.8	23.9	15.3	15.1
转口	亿澳门元		33.0	45.7	106.6	112.8
进口	亿澳门元	123.4	181.0	441.2	901.0	901.3
旅　游						
访澳旅客 ⑤	万人次	594.2	916.2	2496.5	3580.4	3940.6
酒店入住率	%	69	58	80	91	91
教　育 ⑥						
幼儿教育学生	人	20761	15254	10804	18626	19265
小学生	人	35514	46260	23785	32530	33961
中学生	人	18283	39673	37224	26022	26396
高等教育学生	人	8864	9000	25539	34279	36107

注：本表数据由澳门特别行政区政府统计暨普查局提供，国家统计局整理编辑。1998年及以前数据均指原澳门地区。
①数字在日后得到更多资料时会作出修订。
②不包括已出售者。
③自2000年开始包括进出关闸及路氹城边检站的数字。而自2007年开始亦包括进出跨境工业区边检站的数字。
④自2007年开始不包括单车。
⑤自2008年开始访澳旅客不包括外地雇员及学生等。
⑥不包括特殊教育学生。第n年的学生人数是指n/n+1学年年底学生人数。2007/2008学年起不包括回归教育学生人数；2010/2011学年起为注册学生人数。

18-12 中国台湾省主要社会经济指标

Main Statistical Indicators of Taiwan Province

指　　标	单　位	2000年	2010年	2017	2018年	2019年
人口						
户籍登记人口数 ①	万人	2228	2316	2357	2359	2360
人口自然增加率	‰	8.08	0.91	0.96	0.37	0.06
人口密度	人/平方公里	616	640	651	652	652
劳动、就业						
劳动力人口	万人	978	1107	1180	1187	1195
劳动参与率	%	57.7	58.1	58.8	59.0	59.2
失业率	%	3.0	5.2	3.8	3.7	3.7
国民经济核算						
本地居民生产总值	新台币亿元	104652	144761	184307	187577	193493
本地生产总值	新台币亿元	103285	140603	179833	183429	188986
人均本地居民生产总值	新台币元	471734	625560	782437	795489	820143
物价年涨跌率						
批发	%	1.81	5.46	0.90	3.63	-2.26
消费者	%	1.26	0.97	0.62	1.35	0.56
工　业						
工业生产指数（2016年＝100）		54.4	87.7	105.0	108.8	108.5
制造业		52.6	87.0	105.3	109.4	108.9
运输、旅游						
铁路客运人数	亿人次	4.6	7.8	11.2	11.5	11.9
公路客运人数	亿人次	11.0	11.1	12.4	12.5	12.4
航空客运人数	亿人次	0.3	0.3	0.4	0.4	0.4
港埠货物装卸量	万收费吨	56695	65540	72550	74085	73056
出岛旅客	万人次	733	942	1565	1664	1710
来台湾旅客	万人次	262	557	1074	1107	1186
对外贸易						
出口	亿美元	1520	2774	3155	3340	3292
进口	亿美元	1407	2557	2572	2848	2857
财政、金融及景气						
赋税实征净额 ②	新台币亿元	19298	16222	22512	23869	24705
货币供应量M_2 ①	新台币亿元	188978	309544	427702	439052	458918
存款 ①	新台币亿元	193087	310063	420940	431958	450861
放款与投资 ①	新台币亿元	166220	228037	320227	337475	354224

注：1.①为年底数。②为年度资料。
　　2.本表数据来源于台湾“行政院主计总处”。

18-13 粤港澳大湾区主要经济指标（2019年）

Main Indicators of Guangdong-Hong Kong-Marco Greater Bay Area (2019)

地 区	土地面积(平方公里)	地区生产总值			人均地区生产总值		
		绝对值(亿元)	绝对值(亿美元)	指 数(上年＝100)	绝对值(元)	绝对值(美元)	指 数(上年＝100)
广 州	7249.27	23628.60	3425.18	106.8	156427	22676	103.9
深 圳	1997.47	26927.09	3903.33	106.7	203489	29498	103.0
珠 海	1736.46	3435.89	498.06	106.8	175533	25445	99.8
佛 山	3797.72	10751.02	1558.46	106.9	133850	19403	103.6
惠 州	11347.39	4177.41	605.55	104.2	86043	12473	103.1
东 莞	2460.08	9482.50	1374.57	107.4	112507	16309	106.6
中 山	1783.67	3101.10	449.53	101.2	92709	13439	99.4
江 门	9506.92	3146.64	456.13	104.3	68194	9885	103.5
肇 庆	14891.23	2248.80	325.98	106.3	53936	7818	105.3
香港特别行政区	1106.7①	28682②	3660.95	98.8	382046②	48764	98.1
澳门特别行政区	32.9	4346.70③	538.62	95.3	645438③	79980	93.4

18-13 续表

地 区	年末人口(万人)	从业人员(万人)	港口集装箱吞吐量(万标准集装箱)	进出口总额(亿美元)		
					出口总额	进口总额
广 州	1530.59	1125.89	2323.62	1450.54	762.24	688.29
深 圳	1343.88	1283.37	2576.91	4315.70	2422.16	1893.54
珠 海	202.37	161.17	255.58	422.15	239.89	182.26
佛 山	815.86	531.43	443.88	700.67	540.88	159.79
惠 州	488.00	318.29	41.27	393.60	264.61	129.00
东 莞	846.45	711.11	404.77	2006.17	1255.11	751.05
中 山	338.00	237.21	144.30	346.75	280.24	66.51
江 门	463.03	272.27	158.27	206.89	164.89	42.00
肇 庆	418.71	231.64	66.87	58.66	39.33	19.33
香港特别行政区	752.08	385.17	1830.30	10726.77	5091.07	5635.70
澳门特别行政区	67.96	38.78	13.30	127.54	15.86	111.68

注：本表香港、澳门统计数据来自香港政府统计处、澳门统计暨普查局。香港特别行政区和澳门特别行政区地区生产总值为“本地生产总值”，从业人员为“就业人口”。 澳门特别行政区集装箱吞吐量为载货集装箱吞吐量，其余为集装箱总吞吐量。 本表汇率按照100港币=88.05人民币元， 100澳门元=85.69人民币元，100美元=689.85人民币元计算。①香港为陆地面积。②为港币元。③为澳门元。

第三部分　基本单位情况

Part Three　Basic Units

1-1 按行业分的法人单位、产业活动单位数（2019年）

Number of Corporate Units and Industrial Establishments by Sector (2019)

项目	法人单位数（个）	单产业法人单位	多产业法人单位	产业活动单位数（个）	#多产业法人单位的产业活动单位
合计	394118	389515	4603	419870	30355
农、林、牧、渔业	601	594	7	616	22
农业	278	276	2	283	7
林业	48	47	1	48	1
畜牧业	25	25		25	
渔业	106	105	1	107	2
农、林、牧、渔专业及辅助性活动	144	141	3	153	12
采矿业	28	28		30	2
煤炭开采和洗选业	4	4		4	
石油和天然气开采业	1	1		1	
黑色金属矿采选业	1	1		1	
有色金属矿采选业	3	3		3	
非金属矿采选业	15	15		16	1
开采专业及辅助性活动	4	4		5	1
其他采矿业					
制造业	151333	150682	651	152812	2130
农副食品加工业	375	362	13	385	23
食品制造业	903	888	15	936	48
酒、饮料和精制茶制造业	132	128	4	142	14
烟草制品业	5	5		5	
纺织业	2853	2838	15	2873	35
纺织服装、服饰业	9255	9221	34	9296	75
皮革、毛皮、羽毛及其制品和制鞋业	5534	5514	20	5571	57
木材加工和木、竹、藤、棕、草制品业	1271	1263	8	1282	19
家具制造业	3543	3514	29	3589	75
造纸和纸制品业	4875	4864	11	4904	40
印刷和记录媒介复制业	3365	3352	13	3389	37
文教、工美、体育和娱乐用品制造业	5778	5750	28	5813	63
石油、煤炭及其他燃料加工业	192	189	3	198	9
化学原料和化学制品制造业	3180	3157	23	3231	74
医药制造业	122	117	5	131	14
化学纤维制造业	158	157	1	159	2
橡胶和塑料制品业	15426	15384	42	15527	143
非金属矿物制品业	2851	2833	18	2895	62
黑色金属冶炼和压延加工业	352	352		356	4
有色金属冶炼和压延加工业	558	555	3	566	11

1-1 续表 1

(2019年)

项　　目	法人单位数(个)	单产业法人单位	多产业法人单位	产业活动单位数(个)	#多产业法人单位的产业活动单位
金属制品业	24320	24263	57	24474	211
通用设备制造业	11154	11095	59	11253	158
专用设备制造业	14285	14226	59	14414	188
汽车制造业	671	662	9	692	30
铁路、船舶、航空航天和其他运输设备制造业	316	314	2	325	11
电气机械和器材制造业	8836	8769	67	8980	211
计算机、通信和其他电子设备制造业	21378	21300	78	21597	297
仪器仪表制造业	2649	2632	17	2686	54
其他制造业	6019	6006	13	6044	38
废弃资源综合利用业	174	171	3	271	100
金属制品、机械和设备修理业	803	801	2	828	27
电力、燃气及水的生产和供应业	277	265	12	394	129
电力、热力生产和供应业	84	83	1	102	19
燃气生产和供应业	75	69	6	123	54
水的生产和供应业	118	113	5	169	56
建筑业	15557	15356	201	16530	1174
房屋建筑业	1747	1702	45	2068	366
土木工程建筑业	1745	1714	31	1942	228
建筑安装业	2870	2831	39	3030	199
建筑装饰、装修和其他建筑业	9195	9109	86	9490	381
批发和零售业	116482	115694	788	125419	9725
批发业	64318	64025	293	65675	1650
零售业	52164	51669	495	59744	8075
交通运输、仓储和邮政业	7113	6937	176	8821	1884
铁路运输业	22	22		30	8
道路运输业	2600	2548	52	2880	332
水上运输业	111	108	3	121	13
航空运输业	31	30	1	37	7
管道运输业	3	3		4	1
多式联运和运输代理业	3183	3105	78	3676	571
装卸搬运和仓储业	796	792	4	854	62
邮政业	367	329	38	1219	890
住宿和餐饮业	5535	5270	265	6625	1355
住宿业	977	908	69	1091	183
餐饮业	4558	4362	196	5534	1172
信息传输、软件和信息技术服务业	9068	8979	89	9704	725
电信、广播电视和卫星传输服务	193	178	15	478	300
互联网和相关服务	1605	1594	11	1682	88
软件和信息技术服务业	7270	7207	63	7544	337
金融业	1033	963	70	3154	2191
货币金融服务	411	384	27	1710	1326

1-1 续表 2

(2019年)

项目	法人单位数(个)	单产业法人单位	多产业法人单位	产业活动单位数(个)	#多产业法人单位的产业活动单位
资本市场服务	430	422	8	543	121
保险业	78	43	35	769	726
其他金融业	114	114		132	18
房地产业	9141	8682	459	11179	2497
房地产业	9141	8682	459	11179	2497
租赁与商务服务业	39383	38598	785	42400	3802
租赁业	1698	1670	28	1878	208
商务服务业	37685	36928	757	40522	3594
科学研究、技术服务业	16913	16761	152	17564	803
研究和试验发展	4310	4295	15	4369	74
专业技术服务业	6830	6735	95	7311	576
科技推广和应用服务业	5773	5731	42	5884	153
水利、环境和公共设施管理业	903	882	21	988	106
水利管理业	30	29	1	43	14
生态保护和环境治理业	199	198	1	213	15
公共设施管理业	579	564	15	633	69
土地管理业	95	91	4	99	8
居民服务、修理和其他服务业	6990	6859	131	7444	585
居民服务业	3030	2976	54	3264	288
机动车、电子产品和日用产品修理业	2385	2339	46	2517	178
其他服务业	1575	1544	31	1663	119
教育	3972	3870	102	5137	1267
教育	3972	3870	102	5137	1267
卫生和社会工作	1365	1292	73	1967	675
卫生	1209	1136	73	1804	668
社会工作	156	156		163	7
文化、体育和娱乐业	5860	5776	84	6139	363
新闻和出版业	20	20		24	4
广播、电视、电影和影视录音制作业	424	413	11	472	59
文化艺术业	1108	1100	8	1129	29
体育	602	581	21	638	57
娱乐业	3706	3662	44	3876	214
公共管理、社会保障和社会组织	2564	2027	537	2947	920
中国共产党机关	26	26		26	
国家机构	943	885	58	1146	261
人民政协、民主党派	3	3		3	
社会保障	13	13		17	4
群众团体、社会团体和其他成员组织	1013	998	15	1094	96
基层群众自治组织	566	102	464	661	559
国际组织					
国际组织					

1-2　按注册类型分的法人单位、产业活动单位数（2019年）

Number of Corporate Units and Industrial Establishments by Registration Status (2019)

项　　目	法　人 单位数 （个）	单 产 业 法人单位	多 产 业 法人单位	产业活动 单 位 数 （个）	＃多产业法 人单位的 产业活动 单　　位
合　　计	394118	389515	4603	419870	30355
内资	386512	382172	4340	410614	28442
国有	1321	1207	114	2623	1416
集体	726	635	91	1443	808
股份合作	559	542	17	654	112
国有联营	4	3	1	12	9
集体联营	44	40	4	58	18
国有与集体联营	6	5	1	26	21
其他联营	156	154	2	182	28
国有独资公司	97	89	8	141	52
其他有限责任公司	100841	99671	1170	107727	8056
股份有限公司	2563	2454	109	4529	2075
私营独资	18212	18058	154	18714	656
私营合伙	4789	4742	47	4942	200
私营有限责任公司	245060	243140	1920	255371	12231
私营股份有限公司	2735	2666	69	3009	343
其他	9399	8766	633	11183	2417
港澳台商投资	5375	5216	159	5951	735
与港澳台商合资经营	280	260	20	384	124
与港澳台商合作经营	39	35	4	55	20
港澳台商独资	4812	4685	127	5216	531
港澳台商投资股份有限公司	104	97	7	134	37
其他港澳台投资	140	139	1	162	23
外商投资	2231	2127	104	3305	1178
中外合资经营	266	250	16	445	195
中外合作经营	17	15	2	29	14
外资企业	1575	1494	81	2361	867
外商投资股份有限公司	218	216	2	265	49
其他外商投资	155	152	3	205	53

1-3 按地域分的法人单位、产业活动单位数（2019年）

Number of Corporate Units and Industrial Establishments by District (2019)

项　　目	法　人单位数（个）	单产业法人单位	多产业法人单位	产业活动单位数（个）	#多产业法人单位的产业活动单　　位
全　　市	394118	389515	4603	419870	30355
莞城街道	11753	11411	342	12925	1514
石龙镇	2750	2667	83	3267	600
虎门镇	28499	28357	142	30108	1751
东城街道	30000	29438	562	32327	2889
万江街道	13448	13347	101	14073	726
南城街道	33508	32844	664	36001	3157
中堂镇	4696	4624	72	5132	508
望牛墩镇	1762	1729	33	1922	193
麻涌镇	2551	2499	52	2888	389
石碣镇	7132	7040	92	7634	594
高埗镇	4468	4422	46	4799	377
道滘镇	4648	4589	59	4937	348
洪梅镇	1156	1126	30	1293	167
沙田镇	5339	5276	63	5743	467
厚街镇	18080	17938	142	19473	1535
长安镇	43485	43279	206	45065	1786
寮步镇	18994	18726	268	20222	1496
大岭山镇	14298	14185	113	14988	803
大朗镇	16824	16654	170	17866	1212
黄江镇	9879	9762	117	10568	806
樟木头镇	9863	9728	135	10554	826
清溪镇	10400	10278	122	11091	813
塘厦镇	23566	23324	242	24913	1589
凤岗镇	11466	11387	79	12256	869
谢岗镇	2852	2818	34	3078	260
常平镇	16249	16111	138	17573	1462
桥头镇	6004	5939	65	6463	524
横沥镇	7377	7334	43	7838	504
东坑镇	11283	11202	81	11629	427
企石镇	3921	3871	50	4244	373
石排镇	5597	5531	66	5990	459
茶山镇	6629	6554	75	7039	485
松山湖	5641	5525	116	5971	446

1-4 规模以上工业营业收入百强企业（2019年）

Top 100 Industrial Enterprises above Designated Size of Operating Income (2019)

企业名称	企业名称
华为终端有限公司	东莞市德普特电子有限公司
OPPO广东移动通信有限公司	东莞明鑫电子有限公司
维沃移动通信有限公司	光宝电子(东莞)有限公司
华为机器有限公司	中粮新沙粮油工业(东莞)有限公司
东莞华贝电子科技有限公司	达创科技(东莞)有限公司
东莞三星视界有限公司	东莞康佳电子有限公司
东莞创机电业制品有限公司	广东劲胜智能集团股份有限公司
玖龙纸业(东莞)有限公司	东莞新技电子有限公司
东莞富强电子有限公司	东莞华科电子有限公司
东莞和勤电子有限公司	东莞市金龙珠宝首饰有限公司
广东百果园农产品初加工有限公司	东莞华新电线电缆有限公司
广东生益科技股份有限公司	生益电子股份有限公司
广东理文造纸有限公司	东莞市民兴电缆有限公司
东莞市以纯集团有限公司	东莞虎门电厂
东莞益海嘉里粮油食品工业有限公司	易事特集团股份有限公司
东莞新能德科技有限公司	东莞嘉吉饲料蛋白科技有限公司
东莞东聚电子电讯制品有限公司	金宝电子(中国)有限公司
东莞长城开发科技有限公司	旭丽电子(东莞)有限公司
京瓷办公设备科技(东莞)有限公司	蓝思科技(东莞)有限公司
广东以诺通讯有限公司	希克斯电子(东莞)有限公司
广东都市丽人实业有限公司	安世半导体(中国)有限公司
东莞市富之源饲料蛋白开发有限公司	东莞莫仕连接器有限公司
中粮(东莞)粮油工业有限公司	东莞捷荣技术股份有限公司
东莞技研新阳电子有限公司	日本电产(东莞)有限公司
东莞迪芬尼电声科技有限公司	米亚精密金属科技(东莞)有限公司
光宝网络通讯(东莞)有限公司	东莞雀巢有限公司
东莞金洲纸业有限公司	台达电子(东莞)有限公司
广东小天才科技有限公司	群光电能科技(东莞)有限公司
东莞建晖纸业有限公司	东莞王氏港建电子有限公司
东莞嘉吉粮油有限公司	东莞市金田纸业有限公司
广东坚朗五金制品股份有限公司	太阳诱电(广东)有限公司
群光电子(东莞)有限公司	东莞善募康科技有限公司
富港电子(东莞)有限公司	东莞石龙京瓷有限公司
中储粮油脂工业东莞有限公司	广东电力发展股份有限公司沙角A电厂
天弘(东莞)科技有限公司	卡士莫实业(东莞)有限公司
台达电子电源(东莞)有限公司	东莞联茂电子科技有限公司
东莞德永佳纺织制衣有限公司	信义超薄玻璃(东莞)有限公司
东莞新能源科技有限公司	东莞技嘉电子有限公司
东莞京滨汽车电喷装置有限公司	东莞市国丰粮油有限公司
广东长盈精密技术有限公司	东莞华润水泥厂有限公司
东莞穗丰粮食集团有限公司	广东中德电缆有限公司
东莞路易达孚饲料蛋白有限公司	东莞理文造纸厂有限公司
东莞盛翔精密金属有限公司	东莞市佳禾电声科技有限公司
陆逊梯卡华宏(东莞)眼镜有限公司	东莞沈恒粮油有限公司
明门(中国)幼童用品有限公司	东莞领杰金属精密制造科技有限公司
搜于特集团股份有限公司	东莞搜路研电子有限公司
东莞徐记食品有限公司	广东省能源集团有限公司沙角C电厂
东莞高伟光学电子有限公司	广东凯金新能源科技股份有限公司
东莞新奥燃气有限公司	东莞启益电器机械有限公司
伟创力电源(东莞)有限公司	东莞中电第二热电有限公司

1–5 建筑业总产值三十强企业（2019年）

Top 30 Construction Enterprises of Gross Output Value (2019)

企业名称	企业名称
广东省水利水电第三工程局有限公司	广东筑奥生态环境股份有限公司
岭南生态文旅股份有限公司	东莞市广强建筑基础工程有限公司
东莞市建工集团有限公司	广东裕基建筑工程有限公司
广东鸿高建设集团有限公司	广东永铭建设工程有限公司
东莞市建安集团有限公司	东莞市华锋幕墙装饰工程有限公司
东莞市恒泰建筑工程有限公司	东莞市汇锋建材实业有限公司
广东恒溢建筑工程有限公司	东莞市广渠建筑工程有限公司
广东裕达建设集团有限公司	中虹建设有限公司
广东华星建设集团有限公司	广东银辉建设有限公司
东莞嘉誉诚建设基础工程有限公司	华川建设集团有限公司
东莞市莞城建筑工程有限公司	东莞市输变电工程公司
广东宏达建设工程有限公司	东莞市美家宜装饰工程有限公司
广东融都建设有限公司	广东裕欣国建筑工程有限公司
广东信宏智慧建造工程有限公司	东莞市园林绿化工程有限公司
广东汇华建设集团有限公司	东莞市庆业建设有限公司

1–6 限额以上批发业销售额50强企业（2019年）

Top 50 Enterprises in Wholesale Trade above Designated Size of Sales (2019)

企业名称	企业名称
玖龙环球（中国）投资集团有限公司	东莞市裕光进出口贸易有限公司
广东天宸网络科技有限公司	东莞市深粮物流有限公司
东莞市金仕达贸易有限公司	广东易道科技有限公司
东莞市思贝克电子商务有限公司	佳木智能科技股份有限公司
广东烟草东莞市有限公司	广东众生医药贸易有限公司
东莞市宏川化工供应链有限公司	广东星以达进出口有限公司
广东美宜佳便利店有限公司	东莞市瑞丰石油化工有限公司
东莞市永盛通信科技有限公司	东莞市华亿钢材有限公司
东莞盛世东胜格力贸易有限公司	广东马可波罗陶瓷有限公司
东莞市同舟化工有限公司	东莞华汇贸易有限公司
中海油销售东莞储运有限公司	东莞中睿智能设备有限公司
东莞市九丰能源有限公司	广东省东莞国药集团有限公司
东莞市辉煌能源有限公司	东莞市恒灏进出口有限公司
广东天才星网络科技有限公司	金光纸业（东莞）有限公司
东莞市搜于特供应链管理有限公司	东莞市东糖集团有限公司
广东亿安仓供应链科技有限公司	五矿物流园（东莞）有限公司
大根(东莞)光电有限公司	中国石油天然气股份有限公司广东东莞销售分公司
东莞慕思寝具销售有限公司	华润东莞医药有限公司
东莞市晟世欣兴格力贸易有限公司	中域电讯连锁集团股份有限公司
东莞市九丰天然气储运有限公司	东莞市盛腾进出口有限公司
广东铂利度能源发展有限公司	东莞市彩华商贸有限公司
中粮贸易（广东）有限公司	广东国立供应链管理有限公司
东莞市德利石油化工有限公司	广东大地通讯连锁服务有限公司
东莞华港国际贸易有限公司	广东东泊化工有限公司
东莞市欧悦通电子有限公司	广东中亚供应链管理有限公司

1-7 限额以上零售业销售额30强企业（2019年）

Top 30 Enterprises in Retail Trade above Designated Size of Sales (2019)

企业名称	企业名称
东莞京东利昇贸易有限公司	东莞市恒信汽车销售服务有限公司
中国石化销售股份有限公司广东东莞石油分公司	东莞庆丰汽车销售服务有限公司
东莞东风南方汽车销售服务有限公司	东莞市东部丰田汽车销售服务有限公司
东莞市嘉荣超市有限公司	东莞市庆丰宝昌汽车销售服务有限公司
东莞市东奥汽车服务有限公司	东莞市苏宁易购销售有限公司
东莞中升之星汽车销售服务有限公司	东莞市世奥汽车销售服务有限公司
沃尔玛(东莞)商业零售有限公司	东莞市东仁汽车销售服务有限公司
东莞捷运行汽车销售服务有限公司	东莞市骅宝汽车销售服务有限公司
东莞市永佳丰田汽车销售服务有限公司	东莞市天下行丰田汽车销售服务有限公司
东莞美东汽车服务有限公司	东莞溢华之星汽车销售服务有限公司
东莞市合宝汽车销售服务有限公司	东莞宝信汽车销售服务有限公司
东莞市宏宝汽车销售服务有限公司	东莞市新东联汽车贸易有限公司
东莞溢华汽车销售服务有限公司	东莞市骐骏汽车销售服务有限公司
东莞仁孚华星汽车服务有限公司	东莞市时尚电器有限公司
东莞市聚成汽车技术服务有限公司	东莞市东悦汽车销售服务有限公司

1-8 限额以上住宿餐饮业营业额30强企业（2019年）

Top 30 Enterprises in Hotels and Catering Services above Designated Size of Turnover (2019)

企业名称	企业名称
东莞市鸿骏膳食管理有限公司	东莞天景稻香饮食有限公司
东莞肯德基有限公司	东莞市帝豪花园酒店有限公司
东莞市康帝国际酒店有限公司	东莞市尚佳膳食管理服务有限公司
广东集菜送食品科技有限公司	东莞万富酒店管理有限公司
东莞金拱门食品有限公司	东莞旗峰山酒店有限公司
东莞市松山湖酒店有限公司	东莞市绿康膳食管理服务有限公司
东莞市塘厦三正半山酒店有限公司	东莞金拱门餐饮服务有限公司
东莞市融源食品科技有限公司	东莞市食唯鲜膳食管理服务有限公司
真功夫餐饮管理有限公司	广东乡谷村膳食管理有限公司
东莞市东华教育服务有限公司	东莞市尼罗河酒店有限公司
东莞市会展国际大酒店	东莞市富悦酒店有限公司
东莞市宏远酒店有限公司	东莞市富盈酒店有限公司
东莞市东城国际酒店有限公司	东莞观澜湖酒店有限公司
广东嘉华酒店有限公司	东莞市胜利饮食服务有限公司
东莞市凯景酒店有限公司	东莞市昌明实业有限公司喜来登酒店

1-9 规模以上服务业营业收入百强企业（2019年）

Top 100 Service Enterprises above Designated Size of Operating Income (2019)

企业名称	企业名称
中国移动通信集团广东有限公司东莞分公司	东莞市车保姆汽车信息咨询服务有限公司
中国电信股份有限公司东莞分公司	东莞观澜湖高尔夫球会有限公司
顺丰速运(东莞)有限公司	广东都市物流科技有限公司
中国邮政集团公司东莞市分公司	东莞深赤湾码头有限公司
中国联合网络通信有限公司东莞市分公司	东莞顺丰智达物流有限公司
东莞市乐其网络科技有限公司	广东百兑通信息科技有限公司
东莞东华医院有限公司	广东朝阳全网通科技有限公司
东莞市路桥投资建设有限公司	东莞巴士有限公司
东莞康华医院有限公司	广东荣文能源科技集团有限公司
广州港新沙港务有限公司	东莞常安医院有限公司
东莞发展控股股份有限公司	广东雨林木风计算机科技有限公司
广东明创软件科技有限公司	东莞深赤湾港务有限公司
东莞市信鸿人力资源管理有限公司	东莞港国际集装箱码头有限公司
中央储备粮东莞直属库有限公司	东莞交通实业发展有限公司
广东虎门大桥有限公司	东莞港集装箱港务有限公司
东莞市家宝园林绿化有限公司	斯平玛斯特(东莞)玩具有限公司
东莞市搜于特品牌管理有限公司	开普云信息科技股份有限公司
中央储备粮广东新沙港直属库有限公司	广东诚铭化工科技有限公司
中国邮政速递物流股份有限公司东莞分公司	东莞兴昂鞋业有限公司
东莞新科技术研究开发有限公司	东莞仁康医院有限公司
东莞中外运供应链管理有限公司	东莞市博凯人力资源管理咨询有限公司
广东时捷物流有限公司	东莞市轨道交通有限公司
东莞东阳光药物研发有限公司	广东大旗人力资源有限公司
东莞市小精灵教育软件有限公司	东莞实业投资控股集团有限公司
东莞市德邦货运有限公司	东莞中原物业顾问有限公司
广东唯一网络科技有限公司	东莞市振安保安服务有限公司
东莞厚街科劲机电设备有限公司	东莞市宏东通信技术有限公司
中移铁通有限公司东莞分公司	东莞联丰企业管理咨询服务有限公司
东莞市青年国际旅行社有限公司	东莞市翰林实验学校
东莞市万科物业服务有限公司	东莞市玖龙运输有限公司
东莞市长安医院	东莞市新太阳企业开发有限公司
东莞市东华实业有限公司	东莞台心医院有限公司
东莞市微厅网通讯器材有限公司	广东莞泰保安服务有限公司
东莞市跨越速运有限公司	东莞市百佳玛丽亚妇产医院有限公司
东莞市新照投资有限公司	广东东日环保股份有限公司
东莞深证通信息技术有限公司	广东智通人力资源外包服务有限公司
广东德尔智慧工厂科技有限公司	广东九州人力资源有限公司
东莞市万科建筑技术研究有限公司	东莞市高地人才资源开发有限公司
东莞博奥木华基因科技有限公司	东莞市国际旅行社有限公司
东莞市友谊国际劳务有限公司	东莞鸿泉服装管理服务有限公司
东莞市百安石化仓储有限公司	东莞康辉国际旅行社有限公司
东莞市红海企业管理顾问有限公司	东莞市清建电气安装有限公司
东莞市中堂资产经营管理有限公司	东莞电力设计院
东莞市光正实验学校	东莞市万达国际电影有限公司
东莞市光大物业管理有限公司	东莞虎门港海湾石油仓储码头有限公司
东莞市从莞高速公路发展有限公司	陆逊梯卡商业服务(东莞)有限公司
广东虹勤通讯技术有限公司	东莞市信立实业有限公司
华为培训(东莞)有限公司	东莞市顶鑫农副产品配送服务有限公司
东莞广济医院有限公司	东莞市丰海海运有限公司
广东中海物业服务有限公司	东莞市天佑运输服务有限公司

1-10　星级酒店名单（2019年）

List of Star-ranking Hotels (2019)

酒店名称	星级	电话	地址
豪门大饭店	五星	85117888	虎门镇虎门大道
嘉华大酒店	五星	85928888	厚街镇家具大道1号
东莞富盈酒店	五星	85888888	厚街镇赤岭路段
东莞唐拉雅秀酒店	五星	22698888	东城区迎宾路8号
东莞喜来登大酒店	五星	85988888	厚街镇S256省道莞太路段
塘厦三正半山酒店	五星	87299333	塘厦镇迎宾大道
汇华国际饭店	五星	83938888	常平镇常平大道2号
丰泰花园酒店	五星	85708888	虎门镇S358省道大板地路段
华尔登国际酒店	五星	81028888	桥头镇广场路3号
欧亚国际酒店	五星	82838888	常平镇常东路8号(嘉骏中心)
东莞虎门美思威尔顿酒店	五星	82888888	虎门镇虎门大道黄河商业城
厚街国际大酒店	五星	85088888	厚街镇东风路与S256省道交汇处
东莞观澜湖度假酒店	五星	87288888	塘厦镇大坪林坪路
东莞宾馆	四星	22222222	莞城区东正路11号
宏远酒店	四星	22418888	南城区宏远路1号
汇美酒店	四星	83918888	常平镇中元路9号
长安酒店	四星	85532388	长安镇中心S358省道旁
方中假日酒店	四星	86866666	茶山镇茶山大道西28号
常平半岛酒店	四星	83988888	常平镇北环路
华禧酒店	四星	85383888	长安镇S358省道上沙路段
嘉辉会酒店	四星	87563388	凤岗镇官井头嘉辉路
美怡登酒店	四星	83028888	常平镇中元路
天悦酒店	四星	81812222	石碣镇崇焕路18号
华庭花园酒店	四星	81633333	厚街镇广东现代国际展览中心南侧
石龙宾馆	三星	86613333	石龙镇绿化中路2号
广彩城酒店	三星	22402088	南城区莞太路
明苑大酒店	三星	85122918	虎门镇金龙大道南
中青旅山水设计师酒店	三星	21988888	东城区东纵大道189号
海月酒店	二星	85926888	厚街镇涌口海月公园侧